La Dottrina Sociale di Cristo

Insegnamenti esoterici e spirituali per costruire una nuova società

28 Mag

Mirco Mariucci

Finalità e Limiti

La domanda fondamentale che ha animato la realizzazione di questo studio è la seguente: come dovrebbe vivere una comunità di autentici cristiani?

Detto in altri termini, qual è la *dottrina sociale* che scaturisce dagli insegnamenti attribuiti a *Gesù di Nazareth*, detto il *Cristo*[1]?

Da qui, come si può facilmente immaginare, hanno avuto origine molti altri quesiti, non meno importanti e sicuramente altrettanto interessanti rispetto alla precedente domanda.

Ad esempio, qual è l'autentico messaggio spirituale elaborato da Gesù Cristo? Qualora la sua *Parola* venisse divulgata avrebbe ancora il potere di migliorare l'esistenza degli individui e di trasformare la società in senso positivo?

In estrema sintesi, se la dottrina sociale del cristianesimo delle origini venisse applicata produrrebbe il *bene comune*?

---

1 *"Cristo"* è il principale epiteto di Gesù di Nazareth; etimologicamente questo appellativo deriva dal greco *Χριστός* (*Christós*) tramite il latino *Christus* che, a sua volta, rappresenta la traduzione del termine ebraico מָשִׁיחַ (*mašíakh*) da cui proviene l'italiano *messia*, che in realtà significa "unto" o "eletto", ovvero l'Unto o l'Eletto [da Dio]. Nell'antico Medio Oriente, infatti, Re, sacerdoti e profeti venivano consacrati tramite l'unzione con oli aromatici. Ecco perché ci si può riferire a Gesù anche dicendo "*il Cristo*".

Con l'intento di rispondere a simili questioni, ho così deciso di avviare un'analisi peculiare, senza troppe pretese né rigidità di metodo, consentendomi di spaziare liberamente nei campi della sociologia, della spiritualità e dell'esoterismo.

Ecco quindi spiegato il titolo dell'opera: "la *Dottrina Sociale di Cristo.* Insegnamenti *esoterici e spirituali* per costruire una *nuova società".*

Prima di cominciare, intendo mettere in chiaro, oltre alle finalità del mio studio, anche gli evidenti limiti metodologici dovuti all'approccio che ho deciso di adottare, così da evitare inutili fraintendimenti e scongiurare l'instaurarsi di false aspettative.

1) Non è mia intenzione appurare se Gesù sia realmente esistito oppure no, perché una simile analisi è irrilevante per i fini che mi sono posto; ciò che mi interessa veramente è individuare il nucleo degli insegnamenti essenziali attribuiti a questo personaggio per indagarne gli effetti, in particolar modo da un punto di vista *sociologico.*

Anche se qualcuno dovesse dimostrare che il *messaggio cristico* sia il frutto di una completa invenzione letteraria, ciò non farebbe alcuna differenza, così come gli insegnamenti etici di Socrate non perderebbero di alcun valore qualora si scoprisse che questo personaggio fu inventato di sana pianta da Platone.

2) So perfettamente che tra vangeli, lettere, atti, codici ed altre opere, esistono più di 70 scritti antichi che andrebbero studiati per cercare di ricostruire gli insegnamenti di Gesù Cristo, ma per la stesura di questo saggio ho scelto intenzionalmente di limitare le fonti ai soli *Vangeli Canonici*[2], non perché li consideri più veri o importanti rispetto agli altri, ma semplicemente per limitare la quantità di materiale da analizzare, potendo elaborare, in via preliminare, una *Dottrina Sociale Canonica* da utilizzare per realizzare eventuali studi successivi, andando a lavorare, ad esempio, con i *Vangeli Apocrifi*, riuscendo così ad apprezzare ancor meglio le eventuali differenze che potrebbero emergere effettuando delle analisi comparative.

Come avrete modo di comprendere, pur limitandomi agli scritti attribuiti a Matteo, Marco, Luca e Giovanni, - che, detto per inciso, hanno il pregio di essere i più antichi - la quantità di informazioni ricavabile è così elevata da risultare più che sufficiente, non solo per individuare una dottrina sociale, ma anche per elaborare una *via spirituale* ed introdurre ad alcune inaspettate ed intriganti *ipotesi speculative* di carattere esoterico.

3) Sono perfettamente consapevole che tutti i testi antichi che riguardano direttamente, o indirettamente, la vita ed il pensiero di Gesù di Nazareth sono stati, nel corso dei secoli, censurati, in una o più parti, trascritti, tradotti, ovvero modificati più o meno intenzionalmente, in buona e cattiva fede, e che noi, in particolare, non disponiamo dei Vangeli originali, i quali, a loro volta,

2 Sono considerati *Canonici* i vangeli attribuiti a Marco, Matteo, Luca e Giovanni.

furono il frutto della trascrizione di storie ed insegnamenti inizialmente trasmessi per via orale.

Pertanto, se c'è una certezza indubitabile è che il messaggio evangelico contenuto nei testi a nostra disposizione *non è rimasto immutato* e dunque differisce necessariamente, in qualche misura, rispetto a quello originario[3].

Ciò nonostante, non è mia intenzione analizzare i testi considerati da taluni addirittura “sacri” attraverso uno studio filologico finalizzato all'individuazione di quali parti siano state alterate; assumerò invece che, per un caso fortuito o per volontà divina[4], perlomeno il nucleo del messaggio cristico sia rimasto custodito nei vangeli e dunque, con un certo sforzo di analisi ed immaginazione, possa essere in qualche modo delineato nei suoi tratti essenziali più autentici.

4) Darò per assunto che gli evangelisti non furono né dei pazzi né dei fantasiosi cantastorie; con ciò intendo

---

3 Che i Vangeli siano stati alterati ne abbiamo avuto prova diretta ed inequivocabile anche in tempi recentissimi, quando quel furbacchione d'un Papa Gesuita di nome Imbrogliesco – chiedo scusa! – Francesco, è intervenuto per modificare radicalmente, non un passaggio di secondaria importanza, bensì il senso di una frase della più famosa preghiera che si dice sia stata insegnata direttamente da Gesù all'umanità, trasformando il celeberrimo *«e non ci indurre in tentazione»*, recitato miliardi di volte in tutte le chiese cattoliche del mondo, in *«e non abbandonarci alla tentazione»*. Si veda “E non abbandonarci alla tentazione”: così papa Francesco rivede il Padre Nostro. La Stampa, Domenico Agasso, 22 Novembre 2020.

4 A voi la scelta!

dire che assumerò che essi abbiano voluto tramandare qualcosa di *importante*, mettendolo per iscritto.

Pertanto, anche quando mi occuperò di angeli, demoni, esorcismi, miracoli, o altre tipologie di accadimenti che agli occhi di alcuni moderni lettori potrebbero apparire come delle ridicole superstizioni di popoli antichi, io cercherò invece di dar credito all'interpretazione delle cose data dagli evangelisti, sforzandomi di comprendere se i loro discorsi siano, non dico assolutamente veri, ma perlomeno coerenti e risultino fondati su qualche elemento di realtà.

5) Per quanto fin qui sostenuto, nel corso delle analisi che avrete modo di leggere, non mi limiterò in alcun modo nel formulare ipotesi, anche fortemente speculative, e non nasconderò quando gli elementi a mia disposizione risulteranno insufficienti per concludere in favore o contro una determinata tesi.

Allo stesso modo, per una mera questione di onestà intellettuale, non eviterò neanche di evidenziare le contraddizioni interne al pensiero canonico di Gesù Cristo, qualora dovessi riscontrarne la presenza.

Ci tengo infine a sottolineare, a costo di dire un qualcosa di ovvio o di risultare pedante, che le tesi che leggerete in questo volumetto sono il frutto di mie interpretazioni personali e che, viste le premesse e gli eclatanti limiti metodologici or ora illustrati, non mi sogno neanche lontanamente di vantare alcuna pretesa di verità o superiorità, in particolar modo rispetto ai risultati ottenuti da studiosi ben più esperti del sottoscritto.

Vi chiedo però, con tutta la gentilezza di cui sono capace, di valutare se il frutto del mio modesto ed atipico studio possa risultare in qualche modo utile per migliorare la vostra esistenza e, più in generale, quella dell'intera umanità.

Con la massima apertura ed umiltà, voglio dirvi anche di essere ben disposto a ricevere critiche costruttive, domande o suggerimenti di varia natura, per migliorare le tesi da me elaborate o la stesura di quest'opera, che è stata interamente autoprodotta, autofinanziata mediante libere donazioni e messa a disposizione di tutti gratuitamente in formato digitale[5], purché il vostro contributo sia finalizzato a perseguire il mio medesimo obiettivo, vale a dire la realizzazione di una *nuova società* in cui tutti gli esseri viventi possano coesistere in condizioni di pace, libertà, armonia e benessere, proprio qui, sul pianeta Terra.

Costacciaro,
8 aprile 2024

L'Autore
Mirco Mariucci

---

5 Per mia volontà, tutti i miei libri possono essere scaricati gratuitamente in formato digitale. Per trovarli è sufficiente cercare il mio nome, oppure "Utopia Razionale", nei principali motori di ricerca.

Capitolo I

«Chi ha due tuniche, ne dia una a chi non ne ha; e chi ha da mangiare, faccia altrettanto». *Giovanni Battista*

Giovanni Battista

Che un grande maestro sarebbe venuto sulla Terra, lo proclamò a gran voce un asceta noto ai più con il nome di *Giovanni Battista;* egli visse ed operò nel deserto della Giudea[6] all'incirca duemila anni fa, nutrendosi soltanto di locuste e miele selvatico[7]. Per preparare la strada al suo successore, il Battista era solito dire:

«Dopo di me viene uno che è più forte di me e al quale io non son degno di chinarmi per sciogliere i legacci dei suoi sandali. Io vi ho battezzati con acqua, ma egli vi battezzerà con lo Spirito Santo»[8].

Nel corso delle sue predicazioni, Giovanni ribadì più e più volte il medesimo messaggio, e lo fece persino dinanzi ai sommi sacerdoti che furono mandati dal gruppo politico-religioso dei farisei per interrogarlo e coglierlo in fallo:

«Tu, chi sei?». Egli confessò e non negò. Confessò: *«Io non sono il Cristo».* Allora gli chiesero: *«Chi sei, dunque? Sei tu Elia?». «Non lo sono»*, disse. *«Sei tu il profeta?». «No»*, rispose. Gli dissero allora: *«Chi sei? Perché possiamo dare una risposta a coloro che ci hanno mandato. Che cosa dici di te stesso?».* Rispose: *«Io sono voce di uno che grida nel deserto: rendete diritta la via del Signore, come disse il profeta Isaia».* Quelli che erano stati inviati venivano dai fa-

6 Matteo 3, 1: «In quei giorni venne Giovanni il Battista e predicava nel deserto della Giudea».

7 Marco 1, 6: «Giovanni era vestito di peli di cammello, con una cintura di pelle attorno ai fianchi, si cibava di locuste e miele selvatico».

8 Marco 1, 7-8.

risei. Essi lo interrogarono e gli dissero: *«Perché dunque tu battezzi, se non sei il Cristo, né Elia, né il profeta?».* Giovanni rispose loro: *«Io battezzo nell'acqua. In mezzo a voi sta uno che voi non conoscete, colui che viene dopo di me: a lui io non sono degno di slegare il laccio del sandalo».* Questo avvenne in Betània, al di là del Giordano, dove Giovanni stava battezzando[9].

Oltre ad annunciare la venuta del *Cristo* e del suo *Regno*, il Battista redarguiva i peccatori, li battezzava con l'acqua per avviarli a nuova vita, e dispensava loro norme di carattere etico-morale.

Ad esempio, ai farisei ed ai sadducei che partecipavano al suo rituale battesimale, egli diceva, con tono perentorio:

«Razza di vipere! Chi vi ha fatto credere di poter sfuggire all'ira imminente? Fate dunque un frutto degno della conversione»[10],

mentre alle folle che gli domandavano che cosa dovessero fare per migliorare la società, rispondeva in modo chiaro e diretto:

«Chi ha due tuniche ne dia una a chi non ne ha, e chi ha da mangiare faccia altrettanto»[11].

In breve tempo, la fama riscossa da Giovanni fu così grande che persino gli esattori delle tasse (i pubblicani) ed i soldati, mal visti dalla popolazione locale a causa

9 Giovanni 1, 19-28.
10 Matteo 3, 7-8
11 Luca 3, 10-11

Se c'è una cosa su cui possiamo esser certi è che il Battista non fu affatto una figura minore, ed è probabile, anche se difficile da dimostrare, che egli fosse un *grande iniziato* ed il suo potere provenisse dalla *sapienza esoterica* tramandatagli dai membri di una qualche *scuola iniziatica*[21].

Se così non fosse, e non avesse operato anche energeticamente intervenendo al livello della realtà sottile, Giovanni, con i suoi modestissimi mezzi materiali[22], difficilmente sarebbe riuscito ad attrarre a sé *«tutta la regione della Giudea e tutti gli abitanti di Gerusalemme»*[23]*;* inoltre, i potenti dell'epoca non si sarebbero di certo scomodati per farlo prima arrestare e poi uccidere; ed infine il Cristo avrebbe potuto evitare di riconoscere la sua autorevolezza, invece di pretendere di farsi battezzare[24], arrivando addirittura a sostenere pubblicamente che:

«fra i nati da donna non vi è alcuno più grande di Giovanni, ma il più piccolo nel regno di Dio è più grande di lui»[25].

---

21 Per approfondire questa ipotesi, vi consiglio di leggere il saggio intitolato *Cristianesimo mistico. Gli insegnamenti esoterici di Gesù,* di Yogi Ramacharaka.

22 Marco (cap.1, ver. 6) sostiene che il Battista *«era vestito di peli di cammello, con una cintura di pelle attorno ai fianchi, e mangiava cavallette e miele selvatico»*. Ciò suggerisce che egli conducesse vita ascetica e non possedesse praticamente nulla.

23 Marco 1, 5

24 Quando Gesù dice a Giovanni in Matteo 3, 15 *«Lascia fare per ora, poiché conviene che così adempiamo ogni giustizia»,* egli sta di fatto riconoscendo l'autorevolezza del Battista, così come farebbe qualsiasi iniziato nei confronti del proprio maestro.

25 Luca 7, 28

Con le precedenti parole, Gesù intendeva dire che il livello spirituale raggiunto dal Battista fosse molto elevato, se comparato con quello degli individui della sua epoca, ma che ancora l'umanità avrebbe potuto raggiungere una vetta ben più alta, persino rispetto a quella già conquistata dal *più grande dei profeti*[26].

Anche la pratica battesimale di Giovanni, definita come *«purificazione rituale»*[27], con ogni probabilità, era un qualcosa di molto più importante e ampio, nella portata e nelle modalità, rispetto a quanto è stato descritto nei vangeli; dei quattro elementi fondamentali conosciuti fin dall'antichità[28], l'acqua è quello posto alla base della *vita* e può essere impiegato, se si sa come operare, per compiere rituali di magia bianca volti alla *purificazione* ed alla *guarigione* del corpo, dell'anima e dello spirito.

Senza dubbio, il rito del Battista non aveva nulla a che fare con il *battesimo cattolico* a cui milioni di bambini vengono sottoposti da genitori che, se avessero ben chiaro il livello di *contro-iniziazione* della Chiesa Cattolica, ben si guarderebbero dall'affidare le anime dei

---

26 Sostenendo che Giovanni fosse *«il più grande tra i nati di donna»* (si veda Luca 7, 28), Cristo, come caso particolare, sta di fatto affermando che il Battista fosse anche il più grande tra i profeti vissuti fino alla sua epoca.

27 Giovanni 3, 22-25: Dopo queste cose, Gesù andò con i suoi discepoli nella regione della Giudea, e là si tratteneva con loro e battezzava. Anche Giovanni battezzava a Ennòn, vicino a Salìm, perché là c'era molta acqua; e la gente andava a farsi battezzare. [...] Nacque allora una discussione tra i discepoli di Giovanni e un Giudeo riguardo alla *purificazione rituale*.

28 Vale a dire, in ordine progressivo di densità: fuoco, aria, acqua e terra.

propri figli al dominio delle entità oscure che controllano quell'istituzione religiosa.

Che Giovanni fosse stato, a sua volta, iniziato, è egli stesso a rivelarlo, affermando che qualcuno lo *inviò*, e quindi, con ogni probabilità, lo *avviò*, a battezzare con l'acqua, rivelandogli anche come riconoscere il Cristo[29].

Per quanto ho fin qui riportato, non è da considerarsi come una ipotesi irragionevole che lo stesso Gesù, prima di avviare il proprio ministero pubblico, sia stato istruito proprio da Giovanni in relazione ad alcune conoscenze teoriche e pratiche di carattere esoterico.

Risulta inoltre del tutto evidente che anche il rito d'iniziazione battesimale attuato da Gesù fosse diverso, ed ancor meno chiaro nella sua pratica, rispetto a quello di Giovanni: egli, infatti, non battezzava in acqua, ma in *Spirito Santo* e *fuoco*[30].

Per cercare di comprendere che cosa intendesse dire Luca nel suo vangelo, bisognerebbe, come minimo, indagare, ed ancor meglio decodificare, il significato esoterico di questi termini.

---

29 Giovanni 1, 32-34: *«proprio colui che mi ha inviato a battezzare nell'acqua mi disse: "Colui sul quale vedrai discendere e rimanere lo Spirito, è lui che battezza nello Spirito Santo"».*

30 Luca 3, 16: Giovanni rispose, dicendo a tutti: *«Io vi battezzo in acqua; ma viene colui che è più forte di me, al quale io non sono degno di sciogliere il legaccio dei calzari. Egli vi battezzerà in Spirito Santo e fuoco».*

Il fuoco, in virtù della sua capacità di *bruciare*, può indicare i processi di *purificazione* e *rinascita*[31]; il suo simbolo alchemico è un triangolo equilatero con un vertice rivolto verso l'alto, che richiama immediatamente alla mente la forma ed il significato esoterico di una montagna.

Così come il fuoco, che essendo leggero sale verso l'alto, anche la montagna invita, da un punto di vista spirituale, ad una *ascesi*, vale a dire ad una spinta ascensionale volta ad avvicinarsi al cielo, cioè verso tutto ciò che è *divino*, come ad esempio la verità, ma anche la bellezza, il bene o l'amore.

Mentre che cosa sia il fuoco, da un punto di vista fisico, è ben chiaro a tutti, ed il suo significato esoterico può essere in qualche modo intuito, nessuno sa dare una risposta ben definita rispetto a che cosa sia veramente lo *Spirito Santo*.

Volendo tentare una interpretazione, mantenendo ed estendendo la concezione filosofica degli elementi fondamentali, sicuramente nota ai tempi di Gesù, si potrebbe azzardare l'ipotesi - a dir poco speculativa! - che lo Spirito Santo sia il celeberrimo *quinto elemento*, o se preferite la *quintessenza*, vale a dire, sposando il più recente punto di vista dell'alchimia, il composto principale della *pietra filosofale*.

Dubitare di questa ipotesi è obbligatorio, ancor più che legittimo; si sappia però che, secondo gli alchimisti, la pietra filosofale fornirebbe all'umanità:

---

31 Si pensi pure al mito dell'Araba Fenice.

1) un *elisir di lunga vita*, in grado di conferire l'immortalità, costituendo quindi la panacea universale per qualsiasi malattia;

2) l'*onniscienza*, ovvero, in particolare, la conoscenza assoluta del passato e del futuro, del vero e del falso, del bene e del male (da qui l'attributo di "*filosofale*");

3) la possibilità di *trasmutare* in "oro" i "metalli" vili, una proprietà che ha attratto le persone avide che intendevano arricchirsi materialmente, ma che in realtà va correttamente interpretata in senso spirituale. Ovverosia, è l'essere umano, e non un metallo in senso stretto, che, attraverso una trasformazione interiore, trasmuta se stesso, elevandosi e purificandosi fino al punto da riconnettersi con il divino[32].

A differenza degli aspetti esoterici, la dottrina sociale del Battista risulta decisamente chiara, immediata e, oserei direi, potente: l'imperativo categorico di condividere la ricchezza, integrato con l'indicazione di comportarsi in modo etico rispetto al proprio ruolo sociale, qualora venissero applicati, risolverebbero già di per sé gran parte dei problemi ancora oggi presenti nella società.

---

32 Vorrei farvi notare che i medesimi obiettivi perseguiti dagli alchimisti alla ricerca della pietra filosofale possono essere raggiunti anche seguendo la Via spirituale indicata da Gesù Cristo. Tutto ciò risulterà più chiaro procedendo con la lettura di questo saggio...

Se l'1% della popolazione più ricca, che oggigiorno detiene circa il 50% della ricchezza mondiale[33], condividesse i propri averi con il restante 99% dell'umanità, quest'ultimo gruppo di persone vedrebbe immediatamente raddoppiare la propria ricchezza; ciò, di fatto, implicherebbe l'immediata fine della povertà.

E ancora, se banchieri, capitalisti, mercanti, politici, giornalisti e così via, svolgessero il loro mestiere in senso *positivo*, vale a dire con intelligenza, comportandosi onestamente ed altruisticamente, guardando al bene comune, di certo il mondo diverrebbe un luogo decisamente migliore in cui vivere.

---

33 "Oxfam, più disuguaglianze: l'1% più ricco ha il 45,6% delle ricchezza netta globale". Corriere della Sera, Giuliana Ferraino,16 gennaio 2023

Capitolo II

«Io sono la Via, la Verità e la Vita». *Gesù di Nazareth*

conformità ai dettami del Logos, otterrà la *Vita*, cioè vivrà nel senso più pieno, autentico e profondo di questo termine[40].

In altri passi, assai suggestivi, del vangelo di Giovanni, il Cristo viene definito, utilizzando un linguaggio esoterico, come la *luce* che *illumina* ogni uomo[41].

La luce infatti, metaforicamente parlando, come un faro che guida verso la salvezza i marinai dispersi in mare in una notte buia e tempestosa, rappresenta ciò che consente all'intelletto umano di elevarsi orientandosi verso i piani divini, fino a cogliere la verità; la luce inoltre è anche simbolo di purezza [interiore] e consente di scacciare l'oscurità, vale a dire la menzogna e, più in generale, le forze del male.

Ecco spiegato perché luce e verità, da un punto di vista simbolico, possono essere considerate come due facce della stessa medaglia, giacché la luce consente di vedere nel buio, così come la verità consente di smascherare il falso; oltre a ciò, è evidente che un essere luminoso, cioè puro di spirito, dica sempre la verità, e viceversa chi è in grado di cogliere, dire e agire secondo verità sarà, per forza di cose, un portatore di luce nel mondo.

---

40 Riprenderò questo aspetto più avanti, quando affronterò la dottrina esoterica di Cristo, chiarendo che cosa significhi "ottenere la *Vita*" secondo il cristianesimo delle origini.

41 Giovanni 1, 6-9: Venne un uomo mandato da Dio: il suo nome era Giovanni. Egli venne come testimone per dare testimonianza alla luce, perché tutti credessero per mezzo di lui. Non era lui la luce, ma doveva dare testimonianza alla luce. Veniva nel mondo la luce vera, quella che illumina ogni uomo

Anche per questo si può sostenere, senza timore d'essere smentiti, che il concetto della verità rappresenti il fulcro, non solo del cristianesimo, ma anche della tradizione filosofica occidentale; non a caso uno degli insegnamenti più belli, famosi ed influenti attribuiti a Gesù Cristo recita così: *«conoscerete la Verità e la Verità vi farà liberi»*[42].

42 Giovanni 8, 32

Capitolo III

«Non chiunque mi dice: Signore, Signore, entrerà nel Regno dei Cieli, ma colui che fa la volontà del Padre mio che è nei cieli». *Gesù di Nazareth*

Il Regno dei Cieli

Nel precedente capitolo ho cercato di chiarire, attenendomi ai vangeli, chi sia, e che cosa rappresenti, il Cristo; nelle prossime pagine, invece, tenterò di rispondere alle seguenti domande:

perché il Logos si è incarnato sulla Terra? O, se preferite, qual era l'obiettivo che Gesù intendeva perseguire operando in accordo con la ragione universale? In che cosa consiste questa *Via* da seguire secondo *Verità* per ottenere la *Vita*?

Di sicuro il Cristo, per sua stessa ammissione, intendeva *«dare testimonianza alla verità»*[43], ma egli aveva in mente anche un preciso programma politico volto a ristabilire la giustizia sociale; in estrema sintesi, il Cristo voleva costruire il *Regno dei Cieli* qui sulla Terra.

I punti di massima della trasformazione sociale che Gesù intendeva realizzare sono dichiarati in modo del tutto esplicito nel suo celeberrimo *Discorso della Montagna,* di cui citerò qui di seguito l'incipit:

Vedendo le folle, Gesù salì sul monte: si pose a sedere e si avvicinarono a lui i suoi discepoli. Si mise a parlare e insegnava loro dicendo: *«Beati i poveri in spirito, perché di essi è il regno dei cieli. Beati quelli che sono nel pianto, perché saranno consolati. Beati i miti, perché avranno in eredità*

43 Giovanni 18, 37: Allora Pilato gli disse: *«Dunque tu sei re?»*. Risposе Gesù: *«Tu lo dici; io sono re. Per questo io sono nato e per questo sono venuto nel mondo: per rendere testimonianza alla verità. Chiunque è dalla verità, ascolta la mia voce»*.

la terra. Beati quelli che hanno fame e sete della giustizia, perché saranno saziati. Beati i misericordiosi, perché troveranno misericordia. Beati i puri di cuore, perché vedranno Dio. Beati gli operatori di pace, perché saranno chiamati figli di Dio. Beati i perseguitati per la giustizia, perché di essi è il regno dei cieli. Beati voi quando vi insulteranno, vi perseguiteranno e, mentendo, diranno ogni sorta di male contro di voi per causa mia. Rallegratevi ed esultate, perché grande è la vostra ricompensa nei cieli. Così infatti perseguitarono i profeti che furono prima di voi. Voi siete il sale della terra; ma se il sale perde il sapore, con che cosa lo si renderà salato? A null'altro serve che ad essere gettato via e calpestato dalla gente. Voi siete la luce del mondo; non può restare nascosta una città che sta sopra un monte, né si accende una lampada per metterla sotto il moggio, ma sul candelabro, e così fa luce a tutti quelli che sono nella casa. Così risplenda la vostra luce davanti agli uomini, perché vedano le vostre opere buone e rendano gloria al Padre vostro che è nei cieli»[44].

Analoghi obiettivi sono anche ribaditi, nei loro tratti essenziali, da Maria, la quale, riferendosi all'operato di Dio, disse:

«ha disperso i superbi nei pensieri del loro cuore; ha rovesciato i potenti dai troni, ha innalzato gli umili; ha ricolmato di beni gli affamati, ha rimandato i ricchi a mani vuote»[45].

Già da queste parole risulta evidente che il Cristo intendesse realizzare una sorta di ribaltamento sociale: quando si realizzerà il Regno dei Cieli, infatti, le persone che ora soffrono saranno consolate; gli affamati sa-

---

44 Matteo 5, 1-16
45 Luca 1, 51-53

ranno ricolmati di beni materiali (e spirituali); i ricchi ed i potenti, che da secoli sottomettono e dominano l'umanità, non saranno più tali; quelli che oggi come allora vengono considerati gli "ultimi" diverranno i "primi" ed i "primi" saranno gli "ultimi".

Nelle precedenti dichiarazioni non è presente soltanto un programma politico ma anche una caratterizzazione di tipo spirituale: questa *Nuova Società* che si materializzerà sulle Terra, secondo il Cristo, apparterrà ai *miti*, cioè alle persone pazienti e benevolenti, ed ai *misericordiosi*, vale a dire a coloro che, mossi da un autentico sentimento di compassione per la sofferenza e l'infelicità altrui, si prodigano per alleviare il dolore e donare felicità.

Il Regno dei Cieli sarà prodotto dai *poveri di spirito*, che non sono le persone scarsamente intelligenti o ignoranti, bensì gli *umili*, ovvero coloro che sono *privi di ego*, e dai *puri di cuore*, vale a dire quegli individui caratterizzati da una grande purezza interiore, perché è soltanto grazie a queste qualità che un essere umano può arrivare a cogliere in modo diretto la verità, colmando il proprio spirito con la saggezza universale.

A riprova di ciò, in alcuni passi tratti dal vangelo di Matteo[46], Cristo chiarisce che soltanto chi ha le qualità

---

46 Si veda Matteo 19, 13-15: Allora gli furono portati dei bambini perché imponesse loro le mani e pregasse; ma i discepoli li rimproverarono. Gesù però disse: *«Lasciateli, non impedite che i bambini vengano a me; a chi è come loro, infatti, appartiene il regno dei cieli»*. O anche Matteo 18, 1-5: In quel momento i discepoli si avvicinarono a Gesù dicendo: *«Chi dunque è più grande nel regno dei cieli?». Allora chiamò a sé un bam-*

positive dei bambini, vale a dire purezza, spontaneità, gioia, vivacità, curiosità, mente non condizionata, cuore puro e pulsante, voglia di giocare, scoprire, conoscere e così via, potrà entrare in questa nuova società.

Il medesimo concetto viene ribadito anche nel vangelo di Luca, dove si può leggere che il *Regno di Dio* appartiene soltanto a chi è come un bambino e pertanto è in grado di accogliere questa realtà come farebbe un fanciullo[47].

Nell'incipit del Discorso della Montagna, inoltre, si può cogliere una preziosa indicazione strategica su come realizzare il Regno dei Cieli: donando all'umanità una *nuova etica*, ovvero una rinnovata e più elevata *visione spirituale*[48].

Facendo maturare nei suoi discepoli una *Coscienza Cristica,* Gesù aveva così avviato un processo di *trasformazione sociale*, spargendo i semi [spirituali] che in futuro avrebbero causato la nascita di una nuova società.

---

bino, lo pose in mezzo a loro e disse: «In verità io vi dico: se non vi convertirete e non diventerete come i bambini, non entrerete nel regno dei cieli»

47 Luca 18, 15-17: Gli presentavano anche i bambini piccoli perché li toccasse, ma i discepoli, vedendo ciò, li rimproveravano. Allora Gesù li chiamò a sé e disse: *«Lasciate che i bambini vengano a me e non glielo impedite; a chi è come loro, infatti, appartiene il regno di Dio. In verità io vi dico: chi non accoglie il regno di Dio come l'accoglie un bambino, non entrerà in esso»*

48 Riprenderò ed approfondirò questo aspetto più avanti, nel capitolo dedicato agli insegnamenti spirituali di Gesù.

Se si riflette per un instante, si riesce a comprendere che ogni realtà sociale è il prodotto delle azioni degli individui che la compongono; ma siccome le azioni dipendono dal pensiero, ciò significa che ogni società è il prodotto delle coscienze degli individui che animano quella data realtà sociale[49].

Pertanto, ad ogni variazione del livello di coscienza degli attori sociali, corrisponde inevitabilmente una qualche modificazione della realtà sociale; in altre parole, ogni "regno" interiore [spirituale], produce un "regno" esteriore [materiale] ad esso associato, in accordo con la celebre legge ermetica che recita *«come è dentro, così è fuori»*[50].

Ne consegue che senza una trasformazione spirituale [interiore] nulla può realmente cambiare nelle dinamiche [esteriori] dell'esistenza di un individuo e della società.

Ecco perché il Cristo si fece innanzitutto portatore di un rinnovamento spirituale; ed ecco spiegato anche perché diceva a coloro che accoglievano ed iniziavano a seguire i suoi insegnamenti *«Voi siete la luce del mondo»*[51], augurando loro *«risplenda la vostra luce davanti agli uomini»*[52], così che pure gli altri individui, ispirati dalle buone azioni dei propri simili, prendesse-

---

49 Per approfondire questi aspetti date un'occhiata al mio *Trattato di Sociologia Vol 1/4 Parte 1: le leggi fondamentali della sociologia.*

50 Per approfondire si veda l'opera intitolata *Il Kybalion* scritta da *I tre Iniziati.*

51 Matteo 5, 14

52 Matteo 5, 16

ro esempio e cominciassero a loro volta ad operare in conformità ai dettami della ragione universale, trasformando di conseguenza la società in senso positivo.

Questo è ciò che significa, a mio avviso, *«rendere gloria al Padre che è nei cieli»*[53]*:* pensare ed agire secondo verità, ambendo quindi a diventare, ed infine ad essere, un tutt'uno con la verità.

Alla luce di queste ulteriori riflessioni è dunque chiaro che il Regno dei Cieli debba essere inteso con bivalenza di significato: esso, infatti, è sia un qualcosa di *spirituale* che di *materiale*; in altre parole, il Regno dei Cieli è un modello socio-economico-culturale astratto associato ad un certo stato di coscienza, vale a dire la *Coscienza Cristica*, la quale, qualora venisse interiorizzata ed incarnata dall'umanità, avrebbe il potere di far manifestare esattamente quella società ideale anche nella realtà terrena.

Si consideri, inoltre, che il Regno dei Cieli è anche inteso come il Regno di Dio, cioè come una realtà costruita secondo ragione. Ma la ragione conduce alla verità; e siccome il bene è figlio della verità, il Regno dei Cieli non può che tradursi in una società "giusta" intrinsecamente finalizzata, per sua costituzione, alla realizzazione del *bene comune*, vale a dire al benessere di tutti gli esseri viventi.

Vi è un ultimo dettaglio da sottolineare contenuto nel precedente discorso, precisamente quando il Cristo so-

---

53 Matteo 5, 16

stiene che chi sarà insultato e perseguitato a causa sua riceverà una grande ricompensa nei cieli[54].

Promettendo una «*ricompensa nei cieli*», egli sta tacitamente affermando l'esistenza di un altro livello di realtà *ultraterreno*; con il termine "cielo", infatti, Gesù non si sta riferendo a ciò che si può osservare con gli occhi volgendo lo sguardo all'insù quando ci si trova all'aria aperta, ma ad una ulteriore realtà metafisica, immateriale, spirituale, divina[55].

In altri passi dei vangeli, il Cristo aggiunge ulteriori dettagli descrivendo il Regno dei Cieli con la modalità espositiva che egli era solito utilizzare per comunicare: le *parabole*[56]. Ad esempio, in alcune di esse si può leggere che:

«Il regno dei cieli è simile a un granello di senape, che un uomo prese e seminò nel suo campo. Esso è il più piccolo di tutti i semi ma, una volta cresciuto, è più grande delle altre piante dell'orto e diventa un albero, tanto che gli uccelli del cielo vengono a fare il nido fra i suoi rami»[57].

---

54 Matteo 5, 11-12: *«Beati voi quando vi insulteranno, vi perseguiteranno e, mentendo, diranno ogni sorta di male contro di voi per causa mia. Rallegratevi ed esultate, perché grande è la vostra ricompensa nei cieli».*

55 Riprenderò questo aspetto più avanti nella trattazione quando affronterò il discorso della reincarnazione.

56 Nel cristianesimo la *parabola* è un metodo di comunicazione in cui si utilizzano dei racconti semplici e brevi appositamente concepiti per trasmettere in modo efficace degli insegnamenti morali e spirituali profondi. Il termine deriva dal latino *parabŏla* (confronto, similitudine), che a sua volta proveniva dal greco *παραβολή* ovvero *parabolé* (confronto, allegoria).

57 Matteo 13, 32-33

E che:

«Il regno dei cieli è simile al lievito, che una donna prese e mescolò in tre misure di farina, finché non fu tutta lievitata»[58].

E ancora:

«Il regno dei cieli è simile a un uomo che ha seminato del buon seme nel suo campo. Ma, mentre tutti dormivano, venne il suo nemico, seminò della zizzania in mezzo al grano e se ne andò. Quando poi lo stelo crebbe e fece frutto, spuntò anche la zizzania. Allora i servi andarono dal padrone di casa e gli dissero: "Signore, non hai seminato del buon seme nel tuo campo? Da dove viene la zizzania?". Ed egli rispose loro: "Un nemico ha fatto questo!". E i servi gli dissero: "Vuoi che andiamo a raccoglierla?". "No, rispose, perché non succeda che, raccogliendo la zizzania, con essa sradichiate anche il grano. Lasciate che l'una e l'altro crescano insieme fino alla mietitura e al momento della mietitura dirò ai mietitori: raccogliete prima la zizzania e legatela in fasci per bruciarla; il grano invece riponetelo nel mio granaio»[59].

Da queste parabole, dunque, si evince che:

1) la Nuova Società cristiana è come un seme di una pianta maestosa che darà frutti in abbondanza, ma che ha bisogno di [molto] tempo per svilupparsi;

2) nonostante la coscienza cristica [il lievito] inizialmente appartenga soltanto ad una piccola

58 Matteo 13, 33
59 Matteo 13, 24-30

parte dell'umanità, alla fine riuscirà comunque a trasformare in senso positivo [a far lievitare] l'intera società;

3) le persone che stanno acquisendo la coscienza cristica stanno maturando nel medesimo ambiente sociale di quelle che stanno acquisendo una coscienza *anti-cristica,* ma alla fine soltanto i puri sopravviveranno e potranno vivere nel Regno dei Cieli.

Il processo di *semina spirituale,* con le sue dinamiche essenziali in relazione all'attecchimento al livello della coscienza, viene descritto in un'altra celebre parabola, quella del *seminatore*:

«Ascoltate! Ecco, il seminatore uscì a seminare. Mentre seminava, una parte del seme cadde lungo la strada; e gli uccelli vennero e lo mangiarono. Un'altra cadde in un suolo roccioso dove non aveva molta terra; e subito spuntò, perché non aveva terreno profondo; ma quando il sole si levò, fu bruciata; e, non avendo radice, inaridì. Un'altra cadde fra le spine; le spine crebbero e la soffocarono, ed essa non fece frutto. Altre parti caddero nella buona terra; portarono frutto, che venne su e crebbe, e giunsero a dare il trenta, il sessanta e il cento per uno».[60]

Che cosa significa questo racconto allegorico? È il Cristo stesso a spiegarlo ai suoi discepoli:

«Il seminatore semina la parola. Quelli che sono lungo la strada, sono coloro nei quali è seminata la parola; e quando l'hanno udita, subito viene Satana e porta via la parola

60 Marco 4, 3-9

seminata in loro. E così quelli che ricevono il seme in luoghi rocciosi sono coloro che, quando odono la parola, la ricevono subito con gioia; ma non hanno in sé radice e sono di corta durata; poi, quando vengono tribolazione e persecuzione a causa della parola, sono subito sviati. E altri sono quelli che ricevono il seme tra le spine; cioè coloro che hanno udito la parola; poi gli impegni mondani, l'inganno delle ricchezze, l'avidità delle altre cose, penetrati in loro, soffocano la parola, che così riesce infruttuosa. Quelli poi che hanno ricevuto il seme in buona terra sono coloro che odono la parola e l'accolgono e fruttano il trenta, il sessanta e il cento per uno»[61].

Scopriamo così che:

1) il seminatore è colui che diffonde gli insegnamenti cristici [in particolare, quindi, Gesù stesso fu un seminatore];

2) coloro che sono lungo la strada, cioè lungo la Via, sono le persone che hanno intrapreso un *percorso spirituale*;

3) il Cristo ha un antagonista, ovvero l'anti-Cristo, vale a dire Satana [di cui mi occuperò nel prossimo capitolo];

4) senza aver sviluppato una certa solidità interiore, non si riuscirà a incarnare veramente l'insegnamento cristico, perché, prima o poi, non appena giungeranno delle difficoltà, si devierà dalla Via, proprio come un albero che, senza un solido e profondo apparato radicale,

---

61 Marco 4, 14-20

non può innalzarsi verso il cielo, sperando di riuscire a fronteggiare le intemperie;

5) gli inganni dell'odierna società, colma di futili impegni e di falsi obiettivi, possono deviare l'essere umano dall'autentica realizzazione spirituale;

6) il seme della coscienza cristica attecchirà, portando a maturazione frutti in abbondanza, soltanto in coloro che avranno avuto la cura e la forza necessarie per preparare e mantenere in essere, nella loro interiorità, un terreno adatto al suo sviluppo.

Capitolo IV

«Tutto il mondo giace sotto il potere del maligno».
Vangelo di Giovanni

Il Regno dell'Anticristo

Nel precedente capitolo ho cercato di chiarire quale fosse l'obiettivo che Gesù si propose di ottenere con il suo operato ed ho concluso che egli volesse fornire all'umanità gli strumenti etici e spirituali affinché essa stessa riuscisse a realizzare il Regno dei Cieli.

Ma per quale motivo vi era la necessità di un simile progetto di trasformazione interiore dell'umanità ed esteriore della società? Molto semplicemente perché oggi come allora, o forse addirittura più di allora, il male regnava sulla Terra[62].

Che il mondo non sia un luogo libero, ma una realtà assoggettata alle forze del male, è una verità talmente evidente che non ha neanche bisogno di essere argomentata; da millenni, ormai, la quasi totalità degli esseri umani viene dominata con inganni mentali, apparati tecnologici e con la forza fisica, al fine di essere controllata, schiavizzata, sfruttata, parassitata, in modo folle, diabolico e con modalità disumane.

Questa operazione di dominazione è esercitata, nella migliore delle ipotesi, da una élite di individui malvagi, avidi ed egoisti, nel peggiore dei casi, da alieni e/o entità spirituali che traggono nutrimento dall'anima degli esseri umani e dalle forme energetiche associate e prodotte da ogni manifestazione del male (dolore, terrore,

62 Giovanni 5, 19: *«Tutto il mondo giace sotto il potere del maligno».*

rabbia, menzogna, ingiustizia, distruzione, morte e così via).

Il Cristo stesso sottolineò implicitamente questo stato di cose quando interrogato da Pilato affermò:

«Il mio regno non è di questo mondo; se il mio regno fosse di questo mondo, i miei servitori avrebbero combattuto perché non fossi consegnato ai Giudei; ma il mio regno non è di quaggiù»[63].

Ma se il regno presente sulla Terra non è quello di Cristo, chi è, secondo gli evangelisti, che domina l'umanità deviandola dalla luce e conducendola verso l'oscurità?

La risposta viene fornita in modo esplicito nel seguente passo che descrive quanto accaduto proprio all'inizio del ministero pubblico di Gesù, il quale, dopo aver ricevuto il battesimo da Giovanni con l'acqua del fiume Giordano, si recò nel deserto ove fu tentato dal demonio:

Il diavolo lo condusse in alto, gli mostrò in un istante tutti i regni della terra e gli disse: *«Ti darò tutto questo potere e la loro gloria, perché a me è stata data e io la do a chi voglio. Perciò, se ti prostrerai in adorazione dinanzi a me, tutto sarà tuo»*[64].

Ma il Cristo gli rispose con tono fermo:

---

63 Giovanni 18, 36
64 Luca 4, 5-6

«Vattene, Satana! Sta scritto infatti: il Signore, Dio tuo, adorerai: a lui solo renderai culto». Allora il diavolo lo lasciò, ed ecco, degli angeli gli si avvicinarono e lo servivano[65].

Chi è dunque che ha seminato la zizzania nel campo di colui che si era premurato di piantare dell'ottimo seme?

La risposta è del tutto evidente e può essere individuata nei seguenti versetti tratti dal vangelo di Matteo:

Poi Gesù lasciò la folla ed entrò in casa; i suoi discepoli gli si accostarono per dirgli: *«Spiegaci la parabola della zizzania nel campo».* Ed egli rispose: *«Colui che semina il buon seme è il Figlio dell'uomo* [il Cristo]. *Il campo è il mondo* [la società umana]. *Il seme buono sono i figli del regno* [chi matura una coscienza cristica]*; la zizzania sono i figli del maligno* [chi matura una coscienza anti-cristica]*, il nemico che l'ha seminata è il diavolo* [l'anticristo]*»*[66].

Da questi passi, dunque, si possono dedurre quattro punti di fondamentale importanza:

1) così come esiste il Cristo, incarnazione umana del Logos, che opera secondo verità lavorando per far maturare all'umanità una coscienza cristica, esiste anche un anti-Cristo, meglio noto come *Satana*, che rappresenta una forza spirituale antagonista alla ragione universale, alla verità e dunque al bene.

Nei vangeli non viene chiarito, in modo esplicito, se il demonio abbia il potere di incarnarsi o di assumere

---

65 Matteo 4, 10-11
66 Matteo 13, 36-43

forma umana, anche se è legittimo assumere che pure il maligno, in modo analogo a quanto si sostiene possano fare gli angeli, abbia questa facoltà; ciò che invece viene asserito a chiare lettere, come ho avuto già modo di sottolineare, è che i regni della Terra sono sotto il dominio del male, ovvero di Satana.

2) Chi si eleva spiritualmente viene messo alla prova lungo il suo cammino; ciò è del tutto normale, in quanto, così come le forze cristiche operano per portare quante più anime gli è possibile nel Regno dei Cieli, in modo del tutto simmetrico, anche le forze anti-cristiche cercano di fare altrettanto, spingendo l'umanità verso la perdizione.

Via via che il livello di coscienza diverrà più elevato, maggiore sarà il grado di purezza interiore, più la mente verrà decondizionata, tanto più si opererà, a livello materiale ed immateriale, in direzione del bene universale, quanto più si subiranno tentazioni ed attacchi di intensità crescente da parte delle forze del male.

Ed è soltanto grazie al superamento di queste "prove" che l'iniziato potrà dare una dimostrazione concreta del suo avanzamento lungo il cammino di elevazione spirituale.

3) Il male non può assoggettarci senza il nostro consenso; non a caso, quando il Cristo afferma, con forza e convinzione, *«Vattene Satana!»*, il diavolo asseconda la sua volontà, rispettandola: la prova è superata ed egli lo lascia proseguire.

In altre parole, ciò significa che le forze del male traggono il loro potere dalla collaborazione di quegli individui che cedono ad esse la loro energia; tale energia può essere concessa in modo volontario o involontario (ad esempio a causa di un inganno), ma in ogni caso vige il rispetto del libero arbitrio, vale a dire dell'esercizio della volontà dell'individuo.

Sicché, in definitiva, non appena qualcuno divenga consapevole di tutto ciò, ed affermi, in modo chiaro, puro e determinato, la sua volontà di non asservirsi alle forze del male per abbracciare quelle che perseguono il bene, non c'è nulla che possa impedire che ciò avvenga.

Attenzione però, giacché questa scelta di campo non mette l'iniziato al riparo da sofferenze o sventure, né assicura che egli non sia chiamato a superare altre prove per manifestare la sua più elevata ed autentica natura, portare a termine i suoi compiti ed inverare il proprio destino[67].

4) Tra i modi più comuni con cui le forze del male tentano gli esseri umani vi sono il potere, gli averi ed il cosiddetto "successo"; in cambio di questa falsa realizzazione personale, però, Satana richiede la sua adorazione e quindi la sottomissione, ovvero l'obbedienza, alla sua malevola volontà.

In altre parole, ciò significa che in cambio di un po' di

67 Come casi limite, considerate che il Cristo dovette sacrificare se stesso per l'umanità subendo la crocifissione e gli stessi apostoli divennero dei martiri.

pezzi di carta colorati [questo di fatto è il denaro] e della possibilità di alimentare il proprio ego esibendosi, ad esempio, su di un palcoscenico considerato "importante" da una massa di persone addormentate, quell'individuo collaborerà con le forze oscure, ovvero contribuirà con le proprie azioni ad accrescere il male nella società, allontanando l'umanità dalla verità e dunque dalla realizzazione del Regno dei Cieli.

Svanita l'illusione dell'apparente vantaggio materiale dovuto al patto stipulato con il demonio, prima o poi si dovrà fare i conti con le conseguenze negative dovute a comportamenti tanto scellerati quanto immorali, sperimentando sulla propria pelle miseria, desolazione, depressione, dolore, infelicità, follia, abbandono, solitudine, disprezzo, ignominia e così via, arrivando, nei casi più gravi, a subire le estreme conseguenze dovute prima alla perdita e poi alla dannazione dell'anima! Per questo il Cristo disse:

«Quale vantaggio infatti avrà l'uomo se guadagnerà il mondo intero, e poi perderà la propria anima?»[68].

E ancora:

«Non abbiate paura di quelli che uccidono il corpo, ma non hanno potere di uccidere l'anima; abbiate paura piuttosto di colui che ha il potere di far perire nella Geènna e l'anima e il corpo»[69].

Oltre che per l'evidente messaggio etico, queste citazioni sono molto importanti in quanto da esse si evince

---

68 Matteo 16, 26
69 Matteo 10, 28

che l'essere umano non è un semplice aggregato di materia, ma è un essere dotato di *corpo* e *anima,* vale a dire di una componente fisica materiale completata da una parte metafisica immateriale[70].

Per comprendere appieno il significato esoterico dei precedenti versetti, è necessario sapere che la *Geènna,* oggi corrispondente alla valle di Ennom posta a sud-ovest di Gerusalemme, anticamente fu maledetta dal re Giosia in quanto sede del culto di Moloch che prevedeva *sacrifici umani.*

Destinata ad immondezzaio della città, nel Vangelo la Geènna fu presa a simbolo dell'*Inferno*, in quanto, per smaltire i rifiuti, che altrimenti si sarebbero accumulati in quantità eccessiva, gli abitanti del luogo alimentavano continuamente un fuoco che, di fatto, sembrava essere perpetuo.

Detto ciò, possiamo chiederci: chi è dunque che ha il potere e la volontà di condurre nel Geènna addirittura l'*anima* di un uomo attraverso un *sacrificio*?

Alcuni staranno pensando a Dio [da qui deriva il cosiddetto *timor di Dio];* ma questa risposta, da un punto di vista logico è una completa assurdità, in quanto la volontà di Dio non è di condurre le anime all'Inferno ma nel Regno dei Cieli.

La risposta corretta, quindi, è l'anticristo, o se preferite Satana, sempre e comunque nel rispetto del libero ar-

---

70 Riprenderemo questo aspetto quando ci occuperemo della reincarnazione.

bitrio dell'individuo che, in definitiva, può scegliere se operare il male o il bene, condannandosi o liberandosi a causa o in virtù delle sue azioni.

Così come il Cristo e Dio sono associati, con linguaggio esoterico, alla *luce*, ed in senso più spirituale e filosofico al *Logos* ed alla *Verità*, e dunque al *Bene*, allo stesso modo l'anticristo e Satana possono essere associati all'*oscurità*, o anche, all'*assenza di luce*, da cui ha origine il *buio*, ma anche al *falso*, alla *menzogna*, a ciò che è *folle*, *irrazionale*, e dunque, in definitiva, al *male*.

Nel vangelo di Giovanni, Cristo, riferendosi al maligno, lo descrive con le seguenti parole:

«Egli era omicida fin da principio e non stava saldo nella verità, perché in lui non c'è verità. Quando dice il falso, dice ciò che è suo, perché è menzognero e padre della menzogna»[71].

La caratteristica del diavolo, quindi, non è quella di affermare sempre il falso, se così fosse, infatti, egli sarebbe del tutto innocuo, giacché negando ogni sua affermazione si avrebbe la certezza di riottenere sempre la verità; il maligno è un maestro dell'inganno ed utilizza abilmente la menzogna per indurre gli esseri umani in errore, allontanandoli così dalla Via, dalla Verità e dalla Vita.

In particolare, quando Satana tenta gli umani, promettendo loro ricchezza in cambio della sua adorazione, l'inganno non consiste nel mentire rispetto al fatto che

71 Giovanni 8, 44

egli possa fargli ottenere quegli averi, ma nell'indurre i malcapitati a contrarre un patto svantaggioso, in cui ciò che in realtà ha soltanto un valore apparente (il denaro, la fama, il successo) viene scambiato con un qualcosa che ha un valore effettivo (l'anima e l'energia degli individui).

Gli esoteristi sanno bene che per il demonio non c'è nulla che abbia maggior valore rispetto all'anima umana, ancor più se essa appartiene ad un essere innocente, come un bambino, o più in generale ad un individuo integro che ha saputo mantenere o ripristinare la sua purezza interiore[72].

Se Satana fosse stato veramente interessato alla ricchezza materiale non avrebbe di certo offerto a Gesù di cedergli tutti i Regni della Terra in cambio della sua adorazione, potendo di certo escogitare qualche altra sorta di tentazione che gli avrebbe consentito di mantenere quelle ricchezze per sé.

In realtà, questo genere di inganno, basato sulla leva dell'arricchimento, è uno dei più diffusi e viene utilizzato ancora oggi dalle forze del male, non soltanto per deviare e neutralizzare coloro che stanno cercando di elevarsi spiritualmente, ma soprattutto per assicurarsi la collaborazione di quei personaggi che, ricoprendo ruoli strategici, potrebbero esercitare un considerevole impatto sociale (attori, cantanti, giornalisti, conduttori televisivi, politici, capitalisti, guide spirituali etc), giac-

72 Non a caso in alcune pratiche di magia nera sono previsti la tortura o addirittura il sacrifico rituale di esseri puri ed innocenti, umani o animali.

ché se essi operassero in sinergia con le forze del bene, indurrebbero un poderoso processo di risveglio delle coscienze dei popoli che comporterebbe una radicale trasformazione della società in senso positivo, liberando così l'umanità dai suoi dominatori.

Per trovare conferma di tutto ciò, è sufficiente analizzare, ad esempio, le carriere di quegli artisti che, pur di ottenere il successo - come si suol dire - hanno venduto l'anima al diavolo, iscrivendosi a logge massoniche deviate e virando di conseguenza la loro opera al nero.

In tal caso, le prove del processo di contro-iniziazione si possono individuare, non solo analizzando i messaggi comunicati in pubblico e le azioni intraprese da questi personaggi, che come caratteristica comune hanno quella di essere funzionali al processo di dominazione dell'umanità, ma anche nel simbolismo che essi sono costretti ad esibire in certe circostanze per svolgere rituali pubblici o dichiarare l'appartenenza alla propria loggia massonica asservita al volere dell'anticristo.

Non tutti però cedono a queste tentazioni, ed in molti nel corso della storia hanno saputo resistere agli inganni del diavolo, continuando imperterriti a diffondere messaggi di luce, utili e benefici per l'umanità, anche a costo di sacrificare la carriera, o di pagare il prezzo della loro integrità morale con la propria vita, salvando così ciò che secondo il Cristo è davvero importante, ovverosia l'anima.

Capitolo V

«Perseverate nell'amore fraterno. Non dimenticate l'ospitalità; alcuni, praticandola, hanno accolto degli angeli senza saperlo». *Paolo di Tarso*

Angeli e Demoni

Così come Dio non si avvale soltanto del Cristo per operare in direzione del bene, ma anche di una vasta schiera di aiutanti che spazia dagli angeli ai profeti, fino ad arrivare a tutti gli uomini e le donne di buona volontà, che con le loro azioni portano ogni giorno un po' di luce nel mondo, anche Satana ricorre ad una serie di collaboratori che prestano il loro servizio in maniera più o meno consapevole; tra di essi i più potenti e dannosi, se considerati singolarmente in rapporto al loro impatto sociale, vi sono senza alcun dubbio i *demoni* ed i *falsi maestri*.

Senza voler evitare di sottolineare l'enorme impatto negativo di tutti quei piccoli e, soltanto all'apparenza, irrilevanti gesti quotidiani volti al male, che in realtà sommati assieme danno il maggior contributo in termini sociali e quindi sono tutt'altro che trascurabili, all'interno di questo e del prossimo capitolo mi concentrerò sull'analisi delle due categorie di collaboratori del demonio appena citate, perché è principalmente a causa loro che il resto dell'umanità, tentata, ingannata ed influenzata, continua a produrre e riprodurre una sorta di inferno sulla Terra.

Comincerò la mia analisi chiarendo che il termine "demone" deriva dal greco antico *δαίμων* (dáimōn), traducibile col significato di "essere divino"; nella cultura greca antica questa parola non aveva una connotazione necessariamente negativa, tanto è vero che Socrate si riferiva al proprio *daimon* come ad una guida interiore divina che era in grado di consigliarlo in modo saggio; in epoche successive, però, il medesimo termine venne accostato esclusivamente a delle figure malevole che interferiscono con l'esistenza umana allontanando gli individui dal bene[73].

Si può quindi dire che i *demoni*, secondo l'odierno significato, siano delle entità e/o delle forze spirituali che influenzano negativamente i comportamenti umani e, nei casi d'interazione più estremi, possono causare malattie o addirittura impossessarsi del corpo di un vivente.

I *falsi maestri*, invece, verso cui il Cristo stesso inveì con la medesima determinazione con cui esorcizzava gli indemoniati, sono individui che insegnano e professano delle falsità, operando sotto l'influsso delle forze dell'oscurità e quindi, in particolare, dei demoni.

I numerosi episodi di esorcismo praticati da Cristo e dai suoi diretti discepoli [in particolare dagli apostoli] riportati nei vangeli testimoniano come, in quell'epoca, i casi di possessione da parte di entità malvagie fossero piuttosto diffuse e rappresentassero un fenomeno socialmente riconosciuto:

Nella sinagoga c'era un uomo che era posseduto da un demonio impuro; cominciò a gridare forte: «*Basta! Che vuoi da noi, Gesù Nazareno? Sei venuto a rovinarci? Io so chi tu sei: il santo di Dio!*». Gesù gli ordinò severamente: «Taci!

73 Per approfondire si vedano i miei due saggi intitolati *Il Sapere degli Antichi Greci* (per quanto riguarda Socrate) e *La dottrina esoterica di Plotino e Porfirio* (per quanto riguarda il cambio di accezione del termine *daimon*)

Esci da lui!». E il demonio lo gettò a terra in mezzo alla gente e uscì da lui, senza fargli alcun male. Tutti furono presi da timore e si dicevano l'un l'altro: *«Che parola è mai questa, che comanda con autorità e potenza agli spiriti impuri ed essi se ne vanno?»*. E la sua fama si diffondeva in ogni luogo della regione circostante[74].

Lo stupore degli astanti non era tanto dovuto al fatto che ci fosse un uomo indemoniato, quanto all'efficacia degli esorcismi praticati da Gesù, il quale, a forza di liberare persone impossessate da demoni malvagi che gli si sottomettevano obbedendo ai suoi comandi, oltre ad accrescere la sua fama, iniziò a suscitare qualche legittimo sospetto. Alcuni, infatti, vedendolo operare con efficacia dissero:

«È per mezzo di Beelzebùl, capo dei demoni, che egli scaccia i demoni!». Altri poi, per metterlo alla prova, gli domandavano un segno dal cielo. Egli, conoscendo le loro intenzioni, disse: *«Ogni regno diviso in se stesso va in rovina e una casa cade sull'altra. Ora, se anche Satana è diviso in se stesso, come potrà stare in piedi il suo regno? Ma se io scaccio i demoni per mezzo di Beelzebùl, i vostri figli per mezzo di chi li scacciano? [...] Se invece io scaccio i demoni con il dito di Dio, allora è giunto a voi il regno di Dio»*[75].

In questo caso il Cristo dovette ricorrere alla retorica per evitare di fare una brutta fine in anticipo rispetto al tempo della sua futura crocifissione; ma in realtà si può ipotizzare che i suoi esorcismi fossero efficaci perché tutti i demoni rifuggono la luce e, così come accade nelle leggi della fisica newtoniana, una forza spirituale

74 Luca 4, 33-37
75 Luca 11, 15-20

superiore può sovrastarne un'altra ad essa inferiore, ammesso che si sappia come operare.

Avere a che fare con i demoni non era sempre una cosa facile neppure per il Cristo; in un'occasione, infatti, una potente legione di esseri malvagi, che si era impossessata di un povero uomo, si prese gioco di lui, traendolo in inganno[76].

In questo episodio l'esorcismo praticato da Gesù funzionò, ma causò un danno così grande che, vista l'entità, è assai probabile abbia mandato su tutte le furie gli abitanti del luogo, i quali, dice il vangelo di Luca con un'espressione chiaramente edulcorata, lo invitarono ad andarsene.

Il Cristo, infatti, su suggerimento dei demoni, aveva accettato la proposta di trasferire quegli esseri immondi nei corpi di una mandria di maiali che stava pascolando lì vicino; ma ecco che, così facendo, quei poveri animali, mossi dall'influsso malevolo delle entità esorcizzate, si gettarono giù da un precipizio e finirono per affogare nell'acqua.

Dall'analisi dei numerosi casi di esorcismo riportati nei vangeli si può ricostruire, nei suoi aspetti essenziali, come il Cristo operasse per liberare i poveri malcapitati dalle loro possessioni; egli, ad esempio, comandava i demoni con tono deciso, severo ed imperante, ordinando loro di *tacere* ed *uscire* dal corpo di cui avevano preso possesso[77].

---

76 Si veda Luca 8, 26-39 oppure Matteo 8, 28-34.

Talvolta il Cristo domandava il nome di quegli esseri malvagi[78], mentre i demoni riconoscevano che egli fosse il Figlio di Dio e per questo lo temevano[79].

Una volta indotta la fuoriuscita dei demoni dal corpo dell'indemoniato, Gesù continuava ad operare minacciandoli ed impedendo loro di parlare[80].

Di norma, l'esorcismo terminava non solo con la liberazione della persona posseduta[81], ma anche con la sua guarigione[82].

Da ciò si può dedurre che, secondo quanto riportato dagli evangelisti, gli spiriti malvagi possano essere (con)causa anche di malattie, fisiche e mentali, oltre che di derive spirituali.

Alcuni, di certo, leggendo questo capitolo si saranno sicuramente domandati: ma se tutto viene dal Logos, così come sostenuto da Giovanni nell'apertura del suo

---

77 Luca 4, 35: Gesù gli ordinò severamente: *«Taci! Esci da lui!»*; Luca 8, 29: Gesù aveva ordinato allo spirito impuro di uscire da quell'uomo.

78 Luca 8, 30: Gesù gli domandò: *«Qual è il tuo nome?»*. Rispose: *«Legione»*, perché molti demòni erano entrati in lui.

79 Luca 4, 34: *«Basta! Che vuoi da noi, Gesù Nazareno? Sei venuto a rovinarci? Io so chi tu sei: il santo di Dio!»*.

80 Luca 4, 41: Da molti uscivano anche demoni, gridando: *«Tu sei il Figlio di Dio!»*. Ma egli li minacciava e non li lasciava parlare.

81 Luca 4, 35: E il demonio lo gettò a terra in mezzo alla gente e uscì da lui, senza fargli alcun male.

82 Matteo 17, 18: Gesù lo minacciò e il demonio uscì da lui, e da quel momento il ragazzo fu guarito.

vangelo[83], ed il Logos protende alla realizzazione del bene, perché allora esiste anche il male?

È questo il problema centrale della *teodicea*[84].

Lungi dal voler risolvere questa spinosissima questione teologica, mi limiterò soltanto a sostenere, senza arrogare alcuna pretesa di verità, che secondo alcuni la presenza del bene e del male, così come quella del vero e del falso, del razionale e dell'irrazionale e così via, è sostanzialmente dovuta all'intrinseca natura duale della realtà metafisica, entro cui coesistono tutte le coppie di opposti.

Per questo motivo, se si assume l'esistenza di una coscienza cristica, per simmetria, ecco che esisterà automaticamente anche una coscienza anti-cristica.

In un universo duale, dunque, bene e male sono l'uno il riflesso dell'altro, da intendersi come il prodotto di una coppia di stati dell'essere che rappresentano i due massimi estremi di un campo continuo di possibilità, in cui da un lato si opera sempre secondo verità e dall'altro si persiste sempre nella falsità.

Ciò conduce immediatamente ad un'altra questione ancor più spinosa rispetto alla precedente: quella del *libero arbitrio*.

---

83 Giovanni 1, 1-3: In principio era il Verbo, e il Verbo era presso Dio e il Verbo era Dio. Egli era, in principio, presso Dio: tutto è stato fatto per mezzo di lui e senza di lui nulla è stato fatto di ciò che esiste.

84 La teodicea è una branca della filosofia che studia il rapporto tra la giustizia di Dio e la presenza del male nel mondo.

Anche in questo caso sosterrò, senza alcuna pretesa di verità, che a mio avviso l'essere umano sia *libero per natura*, ma a causa dei condizionamenti sociali perda gran parte della sua libertà interiore (ed esteriore).

Al livello della realtà materiale, o se preferite, da un punto di vista sociologico, il libero arbitrio non è un qualcosa di dato in senso assoluto, dipende dal livello di coscienza [e dal coraggio] di un individuo.

Più si è inconsapevoli, infatti, e più si è *agiti*, ovvero non si opera in virtù di una reale volontà interiore ma di un condizionamento esterno che induce ad assecondare l'altrui volontà; più invece si diviene consapevoli [e coraggiosi] e più si è in grado di agire effettivamente da sé in base alla propria reale volontà.

In tal senso, a mio avviso, il libero arbitrio *va conquistato.*

Per quanto fin qui sostenuto, da un punto di vista teorico, le forze del bene e del male hanno la medesima potenzialità ed, in ultima analisi, la prevalenza dell'una o dell'altra fazione in una data realtà sociale dipende da quanti esseri autocoscienti e dotati di libero arbitrio scelgono, più o meno consapevolmente, di alimentare con la propria energia il bene o il male.

In altre parole, ciò significa che tante più persone acquisiranno e quindi opereranno in conformità alla coscienza cristica, tanto meno il male si manifesterà sulla Terra.

Portata alle sue estreme conseguenze, questa tesi comporta che, in teoria, non c'è nulla che impedisca agli esseri umani di eliminare completamente il male realizzando il Regno dei Cieli.

Come insegnava un altro grande maestro, vale a dire Socrate, scegliere il bene è gran vantaggio; per questo motivo chi opera il male lo fa perché è ignorante, non in quanto malvagio.

Gli unici ad essere veramente malvagi, mi permetto di aggiungere, al pari dei demoni, sono coloro che scelgono di compiere il male consapevolmente, sapendo che con le loro parole ed i loro atti stanno servendo ed operando il male.

Vi è un ultimo aspetto che vale la pena di sottolineare prima di procedere oltre: la funzione del male non è soltanto negativa; le sue manifestazioni, infatti, possono essere utilizzate per acquisire consapevolezza e virare in direzione del bene.

Non a caso alcuni esoteristi sostengono che la sofferenza sia uno dei maestri più grandi, mentre i pedagogisti spiegano che è anche grazie all'errore che si può migliorare come esseri umani e riuscire a cogliere la verità.

Per nostra fortuna, oltre al dolore ed all'errore, vi è un altro gruppo di servitori della Verità pronto ad assistere l'umanità lungo il suo cammino di elevazione spirituale, che, per orientamento etico e funzioni, può essere collocato all'estremo opposto rispetto ai demoni: si tratta degli *angeli.*

L'etimologia di questo termine deriva dal latino "angelus" che a sua volta ha origine dalla parola greca *ἄγγελος* (ánghelos), tradotto dall'ebraico מלאך, (mal'akh), con il significato di *messaggero* e anche di *servitore.*

Questi esseri o entità possono anche essere caratterizzati come delle forze spirituali che operano al servizio della ragione universale, ovvero di Dio, al fine di assistere, sostenere ed indirizzare, in senso positivo, gli umani nel corso della loro esistenza terrena.

Stando a quanto riferito da Gesù, sembrerebbe che tutti abbiano [almeno] un angelo [il cosiddetto *angelo custode];* egli infatti, riferendosi ai bambini, disse in modo alquanto esplicito:

«Guardatevi dal disprezzare uno solo di questi piccoli [bambini], perché vi dico che i loro angeli nel cielo vedono sempre la faccia del Padre mio che è nei cieli»[85].

Sicuramente tutti gli angeli hanno un nome ma non sempre questo viene da essi rivelato nel corso delle loro manifestazioni, come accadde invece quando l'(arc)angelo Gabriele apparve a Zaccaria facendogli prendere un bello spavento[86].

---

85 Matteo 18, 10

86 Luca 1,11-20: Allora gli apparve un angelo del Signore, ritto alla destra dell'altare dell'incenso. Quando lo vide, Zaccaria si turbò e fu preso da timore. Ma l'angelo gli disse: *«Non temere, Zaccaria, la tua preghiera è stata esaudita e tua moglie Elisa-*

Più e più volte citati nei vangeli, gli angeli sembrerebbero avere il potere di manifestarsi sia in forma materiale, assumendo sembianze umanoidi, che immateriale, come voci, spiriti o, più di frequente, personaggi che popolano la realtà metafisica dei sogni.

Secondo gli evangelisti, gli angeli svolgerebbero sostanzialmente due tipologie di compiti: comunicare dei messaggi importanti ed intervenire per assistere coloro che sono sotto la loro protezione[87].

Ciò, ad esempio, è quanto accadde a Giuseppe che, per ben due volte, ricevette in sogno delle preziose informazioni per mettere in sicurezza la vita di suo figlio Gesù:

Essi [i magi] erano appena partiti, quando un angelo del Signore apparve in sogno a Giuseppe e gli disse: *«Alzati, prendi con te il bambino e sua madre, fuggi in Egitto e resta là finché non ti avvertirò: Erode infatti vuole cercare il bambino per ucciderlo»*. Egli si alzò, nella notte, prese il bambino e sua madre e si rifugiò in Egitto[88].

---

betta ti darà un figlio, che chiamerai Giovanni» [...] Zaccaria disse all'angelo: «*Come posso conoscere questo? Io sono vecchio e mia moglie è avanzata negli anni»*. L'angelo gli rispose: *«Io sono Gabriele e sto al cospetto di Dio, sono stato mandato a portarti questo lieto annunzio»*.

87 In realtà il discorso è ben più complesso di così, basti sapere che, nel corso dei secoli, teologi ed esoteristi sono arrivati addirittura ad individuare e descrivere una vera e propria gerarchia angelica, individuando decine di tipologie, funzioni e nomi degli angeli; la stessa cosa è stata fatta nel campo della demonologia.

88 Matteo 2, 13-14

Ed ancora, nell'occasione della morte di Erode:

Morto Erode, ecco, un angelo del Signore apparve in sogno a Giuseppe in Egitto e gli disse: *«Alzati, prendi con te il bambino e sua madre e va' nella terra d'Israele; sono morti infatti quelli che cercavano di uccidere il bambino»*. Egli si alzò, prese il bambino e sua madre ed entrò nella terra d'Israele[89].

Quando all'inizio del suo ministero pubblico Gesù fu tentato e riuscì a superare tutte le prove che il diavolo aveva messo in serbo per lui, ecco che alcuni angeli gli si avvicinarono per *assisterlo*[90]; inoltre un altro angelo gli apparve per confortalo, proprio in uno dei momenti più difficili della sua esistenza terrena, vale a dire poco prima di essere tradito da Giuda[91].

A molti sarà capitato durante un sogno di ricevere informazioni di cui non potevano essere a conoscenza, o di aver trovato dei segni importanti lungo il proprio cammino, un po' come accade con i simboli guida che si manifestano ripetutamente in corrispondenza del verificarsi di eventi sincronici.

---

89 Matteo 2, 19-21

90 Matteo 4, 10-11: Ma Gesù gli rispose: *"Vattene, satana! Sta scritto: Adora il Signore Dio tuo e a lui solo rendi culto"*. Allora il Diavolo lo lasciò ed ecco angeli gli si accostarono e lo servivano.

91 Luca 22, 42-43: *«Padre, se vuoi, allontana da me questo calice! Tuttavia non sia fatta la mia, ma la tua volontà»*. Gli apparve allora un angelo dal cielo a confortarlo. In preda all'angoscia, pregava più intensamente; e il suo sudore diventò come gocce di sangue che cadevano a terra.

Altri invece avranno avuto modo di sentire sul proprio corpo un insolito calore che ha lenito un dolore o più semplicemente accresciuto inspiegabilmente la propria energia; altri ancora avranno ricevuto dei veri e propri messaggi di sostegno sotto forma di voci o scritte.

Sebbene quanto fin qui riportato non costituisca di certo una dimostrazione dell'esistenza degli angeli, non si può escludere a priori che tali entità benevole esistano realmente ed assistano gli esseri umani cercando d'interagire con essi con modalità simili a quelle descritte.

E chissà se a qualcuno non sia addirittura capitato d'incontrare un angelo ed aver ricevuto il suo aiuto, senza essersene neppure reso conto...

Capitolo VI

«Guardatevi dai falsi profeti che vengono a voi in veste di pecore, ma dentro son lupi rapaci. Dai loro frutti li riconoscerete». *Gesù di Nazareth*

I Falsi Maestri

Dopo aver parlato della coppia dualistica composta da *Angeli* e *Demoni*, all'interno di questo capitolo mi dedicherò ai *Falsi Maestri*, cercando di delinearne i tratti caratteristici al fine di smascherarli e disinnescare il loro influsso malevolo.

Così come i demoni, anche questa *«razza di vipere»*[92] corrompe l'umanità attraverso la menzogna, l'inganno e la trasmissione di credenze, valori etici e norme morali che allontanano dalla realizzazione del Regno dei Cieli.

Ai tempi di Gesù, sia gli Scribi che i Farisei appartenevano senza dubbio a questa categoria di servitori del male; l'invettiva che egli proclamò contro di loro, definendoli *falsi profeti*, è troppo bella, epica e gravida di insegnamenti per non essere citata integralmente:

«Guai a voi, scribi e farisei ipocriti, che [con il vostro insegnamento] chiudete il regno dei cieli davanti alla gente; di fatto non entrate voi, e non lasciate entrare nemmeno quelli che vogliono entrare. Guai a voi, scribi e farisei ipocriti, che percorrete il mare e la terra per fare un solo prosèlito e, quando lo è divenuto, lo rendete degno della Geènna due volte più di voi. Guai a voi, guide cieche, che dite: "Se uno giura per il tempio, non conta nulla; se invece uno giura per l'oro del tempio, resta obbligato". Stolti e ciechi! Che cosa è più grande: l'oro o il tempio che rende sacro l'o-

92 Cristo era solito riferisci ai falsi maestri definendoli come "serpenti"; si veda ad esempio Matteo 23, 32: *«Serpenti, razza di vipere, come potrete scampare dalla condanna della Geenna?»*

ro? E dite ancora: "Se uno giura per l'altare, non conta nulla; se invece uno giura per l'offerta che vi sta sopra, resta obbligato". Ciechi! Che cosa è più grande: l'offerta o l'altare che rende sacra l'offerta? Ebbene, chi giura per l'altare, giura per l'altare e per quanto vi sta sopra; e chi giura per il tempio, giura per il tempio e per Colui che lo abita. E chi giura per il cielo, giura per il trono di Dio e per Colui che vi è assiso. Guai a voi, scribi e farisei ipocriti, che pagate la decima sulla menta, sull'anéto e sul cumìno, e trasgredite le prescrizioni più gravi della Legge: la giustizia, la misericordia e la fedeltà. Queste invece erano le cose da fare, senza tralasciare quelle. Guide cieche, che filtrate il moscerino e ingoiate il cammello! Guai a voi, scribi e farisei ipocriti, che pulite l'esterno del bicchiere e del piatto, ma all'interno sono pieni di avidità e d'intemperanza. Fariseo cieco, pulisci prima l'interno del bicchiere, perché anche l'esterno diventi pulito! Guai a voi, scribi e farisei ipocriti, che assomigliate a sepolcri imbiancati: all'esterno appaiono belli, ma dentro sono pieni di ossa di morti e di ogni marciume. Così anche voi: all'esterno apparite giusti davanti alla gente, ma dentro siete pieni di ipocrisia e di iniquità. Guai a voi, scribi e farisei ipocriti, che costruite le tombe dei profeti e adornate i sepolcri dei giusti, e dite: "Se fossimo vissuti al tempo dei nostri padri, non saremmo stati loro complici nel versare il sangue dei profeti". Così testimoniate, contro voi stessi, di essere figli di chi uccise i profeti. Ebbene, voi colmate la misura dei vostri padri. Serpenti, razza di vipere, come potrete sfuggire alla condanna della Geènna?»[93].

In sintesi, l'accusa mossa da Gesù ai falsi maestri consiste nell'ostacolare, con le loro opere, la realizzazione del Regno dei Cieli; nell'essere più interessati al denaro che non alla verità; nell'adempiere a dei semplici obblighi fiscali, senza curarsi di rispettare ben più impor-

93 Matteo 23, 13-33

tanti prescrizioni di carattere etico-morale; nel preoccuparsi di apparire candidi, preferendo camuffare e nascondere la propria impurità, senza far nulla per purificarsi a livello interiore, così da divenire ed essere veramente puri.

È incredibile osservare come questi insegnamenti siano oltremodo attuali, tanto è vero che le medesime accuse potrebbero essere mosse, ancora oggi, alla maggior parte degli esponenti della gerarchia della Chiesa Cattolica ed ai sedicenti guru, guaritori, cartomanti, canalizzatori, medium, veggenti e così via, che popolano il cosiddetto *mondo olistico*, completamente intorbidito da una falsa spiritualità.

Difficile a dirsi perché questi personaggi si comportino in modo così deviato; la casistica è talmente vasta che richiederebbe la stesura di un intero volume per essere analizzata. Ad esempio, Scribi e Farisei, pur autoproclamandosi ed essendo, di fatto, ai tempi di Cristo, i custodi della *Legge*, ben si guardavano dal rispettarla:

«Sulla cattedra di Mosè si sono seduti gli Scribi e i Farisei. Praticate e osservate tutto ciò che vi dicono [di giusto], ma non agite secondo le loro opere, perché essi dicono e non fanno. Legano infatti fardelli pesanti e difficili da portare e li pongono sulle spalle della gente, ma essi non vogliono muoverli neppure con un dito»[94].

Scribi e Farisei, inoltre, secondo il Cristo, erano mossi dall'ego e dalla vanità, per questo egli affermava:

94 Matteo 23, 5-7

«Tutte le loro opere le fanno per essere ammirati dalla gente: allargano i loro filattèri e allungano le frange; si compiacciono dei posti d'onore nei banchetti, dei primi seggi nelle sinagoghe, dei saluti nelle piazze, come anche di essere chiamati "rabbì" dalla gente»[95].

Al netto dei comportamenti di Scribi e Farisei, si può dire che, di certo, taluni devino dalla Via per conseguire degli egoistici guadagni personali, come quei sedicenti insegnanti di spiritualità che, divenuti famosi, iniziano a far pagare i loro corsi a carissimo prezzo, dimostrando così il loro vero intento, oltre alla loro pochezza interiore; altri sono vittime di un inganno, come quelli che si affiliano ad una setta ed iniziano ad operare fideisticamente nel rispetto dei dettami dei loro guru, credendo così di compiere il bene, mentre invece stanno conducendo alla rovina se stessi, ancor prima degli altri; alcuni invece - e questa è senza dubbio la categoria peggiore - operano il male in modo volontario, come chi pratica *magia nera*, spesso senza avere piena consapevolezza dei danni e delle sofferenze che, così facendo, causeranno a se stessi, ancor più che agli altri.

Com'è dunque possibile riconoscere e tenersi alla larga da questa pericolosissima «*razza di vipere*»?

Tanto per cominciare, sostiene Gesù, è assurdo che qualcuno si faccia chiamare guida o maestro [spirituale], perché i terrestri sono tutti fratelli e sorelle ed, in realtà, uno solo è il Maestro, il Logos, ovvero la ragione, ed una sola è la Guida, il Cristo, cioè la Verità[96].

---

95 Matteo 23, 1-4

96 Matteo 23, 8-10: «*Ma voi non fatevi chiamare "rabbì", perché uno solo è il vostro maestro e voi siete tutti fratelli. 9 E non*

In secondo luogo, per smascherare i falsi maestri è importante osservare il frutto del loro operato, vale a dire ciò che i loro insegnamenti producono come effetto, senza lasciarsi ingannare dall'aspetto bonario che talvolta essi possono assumere:

«Guardatevi dai falsi profeti, che vengono a voi in veste di pecore, ma dentro sono lupi rapaci! Dai loro frutti li riconoscerete. Si raccoglie forse uva dagli spini, o fichi dai rovi? Così ogni albero buono produce frutti buoni e ogni albero cattivo produce frutti cattivi; un albero buono non può produrre frutti cattivi, né un albero cattivo produrre frutti buoni. Ogni albero che non dà buon frutto viene tagliato e gettato nel fuoco. Dai loro frutti dunque li riconoscerete»[97].

E ancora, in un altro passo del vangelo di Matteo:

«la sapienza è stata riconosciuta giusta per le opere che essa compie»[98].

Dunque, non soltanto dai frutti, ma anche dall'analisi dei comportamenti si può riuscire a smascherare un falso maestro. È noto, infatti, che quando il Cristo iniziò per via diretta i suoi discepoli, vale a dire i dodici apostoli, egli disse loro:

«Guarite gli infermi, risuscitate i morti, sanate i lebbrosi, cacciate i demoni. Gratuitamente avete ricevuto, gratuita-

---

chiamate nessuno "padre" sulla terra, perché uno solo è il Padre vostro, quello del cielo. E non fatevi chiamare "maestri", perché uno solo è il vostro Maestro, il Cristo».

97 Matteo 7, 15-20

98 Matteo 11,19

mente darete. Non procuratevi oro, né argento, né denaro nelle vostre cinture, né sacca da viaggio, né due tuniche, né sandali, né bastone, perché chi lavora ha diritto al suo nutrimento»[99].

Questo comandamento si comprende ancora meglio se viene accostato ad un'altra celeberrima massima cristica, che non ha valore soltanto nell'ambito della spiritualità ma anche in quello dell'economia[100]:

«Nessun servitore può servire due padroni: perché, o amerà l'uno e odierà l'altro; oppure preferirà il primo e disprezzerà il secondo. Non potete servire Dio e Mammona [ovvero la ricchezza personale, il profitto]»[101].

Ciò significa, detto in modo molto chiaro e diretto, che chiunque operi nell'ambito della spiritualità ricavando un profitto è senza alcuna ombra di dubbio un falso maestro[102].

---

99 Matteo 10, 8-10

100 Ritorneremo su questi aspetti quando tratteremo la dottrina sociale di cristo in relazione al sistema economico e all'uso del denaro.

101 Luca 16, 13

102 Mai s'è visto, in tutta la storia dell'umanità, che un autentico maestro spirituale abbia chiesto del denaro in cambio dei suoi insegnamenti. Se si ha un qualcosa d'importante da comunicare, a maggior ragione l'accesso a quella conoscenza dovrebbe essere gratuito, così che non vi siano ostacoli di ordine economico alla sua diffusione. Chi vende insegnamenti o corsi spirituali imponendo un prezzo, senza dare la possibilità a chiunque di potervi accedere, dimostra che il suo vero obiettivo non è di aiutare gli altri, ma di aiutar se stesso guadagnando denaro. Così facendo egli non si sta affidando all'universo, non ha fiducia nelle forze superiori, vive ancora nella paura della scarsità economica e già questo, di per sé, dimostra che egli non è un maestro e pertanto farebbe meglio a smettere di recitare un

«Chi tra voi è più grande», aggiunge il Cristo, *«sarà vostro servo»*[103], e dunque i "più grandi" tra gli esseri umani non saranno di certo una sorta di imprenditori che tentano in ogni modo di arricchirsi mercificando doni, capacità o insegnamenti spirituali.

L'autentico servitore della verità si mette a disposizione dell'umanità senza secondi fini; egli non nutre attaccamento rispetto ai beni materiali[104] e non si preoccupa di accumulare tesori in Terra *«dove tarma e ruggine consumano e dove ladri scassinano e rubano»*[105], si preoccupa, piuttosto, di accumulare tesori in Cielo[106], cioè a livello spirituale.

Chi è veramente sulla Via, inoltre, intende rivolgersi a tutti adottando il linguaggio più appropriato in rapporto agli interlocutori, proprio come faceva il Cristo che parlava in modo esplicito quanto interagiva privatamente con gli iniziati[107], mentre per farsi comprendere dalle folle era solito ricorrere all'uso delle parabole:

Tutte queste cose Gesù disse alla folla in parabole e non parlava ad essa se non in parabole, perché si adempisse ciò che era stato detto dal profeta: "Aprirò la mia bocca in parabole,

---

ruolo che non gli è proprio, domandandosi: chi sono io? Che cosa posso fare per essere un vero servitore dell'umanità?

103 Matteo 23, 11

104 Luca 14, 33: *«chiunque di voi non rinuncia a tutti i suoi averi, non può essere mio discepolo»*.

105 Matteo 6, 19

106 Matteo 6, 20

107 Spiegherò in modo più approfondito questa mia affermazione più avanti, nel capitolo dedicato alla dottrina esoterica di Cristo.

proclamerò cose nascoste fin dalla fondazione del mondo"[108].

Quando i discepoli chiesero al loro maestro perché parlasse ai non iniziati mediante parabole, egli rispose loro:

«Perché a voi è dato conoscere [direttamente] i misteri del Regno dei Cieli, ma a loro non è dato [in modo diretto]. [...] Per questo parlo loro in parabole: perché pur vedendo non vedono, e pur udendo non odono e non comprendono»[109].

Così se egli avesse predicato pubblicamente in modo diretto, impiegando un linguaggio esoterico, praticamente quasi nessuno dei suoi interlocutori avrebbe potuto comprenderlo e ogni suo sforzo comunicativo sarebbe stato vano.

La parabola, infatti, attraverso il paragone tra due situazioni, di cui una risulta nota agli ascoltatori ed una no, può facilitare la comprensione di un messaggio inducendo il passaggio da un livello essoterico [noto] ad uno esoterico [ignoto], ovvero da una informazione di pubblico dominio ad una conoscenza più profonda nota ad una minoranza di iniziati.

Attenzione però a pensare che la comprensione delle parabole fosse sempre semplice ed immediata; talvolta, infatti, i livelli interpretativi codificati da Gesù nei suoi racconti erano molteplici e più complessi del solito, tanto da mettere in difficoltà persino i dodici apostoli che, non di rado, chiedevano al loro maestro di spiega-

108 Matteo 13, 34-35
109 Matteo 13, 11-13

re in modo esplicito il reale significato in essi contenuto[110].

Nonostante la sua opera di semplificazione, Gesù era consapevole che non tutti avrebbero compreso il suo messaggio:

«Perché il cuore di questo popolo è diventato insensibile: sono diventati duri d'orecchi, hanno chiuso gli occhi per non vedere con gli occhi, per non sentire con gli orecchi, per non comprendere con il cuore, per non tornare verso di me [verso la Verità], per non lasciarsi guarire da me [dall'Amore]»[111].

Osserviamo, infine, come una buona parte degli sforzi del Cristo fossero finalizzati al recupero delle anime smarrite, tanto è vero che egli era solito dialogare, frequentare e addirittura mangiare assieme agli odiatissimi esattori delle tasse, alle prostitute, ai ladri ed a peccatori di varia estrazione sociale:

Mentre sedeva a tavola nella casa, sopraggiunsero molti pubblicani e peccatori e se ne stavano a tavola con Gesù e con i suoi discepoli. Vedendo ciò, i farisei dicevano ai suoi discepoli: *«Come mai il vostro maestro mangia insieme ai pubblicani e ai peccatori?»*. Udito questo, disse: *«Non sono i sani che hanno bisogno del medico, ma i malati. Andate a imparare che cosa vuol dire: Misericordia io voglio e non sacrifici. Io non sono venuto infatti a chiamare i giusti, ma i peccatori»*[112].

---

110 Matteo 13, 36: Poi Gesù lasciò la folla ed entrò in casa; i suoi discepoli gli si accostarono per dirgli: *«Spiegaci la parabola della zizzania nel campo»*.

111 Matteo 13, 15

112 Matteo 9, 10-13

Il più grande successo, infatti, si ottiene sottraendo il maggior numero di anime al dominio delle forze del male, e per far questo il Cristo si spingeva fino al punto da operare anche in mezzo a quelli che venivano considerati i reietti della società:

«Che cosa vi pare? Se un uomo ha cento pecore e una di loro si smarrisce, non lascerà le novantanove sui monti e andrà a cercare quella che si è smarrita? In verità io vi dico: se riesce a trovarla, si rallegrerà per quella più che per le novantanove che non si erano smarrite. Così è volontà del Padre vostro che è nei cieli, che neanche uno di questi piccoli si perda»[113].

Si confrontino queste attitudini con quelle degli odierni falsi guru, che del parlare [dietro lauto compenso] in modo oscuro e retorico, a cerchie ristrette d'individui all'interno di luoghi esclusivi, ne fanno addirittura un vanto, guardandosi bene dall'immergersi nelle zone più degradate delle città per interagire direttamente con le persone che più di tutte avrebbero bisogno di un aiuto per rimettersi lungo la Via.

La celebre tesi secondo cui "più ci si eleva spiritualmente e meno sono le persone che riescono a comprenderci e con cui si può comunicare veramente", è una completa assurdità: Cristo stava in mezzo agli ultimi ed interagiva con essi senza alcun problema, dicendo loro che se avessero voluto sarebbero potuti diventare i primi.

---

113 Matteo 18, 12-14

A differenza dei falsi maestri, il Cristo non aveva bisogno di ingrossare il suo ego pensando e dicendo: *«Vedete, io ho studiato più cose degli altri e quindi la mia possibilità di comunicare si riduce perché in pochi possono comprendere ciò che dico, in quanto io mi sono elevato spiritualmente»*. Che completa idiozia!

La verità è che più ci si eleva e più si è in grado di comunicare con un numero di persone sempre più grande, in modo via via più chiaro, aperto, inclusivo ed efficace, fino ad arrivare dritti al cuore, senza neanche avere più bisogno di utilizzare le parole.

Capitolo VII

«Ama il prossimo tuo come te stesso». *Gesù di Nazareth*

Capitolo VII

I Comandamenti

Se c'è una cosa di cui si può esser certi, è che il figlio del Logos, con il suo operato, intendesse donare all'umanità una *nuova spiritualità* che fosse conforme alla ragione universale.

Come ho già cercato di chiarire nei capitoli precedenti, Gesù intendeva realizzare il Regno dei Cieli; ma per farlo c'era bisogno innanzitutto di correggere i comportamenti deviati dei membri della società, elevando il loro livello etico-morale.

Per questo motivo il Cristo illustrò ed impose l'osservanza di una serie *Comandamenti,* argomentando in relazione alla loro importanza con le seguenti parole:

«Non crediate che io sia venuto ad abolire la Legge o i Profeti; non sono venuto ad abolire, ma a dare pieno compimento. [...] Chi dunque trasgredirà uno solo di questi minimi precetti e insegnerà agli altri a fare altrettanto, sarà considerato minimo nel Regno dei Cieli. Chi invece li osserverà e li insegnerà, sarà considerato grande nel regno dei cieli. Io vi dico infatti: se la vostra giustizia non supererà quella degli scribi e dei farisei, non entrerete nel Regno dei Cieli»[114].

Quali sarebbero questi precetti che, qualora fossero rispettati, avrebbero il potere di portare giustizia ed equità nella società umana conducendola nel Regno dei Cieli?

---

114 Matteo 5,17-20

Per prima cosa, sostiene il Cristo, *non dovete uccidere*[115]; non solo vi è fatto divieto di togliere la vita ad un altro essere vivente, ma vi è anche richiesto di essere miti e di non insultare, calunniare o sminuire gli altri membri della comunità[116].

In secondo luogo *non dovete mentire*[117]; gli antichi dissero *«Non giurerai il falso, ma adempirai verso il Signore i tuoi giuramenti»*, ma io vi dico evitate anche di giurare. Siano invece il vostro parlare ed il vostro agire un tutt'uno, così come è proprio d'ogni persona veramente onesta: se dite «sì» fate in modo che sia «sì»; se dite «no» fate in modo che sia «no»[118]. Evitate anche di *rubare*[119].

Siate assolutamente fedeli ai vostri compagni ed alle vostre compagne di vita; fu detto infatti: «*Non com-*

---

115 Matteo 19, 18: Ed egli chiese: *«Quali?»*. Gesù rispose: *«Non uccidere, non commettere adulterio, non rubare, non testimoniare il falso»*.

116 Matteo 5, 21-22: *«Avete inteso che fu detto agli antichi: Non uccidere; chi avrà ucciso sarà sottoposto a giudizio. Ma io vi dico: chiunque si adira con il proprio fratello, sarà sottoposto a giudizio. Chi poi dice al fratello: stupido, sarà sottoposto al sinedrio; e chi gli dice: pazzo, sarà sottoposto al fuoco della Geenna»*.

117 Matteo 19, 18 ibidem

118 Matteo 5, 33-37: *«Avete anche inteso che fu detto agli antichi: Non spergiurare, ma adempi con il Signore i tuoi giuramenti; ma io vi dico: non giurate affatto: né per il cielo, perché è il trono di Dio; né per la terra, perché è lo sgabello per i suoi piedi; né per Gerusalemme, perché è la città del gran re. Non giurare neppure per la tua testa, perché non hai il potere di rendere bianco o nero un solo capello. Sia invece il vostro parlare sì, sì; no, no; il di più viene dal maligno»*.

119 Matteo 19, 18 ibidem

metterai adulterio». Ma io vi dico che *«chiunque guarda una donna per desiderarla, ha già commesso adulterio con lei nel proprio cuore»*[120], *«chiunque ripudia la propria moglie, eccetto il caso di unione illegittima, la espone all'adulterio»*[121] ed infine *«chiunque sposa una ripudiata, commette adulterio»*[122].

Onorate il Padre e la Madre[123], ovvero, in senso essoterico, chi vi ha dato la vita, vale a dire i vostri genitori, mentre, in senso esoterico, chi vi dà la vita, cioè il Logos [padre celeste – livello metafisico] e la Natura [madre terra – livello fisico].

Evitate di giudicare, se non volete essere giudicati, perché la misura che applicherete agli altri sarà utilizzata anche nei vostri confronti; invece di guardare la pagliuzza che è nell'occhio di un altro individuo, senza neppure accorgervi della trave che è nel vostro, cercate innanzitutto d'individuare le vostre imperfezioni, per eliminarle.

---

120 Matteo 5, 27-28: *«Avete inteso che fu detto: Non commettere adulterio; ma io vi dico: chiunque guarda una donna per desiderarla, ha già commesso adulterio con lei nel suo cuore».*

121 Matteo 5, 31-32 *«Fu detto: "chiunque ripudia sua moglie, le dia l'atto di ripudio". Ma io vi dico: Chiunque manda via la moglie, salvo che per motivo di fornicazione, la fa essere adultera e chiunque sposa colei che è mandata via commette adulterio.*

122 Matteo 5, 32 ibidem

123 Matteo 19,19 *«onora il padre e la madre, ama il prossimo tuo come te stesso».*

Soltanto a quel punto, quando il vostro occhio [spirituale] sarà puro, allora potrete aiutare gli altri ad individuare e rimuovere le loro imperfezioni[124].

Se qualcuno si macchierà di una colpa rimproveratelo ma siate sempre disposti a *perdonare*[125]*:*

«Se voi infatti perdonerete agli altri le loro colpe, il Padre vostro che è nei cieli perdonerà anche a voi; ma se voi non perdonerete agli altri, neppure il Padre vostro perdonerà le vostre colpe[126]*».*

Se cadete in errore *ravvedetevi* e date prova del vostro *pentimento* con i fatti, come fece Zaccheo il peccatore che, per rimediare alle sue malefatte, donò metà della sua ricchezza ai poveri e restituì *quattro volte tanto* a tutti coloro ai quali aveva rubato[127].

---

124 Matteo 7,1-5: «*Non giudicate, per non essere giudicati; perché col giudizio con cui giudicate sarete giudicati, e con la misura con la quale misurate sarete misurati. Perché osservi la pagliuzza nell'occhio del tuo fratello, mentre non ti accorgi della trave che hai nel tuo occhio? O come potrai dire al tuo fratello: permetti che tolga la pagliuzza dal tuo occhio, mentre nell'occhio tuo c'è la trave? Ipocrita, togli prima la trave dal tuo occhio e poi ci vedrai bene per togliere la pagliuzza dall'occhio del tuo fratello*».

125 Luca 17, 3-4: «*State attenti a voi stessi! Se un tuo fratello pecca, rimproveralo; ma se si pente, perdonagli. E se pecca sette volte al giorno contro di te e sette volte ti dice: Mi pento, tu gli perdonerai*».
Matteo 18, 21-22: Allora Pietro gli si avvicinò e gli disse: «*Signore, quante volte dovrò perdonare al mio fratello, se pecca contro di me? Fino a sette volte?*». E Gesù gli rispose: «*Non ti dico fino a sette, ma fino a settanta volte sette*».

126 Matteo 6, 14-15

127 Luca 19, 8-10: Zaccheo, alzatosi, disse al Signore: «*Ecco, Signore, io do la metà dei miei beni ai poveri; e se ho frodato*

Siate *compassionevoli* come quel samaritano che incontrò per caso un uomo che era stato derubato e malmenato da dei briganti e non esitò neppure un istante nel prendersene cura, senza neanche chiedersi chi fosse[128].

«Voi sapete che i governanti delle nazioni dominano su di esse e i capi le opprimono», ma tra di voi fate in modo che non sia così: chi tra voi vuol essere il più grande sia umile e si metta al servizio degli altri; seguite il mio esempio: siate dei servitori dell'umanità[129].

---

qualcuno, restituisco quattro volte tanto». Gesù gli rispose: *«Oggi la salvezza è entrata in questa casa, perché anch'egli è figlio di Abramo; il Figlio dell'uomo infatti è venuto a cercare e a salvare ciò che era perduto»*.

128 Luca 10, 29-37: [...] Un uomo scendeva da Gerusalemme a Gerico e incappò nei briganti che lo spogliarono, lo percossero e poi se ne andarono, lasciandolo mezzo morto. Per caso, un sacerdote scendeva per quella medesima strada e quando lo vide passò oltre dall'altra parte. [...] Invece un Samaritano, che era in viaggio, passandogli accanto lo vide e n'ebbe compassione. Gli si fece vicino, gli fasciò le ferite, versandovi olio e vino; poi, caricatolo sopra il suo giumento, lo portò a una locanda e si prese cura di lui. Il giorno seguente, estrasse due denari e li diede all'albergatore, dicendo: *"Abbi cura di lui e ciò che spenderai in più, te lo rifonderò al mio ritorno"*.

129 Matteo 20, 25-28 ma Gesù, chiamatili a sé, disse: *«I capi delle nazioni, voi lo sapete, dominano su di esse e i grandi esercitano su di esse il potere. Non così dovrà essere tra voi; ma colui che vorrà diventare grande tra voi, si farà vostro servo, e colui che vorrà essere il primo tra voi, si farà vostro schiavo; appunto come il Figlio dell'uomo, che non è venuto per essere servito, ma per servire e dare la sua vita in riscatto per molti»*.

Date da mangiare agli affamati, da bere agli assetati, dei vestiti a chi non ne ha; accogliete gli stranieri, andate a fare visita agli ammalati ed ai carcerati[130]. Non siate avidi, condividete la ricchezza, in particolar modo con chi non ne ha, così come vi ha suggerito di fare anche Giovanni il Battista[131].

Non lavorate per accumulare tesori sulla Terra, pensate piuttosto ad accrescere la vostra ricchezza interiore[132]; lavorate per costruire il Regno dei Cieli, così da assicurare abbondanza per tutti[133]. E per fare questo,

---

130 Matteo 25, 34-39: *«Allora il re dirà a quelli che stanno alla sua destra: Venite, benedetti del Padre mio, ricevete in eredità il regno preparato per voi fin dalla fondazione del mondo. Perché io ho avuto fame e mi avete dato da mangiare, ho avuto sete e mi avete dato da bere; ero forestiero e mi avete ospitato, nudo e mi avete vestito, malato e mi avete visitato, carcerato e siete venuti a trovarmi. Allora i giusti gli risponderanno: Signore, quando mai ti abbiamo veduto affamato e ti abbiamo dato da mangiare, assetato e ti abbiamo dato da bere? Quando ti abbiamo visto forestiero e ti abbiamo ospitato, o nudo e ti abbiamo vestito? E quando ti abbiamo visto ammalato o in carcere e siamo venuti a visitarti? Rispondendo, il re dirà loro: In verità vi dico: ogni volta che avete fatto queste cose a uno solo di questi miei fratelli più piccoli, l'avete fatto a me».*

131 Luca 3, 10-11: Le folle lo interrogavano: *«Che cosa dobbiamo fare?»*. Rispondeva: *«Chi ha due tuniche, ne dia una a chi non ne ha; e chi ha da mangiare, faccia altrettanto».*

132 Matteo 6, 19-20: *«Non accumulatevi tesori sulla terra, dove tignola e ruggine consumano e dove ladri scassinano e rubano; accumulatevi invece tesori nel cielo, dove né tignola né ruggine consumano, e dove ladri non scassinano e non rubano»*

133 Matteo 6, 31-33: *«Non preoccupatevi dunque dicendo: "Che cosa mangeremo? Che cosa berremo? Che cosa indosseremo?". Di tutte queste cose vanno in cerca i pagani. Il Padre vostro celeste, infatti, sa che ne avete bisogno. Cercate*

abbiate cura di individuare, coltivare ed impiegare i vostri *talenti*[134].

Non nutrite il vostro ego compiendo delle gesta per mettervi in mostra e ricevere l'approvazione degli altri[135]; fate il bene, non in vista di una ricompensa, ma in quanto è giusto compiere il bene[136].

E se proprio volete essere assolutamente perfetti, date prova della vostra completa assenza di attaccamento rispetto ai beni materiali: vendete tutto ciò che possedete, donatelo ai poveri, e seguite il mio esempio[137].

In realtà, sono sufficienti soltanto due comandamenti per riassumere tutti i miei insegnamenti:

---

invece, anzitutto, il regno di Dio e la sua giustizia, e tutte queste cose vi saranno date in aggiunta».

134 Si veda la celebre Parabola dei Talenti riportata in Matteo 25, 14-30

135 Matteo 6,1: *«Guardatevi dal praticare le vostre buone opere davanti agli uomini per essere da loro ammirati, altrimenti non avrete ricompensa presso il Padre vostro che è nei cieli».*

136 Luca 14, 12-14: Disse poi a colui che l'aveva invitato: *«Quando offri un pranzo o una cena, non invitare i tuoi amici, né i tuoi fratelli, né i tuoi parenti, né i ricchi vicini, perché anch'essi non ti invitino a loro volta e tu abbia il contraccambio. Al contrario, quando dai un banchetto, invita poveri, storpi, zoppi, ciechi; e sarai beato perché non hanno da ricambiarti. Riceverai infatti la tua ricompensa alla risurrezione dei giusti».*

137 Matteo 19, 21-22: Gli disse Gesù: *«Se vuoi essere perfetto, va', vendi quello che possiedi, dallo ai poveri e avrai un tesoro nel cielo; poi vieni e seguimi».* Udito questo, il giovane se ne andò triste; poiché aveva molte ricchezze.

1) *«Ama il Signore tuo Dio [il Logos] con tutto il tuo cuore, con tutta la tua anima e con tutta la tua mente»*[138]*;*
2) *«Ama il tuo prossimo come te stesso»*[139].

In verità, da questi due comandamenti dipendono *«tutta la Legge e tutti i Profeti»*[140].

Avete inteso che fu detto: *«Amerai il tuo prossimo e odierai il tuo nemico»*. Ma io vi dico che voi dovete spingervi fino al punto da *«amare i vostri nemici e pregare per quelli che vi perseguitano»*[141].

Avete inteso che fu detto *«Occhio per occhio e dente per dente»*, ma io sono venuto ad abolire anche la legge del taglione, perché è assurdo pensare che il fuoco si possa spegnere con altro fuoco[142].

---

138 Matteo 22,37-38: Gli rispose: *«Amerai il Signore Dio tuo con tutto il cuore, con tutta la tua anima e con tutta la tua mente. Questo è il più grande e il primo dei comandamenti»*.

139 Matteo 22, 39: *«E il secondo è simile al primo: Amerai il prossimo tuo come te stesso»*.

140 Matteo 22, 40: *«Da questi due comandamenti dipendono tutta la Legge e i Profeti»*.

141 Matteo 5, 43-44: Avete inteso che fu detto: Amerai il tuo prossimo e odierai il tuo nemico; ma io vi dico: amate i vostri nemici e pregate per i vostri persecutori

142 Matteo 5, 38-42: *«Avete inteso che fu detto: Occhio per occhio e dente per dente; ma io vi dico di non opporvi al malvagio; anzi se uno ti percuote la guancia destra, tu porgigli anche l'altra; e a chi ti vuol chiamare in giudizio per toglierti la tunica, tu lascia anche il mantello. E se uno ti costringerà a fare un miglio, tu fanne con lui due. Da' a chi ti domanda e a chi desidera da te un prestito non volgere le spalle»*.

Per questo io vi chiedo, invece di alimentare la violenza con altra violenza, di opporre ad ogni manifestazione del male una forma d'amore, e di essere sempre perfetti nell'operare il bene[143]:

«Tutto quanto volete che gli uomini facciano a voi, anche voi fatelo a loro»[144].

In altre parole, vi sto dicendo che l'*amore universale* è il mio primo e più grande insegnamento.

Per riusce a mettere in pratica questi miei comandamenti, dovrete ripristinare la vostra purezza interiore:

«Dal di dentro, infatti, cioè dal cuore degli uomini, escono i propositi di male»[145].

Abbiate quindi cura di sviluppare le qualità positive dei bambini e riuscirete ad accedere nel Regno dei Cieli[146]. E guai a coloro che causeranno scandalo nei confronti

---

143 Matteo 5, 46-48: *«Infatti se amate quelli che vi amano, quale merito ne avete? Non fanno così anche i pubblicani? E se date il saluto soltanto ai vostri fratelli, che cosa fate di straordinario? Non fanno così anche i pagani? Siate voi dunque perfetti come è perfetto il Padre vostro celeste».*

144 Matteo 7, 12: *«Tutto quanto volete che gli uomini facciano a voi, anche voi fatelo a loro: questa infatti è la Legge ed i Profeti».*

145 Marco 7, 21-23: *«Dal di dentro infatti, cioè dal cuore degli uomini, escono le intenzioni cattive: fornicazioni, furti, omicidi, adultèri, cupidigie, malvagità, inganno, impudicizia, invidia, calunnia, superbia, stoltezza. Tutte queste cose cattive vengono fuori dal di dentro e contaminano l'uomo».*

Si veda anche: Matteo 12, 34-35; Matteo 23, 25-26

146 Matteo 18, 3: *«In verità vi dico: se non vi convertirete e non diventerete come i bambini, non entrerete nel regno dei cieli».*

di anche uno di questi miei amati piccoli, di cui dovremmo aver massima cura e da cui dovremmo prendere esempio[147].

«Chiedete e vi sarà dato, cercate e troverete, bussate e vi sarà aperto» perché a nessuno di coloro che sono mossi da un intento puro è fatto divieto di ricevere lo *Spirito Santo* ed i suoi doni[148].

In verità vi dico: *«Chi crede in me compirà le opere che io compio e ne compirà di più grandi di queste»*[149]; *«se avrete fede pari a un granello di senape, direte a questo monte: "Spostati da qui a là", ed esso si sposterà, e nulla vi sarà impossibile!»*[150].

Perseverate nel seguire i miei precetti perché alla fine *riuscirete a conoscere la Verità*, e *la Verità vi farà liberi*[151].

---

147 Luca 17, 1-3: Disse ancora ai suoi discepoli: *«È inevitabile che avvengano scandali, ma guai a colui per cui avvengono. È meglio per lui che gli sia messa al collo una pietra da mulino e venga gettato nel mare, piuttosto che scandalizzare uno di questi piccoli. State attenti a voi stessi!»*.

148 Luca 11, 9-13: *«Perciò vi dico: Chiedete e vi sarà dato; cercate e troverete; bussate e vi sarà aperto. 10 Poiché chiunque chiede riceve, chi cerca trova e sarà aperto a chi bussa. [...] Se voi dunque, che siete malvagi, sapete dare buoni doni ai vostri figli, quanto più il vostro Padre celeste donerà lo Spirito Santo a coloro che glielo chiedono»*.

149 Giovanni 14, 12

150 Matteo 17, 20

151 Giovanni 8, 31-32: Gesù allora disse a quei Giudei che avevano creduto in lui: *«Se rimanete fedeli alla mia parola, sarete davvero miei discepoli; conoscerete la verità e la verità vi farà liberi»*.

Questo fu, in estrema sintesi, l'insieme fondamentale degli insegnamenti che Gesù Cristo donò all'umanità per far sì che gli esseri umani si elevassero, sia moralmente che spiritualmente a tal punto da riconnettersi con la ragione universale; ciò avrebbe consentito ai membri della società di vivere in modo pienamente etico, non in forza d'un condizionamento esterno, ma in virtù della propria bussola interiore, sempre orientata in direzione dell'amore.

Se quanto ho fin qui riportato è corretto, allora si può dire, senza timore d'essere smenti, che il Cristo, così come molte altre grandi anime[152], fosse un teorico ed un promotore *ante litteram* della *nonviolenza*[153].

Il divieto di uccidere, così come quello di non mentire, l'invito alla mitezza, al perdono, alla fratellanza, all'essere compassionevoli ed al fare del bene agli altri, sempre e comunque, anche nei riguardi dei propri nemici, non sono altro che espressioni del modo d'essere di chi sceglie di abbracciare la filosofia della nonviolenza.

Se ci si ferma a riflettere, si può comprendere che le qualità che ho appena esposto sono delle naturali ed

---

152 Tra i massimi teorici della nonviolenza si possono ricordare Lev Tolstoj, il Mahatma Gandhi e l'italianissimo, anche se meno noto, Aldo Capitini.

153 *Nonviolenza* è la traduzione letterale del termine sanscrito *ahiṃsā*, composto da "*a*" privativa e "*himsa*" (che significa *danno*, o anche *violenza*). Questo principio etico, tipico del mondo orientale, fu impiegato da Gandhi come metodo di lotta politica consistente nel rifiuto di ogni atto che porti a ledere fisicamente i rappresentanti e i sostenitori del potere cui ci si oppone, limitando l'azione a forme di non collaborazione, boicottaggio e simili.

ovvie conseguenze del più grande insegnamento cristico, condiviso e professato da tutti i veri maestri spirituali vissuti sulla Terra: la legge dell'amore universale.

Quando Gesù invita, per prima cosa, ad amare il Logos con tutto il cuore, cioè con l'anima, e con tutta la mente, cioè con lo spirito, sta suggerendo all'umanità la via regia da seguire per elevarsi fino a raggiungere l'*illuminazione*.

Compreso ciò, diviene evidente che anche la seconda indicazione di *amare gli altri come se stessi*, non può che essere una conseguenza logica del suo primo comandamento, giacché ogni spirito veramente evoluto non potrà far altro che provare amore per ogni cosa ed essere che incontrerà lungo il suo cammino, operando per il bene degli altri in modo del tutto spontaneo.

Ma sebbene la via da seguire, da un punto di vista intuitivo, sia chiara, ed anche le qualità da manifestare lo siano altrettanto, è assai lungo ancora il cammino che l'essere umano dovrà compiere per conseguire una simile levatura spirituale.

Da qui la necessità d'introdurre tutta una serie di divieti e norme, di carattere etico-morale, volti non tanto a rendere l'uomo perfetto, quanto a ricondurlo nella giusta direzione creando un terreno fertile per la sua maturazione; si ottiene così il duplice risultato di contrastare le forze del male, riducendo la sofferenza e l'ingiustizia nella società umana, e di facilitare il processo di elevazione dell'umanità.

Dice il Cristo: non dovete *apparire* persone spirituali, così come fanno gli ipocriti che nutrono soltanto il proprio ego con gesta esteriori, dovete *essere spirituali.* E per farlo non c'è bisogno di mettersi in mostra, bisogna agire secondo giustizia, operando il bene, sempre e comunque, senza aspettarsi nulla in cambio. Ma per far questo c'è bisogno innanzitutto di *ricercare* la verità per poi *incarnare* e dunque *essere verità.*

Nonostante la loro apparente semplicità, non tutti gli insegnamenti dati da Gesù sono così immediati da co gliere; egli infatti, non di rado, ricorreva ad un linguaggio esoterico che, ancora oggi, per essere decodificato, richiede di essere in possesso di specifiche chiavi di accesso.

Ad esempio, la parabola della trave e della pagliuzza non si riuscirebbe a comprendere nel suo significato più profondo senza osservare che, in questo caso, egli non si stesse riferendo agli occhi fisici bensì all'occhio interiore[154], il cosiddetto *Terzo Occhio*[155].

---

154 La stessa cosa accade, in modo forse ancora più esplicito, anche in un altro passo del vangelo di Luca 11, 33-36, in cui si può leggere: «*La lampada del corpo è il tuo occhio. Quando il tuo occhio [spirituale] è semplice, anche tutto il tuo corpo è luminoso; ma se è cattivo, anche il tuo corpo è tenebroso. Bada dunque che la luce che è in te non sia tenebra. Se dunque il tuo corpo è tutto luminoso, senza avere alcuna parte nelle tenebre, sarà tutto nella luce, come quando la lampada ti illumina con il suo fulgore.*

155 Secondo alcune tradizioni esoteriche, il *terzo occhio* (anche noto come l'*occhio interiore*) sarebbe un organo capace di percepire realtà invisibili situate oltre la visione ordinaria. Esso viene localizzato poco sopra la radice del naso, all'altezza del bordo superiore delle sopracciglia.

Con questa parabola il Cristo non impone un divieto assoluto rispetto al giudizio, sta invece dicendo che per giudicare *correttamente* c'è bisogno di avere un terzo occhio puro; in particolare, bisogna essere in grado di cogliere la verità: una facoltà che è assai raro che appartenga ad un comune essere umano.

Inoltre, siccome emettere un giudizio è un qualcosa di molto importante, chi giudica se ne deve assumere la piena responsabilità; in generale, quindi, è sicuramente preferibile astenersi dall'emettere giudizi, dedicandosi piuttosto all'accrescimento del proprio grado di purezza interiore.

In particolare, sostiene il Cristo, bisognerebbe purificare sia la propria mente che il proprio cuore, riscoprendo e coltivando le qualità positive possedute dai bambini; in verità, è questa purezza originaria, propria di tutti gli esseri umani, che, ripristinata e sviluppata ai massimi livelli, assicura la realizzazione del Regno dei Cieli.

Anche le celebri massime che ho riportato in coda alla precedente rassegna, in realtà, fanno parte del livello più esoterico degli insegnamenti cristici, di cui però mi occuperò più avanti nel corso della trattazione, in un apposito capitolo.

In questa occasione dirò soltanto, per incuriosire i lettori ed invogliarli a proseguire la lettura di questo saggio, che all'interno delle frasi *"chiedete e vi sarà dato"* e *"abbiate fede, e farete cose più grandi di me"* sono celati i segreti per operare in modo magico e compiere i miracoli; mentre il celebre aforisma *"la verità vi renderà liberi"* può essere interpretato non soltanto in senso *sociologico*, ovvero la verità vi renderà liberi dagli inganni dell'odierna società, ma anche in senso esoterico in riferimento alla dottrina della *reincarnazione*, intendendo con ciò dire che coloro che conosceranno la verità riusciranno anche a liberarsi dal ciclo di nascita e morte[156].

Cristo, infatti, non fu soltanto un filosofo morale o, se preferite, una guida spirituale; egli, con ogni probabilità, fu anche un profondo conoscitore delle arti magiche, nonché il detentore di un sapere occulto riguardante i destini delle anime.

Di certo, Gesù fu anche un rivoluzionario che intendeva indurre una vera e propria trasformazione del paradigma socio-economico adottato dall'umanità.

In particolare, egli voleva realizzare un *mondo senza denaro,* in cui gli esseri umani non avrebbero più interagito in termini di logica del profitto all'interno di un sistema di mercato, ma avrebbero iniziato a cooperare e ad utilizzare i beni in comune, mettendo i propri talenti al servizio degli altri, agendo sempre in vista del benessere di tutti gli esseri viventi[157].

È questa la tesi che andrò a sviluppare nei prossimi capitoli...

---

156 Svilupperò questa tesi in un apposito capitolo riguardante la dottrina esoterica di Cristo.

157 Non a caso alcuni pensatori hanno definito il fondatore del cristianesimo come il primo *anarchico,* o anche come il primo *comunista*, della storia.

Capitolo VIII

«Nessun servo può servire due padroni, perché o odierà l'uno e amerà l'altro, oppure si affezionerà all'uno e disprezzerà l'altro. Non potete servire Dio e Mammona». *Gesù di Nazareth*

Capitolo VIII

L'Economia Cristiana

Dopo aver ricapitolato gli insegnamenti fondamentali dati da Cristo all'umanità, in questo e nel prossimo capitolo cercherò di rispondere alla seguente domanda: se tutti i membri di una comunità fossero autenticamente cristiani, come si strutturerebbe la società? In particolare, come funzionerebbe il sistema economico?

A mio avviso, la citazione più chiara e perentoria che, già di per sé, risulta sufficiente per creare una spaccatura tra due visioni del mondo, di cui l'una è figlia della coscienza cristica e l'altra della coscienza anti-cristica, è la seguente:

«Nessun servo può servire due padroni, perché o odierà l'uno e amerà l'altro oppure si affezionerà all'uno e disprezzerà l'altro. Non potete servire Dio e Mammona»[158].

Talvolta tradotto anche come "denaro" o "ricchezza", il termine *Mammona* nei vangeli viene utilizzato per rappresentare la *personificazione del profitto*, vale a dire di quel demone che spinge a realizzare avidamente un egoistico guadagno di tipo materiale, ottenuto a qualunque costo, anche, se non soprattutto, a danno degli altri esseri viventi e della natura.

L'imperativo cristico è categorico: o si agisce per servire Dio, ovvero si opera secondo verità, in accordo alla ragione universale, e quindi in vista del bene, o si agisce per servire Mammona, ovvero si opera secondo la

158 Luca 16, 13

logica del profitto, del denaro, della ricchezza materiale, in modo folle ed irrazionale, deviando dalla verità, dalla giustizia e quindi, in definitiva, dal bene comune.

Per comprendere perché le due vie non siano sovrapponibili, e conducano in modo naturale a paradigmi economici completamente differenti, non serve essere degli esperti di economia, è sufficiente individuare e riflettere su di alcuni esempi concreti.

Secondo Mammona, la miglior strategia da perseguire per produrre il cibo consiste nel delocalizzare le attività produttive in un Paese del Terzo Mondo, così da sfruttare i lavoratori trattandoli come degli schiavi, ricorrere a degli escamotage per eludere le tasse, utilizzare i prodotti chimici più potenti e dannosi, così da massimizzare la resa dei terreni degradando i suoli ed inquinando l'ambiente, per poi vendere il "cibo" malsano così ottenuto da tutt'altra parte del mondo, dove vi è un maggior potere d'acquisto e dunque si può imporre il prezzo di vendita più elevato possibile.

Ciò produce senza alcun dubbio il massimo del profitto a cui però corrispondono sfruttamento, distruzione, inquinamento, malattia, dolore, morte e così via: tutte chiare manifestazioni del male.

Secondo la Ragione, invece, la miglior strategia da perseguire per produrre il cibo consiste nell'attuare una produzione radicata a livello locale nei territori basata sulla collaborazione dei cittadini, in modo tale che ciascuna comunità auto-produca il proprio cibo in modo completamente biologico ed al massimo quella qualità possibile, senza sfruttare nessun lavoratore, per poi mettere a disposizione di tutti i membri della comunità i prodotti ottenuti, assicurandosi che, come minimo, a nessuno manchi il necessario per vivere.

Chiunque può intuire che una simile impostazione, in totale antitesi rispetto alla volontà di Mammona, produrrebbe il massimo del beneficio sociale[159].

Quando il Cristo afferma *o Dio o la Ricchezza*, aggiungendo come rafforzativo «*è più facile che un cammello*[160] *passi per la cruna di un ago, che un ricco entri nel regno dei cieli*»[161], egli sta dicendo che il fine dell'agire umano, ed in particolare quello delle attività economiche, non può e non deve essere l'ottenere e l'accumulare ricchezza materiale. Il *motivatore* posto alla base dell'azione sociale dev'essere di tutt'altra tipologia e pertanto dovrebbe orientarsi verso un'altra direzione.

---

159 A mio avviso, si può dimostrare che non c'è nulla che non si potrebbe fare in modo decisamente migliore rispetto a quanto accade oggi, se solo si fosse disposti ad abbandonare le logiche del sistema capitalistico, che a forza di servire la ricchezza ed il denaro, invece di soddisfare i reali bisogni dell'umanità, ha condotto la società alla completa deriva. Per approfondire queste argomentazioni vi invito al leggere il terzo volume del mio *Trattato di Sociologia;* o, in alternativa, il più sintetico saggio intitolato "*L'econofisica, l'economia dell'umanità che verrà*" estratto dalla precedente opera.

160 Alcuni sostengono che la traduzione corretta non sia "*Cammello*" ma "*Corda*"; se anche così fosse il senso della massima non verrebbe mutato.

161 Matteo 19, 23-24

La vera ricchezza, sostiene il Cristo, si accumula in Cielo, ovvero a livello spirituale[162], ed il vero fine dell'agire umano in relazione alle attività economiche dovrebbe essere individuato nel *servire gli altri*, ovvero, detto in altri termini, nel dare il proprio contributo per produrre il bene di tutti; in più occasioni, infatti, egli ha chiarito che il più grande tra i cristiani è colui che si comporta come un servitore[163].

Gesù non parla di una forma di schiavitù rispetto all'umanità, ma di un servizio reso in modo consapevole e volontario che è, al tempo stesso, *piena realizzazione personale e sociale*, ovvero completo sviluppo dell'essere umano e della società.

Per far ciò la via maestra da seguire consiste nell'individuare e nel mettere a frutto doni, talenti e passioni personali[164]. In altre parole, egli intendeva dire che coltivare ed esprimere il proprio vero essere per mettersi al servizio dell'umanità, agendo secondo ragione ed in modo disinteressato, sia la chiave per essere felici e realizzare anche il bene comune.

---

162 Matteo 6, 19-21: «*Non accumulatevi tesori sulla terra, dove tignola e ruggine consumano e dove ladri scassinano e rubano; accumulatevi invece tesori nel cielo, dove né tignola né ruggine consumano, e dove ladri non scassinano e non rubano. Perché là dov'è il tuo tesoro, sarà anche il tuo cuore*».

163 Si veda ad esempio Marco 9, 33-35: Giunsero intanto a Cafarnao. E quando fu in casa, chiese loro: «*Di che cosa stavate discutendo lungo la via?*». Ed essi tacevano. Per la via infatti avevano discusso tra loro chi fosse il più grande. Allora, seduitosi, chiamò i Dodici e disse loro: «*Se uno vuol essere il primo, sia l'ultimo di tutti e il servo di tutti*».

164 È questo uno degli insegnamenti contenuti nella parabola dei talenti (si veda Matteo 25, 14-30)

Quando il Cristo afferma *o Dio o il Denaro,* egli intende *abolire il denaro* come costrutto mentale e la moneta come mezzo concreto ed attuativo di quella che, ad una analisi più accorta, si rivela essere una *finzione metafisica*, tanto superflua quanto diabolica, che ha il potere di facilitare la deriva morale in forza della spinta anti-cristica esercitata dagli influssi malevoli del demone Mammona.

Da un punto di vista esoterico, infatti, il Denaro, per come è stato concepito ed utilizzato dai tempi antichi fino ad oggi, può essere visto come un vero e proprio *artefatto magico* che ha il potere di corrompere gli esseri umani caratterizzati da una debole centratura spirituale; non a caso le forze del male usano la leva del successo economico per acquisire il possesso delle anime, tanto è vero che pure Gesù fu sottoposto a questa estrema tentazione[165], ed anch'egli venne tradito da un suo apostolo in cambio di trenta monete d'argento[166].

Sia chiaro, a scanso di equivoci, che il Cristo non intendeva proporre una società fondata sulla povertà ma

---

165 Matteo 4, 8-10: Di nuovo il diavolo lo condusse con sé sopra un monte altissimo e gli mostrò tutti i regni del mondo con la loro gloria e gli disse: *«Tutte queste cose io ti darò, se, prostrandoti, mi adorerai»*. Ma Gesù gli rispose: *«Vattene, satana! Sta scritto: Adora il Signore Dio tuo e a lui solo rendi culto»*.

166 Matteo 26,14-16: Allora uno dei Dodici, chiamato Giuda Iscariota, andò dai sommi sacerdoti e disse: *«Quanto mi volete dare perché io ve lo consegni?»*. E quelli gli fissarono trenta monete d'argento. Da quel momento cercava l'occasione propizia per consegnarlo.

sull'abbondanza[167]; nel Regno dei Cieli non ci saranno più né ricchi, né poveri, perché i membri della comunità, non solo si metteranno reciprocamente e volontariamente gli uni al servizio degli altri, ma saranno addirittura disposti a condividere il frutto del lavoro con tutti.

È questo uno degli insegnamenti che può essere appreso dal miracolo della *moltiplicazione dei pani e dei pesci*, in cui si racconta che il Cristo, preoccupatosi di accrescere in modo prodigioso la quantità di cibo a disposizione, così che fosse sufficiente per tutti, non si sognò neanche lontanamente di dire ai suoi apostoli di mettersi a vendere il pane ed i pesci così da potersi arricchire a dismisura, vista la gran quantità di persone affamate lì presenti, ma ordinò loro di distribuire *gratuitamente* quegli alimenti, insegnando all'umanità a condividere il cibo, vale a dire uno dei beni primari che ha maggiore importanza per l'esistenza[168].

I veri cristiani, infatti, non solo non hanno propensione verso l'accumulazione di ricchezza terrena ma non nutrono attaccamento rispetto ai beni materiali[169].

---

167 Egli infatti disse, in riferimento ai beni materiali (Matteo 6, 31-33): «*Non preoccupatevi dunque dicendo: "Che cosa mangeremo? Che cosa berremo? Che cosa indosseremo?". Di tutte queste cose vanno in cerca i pagani. Il Padre vostro celeste, infatti, sa che ne avete bisogno. Cercate invece, anzitutto, il regno di Dio e la sua giustizia, e tutte queste cose vi saranno date in aggiunta*».

168 Si veda Matteo 14,13-21; Marco 6,30-44; Luca 9, 12-17; Giovanni 6, 1-14.

169 Matteo 19,21: Gli disse Gesù: «*Se vuoi essere perfetto, va', vendi quello che possiedi, dallo ai poveri e avrai un tesoro nel cielo; poi vieni e seguimi*».

In altre parole, Cristo proponeva di adottare una logica dei *beni comuni* inquadrata in un contesto di pura *condivisione, cooperazione* e reciproca *fratellanza.*

Non è difficile comprendere come questa semplice idea, qualora venisse applicata, consentirebbe, non soltanto di eliminare il denaro, ma anche di organizzare un nuovo paradigma economico post-capitalistico al di là delle dinamiche di mercato, i cui membri potrebbero soddisfare i propri bisogni senza ritornare al baratto[170].

È questo uno degli insegnamenti che possono essere ricavati dall'episodio della *purificazione del Tempio,* in cui un Gesù decisamente più infuriato del solito scacciò i mercanti, rovesciando anche i tavoli dei cambiavalute e le sedie dei venditori di colombe, dicendo:

«Sta scritto: la mia casa sarà chiamata casa di preghiera. Voi invece ne fate un covo di ladri»[171].

Con questo gesto egli non condannò soltanto i mercanti, e con essi, per estensione ed in modo coerente con i suoi insegnamenti spirituali, anche il denaro ed il mercato, ma anche i banchieri, chi specula con la finanza e, più in generale, tutti coloro che traggono guadagno dal

---

170 Per farvi una idea di come potrebbe funzionare questo modello sociale vi consiglio di leggere il mio saggio intitolato *Utopia Razionale*. Per una giustificazione teorica di questo nuovo paradigma, invece, vi consiglio di leggere il mio testo intitolato *L'econofisica: l'economia dell'umanità che verrà*. Tutte queste informazioni possono anche essere trovate all'interno del mio *Trattato di Sociologia* da cui sono estratte le precedenti opere.

171 Matteo 21, 12-13, si veda anche Giovanni 2, 13-22

denaro col denaro, mettendo in atto delle vere e proprie truffe ai danni dell'umanità; senza ignorare la non meno importante disapprovazione manifestata dal Cristo verso quei soggetti che vendevano animali destinati ad essere sacrificati per finalità ritualistiche nel Tempio[172].

Perché Cristo oggi, forse ancor più di allora, definirebbe "*ladri*" tutti coloro che appartengono alle precedenti categorie?

Perché sia il mercato che l'odierno meccanismo di moneta-debito sono intrinsecamente basati su di una truffa sistematica finalizzata alla realizzazione del profitto [ed all'ottenimento del potere].

Oggi, infatti, pur essendo il denaro un costrutto sociale, le cui dinamiche non rispondono a leggi di natura ma sono puramente convenzionali e quindi, in quanto tali, risultano arbitrarie[173], tutta la moneta viene creata dal nulla dal sistema bancario che, dopo essersi arrogato la proprietà ed il diritto esclusivo di creazione ed emissione del denaro, si premura anche di indebitare l'umanità, pretendendo addirittura un interesse positivo in cambio di poter utilizzare dei semplici pezzi di carta co-

---

172 Si consideri che la pratica di uccidere degli animali innocenti per compiere dei rituali è propria della magia nera.

173 In altre parole, le dinamiche del denaro sussistono perché qualcuno le ha ideate e una certa comunità le adotta credendo in esse, più o meno volontariamente e consapevolmente, ma le regole di questo "gioco" possono sempre essere modificate, in quanto sono il frutto di una invenzione, e di una convenzione, umana.

lorati o, in mondo ancor più paradossale, dei numeri memorizzati all'interno di una rete di calcolatori.

Ciò concede ai banchieri, in combutta con i membri dei governi che impongono a norma di legge la legalità di una simile follia sociale, un potere smisurato, legittimato, in ultima analisi, dalla collaborazione di milioni di persone inconsapevoli che partecipano attivamente a questo diabolico meccanismo di dominazione, invece di organizzarsi per creare ed utilizzare una moneta parallela senza debito di proprietà dell'umanità o, ancor meglio, seguire le indicazioni date da Cristo per liberare l'umanità dal denaro[174].

Per quanto riguarda la truffa sistematica posta alla base delle più comuni dinamiche di mercato, si può mettere in evidenza, ad esempio, come in ogni azione di compravendita lo scambio tra un bene e la moneta ceduta in cambio non sia (quasi) mai equivalente e, di norma, si riveli svantaggioso per l'acquirente; se così non fosse, infatti, non sarebbe possibile arricchirsi vendendo degli oggetti.

La differenza tra il costo reale, o il valore effettivo se preferite, di un prodotto ed il prezzo di vendita viene intascata dal produttore che, così facendo, realizza un guadagno.

Di conseguenza, tra due produttori che immettono sul mercato un medesimo bene con proprietà equivalenti e

174 Per approfondire queste tematiche consiglio di leggere il terzo volume del mio *Trattato di Sociologia*, o il saggio più sintetico da esso estratto intitolato *Come liberare l'umanità dalla schiavitù del denaro?*

costi di produzione identici, il più abile, secondo le logiche di mercato attuali, è quello che attraverso apposite strategie di marketing, ovvero ingannando in modo più efficace i compratori, riesce a vendere l'oggetto al prezzo più elevato: detto in modo più esplicito, il venditore che ha maggior successo è quello che truffa di più i suoi acquirenti.

Ciò accade, ad esempio, quando il medesimo capo di vestiario, prodotto negli stessi stabilimenti, dai medesimi operai, con gli stessi materiali, viene venduto ad un prezzo dieci volte maggiore perché gli viene applicata sopra un'etichetta dal valore di qualche centesimo di euro[175].

Da qui l'accusa di Gesù rivolta ai mercanti di essere dei "ladri", chiaramente generalizzabile ad altre forme di ladrocinio, forse ancor più gravi, come quelle messe in atto da chi realizza un guadagno monetario senza fare assolutamente nulla di veramente utile e necessario per il bene dell'umanità, semplicemente ingannando il prossimo "giocando" col denaro, ricorrendo a dei meccanismi che possono funzionare fin tanto che le menti degli esseri umani sono assoggettate ad uno stato d'ipnosi che gli impedisce di vedere la realtà per ciò che è.

Un'altra eclatante ed innegabile ingiustizia legata alle logiche del mercato consiste nell'imposizione del medesimo prezzo richiesto per poter acquistare un determinato bene o servizio nonostante oggi ogni individuo

---

175 L'esempio riportato è accaduto realmente con capi d'abbigliamento e accessori alla moda che assumevano un prezzo differente in base al marchio che gli veniva applicato sopra, pur essendo prodotti nei medesimi stabilimenti.

abbia un livello di ricchezza diverso rispetto agli altri; la giustizia vorrebbe che, sotto queste ipotesi, i prezzi non siano per tutti gli stessi, ma varino in relazione diretta rispetto alla ricchezza del compratore.

Se il mondo fosse un luogo giusto, i poveri pagherebbero un prezzo inferiore rispetto a quello stabilito dal mercato, mentre ai ricchi verrebbe imposto di corrispondere un quantitativo di denaro decisamente superiore al prezzo di vendita del prodotto, consentendo così a tutti di poter acquistare beni e servizi essenziali per vivere in modo dignitoso.

Infine, vorrei anche farvi notare che le dinamiche di mercato sono estremamente dannose, per non dire diaboliche, perché inducono delle continue *lotte competitive* tra gli esseri umani, quando al contrario l'umanità dovrebbe *cooperare fraternamente* in vista del bene comune.

Nel sistema di mercato, infatti, il successo di un operatore economico, che riesce a primeggiare nel suo ambito, equivale all'insuccesso e quindi, in qualche misura, al fallimento degli altri attori che operano nel medesimo settore.

Le dinamiche di mercato, inoltre, limitano fortemente anche il campo d'azione umana; sotto queste condizioni, infatti, non si è liberi di fare tutto ciò che sarebbe utile per realizzare la propria felicità e quella degli altri, ma si è liberi soltanto di mettere in atto quelle azioni che risultino *economicamente sostenibili*[176].

Semplificando le dinamiche, si può dire che nel sistema capitalistico sia ritenuto ammissibile soltanto ciò che garantisce un profitto; ma disgraziatamente non tutto ciò che produce un profitto è effettivamente utile all'umanità, anzi molte volte le strategie più remunerative sono proprio le più inutili e dannose[177]; inoltre si possono individuare molte attività sociali che, pur non assicurando un profitto, qualora venissero applicate, risulterebbero assolutamente utili e benefiche per l'umanità[178].

Così facendo, l'individuo diviene un servo di un sistema economico degenere che si ritorce contro l'umanità, mentre invece è l'economia che dovrebbe essere messa al servizio dell'umanità.

Ancora una volta, il modo con cui invertire questa situazione ci viene suggerito da Cristo e consiste nello smettere di servire Mammona, soprattutto in campo economico ed in relazione all'organizzazione del mondo del lavoro, da cui non dovrebbero scaturire devastazione, depressione e schiavitù, bensì abbondanza, feli-

---

176 Per approfondire questo tema vi consiglio di leggere il mio saggio di esordio intitolato *"L'illusione della libertà"*.

177 Si pensi, ad esempio, all'industria della guerra e al consumismo.

178 Ad esempio, auto-produrre per autoconsumo frutta a km zero con dei frutteti pubblici non assicurerebbe profitto a nessuno, ma consentirebbe a tutti gli esseri umani di avere accesso al cibo gratuitamente.

cità e libertà, in un complessivo quadro di sostenibilità ambientale.

Prima di procedere oltre, vorrei invitare i lettori a non intendere le accuse mosse da Gesù, e da me argomentate all'interno di questo capitolo, come un attacco personale ai comportamenti individuali; l'intento delle precedenti riflessioni è quello di aiutare a comprendere la diabolicità dei meccanismi economici in cui l'umanità, volente o nolente, è in qualche misura invischiata, rimarcando così l'urgenza di liberarsi da questa grande trappola anti-cristica, effettuando un vero e proprio cambio di paradigma socio-economico-culturale.

Del resto, come si fa a pensare che dalle odierne dinamiche economiche possa emergere il bene di tutti, se per accrescere la propria ricchezza ciascun individuo partecipa ad un gioco le cui regole prevedono di truffare, sfruttare e competere?

Come si fa a realizzare il Regno dei Cieli se il modello economico adottato dall'umanità produce sistematicamente ingiustizia, devastazione, inquinamento e non è neppure finalizzato al raggiungimento del bene comune?

Di tutto ciò l'umanità non ha affatto bisogno; per costruire un sistema economico veramente cristiano, dunque, bisognerebbe innanzitutto agire secondo ragione, cooperando con gli altri membri della società in base al proprio talento, al fine di produrre un paniere di beni e servizi della massima qualità da condividere con tutti.

A questo punto si potrebbe perfino pensare di eliminare il denaro, superando le odierne logiche di mercato (senza tornare al baratto), estendendo anche al campo dell'economia l'insegnamento cristico della *gratuità* impartito direttamente da Cristo ai suoi discepoli in relazione ai doni spirituali[179].

Questo sì che darebbe il via ad una grande rivoluzione!

179 Matteo 10,8: «*Gratuitamente avete ricevuto, gratuitamente date*».

Capitolo IX

«Chi vuol essere grande tra voi si farà vostro servitore, e chi vuol essere il primo tra voi sarà il servo di tutti».
Gesù di Nazareth

La Società Cristiana

Nel precedente capitolo ho cercato di delineare ed illustrare il funzionamento di un ipotetico sistema economico ispirato agli insegnamenti del cristianesimo delle origini.

Nelle pagine che seguono, cercherò di completare la trattazione riguardante la dottrina sociale di Cristo esponendo i tratti essenziali di una società autenticamente cristiana.

In primo luogo, converrà fare chiarezza su chi possa essere considerato un membro di questa comunità; la risposta è contenuta nella seguente citazione tratta dal vangelo di Matteo:

> Mentre egli parlava ancora alla folla, ecco, sua madre e i suoi fratelli stavano fuori e cercavano di parlargli. Qualcuno gli disse: *«Ecco, tua madre e i tuoi fratelli stanno fuori e cercano di parlarti»*. Ed egli, rispondendo a chi gli parlava, disse: *«Chi è mia madre e chi sono i miei fratelli?»*. Poi, tendendo la mano verso i suoi discepoli, disse: *«Ecco mia madre e i miei fratelli! Perché chiunque fa la volontà del Padre mio che è nei cieli, egli è per me fratello, sorella e madre»*[180].

Ciò significa che la comunità dei cristiani non è individuata in base alla parentela o all'appartenenza ad un luogo delineato dai confini [immaginari] di uno Stato, ma è definita come un'unica grande famiglia che comprende chiunque operi in senso spirituale in conformi-

180 Matteo 12, 46-50

tà alla coscienza cristica. Il medesimo concetto è ribadito in un altro passo del vangelo di Luca:

Giovanni prese la parola dicendo: *«Maestro, abbiamo visto uno che scacciava demoni nel tuo nome e glielo abbiamo impedito, perché non ti segue insieme con noi»*. Ma Gesù gli rispose: *«Non lo impedite, perché chi non è contro di voi, è per voi»*[181].

Tutto ciò sussiste da un punto di vista teorico; all'atto pratico, infatti, è evidente che l'applicazione dell'economia cristiana, interamente basata sulla collaborazione e la condivisione, richieda anche una certa prossimità territoriale per risultare efficace[182].

Questo implica che la forma naturale dell'organizzazione socio-economica cristiana debba essere individuata in una serie di comunità localizzate, sparse in diversi territori del mondo, che siano disposte a cooperare in modo sinergico per conseguire il bene di tutti[183].

Chi sarà messo a capo di queste comunità? Chi ne stabilirà e farà rispettare le leggi? Che forma di governo guiderà il Regno dei Cieli?

Poche righe fa ho chiarito che i cristiani possono dirsi tali soltanto quando hanno interiorizzato la coscienza cristica; ciascun membro della società, quindi, cercherà

---

181 Luca 9, 49-50

182 Concretamente parlando, individui sparpagliati ed isolati non riuscirebbero a cooperare ed avrebbero ben poco da condividere, al netto della visione spirituale.

183 Per analogia, si pensi pure alle cellule di un organismo vivente.

di agire in modo etico in forza della sua volontà interiore illuminata dall'insegnamento dell'amore universale.

Questo significa che nel Regno dei Cieli, non solo non ci saranno né ricchi né potenti a sfruttare ed imporre il proprio volere sugli altri, ma non ci sarà neppure una qualche forma di governo che non sia riconducibile al governo *interiore* di ogni singolo individuo.

In altre parole, la società cristiana si comporterà come una comunità *anarchica*, nel senso più elevato e nobile del termine[184], dove ciascuno prenderà direttamente parte ai processi decisionali dialogando e confrontandosi con gli altri, ed avendo cura che tutti i membri della comunità non devino con i loro comportamenti da quanto risulti conforme alla ragione universale e quindi, in definitiva, dal bene[185].

Per quanto potrà sembrare strano ai membri delle odierne civiltà, disciplinate da migliaia di norme, leggi e regolamenti, l'intera società cristiana sarà guidata dal rispetto di una sola legge: quella dell'amore[186].

---

184 Il filosofo Pierre-Joseph Proudhon, padre dell'anarchismo, sosteneva: *«L'Anarchia è Ordine senza il Potere»*.

185 Vale la pena di ricordare che gli autentici cristiani sono dei nonviolenti e questo limita di molto, se non del tutto, i conflitti sociali e le derive morali.

186 Del resto dovrebbe essere evidente che più i comportamenti degenerano a livello morale e più c'è bisogno di leggi per regolare la società; mentre, all'opposto, più il livello spirituale dei membri di una società è elevato e meno c'è bisogno d'imporre delle norme per limitare e punire i comportamenti deviati.

Nonostante nei vangeli non si faccia alcun cenno alla cura, al rispetto ed alla salvaguardia della natura[187], è del tutto evidente che una società nonviolenta, ispirata dal principio dell'amore universale, non possa che tradursi di fatto in una società *ecologica*.

Va da sé, dunque, che la produzione e la fornitura del paniere di beni e servizi del modello economico post capitalistico proposto da Cristo saranno tarate, in relazione alla quantità ed alla qualità, in modo tale da soddisfare i bisogni dei membri della società assicurando una complessiva sostenibilità ambientale[188].

Ciò significa, in particolare, che i cristiani avranno cura di produrre ed utilizzare in comune beni della massima qualità, concepiti per durare il più a lungo possibile ed essere facilmente riparati, perché questo è ciò che suggerisce di fare la ragione universale, e non di certo di creare una tanto folle quanto dannosa, per non dire diabolica, economia consumistica che, oltre a causare la distruzione dell'ecosistema, ruba l'esistenza agli individui, obbligandoli a svolgere delle attività lavorative superflue e dannose che non producono vera ricchezza ma condannano ad una moderna forma di schiavitù[189].

---

187 Ciò è ovvio, in quanto ai tempi di Cristo non sussisteva nessuna questione ecologica e dunque i problemi ambientali, non essendo minimamente percepiti, non rappresentavano di certo una priorità.

188 Per approfondire questo argomento vi invito a leggere il mio saggio intitolato *La Questione Ecologica. Comprendere l'ecologia per evitare il collasso.*

189 Per approfondire vi consiglio di leggere il mio saggio intitolato *L'illusione della libertà*, oppure il secondo volume del mio *Trattato di sociologia* interamente dedicato al mondo del lavoro.

Chiunque può intuire che una produzione dedita alla qualità, associata ad una modalità di utilizzo ispirata alla logica dei beni comuni, rappresenti la miglior strategia per soddisfare le necessità di una data popolazione con il minor quantitativo di prodotti.

In altre parole, questo significa che, con i dovuti accorgimenti, il paradigma economico proposto da Cristo consentirebbe di garantire la maggior ricchezza sociale possibile[190] con il minor quantitativo di lavoro e d'impatto ambientale[191], massimizzando quindi, da un lato, il tempo libero, e, dall'altro, la complessiva sostenibilità del sistema sociale.

Quella cristiana dunque, otre ad essere una società *ecologica*, è anche una società libera dall'odierna *schiavitù del lavoro*.

Inoltre, la minimizzazione del lavoro umano e la sua finalizzazione, volta ad assicurare il massimo del benes-

---

190 Nel sistema capitalistico infatti alla ricchezza dei pochi corrisponde la miseria dei molti; in una ipotetica società comunista, in cui tutti ricevessero il medesimo stipendio, non si avrebbe la massima ricchezza possibile, ma al più un'equa distribuzione della ricchezza; è soltanto con la pura e gratuita condivisione dei beni prodotti dall'umanità per l'umanità che tutti possono essere ricchi al massimo grado, perché ciascuno all'occorrenza può avere accesso ad ogni tipologia di bene, e non soltanto a ciò che può permettersi di comprare con il proprio denaro.

191 Per comprendere come organizzare il mondo del lavoro in modo ottimale, così da produrre beni e servizi per tutti, senza devastare l'ambiente, riuscendo a minimizzare il lavoro umano, vi consiglio di leggere il secondo volume del mio *Trattato di Sociologia*.

sere per tutti, senza che vi siano sfruttati e sfruttatori, ricchi e poveri, creerebbe le condizioni affinché ciascun individuo sia ben disposto ad offrire volontariamente il proprio contributo alla comunità secondo il suo talento, divenendo, così come indicato da Cristo, un servitore dell'umanità.

Sicché ciascuno sarebbe più che felice di offrire spontaneamente la propria opera, sapendo di ricevere in cambio abbondanza e libertà, in un complessivo quadro di sostenibilità ambientale.

Va da sé che, in una società autenticamente cristiana, tutto il cibo prodotto sarebbe biologico e nessuno si sognerebbe di inquinare la natura con dei prodotti dannosi, né di avvelenare i propri fratelli e le proprie sorelle introducendo degli additivi tossici negli alimenti, cosa che invece accade comunemente nell'odierna società retta da evidenti logiche anti-cristiche.

E di che cosa si nutrirebbero i cristiani? Per rispondere a questa domanda può essere utile chiedersi: di che cosa si nutriva il Cristo? Che cosa si dovrebbe mangiare in base al suo insegnamento?

Per prima cosa è bene chiarire che, così come non è mai esistito e mai esisterà un autentico Maestro spirituale che impartisce i suoi insegnamenti a pagamento, non è mai esistito e mai esiterà un vero Maestro spirituale che si nutre di carne[192].

---

192 Ecco quindi un altro metodo per smascherare un falso maestro: se mangia carne, per sua volontà, in presenza di alternative nonviolente, egli dimostra di essere ancora in preda a delle dipendenze passionali e di non aver interiorizzato il più impor-

Il motivo dovrebbe essere evidente: nutrirsi uccidendo gli animali, potendo vivere in perfetta salute adottando una dieta priva di carne, è un qualcosa di completamente incompatibile con l'etica di ogni essere spiritualmente elevato, che mai si sognerebbe di farsi portatore di sofferenza e morte[193].

Ancor più un simile comportamento risulterebbe in contrasto con la figura di un personaggio che, come il Cristo, professava la nonviolenza.

L'esplicito divieto cristico di *non uccidere*, solitamente ristretto alla sola specie umana, in realtà è chiaramente rivolto anche agli animali, se non addirittura a tutti gli esseri viventi; se così non fosse, infatti, si attuerebbero dei comportamenti in chiara contraddizione con il primo e più importante insegnamento dato da Cristo, vale a dire quello dell'amore universale.

Se ciò è vero, si è portati a concludere che un cristiano dovrebbe essere come minimo *vegetariano*, o ancor meglio *vegano*[194], anche se in realtà, per quanto ci è

---

tante degli insegnamenti, vale a dire quello dell'amore universale. Ciò può essere perdonato ad un comune essere umano, ma non di certo a chi si assume il compito di guidare spiritualmente i propri simili o l'umanità.

193 Per approfondire, vi consiglio di leggere il mio saggio breve intitolato *Perché il Potere ce l'ha a morte con i vegani?*

194 Per come viene prodotto il cibo oggi, essere vegetariani non è sufficiente per evitare che gli animali vengano sfruttati ed uccisi; si pensi ad esempio all'industria del latte, dove, per incrementare la produzione, le mucche sono continuamente brutalizzate ed i vitelli, che vengono sottratti alle madri, finiscono per essere macellati.

dato sapere ad oggi, se si esclude l'alimentazione *pranica,* sulla cui reale sensatezza è a dir poco lecito nutrire dei dubbi[195], l'unica modalità naturale che un essere umano ha a disposizione per nutrirsi nel totale e completo rispetto della volontà altrui, senza commettere alcuna violenza, consiste nell'essere *frugivori:* i frutti, infatti, vengono appositamente prodotti dalle piante per nutrire gli altri esservi viventi e possono essere utilizzati senza uccidere nessuna forma di vita (neppure di tipo vegetale).

Se ne deduce che, per essere coerente con i suoi insegnamenti, il Cristo avrebbe dovuto essere, non soltanto vegetariano, ma *frugivoro,* se non addirittura *pranico,* ammesso per assurdo che ciò fosse in suo potere; ma di tutto ciò non vi è traccia nei vangeli canonici, dove invece gli evangelisti riportano che egli consumasse, oltre al pane, anche del pesce[196].

Talvolta alcuni utilizzano in modo scorretto i seguenti versetti per sostenere che Gesù legittimasse il consumo di qualsiasi alimento, quindi anche della carne:

«non c'è nulla fuori dell'uomo che, entrando in lui, possa contaminarlo; sono invece le cose che escono dall'uomo a contaminarlo».

---

195 Se gli esseri umani fossero pranici, ovvero potessero assorbire direttamente energia dall'ambiente per vivere, per quale motivo avrebbero un apparato digerente adatto al consumo di cibo solido da cui trarre materia ed energia?

196 Luca 24, 42-43: Gli offrirono una porzione di pesce arrostito; egli lo prese e lo mangiò davanti a loro.

Ma in realtà, con quelle frasi, egli stava rispondendo ad una precisa osservazione mossa dai farisei limitatamente circoscritta al consumare cibo *senza lavarsi le mani*:

In quel tempo alcuni farisei e alcuni scribi, venuti da Gerusalemme, si avvicinarono a Gesù e gli dissero: *«Perché i tuoi discepoli trasgrediscono la tradizione degli antichi? Infatti quando prendono cibo non si lavano le mani!»*[197].

A quel punto Gesù replicò in modo molto chiaro:

«Non capite che tutto ciò che entra nella bocca, passa nel ventre e va a finire nella fogna? Invece ciò che esce dalla bocca proviene dal cuore. Questo rende immondo l'uomo. Dal cuore, infatti, provengono i propositi malvagi, gli omicidi, gli adulteri, le prostituzioni, i furti, le false testimonianze, le bestemmie. Queste sono le cose che rendono immondo l'uomo, ma il mangiare senza lavarsi le mani non rende immondo l'uomo»[198].

In nessun passo dei vangeli canonici il Cristo legittima la dieta che prevede il consumo di carne, né però ne fa divieto in modo esplicito, arrivando egli stesso a moltiplicare ed offrire dei pesci alle folle, una gesto che nessun autentico vegetariano sarebbe disposto a fare.

Siamo quindi in presenza di una chiara incongruenza tra ciò che il Cristo predicava e ciò che egli faceva in rapporto al cibo, da cui ha origine una insanabile contraddizione interna.

---

197 Matteo 15, 1-2
198 Matteo 15, 17-20

Siccome nessun nonviolento consuma carne, si deve quindi concludere che o il Cristo fosse incoerente, vale a dire che predicasse bene ma razzolasse male[199], o i resoconti degli evangelisti non sono fedeli e conseguenti all'insegnamento cristico, magari anche a causa di alcune alterazioni avvenute, più o meno intenzionalmente, nel corso delle copiature.

Non essendo il mio scopo ricostruire la verità storica limitatamente a questa vicenda, ma volendo individuare un messaggio edificante per l'umanità basandomi sull'analisi dei vangeli, sceglierò di preservare la coerenza con gli insegnamenti spirituali del Cristo, sostenendo, in definitiva, che un'autentica comunità cristiana, come minimo, debba nutrirsi esclusivamente di alimenti di origine vegetale[200].

Un'altra pregevole e ovvia conseguenza dovuta alla struttura socio-economica autenticamente cristiana riguarda il settore della medicina; in un mondo ecologico, e dunque non inquinato, in cui le persone non si nutrono con alimenti nocivi, dove, inoltre, il livello di ricchezza è elevato per tutti, le attività lavorative non rappresentano una condanna sociale o, se preferite, una moderna forma di schiavitù, insensata e totalizzante, ma sono il frutto della libera espressione del

---

199 Proprio come fanno oggi tanti falsi guru nel cosiddetto ambiente olistico che hanno capito tutto, ma proprio tutto, perfino le verità esoteriche più profonde, ma poi dimostrano con i fatti di non aver compreso neppure che oggigiorno nutrirsi di animali sia un atto spregevole, inessenziale, brutale e satanico.

200 Se ciò accadesse oggi in tutto il mondo avverrebbe una rivoluzione; per approfondire si veda il mio saggio breve intitolato *Perché il Potere ce l'ha a morte con i vegani?*

proprio vero essere messo a servizio del bene comune, è evidente che i livelli di benessere psico-fisici sarebbero elevatissimi e la quasi totalità delle malattie svanirebbe dalla faccia della Terra.

Rispetto ad oggi, l'aspettativa di vita sana si accrescerebbe notevolmente, ci sarebbe molto meno bisogno di medici, e quest'ultimi ben si guarderebbero d'imbottire di farmaci l'umanità con dei prodotti i cui effetti sono a dir poco discutibili[201], perché l'obiettivo principale non sarebbe quello di far arricchire Big Pharma, ma di far sì che le persone siano sane prevenendo l'insorgenza delle malattie.

Fiorirebbe quindi una nuova medicina sicuramente basata su rimedi naturali e forse su tecniche di guarigione energetiche-spirituali ispirate alle facoltà del Cristo e dei suoi discepoli, i quali curavano gli ammalati *imponendo loro le mani.*

Ovviamente, un'autentica comunità cristiana sarebbe caratterizzata anche da una *nuova educazione,* in cui si avrebbe cura di trasmettere alle nuove generazioni gli insegnamenti di Cristo.

---

201 Si prenda ad esempio ciò che è stato fatto durante la recente pandemia; quando l'umanità si renderà conto della verità scoprirà che il presunto rimedio ha danneggiato ed ammazzato più persone rispetto alla malattia che si sosteneva di voler debellare grazie ad esso. E nonostante ciò, a forza di propaganda, mistificazioni, alterazioni dei dati, articoli e studi falsi, calunnie, minacce, radiazioni dagli ordini professionali ed omicidi, il più eclatante fallimento della medicina moderna è stato fatto passare come il più grande successo della scienza medica.

In particolar modo gli educatori lavorerebbero per far maturare nei bambini un coscienza cristica non violenta, dedita alla ricerca della verità ed alla realizzazione del bene comune; essi aiuterebbero i futuri membri della società a mantenere la loro purezza interiore ed a far fiorire i loro talenti, spiegando la grande importanza della cooperazione e della condivisione.

Vi è infine un'altra questione, con cui mi avvio a concludere questo capitolo, non meno spinosa e sicuramente ancora più difficile da dipanare, rispetto all'alimentazione: quella delle *relazioni sentimentali*.

Da un punto di vista intuitivo, si è portati a pensare che in una comunità di persone veramente evolute da un punto di vista spirituale l'amore sarebbe libero e che quindi, in particolare, nessuno contrarrebbe matrimonio.

Del resto, se due persone volessero stare insieme amandosi veramente per tutta la vita potrebbero farlo benissimo anche senza sposarsi; dunque l'istituto del matrimonio sarebbe un qualcosa di inessenziale, se non di addirittura dannoso, considerando che creerebbe un vincolo tra due persone che molto spesso, al trascorrere del tempo, scoprirebbero di non essere fatte l'una per l'altra.

Inoltre non si comprende perché si debba limitare tassativamente l'espressione del proprio amore soltanto ad una sola persona, senza concedere a nessuno la possibilità di intrattenere più relazioni nel corso della propria vita, anche simultaneamente, a condizione che esse siano il frutto d'una reale manifestazione d'amore ed abbiano luogo alla luce del Sole, con assoluto rispetto e responsabilità della volontà e dei reciproci doveri degli individui coinvolti in queste relazioni.

Cristo però, se fosse ancora in vita, non sarebbe affatto d'accordo con queste opinioni; egli infatti, come si può leggere nei seguenti versetti, sostenne la tesi dell'unicità e dell'insolubilità delle relazioni sentimentali sancite tramite il matrimonio:

Allora gli si avvicinarono alcuni farisei per metterlo alla prova e gli chiesero: *«È lecito a un uomo ripudiare la propria moglie per qualsiasi motivo?»*. Egli rispose: *«Non avete letto che il Creatore da principio li fece maschio e femmina e disse: per questo l'uomo lascerà il padre e la madre e si unirà a sua moglie e i due diventeranno una sola carne? Così non sono più due, ma una sola carne. Dunque l'uomo non divida quello che Dio ha congiunto»*[202].

Perché allora Mosè concesse agli uomini la possibilità di ripudiare la propria moglie? Non di certo perché ciò sia giusto, sostiene il Cristo, bensì:

«Per la durezza del vostro cuore Mosè vi ha permesso di ripudiare le vostre mogli; all'inizio però non fu così. Ma io vi dico: chiunque ripudia la propria moglie, se non in caso di unione illegittima, e ne sposa un'altra, commette adulterio»[203].

A suo avviso, il matrimonio è una cosa serissima, e non solo non si deve commettere adulterio [e fin qui siamo

---

202 Matteo 19, 3-6
203 Matteo 19, 8-9

tutti d'accordo, o quasi!] ma, con termini moderni, è fatto divieto anche di divorziare, tranne nel caso di alcune situazioni d'illegittimità che includono, ad esempio, la fornicazione.

Mosè inoltre, secondo Gesù, era in errore anche quando sosteneva che l'adulterio [femminile, s'intenda!] avrebbe dovuto essere punito con la morte per lapidazione [alla faccia delle leggi di presunta origine divina!]:

«Maestro, questa donna è stata sorpresa in flagrante adulterio. Ora Mosè, nella Legge, ci ha comandato di lapidare donne come questa. Tu che ne dici?». Questo dicevano per metterlo alla prova e per avere di che accusarlo. Ma Gesù, chinatosi, si mise a scrivere col dito per terra. E siccome insistevano nell'interrogarlo, alzò il capo e disse loro: *«Chi di voi è senza peccato, scagli per primo la pietra contro di lei».* E chinatosi di nuovo, scriveva per terra. Ma quelli, udito ciò, se ne andarono uno per uno, cominciando dai più anziani fino agli ultimi. Rimase solo Gesù con la donna là in mezzo. Alzatosi allora Gesù le disse: *«Donna, dove sono? Nessuno ti ha condannata?».* Ed essa rispose: *«Nessuno, Signore».* E Gesù le disse: *«Neanch'io ti condanno; va' e d'ora in poi non peccare più»*[204].

In definitiva, quindi, il Cristo ribadì l'estrema sacralità dell'unione tra marito e moglie, irrigidendone a tal punto le dinamiche che perfino i suoi stessi discepoli, ovvero gli apostoli, evidentemente intimoriti dalla grande responsabilità legata a questa scelta, arrivarono a sostenere: *«Se questa è la situazione dell'uomo ri-*

---

204 Giovanni 8, 1-11

spetto alla donna, non conviene sposarsi»[205], sententendosi rispondere con le seguenti parole:

«Non tutti capiscono questa parola, ma solo coloro ai quali è stato concesso. Infatti vi sono eunuchi che sono nati così dal grembo della madre, e ve ne sono altri che sono stati resi tali dagli uomini, e ve ne sono altri ancora che si sono resi tali per il regno dei cieli. Chi può capire, capisca».

In assoluta sincerità, confesso che non so se mi è dato d'intendere la precedente parabola ma, essendo l'autore di questo saggio, vedrò di esprimere la mia modestissima opinione al riguardo per cercare di comprendere se, in un'autentica comunità cristiana, l'amore possa essere libero, oppure si debba scegliere in modo oltremodo oculato il/la propria/o consorte, giacché poi si dovrà, volenti o nolenti, trascorrere in coppia tutto il resto della vita.

Io ritengo che nessun individuo sano di mente sceglierebbe di legarsi con una corda che non può essere recisa ad un'altra persona, neanche nel caso in cui i due si conoscessero molto bene; un qualcosa di simile, invece, viene ingenuamente fatto, da un punto di vista metafisico, con il matrimonio.

Quello che in molti ignorano, purtroppo, è che tale unione non riguarda soltanto gli aspetti giuridici ma anche quelli energetici pertinenti al campo della magia.

Di fatto, il matrimonio è un potente rituale e, tecnicamente parlando, la tipologia di legamento da esso creata è di certo molto più vicino alla magia nera che non a

205 Matteo 19, 10

quella bianca, in quanto crea un vincolo tra persone inconsapevoli di ciò che stanno realmente facendo promettendosi cose di cui non hanno piena contezza.

Non a caso, nella maggioranza dei casi, nel giro di poco tempo tutte quelle belle promesse, che i due malcapitati sono stati indotti a giurarsi reciprocamente, vengono meno, e così ha inizio un lungo e doloroso percorso che condurrà i coniugi alla separazione e forse, nel migliore degli esiti, ad una rinascita.

La situazione in cui la coppia persista nel matrimonio sapendo di non amarsi più, e nonostante ciò eviti di spezzare i rispettivi legami giuridici ed energetici, è ancor più deleteria rispetto alla precedente, per ovvie motivazioni che tutti possono intuire e che non mi sembra opportuno qui specificare.

Per quanto fin qui sostenuto, mi sento dunque di ribadire il mio parere contrario all'istituto del matrimonio, ancor più se esso debba inserirsi in una società di esseri poco evoluti dal punto di vista spirituale[206].

Per converso, è del tutto evidente che in una comunità di esseri veramente puri di cuore, come è richiesto di essere a dei veri cristiani, il matrimonio, così come lo intendiamo oggi, rappresenti un qualcosa di sicuramente inessenziale.

---

206 Non mi si venga a dire che il matrimonio sia utile per tutelare i bambini, perché essi possono essere tutelati anche senza che i genitori s'incatenino magicamente senza neanche essere consapevoli di cosa stiano realmente facendo.

Con un po' di riflessione, ci si può rendere conto che un amore libero condotto in modo profondo e autentico, non quindi una risibile scelta poliamorosa finalizzata ad accrescere il numero di rapporti sessuali senza impegnarsi seriamente con i propri partner, qualora venisse praticato con consapevolezza da alcuni membri della società, non sarebbe affatto in contrasto, ed ancor meno in contraddizione, con il più grande insegnamento dato da Gesù, vale a dire quello dell'amore universale.

Un simile comandamento prevede il rispetto, la sincerità, la cura e così via, ma non implica in alcun modo, da un punto di vista logico, che l'amore debba essere esperito unicamente con un unico coniuge per tutta la vita; ad esempio, se quattro persone, anziché due, decidessero di creare un'unica famiglia e riuscissero effettivamente a gestire le loro relazioni in modo sano, costruttivo e senza gelosie, che male farebbero a se stessi e agli altri?

Il matrimonio, pertanto, qualora fosse imposto come regola sociale, comporterebbe un'applicazione riduttiva, in senso restrittivo e limitante, degli stessi insegnamenti cristiani, dando luogo ad una contraddizione.

È possibile che con le disposizioni rispetto al matrimonio il Cristo volesse dare un insegnamento alla portata dell'umanità della sua [e della nostra] epoca; si consideri che, se già è complesso gestire in modo sano ed autentico una relazione di coppia, figuriamoci che cosa potrebbe accadere nel caso di una relazione a quattro, o a più, componenti[207].

Pertanto, se l'intento consiste nel voler far sperimentare ed apprendere l'amore tramite le relazioni sentimentali, tanto vale cominciare a praticare seriamente questa [ardua] via di elevazione spirituale scegliendo una ed una sola sola persona, restando al suo fianco per tutta la vita.

O magari, in realtà, l'istituzione del matrimonio risulta giustificata per questioni riconducibili a dinamiche divine, sicché ad ogni anima che ha la possibilità di sperimentare un'esistenza terrena viene effettivamente associata un'altra anima destinata a condividere tutta la sua vita assieme ad essa, venendosi così in tal senso a delineare delle coppie di *anime gemelle.*

Se si assume che degli esseri veramente evoluti siano in grado, in virtù della purezza del loro cuore, di riconoscere la propria anima gemella, ecco quindi che l'indicazione espressa da Gesù assumerebbe un altro significato e diverrebbe comprensibile; in tal caso, infatti, il matrimonio potrebbe essere inteso come la consacrazione del ricongiungimento di una coppia che è stata creata per camminare insieme sulla Terra, e non sarebbe più una sorta di insidiosa trappola diabolica, da cui oggigiorno è ragionevolmente sensato tenersi alla larga!

---

207 È evidente che le problematiche e la complessità delle situazioni che si dovrebbero gestire aumenterebbero in modo esponenziale!

Di tutta questa grandissima ed importantissima questione sociale, che di certo non può essere esaurita nella sua complessità limitandosi ad alcune pagine di riflessioni, vi è una cosa che invece può essere chiarita: il discorso riguardante gli eunuchi.

È noto infatti che a chi intende operare a livello magico in modo davvero efficace, in relazione alle pratiche della magia bianca, sia richiesta un'assoluta purezza, che chiaramente non può essere ottenuta senza riuscire a dominare e neutralizzare le più basse e carnali pulsioni erotico-sessuali umane.

Per questo il Cristo disse, parlando sia in senso letterale che figurato, che alcuni uomini si sono resi eunuchi per servire in modo completo e totale il Regno dei Cieli[208].

208 Vorrei rassicurare i lettori dicendo che non è obbligatorio rendersi fisicamente eunuchi per servire il Regno dei Cieli e che si può operare magia bianca anche preservando la propria integrità fisica! Ogni genere di pulsione, infatti, può essere neutralizzata esercitando l'auto-dominio.

Capitolo X

«Io vi mando come pecore in mezzo ai lupi; siate dunque prudenti come i serpenti e semplici come le colombe». *Gesù di Nazareth*

La Missione degli Apostoli

Per fare in modo che il piano di trasformazione spirituale e sociale ideato da Cristo andasse a buon fine, egli si premurò di selezionare e costituire un gruppo di intimi collaboratori noti con il nome di *apostoli*[209].

Il termine stesso "apostolo", che deriva del greco *απόστολος* (apóstolos) e significa letteralmente "inviato" o anche "messaggero", rivela la missione principale del gruppo dei dodici: diffondere il messaggio di Cristo in tutte le terre note, piantando il seme di una nuova coscienza che, a tempo debito, avrebbe portato a completa maturazione il suo frutto con la realizzazione del Regno dei Cieli.

Diventare un diretto discepolo di Cristo non era un qualcosa di semplice ed ancor meno di desiderabile; egli sapeva perfettamente che gli apostoli avrebbero dovuto possedere la levatura spirituale, la forza ed il coraggio per portare a termine dei compiti a dir poco gravosi.

Si consideri che molti di essi finirono per essere torturati e uccisi per aver dato testimonianza degli insegnamenti del loro maestro, divenendo così i primi *martiri cristiani*.

---

209 Marco 3, 13-16: Chiamò presso di sé quelli che volle; ed essi si avvicinarono a lui. Quindi ne costituì dodici perché stessero con lui e potesse mandarli a predicare, e perché avessero il potere di guarire le infermità e di scacciare i demoni.

È questo il caso, ad esempio, di Simon Pietro, a cui Gesù in persona rivelò che egli sarebbe diventato il fondatore della chiesa cristiana[210], vale a dire l'iniziatore della comunità che avrebbe professato gli insegnamenti cristici, prevedendo però che alla fine della sua missione sarebbe stato crocifisso a testa in giù[211].

Anche lo stesso Giuda Iscariota, sebbene per motivazioni differenti, tradendo il Cristo forse, secondo alcune interpretazioni, agendo addirittura in modo consapevole, in accordo e su indicazione del suo maestro[212], svolse un ruolo non meno gravoso e di assoluta importanza per l'intera storia del cristianesimo, che gli costò un'enorme sofferenza personale conclusasi con un suicidio[213].

---

210 Matteo 16, 18: *«E io ti dico: Tu sei Pietro e su questa pietra edificherò la mia chiesa e le porte degli inferi non prevarranno contro di essa».*

211 Giovanni 21, 18-19: *«In verità, in verità ti dico: quando eri più giovane ti cingevi la veste da solo, e andavi dove volevi; ma quando sarai vecchio tenderai le tue mani, e un altro ti cingerà la veste e ti porterà dove tu non vuoi».* Questo gli disse per indicare con quale morte egli avrebbe glorificato Dio.

212 Lo stesso nome Iscariota potrebbe derivare dal persiano Isk Arioth col significato di «colui che serve» o di «colui che sa». Nell'apocrifo di Giuda l'apostolo è consapevole di ciò che sta facendo mettendo in scena un finto tradimento concordato con il Cristo affinché il destino di quest'ultimo si compisse secondo le più antiche profezie.

213 Matteo 27, 3-5: 3 Allora Giuda, il traditore, vedendo che Gesù era stato condannato, si pentì e riportò le trenta monete d'argento ai sommi sacerdoti e agli anziani dicendo: *«Ho peccato, perché ho tradito sangue innocente».* Ma quelli dissero: *«Che ci riguarda? Veditela tu!».* Ed egli, gettate le monete d'argento nel tempio, si allontanò e andò ad impiccarsi.

Essere un diretto discepolo di Cristo, infatti, richiedeva una totale dedizione alla causa:

> Una folla numerosa andava con lui. Egli si voltò e disse loro: *«Se uno viene a me e non mi ama più di quanto ami suo padre, la madre, la moglie, i figli, i fratelli, le sorelle e perfino la propria vita, non può essere mio discepolo. Colui che non porta la propria croce e non viene dietro a me, non può essere mio discepolo. Chi di voi, volendo costruire una torre, non siede prima a calcolare la spesa e a vedere se ha i mezzi per portarla a termine? Per evitare che, se getta le fondamenta e non è in grado di finire il lavoro, tutti coloro che vedono comincino a deriderlo, dicendo: "Costui ha iniziato a costruire, ma non è stato capace di finire il lavoro"»*[214].

Gli apostoli spiccavano anche per la forza della loro fede, la dedizione verso la verità e la purezza dei loro cuori; Gesù inoltre pretendeva che i suoi diretti seguaci dessero dimostrazione di un totale distacco rispetto alla ricchezza materiale[215].

Quando il Cristo iniziava i discepoli spiegava loro che per essere i migliori essi avrebbero dovuto rimanere umili e servire tutti[216]; gli chiedeva inoltre di annunciare il Regno dei Cieli, guarire i malati, compiere esorcismi e prodigi, operando senza chiedere un compenso, giacché i loro doni spirituali gli erano stati dati gratui-

---

214 Luca 14, 25-30

215 Luca 14, 33: *«Chiunque di voi non rinuncia a tutti i suoi averi, non può essere mio discepolo».*

216 Marco 9, 35: Sedutosi, chiamò i Dodici e disse loro: *«Se uno vuole essere il primo, sia l'ultimo di tutti e il servitore di tutti».*

tamente e quindi anch'essi avrebbero dovuto metterli a disposizione degli altri altrettanto gratuitamente:

«Strada facendo, predicate che il regno dei cieli è vicino. Guarite gli infermi, risuscitate i morti, sanate i lebbrosi, cacciate i demoni. Gratuitamente avete ricevuto, gratuitamente date. Non procuratevi oro, né argento, né moneta di rame nelle vostre cinture, né bisaccia da viaggio, né due tuniche, né sandali, né bastone, perché l'operaio ha diritto al suo nutrimento»[217].

Egli diceva ai suoi apostoli di conservare la loro purezza interiore ma di essere estremamente scaltri e soprattutto di fare attenzione agli uomini che collaborano con le forze del male, perché sarebbero stati proprio loro che li avrebbero consegnati ai potenti e li avrebbero torturati; in tutto ciò, la ragione universale li avrebbe sostenuti arrivando, nei momenti più cupi, perfino a suggerirgli le parole più appropriate da pronunciare:

«Ecco: io vi mando come pecore in mezzo ai lupi; siate dunque prudenti come i serpenti e semplici come le colombe. Guardatevi dagli uomini, perché vi consegneranno ai loro tribunali e vi flagelleranno nelle loro sinagoghe; e sarete condotti davanti ai governatori e ai re per causa mia, per dare testimonianza a loro e ai pagani. E quando vi consegneranno nelle loro mani, non preoccupatevi di come o di che cosa dovrete dire, perché vi sarà suggerito in quel momento ciò che dovrete dire: non siete infatti voi a parlare, ma è lo Spirito del Padre vostro che parla in voi[218]*»*.

---

217 Matteo 10, 5-10
218 Matteo 10,16-20

Cristo cercava di rinforzare la fede degli apostoli spronandoli a rimanere saldi rispetto ai suoi insegnamenti perché:

«non c'è nessuno che abbia lasciato casa o moglie o fratelli o genitori o figli per il regno di Dio, che non riceva molto di più nel tempo presente e la vita eterna nel tempo che verrà»[219].

In realtà, soltanto chi è disposto ad abbandonare l'usuale modo di vivere per seguire la Via indicata da Cristo, alla fine, salverà se stesso:

«Chi vuole salvare la propria vita, la perderà, ma chi perderà la propria vita per causa mia, la salverà».

Praticamente tutti sanno che Gesù predicò il suo vangelo pubblicamente, perfino a delle folle, e che chiamò a sé dodici apostoli; molti di meno sono a conoscenza che egli iniziò per via diretta un altro insieme di discepoli, il *gruppo dei settantadue*:

Dopo questi fatti il Signore designò altri settantadue e li inviò a due a due davanti a sé in ogni città e luogo dove stava per recarsi. Diceva loro: *«La messe è abbondante, ma sono pochi gli operai! Pregate dunque il signore della messe, perché mandi operai nella sua messe! Andate: ecco, vi mando come agnelli in mezzo a lupi; non portate borsa, né sacca, né sandali e non fermatevi a salutare nessuno lungo la strada. In qualunque casa entriate, prima dite: "Pace a questa casa!". Se vi sarà un figlio della pace, la vostra pace scenderà su di lui, altrimenti ritornerà su di voi. Restate in quella casa, mangiando e bevendo di quello che hanno, perché chi lavora ha diritto alla sua ricompensa. Non pas-*

219 Luca 18, 29-30

sate da una casa all'altra. Quando entrerete in una città e vi accoglieranno, mangiate quello che vi sarà offerto, guarite i malati che vi si trovano, e dite loro: "È vicino a voi il regno di Dio"»[220].

È quindi del tutto evidente che anche i settantadue, sebbene avrebbero avuto un destino meno gravoso e carico di responsabilità rispetto ai dodici, fossero incaricati di portare a termine una missione del tutto analoga, nelle sue linee guida generali, a quella degli apostoli.

A questo punto il lettore più accorto avrebbe già dovuto porsi alcune domande; ad esempio: se quanto ho fin qui riportato corrisponde a realtà, com'è possibile che i discepoli direttamente selezionati ed istruiti da Gesù fossero in grado di compiere esorcismi, guarigioni e prodigi di varia natura?

E ancora, che cosa intendeva dire il Cristo quando prometteva ai suoi apostoli la vita eterna? Come si può mettere in salvo la propria vita se si è destinati al martirio?

La risposta, a mio avviso, è del tutto evidente: questo ristretto gruppo di persone ebbe modo di accedere ad un sapere più profondo rispetto a quello reso noto alle masse, che gli venne trasmesso dallo stesso Gesù per via iniziatica.

Le prove di quanto sto sostenendo sono disseminate nei vangeli. È noto, ad esempio, che Gesù predicasse

---

220 Luca 10, 1-9

pubblicamente avvalendosi delle parabole ma in privato ne spiegasse il significato in modo del tutto esplicito agli apostoli[221], i quali, talvolta, venivano addirittura redarguiti perché non erano in grado di cogliere autonomamente il significato esoterico dei discorsi tenuti dal loro maestro[222].

Si consideri, inoltre, che anche il gruppo dei settantadue, così come quello dei dodici, era in grado di compiere esorcismi, guarigioni e prodigi[223], evidentemente perché anch'essi, al pari degli apostoli, avevano appreso direttamente dal loro maestro la conoscenza necessaria per far ciò, ma in nessun passo dei vangeli risulta che queste informazioni, di carattere esoterico, venissero divulgate al pubblico.

La mia ipotesi, dunque, consiste nell'assumere che esistesse una *dottrina pubblica*, vale a dire un insegnamento essoterico destinato alle masse, a cui ho dato ampio risalto fin qui, ed una *dottrina privata*, ovvero

221 Si veda ad esempio la parabola della Zizzania, in particolare Matteo 13, 36-37: Poi Gesù lasciò la folla ed entrò in casa; i suoi discepoli gli si accostarono per dirgli: «*Spiegaci la parabola della zizzania nel campo*». Ed egli rispose: «*Colui che semina il buon seme è il Figlio dell'uomo*... etc etc.

222 Matteo 15, 15-16: Pietro allora gli disse: «*Spiegaci questa parabola*». Ed egli rispose: «*Neanche voi siete ancora capaci di comprendere?*.

223 Luca 10, 17-20: I settantadue tornarono pieni di gioia, dicendo: «*Signore, anche i demòni si sottomettono a noi nel tuo nome*». Egli disse loro: «*Vedevo Satana cadere dal cielo come una folgore. Ecco, io vi ho dato il potere di camminare sopra serpenti e scorpioni e sopra tutta la potenza del nemico: nulla potrà danneggiarvi. Non rallegratevi però perché i demòni si sottomettono a voi; rallegratevi piuttosto perché i vostri nomi sono scritti nei cieli*».

una conoscenza di carattere esoterico riservata soltanto a chi *«è dato conoscere i misteri del regno dei cieli»*[224].

Cercherò di analizzare questi aspetti nei prossimi capitoli...

224 Matteo 13, 10-11: Gli si avvicinarono allora i discepoli e gli dissero: *«Perché parli loro in parabole?»*. Egli rispose: *«Perché a voi è dato di conoscere i misteri del regno dei cieli, ma a loro non è dato»*.

Capitolo XI

«In verità, in verità vi dico: anche chi crede in me, compirà le opere che io compio e ne farà di più grandi». *Gesù di Nazareth*

La Dottrina Esoterica

Nel capitolo precedente, esponendo gli incarichi assegnati agli apostoli, ho avanzato l'ipotesi dell'esistenza di una *dottrina privata* direttamente trasmessa da Gesù per via *iniziatica*; così facendo egli si assicurava che i suoi discepoli maturassero degli "strumenti" peculiari indispensabili per portare a termine la loro missione.

Analizzando con mente aperta i vangeli ci si accorge che il Cristo, ancor prima di essere un *esorcista* ed un *guaritore*, fu anche un profondo conoscitore della *magia*; è proprio grazie alla pratica di questa antica arte, da alcuni esoteristi considerata la più elevata forma di *Scienza*, che si può supporre che egli riuscisse a compiere quelli che vengono descritti come degli inspiegabili prodigi.

È altresì chiaro che se anche i suoi discepoli, scelti tra persone semplici e neppure istruite, arrivarono a compiere essi stessi dei "miracoli", fu proprio perché appresero a loro volta l'arte della magia, riuscendo a maturare le qualità interiori richieste per praticarla.

È quindi evidente che, come minimo, le metodologie per praticare gli esorcismi, guarire gli ammalati (non con medicamenti ma con tecniche energetiche-spirituali), compiere prodigi, ovvero, più in generale, operare in modo magico, appartenessero ad un insieme di insegnamenti che, da qui in avanti, definirò come *Dottrina Esoterica* di Cristo.

Ma c'è dell'altro e questo altro è forse ancor più importante e sbalorditivo: nonostante nei vangeli si parli di *resurrezione* dei morti, da intendersi in senso fisico-corporeo, e questa dottrina sia stata assunta a verità di fede dalla Chiesa Cattolica, in più e più parti di quei medesimi scritti, il Cristo espone, in modo fin troppo chiaro ed esplicito, la dottrina della *reincarnazione.*

Assumerò quindi, dando prova più avanti di quanto sto per asserire, che anche la reincarnazione appartenesse alla dottrina esoterica di Cristo.

Come cercherò di chiarire tra poco, è proprio grazie a questa differente visione rispetto al destino delle anime che si può riuscire a spiegare il senso delle promesse di "liberazione" e "vita eterna" fatte da Gesù ai suoi discepoli.

La Magia del Cuore

Per quanto riguarda gli esorcismi, e le modalità con cui Gesù liberava i poveri malcapitati dai demoni, ho già riferito in un precedente capitolo e pertanto non mi ripeterò; aggiungerò soltanto che, stando ai vangeli, non solo gli apostoli ma anche i membri del gruppo dei settantadue avevano acquisito tale abilità:

I settantadue tornarono pieni di gioia, dicendo: *«Signore, anche i demoni si sottomettono a noi nel tuo nome»*. Egli disse loro: *«Vedevo Satana cadere dal cielo come una folgore. Ecco, io vi ho dato il potere di camminare sopra serpenti e scorpioni e sopra tutta la potenza del nemico: nulla potrà danneggiarvi. Non rallegratevi però perché i demoni si sottomettono a voi; rallegratevi piuttosto perché i vostri nomi sono scritti nei cieli»*[225].

È interessante sottolineare come, in un'occasione particolare, l'esorcismo praticato dai discepoli su di un ragazzo epilettico non risultò efficace:

Appena ritornati presso la folla, si avvicinò a Gesù un uomo che, gettatosi in ginocchio, gli disse: *«Signore, abbi pietà di mio figlio. Egli è epilettico e soffre molto; cade spesso nel fuoco e anche nell'acqua; l'ho già portato dai tuoi discepoli, ma non hanno potuto guarirlo»*[226].

Cristo, allora, chiese di far avvicinare il ragazzo e, utilizzando un tono minaccioso, lo liberò dal demone che, essendosi impossessato del suo corpo, gli aveva procu-

225 Luca 10, 17-20
226 Matteo 17, 14-16

rato alcuni episodi di epilessia[227]. Chiedendo spiegazioni rispetto al loro fallimento, gli apostoli si sentirono rispondere così:

Allora i discepoli, accostatisi a Gesù in disparte, gli chiesero: «Perché noi non abbiamo potuto scacciarlo?». Ed egli rispose: «Per la vostra poca fede»[228].

La fede non svolge un ruolo di fondamentale importanza soltanto in relazione agli esorcismi, ma anche rispetto alle pratiche di guarigione e, più in generale, al compimento di prodigi di varia tipologia.

In alcune situazioni, infatti, era il guaritore stesso che ripristinava lo stato di salute dell'ammalato e quindi, affinché la sua pratica fosse efficace, egli avrebbe dovuto avere fede nelle proprie capacità e/o nelle forze spirituali evocate per indurre la guarigione; ciò accadeva, ad esempio, nelle situazioni in cui il Cristo imponeva le mani verso gli ammalati per ristabilire il loro stato di salute, effettuando un gesto che riporta alla mente l'odierna *pranoterapia*[229].

Altre volte, invece, erano le stesse persone che si autoguarivano inconsapevolmente in virtù della loro fede, credendo ingenuamente ed erroneamente che la propria guarigione fosse dovuta al potere di Gesù:

---

227 Matteo 17, 17-18: Gesù rispose: *«O generazione incredula e perversa! Fino a quando sarò con voi? Fino a quando vi sopporterò? Portatelo qui da me»*. Gesù sgridò il demonio e quello uscì dal ragazzo, che da quel momento fu guarito.

228 Matteo 17, 19-20

229 Luca 4, 40: Al calar del sole, tutti quelli che avevano infermi colpiti da mali di ogni genere li condussero a lui. Ed egli, imponendo su ciascuno le mani, li guariva.

Entrato in casa, i ciechi gli si avvicinarono e Gesù disse loro: *«Credete che io possa fare questo?»*. Gli risposero: *«Sì, o Signore!»*. Allora toccò loro gli occhi e disse: *«Avvenga per voi secondo la vostra fede»*. E si aprirono loro gli occhi[230].

Da questo, e da altri episodi ad esso analoghi[231], si evince che gli esseri umani abbiano un potere interiore di auto-guarigione, sostanzialmente basato sulla fede di poter guarire in modo prodigioso, e che tale facoltà venisse attivata dall'incontro con il Cristo ma non fosse dovuta ad alcune delle sue pratiche.

La controprova di quanto ho appena affermato è contenuta in un altro passo del vangelo di Matteo dove si narra che Gesù, ritornato nella sua terra, non riuscì a compiere molti prodigi a causa dell'incredulità delle persone che, avendolo conosciuto prima dell'inizio del suo ministero pubblico, negavano che egli, essendo il figlio d'un falegname, potesse essere diventato un profeta[232].

---

230 Matteo 9, 27-30

231 Si veda, ad esempio, l'episodio riportato in Luca 8, 40-56 in cui una donna toccò di nascosto il Cristo guarendo immediatamente, nonostante quest'ultimo neppure sapesse chi fosse ad averlo toccato e dunque non avrebbe di certo potuto operare intenzionalmente una guarigione nei confronti di quell'ammalata.

232 Matteo 13, 54-58: Venuto nella sua patria, insegnava nella loro sinagoga e la gente rimaneva stupita e diceva: *«Da dove gli vengono questa sapienza e i prodigi? Non è costui il figlio del falegname? E sua madre, non si chiama Maria? E i suoi fratelli, Giacomo, Giuseppe, Simone e Giuda? E le sue sorelle, non stanno tutte da noi? Da dove gli vengono allora tutte queste cose?»*. Ed era per loro motivo di scandalo. Ma Gesù disse loro: *«Un profeta non è disprezzato se non nella sua patria e*

Ed ancora, l'insinuarsi di un dubbio fece sì che Pietro affondasse in mare, nonostante fosse riuscito a muovere qualche passo sull'acqua, così come aveva fatto poco prima di lui il suo maestro[233].

Tutto ciò significa che la totale assenza anche del più flebile dei dubbi è una condizione indispensabile per operare in modo magico; ma il riuscire ad avere una fede granitica in relazione alla realizzazione del proprio intento, a prescindere dal fatto che si cerchi di scacciare un demone, guarire una persona o camminare sulle acque, rappresenta soltanto uno degli ingredienti segreti per compiere effettivamente dei veri e propri prodigi...

In che modo il Cristo praticasse magia può essere dedotto dall'alquanto controverso "miracolo" della maledizione del fico, che citerò per intero qui di seguito:

La mattina dopo, mentre rientrava in città, ebbe fame. Vedendo un albero di fichi lungo la strada, gli si avvicinò, ma non vi trovò altro che foglie, e gli disse: *«Mai più in eterno*

---

in casa sua». E lì, a causa della loro incredulità, non fece molti prodigi.

233 Matteo 14, 24-31: Vedendolo camminare sul mare, i discepoli furono sconvolti e dissero: *«È un fantasma!»* e gridarono dalla paura. Ma subito Gesù parlò loro dicendo: *«Coraggio, sono io, non abbiate paura!»*. Pietro allora gli rispose: *«Signore, se sei tu, comandami di venire verso di te sulle acque»*. Ed egli disse: *«Vieni!»*. Pietro scese dalla barca, si mise a camminare sulle acque e andò verso Gesù. Ma, vedendo che il vento era forte, s'impaurì e, cominciando ad affondare, gridò: *«Signore, salvami!»*. E subito Gesù tese la mano, lo afferrò e gli disse: *«Uomo di poca fede, perché hai dubitato?»*

nasca un frutto da te!». E subito il fico seccò. Vedendo ciò, i discepoli rimasero stupiti e dissero: *«Come mai l'albero di fichi è seccato in un istante?»*. Rispose loro Gesù: *«In verità io vi dico: se avrete fede e non dubiterete, non solo potrete fare ciò che ho fatto a quest'albero, ma, anche se direte a questo monte: "Levati e gettati nel mare", ciò avverrà. E tutto quello che chiederete con fede nella preghiera, lo otterrete»*[234].

Molti esegeti hanno fatto di tutto per interpretare simbolicamente questo anomalo comportamento di Gesù al fine di restituire alla vicenda un significato positivo; limitandosi ai soli vangeli canonici, infatti, questa è l'unica volta che egli procurò *intenzionalmente* un danno a qualcosa o qualcuno compiendo uno dei suoi numerosi prodigi.

A mio avviso, ciò dimostra semplicemente che chi è in grado di operare a livello magico può farlo sia in senso "positivo" che "negativo", ovvero sia per dare vita, creare, portare bellezza... che per togliere la vita, distruggere, produrre orrore... e che, per estensione argomentativa, la scelta rispetto a quale dei due schieramenti servire - se quello delle tenebre o quello della luce - è demandata all'esercizio del libero arbitrio del mago.

Tecnicamente parlando, maledicendo la pianta di fico, Gesù operò un atto di *magia nera*, in modo del tutto insensato ed ingiustificato, avendo potuto altresì far fruttificare la pianta con un identico, dal punto di vista della forma, ma opposto, per quanto riguarda la formulazione dell'intento, rituale di *magia bianca*[235].

---

234 Matteo 21, 18-22

Si comprende quindi che ancor prima della fede, l'*intento*, talvolta declamato con fermezza e ad alta voce, nonché la sua *finalizzazione,* frutto della più intima e autentica volontà del mago, rappresentino altresì due ulteriori chiavi per accedere alla magia.

Vi è infine un'ulteriore questione da affrontare per completare il quadro: chi può riuscire a praticare magia? Ovvero, quali sono le qualità che consentono ad un individuo di diventare un autentico mago bianco?

La risposta che emerge dall'analisi dei vangeli è molto chiara: chiunque può farlo, purché sia puro nel cuore ed abbia maturato una coscienza cristica; questo significa che per diventare un mago, ed operare al servizio del bene, bisogna innanzitutto *elevarsi spiritualmente*, ricercare la verità, ovvero *acquisire conoscenza*, ed incrementare il proprio grado di *purezza interiore.*

A questo punto si potranno compiere dei veri e propri prodigi, potendo altresì invocare il Cristo, che provvederà ad intercedere per conto del mago con il Logos, affinché qualunque cosa richiesta, secondo verità e ragione in vista del bene, abbia compimento:

«In verità, in verità io vi dico: chi crede in me, anch'egli compirà le opere che io compio e ne compirà di più grandi di queste, perché io vado al Padre. E qualunque cosa chie-

---

235 Tutto ciò accadde nonostante il Cristo fosse, senza alcun dubbio, uno dei più grandi e potenti maghi bianchi di tutta la storia dell'umanità a noi nota. Il motivo per cui egli, in questa occasione, si comportò in questo modo, non è affatto chiaro, giacché gli elementi presenti nei vangeli non sono sufficienti per argomentare in favore di una qualche ipotesi.

derete nel mio nome, la farò, perché il Padre sia glorificato nel Figlio. Se mi chiederete qualche cosa nel mio nome, io la farò»[236].

In definitiva, quindi, chiunque diventerà un vero discepolo di Cristo avrà accesso alla magia, in quanto, in risposta nei confronti dell'amore che l'iniziato proverà verso la Ragione Universale, quest'ultima scenderà su di lui e gli conferirà la facoltà di operare per il bene, anche in modo magico:

Gli rispose Gesù: *«Se uno mi ama, osserverà la mia parola e il Padre mio lo amerà e noi verremo a lui e prenderemo dimora presso di lui»*[237].

Per conseguire un simile grado di iniziazione non è richiesto di essere degli eruditi e saccenti conoscitori di tutte le correnti esoteriche, la quasi totalità delle quali, oggigiorno, è falsa ed orientata al male; è invece indispensabile essere candidi come i bambini per seguire con purezza la Via indicata all'umanità da Cristo.

A riprova di ciò, si consideri che quando il gruppo dei settantadue tornò e riferì al loro maestro che anch'essi, così come i dodici apostoli, riuscivano a scacciare i demoni e a compiere dei prodigi, Gesù si rallegrò ed esultò di gioia pronunciando le seguenti parole:

«Ti rendo lode, o Padre, Signore del cielo e della terra, perché hai nascosto queste cose ai sapienti e ai dotti e le hai rivelate ai piccoli».

---

236 Giovanni 14, 12-14
237 Giovanni 14, 23

I "piccoli" erano le persone umili e semplici che egli aveva selezionato ed iniziato personalmente scommettendo sul loro potenziale; è dunque evidente che ciò che consentì a quei discepoli di avere accesso alla magia bianca non poteva essere di certo la loro grande erudizione - essi infatti con ogni probabilità erano poveri ed analfabeti - ma semmai l'integrità data dalla genuinità del loro cuore.

Conoscenza, intento, finalizzazione e rituali, di per sé, non sono sufficienti per operare in modo magico; per raggiungere questo obiettivo vi è altresì bisogno che l'operazione del mago sia sostenuta dall'energia animica del sentimento prodotta al livello del cuore e venga approvata, o suggerita, nel caso in cui si tratti di magia bianca, dalla stessa ragione universale:

«Padre, se vuoi, allontana da me questo calice! Tuttavia non sia fatta la mia, ma la tua volontà»[238].

Un autentico mago bianco, infatti, non agisce per sua esclusiva volontà ma è il servitore di un *volere superiore* di origine divina; pertanto il suo potere magico può manifestarsi soltanto quando egli esegue le indicazioni che gli arrivano dall'alto, oppure quando ciò che egli decide di compiere risulta concorde e funzionale ad un disegno divino finalizzato alla realizzazione del sommo bene.

In generale, quanto più l'intensità e la potenza del sentimento saranno elevate, e la qualità della rispettiva

---

238 Luca 22, 42

energia animica sarà pura, tanto più si riuscirà ad operare con efficacia e grandezza in direzione del bene.

Tanto è vero che si può sostenere, senza timore d'essere smentiti, che è proprio la mancanza della purezza interiore che impedisce a tutti i malvagi del mondo di avere accesso alla più alta, nobile e potente forma di magia, quella cristica, figlia della ragione universale, della verità, del bene, dell'amore incondizionato ed universale, vale a dire la *magia del cuore*, che di per sé, qualora venisse praticata dall'umanità, sarebbe in grado di sanare ogni male e di materializzare il Regno dei Cieli sulla Terra.

La Reincarnazione

Vi sono due cose su cui non si può che concordare in relazione alle dottrine della *resurrezione* e della *reincarnazione*:

1) che queste due visioni escatologiche siano reciprocamente incompatibili;

2) che nei vangeli canonici Cristo parli apertamente della dottrina della reincarnazione, descrivendone addirittura le sue dinamiche di base.

Chi crede nella *resurrezione della carne,* infatti, sostiene che l'anima dell'uomo abbia una sola possibilità di vivere sulla Terra animando un corpo umano e, una volta sopraggiunta la morte fisica, attenda il *giorno del giudizio* per scoprire se, a causa dei propri comportamenti, si sarà guadagnato l'accesso al Paradiso o si sarà auto-condannato a soffrire per sempre le pene dell'Inferno.

A prescindere dalla destinazione, secondo questa dottrina, alla *fine dei tempi,* i giusti *resusciteranno carnalmente*, riappropriandosi del corpo che avevano già quando erano in vita, potendo così vivere *fisicamente* nel Regno dei Cieli.

Chi crede nella *reincarnazione,* invece, sostiene che l'anima di un essere umano si incarni e reincarni sulla Terra, o su altri pianeti, più e più volte, trasmigrando da corpo a corpo, fin quando, in virtù dei propri comportamenti, il livello etico-spirituale dell'individuo non raggiunga un punto di elevazione tale da liberarlo dal *saṃsāra*[239], vale a dire dal ciclo di nascita-morte-rinascita terreno.

A quel punto, l'anima può sperimentare una nuova modalità di esistenza, secondo alcuni, rifondendosi con l'anima universale, secondo altri, essendo ancora dotata di una propria indipendenza e di un "corpo" sottile che le consentirebbero di vivere *metafisicamente* al pari d'un angelo, potendo talvolta interferire o manifestarsi anche nella realtà fisica terrestre.

L'inconciliabilità di queste due visioni è talmente evidente che non ha bisogno di essere esplicitata. Pertanto, mi concentrerò fin da subito nell'evidenziare i passaggi da cui, a mio avviso, si può ricostruire una ulteriore parte della dottrina esoterica di Cristo, vale a dire quella relativa alle trasmigrazione delle anime.

Al netto della profezia in merito alla fine dei tempi, che però, come avrò modo di mostrare più avanti, non esclude in modo necessario la dottrina della reincarnazione[240], uno dei passi dei vangeli più utilizzati per accreditare la dottrina della resurrezione è il seguente:

---

239 Nelle religioni dell'India, come il Bramanesimo, il Buddhismo, il Giainismo e l'Induismo, il termine sanscrito *saṃsāra* (devanāgarī संसार, "scorrere insieme") indica la dottrina inerente al ciclo di vita, morte e rinascita degli esseri viventi.

240 In esse si afferma che il Cristo tornerà sulla Terra con i suoi angeli e separerà, metaforicamente parlando, il grano dalla gramigna; ma ciò, ammesso che sia vero, non implica la negazione della teoria della reincarnazione, né è incompatibile con essa.

«In verità, in verità vi dico: è venuto il momento, ed è questo, in cui i morti udranno la voce del Figlio di Dio, e quelli che l'avranno ascoltata, vivranno. [...] Non vi meravigliate di questo, poiché verrà l'ora in cui tutti coloro che sono nei sepolcri udranno la sua voce e ne usciranno: quanti fecero il bene per una risurrezione di vita e quanti fecero il male per una risurrezione di condanna[241]*».*

Oltre a ciò, per avvalorare la dottrina della resurrezione della carne, si è soliti citare la vicenda esemplare del Cristo che, come tutti sanno, morì sulla croce, fu sepolto e dopo tre giorni resuscitò, lasciando il suo sepolcro vuoto[242].

Peccato però che proprio la citazione e l'esempio più utilizzati a supporto della resurrezione, in realtà possano essere interpretati anche per addurre delle prove in favore della dottrina della reincarnazione!

Cristo, infatti, prima di dire che i morti udranno la sua voce, lasciando intendere che in qualche modo i cadaveri sarebbero fuoriusciti dai sepolcri per vivere o esse-

241 Giovanni 5, 25-29

242 Luca 24, 1-8: Il primo giorno dopo il sabato, di buon mattino, si recarono alla tomba, portando con sé gli aromi che avevano preparato. Trovarono la pietra rotolata via dal sepolcro; ma, entrate, non trovarono il corpo del Signore Gesù. Mentre erano ancora incerte, ecco due uomini apparire vicino a loro in vesti sfolgoranti. Essendosi le donne impaurite e avendo chinato il volto a terra, essi dissero loro: *«Perché cercate tra i morti colui che è vivo? Non è qui, è risuscitato. Ricordatevi come vi parlò quando era ancora in Galilea, dicendo che bisognava che il Figlio dell'uomo fosse consegnato in mano ai peccatori, che fosse crocifisso e risuscitasse il terzo giorno».* Ed esse si ricordarono delle sue parole.

re condannati, in premessa al suo discorso disse chiaramente:

«In verità, in verità vi dico: chi ascolta la mia parola e crede a colui che mi ha mandato, ha la vita eterna e non va incontro al giudizio, ma è passato dalla morte alla vita»[243].

Con queste parole, che rappresentano la premessa del discorso precedentemente citato, a mio avviso, Cristo intendeva dire che chi diventa cristiano, acquisendo ed operando in conformità alla coscienza cristica, non va più incontro al *giudizio* che si verifica, post mortem, al termine di ogni incarnazione per stabilire se l'anima di un individuo debba reincarnarsi oppure no; pertanto egli è passato dalla morte alla vita, ovvero non è più sottoposto al meccanismo di nascita-morte-rinascita e da quel momento vivrà in eterno.

Si consideri che secondo la dottrina della reincarnazione la vera vita è quella spirituale immateriale, non quella corporea materiale; secondo questo punto di vista, quindi, il concetto di nascita e morte vengono ribaltati: ciò che per l'essere umano significa "nascere", cioè venire al mondo, per l'anima significa "morire", ovvero abbandonare la sua esistenza spirituale, e viceversa, quando l'essere umano "muore", l'anima rinasce nel suo proprio mondo metafisico, ammesso che non debba reincarnarsi a causa del giudizio!

Per quanto riguarda la resurrezione corporea di Cristo invece, in primo luogo, si può argomentare dicendo che il fatto che il corpo non fosse più nel sepolcro, di per sé,

---

243 Giovanni 5, 24

non dimostri nulla (ad esempio, qualcuno avrebbe potuto trafugarlo); in secondo luogo, negli stessi vangeli viene affermato che quando gli apostoli, assieme ad altri suoi seguaci, rincontrarono il loro defunto maestro, egli, pur apparendo con un corpo solido simile a quello che aveva in vita (con tanto di ferite[244]) ed essendo altresì in grado di interagire fisicamente con cose e persone[245], aveva anche acquisito la capacità di comparire e scomparire all'improvviso[246] e di attraversare oggetti solidi, quali porte o mura[247].

---

244 Giovanni 20, 25-27: Gli dissero allora gli altri discepoli: *«Abbiamo visto il Signore!»*. Ma egli disse loro: *«Se non vedo nelle sue mani il segno dei chiodi e non metto il dito nel posto dei chiodi e non metto la mia mano nel suo costato, non crederò»*. Otto giorni dopo i discepoli erano di nuovo in casa e c'era con loro anche Tommaso. Venne Gesù, a porte chiuse, si fermò in mezzo a loro e disse: *«Pace a voi!»*. Poi disse a Tommaso: *«Metti qua il tuo dito e guarda le mie mani; stendi la tua mano, e mettila nel mio costato; e non essere più incredulo ma credente!»*.

245 Luca 24, 36-43: Mentre essi parlavano di queste cose, Gesù in persona stette in mezzo a loro e disse: *«Pace a voi!»*. Sconvolti e pieni di paura, credevano di vedere un fantasma. Ma egli disse loro: *«Perché siete turbati, e perché sorgono dubbi nel vostro cuore? Guardate le mie mani e i miei piedi: sono proprio io! Toccatemi e guardate; un fantasma non ha carne e ossa, come vedete che io ho»*. Dicendo questo, mostrò loro le mani e i piedi. Ma poiché per la gioia non credevano ancora ed erano pieni di stupore, disse: *«Avete qui qualche cosa da mangiare?»*. Gli offrirono una porzione di pesce arrostito; egli lo prese e lo mangiò davanti a loro.

246 Luca 24, 30-3: Quando fu a tavola con loro, prese il pane, disse la benedizione, lo spezzò e lo diede loro. Allora si aprirono loro gli occhi e lo riconobbero. Ma lui sparì dalla loro vista.

247 Giovanni 20, 19: La sera di quello stesso giorno, il primo dopo il sabato, mentre erano chiuse le porte del luogo dove si trovavano i discepoli per timore dei Giudei, venne Gesù, si fermò in mezzo a loro e disse: *«Pace a voi!»*.

Tanto è vero che questa insolita e peculiare condizione, di chiara natura spirituale, mediante la quale il Cristo, all'occorrenza, poteva condensarsi, materializzandosi e comportandosi come se avesse un involucro umano simile a quello fisico, e svanire, smaterializzandosi e dissolvendosi, è definita dagli stessi teologi *corpo di gloria* (o anche *corpo glorioso).*

A chiarire ulteriormente, ed in modo ancor più esplicito, la questione relativa alle qualità del corpo dei "risorti", ovvero, secondo la mia ipotesi, di chi è riuscito a liberarsi dal saṃsāra[248], è ancora una volta Gesù quando venne interrogato da alcuni sadducei che gli domandarono:

«Maestro, Mosè disse: Se uno muore senza figli, suo fratello ne sposerà la moglie e darà una discendenza al proprio fratello. Ora, c'erano tra noi sette fratelli; il primo, appena sposato, morì e, non avendo discendenza, lasciò la moglie a suo fratello. Così anche il secondo, e il terzo, fino al settimo. Alla fine, dopo tutti, morì la donna. Alla risurrezione, dunque, di quale dei sette lei sarà moglie? Poiché tutti l'hanno avuta in moglie»[249].

Essi non credevano né alla resurrezione né alla reincarnazione e cercavano di cogliere il Cristo in fallo, ridicolizzando la sua dottrina, ma ricevettero la seguente risposta:

---

248 cioè dal ciclo di nascita e morte della reincarnazione.
249 Matteo 22, 23-28

«Vi ingannate, perché non conoscete le Scritture e neppure la potenza di Dio»[250]. *«I figli di questo mondo prendono moglie e prendono marito; ma quelli che sono giudicati degni dell'altro mondo e della risurrezione dai morti, non prendono moglie né marito; e nemmeno possono più morire, perché sono uguali agli angeli e, essendo figli della risurrezione, sono figli di Dio»*[251].

Cristo quindi ribadisce che coloro che sono giudicati degni dell'altro mondo, e quindi risorgendo dai morti non si incarnano più, sono simili agli angeli che pertanto non possono più morire, come invece accade alle anime di coloro che continuano a ritornare sulla Terra con un nuovo corpo.

Se tutto ciò non vi ha ancora [giustamente!] convinti, abbiate la pazienza di leggere le prossime pagine e vi assicuro che resterete sbalorditi, chiedendovi: *«ma come è possibile che nonostante io abbia frequentato il catechismo e letto i vangeli, non mi sia mai accorto/a dell'esistenza di queste affermazioni?»*.

Tra i passi dove il Cristo parla in modo del tutto esplicito della reincarnazione vi è senza dubbio il seguente scambio avvenuto con alcuni dei suoi apostoli:

---

250 Matteo 22, 29-33: E Gesù rispose loro: *«Voi vi ingannate, non conoscendo né le Scritture né la potenza di Dio. Alla risurrezione infatti non si prende né moglie né marito, ma si è come angeli nel cielo. Quanto poi alla risurrezione dei morti, non avete letto quello che vi è stato detto da Dio: Io sono il Dio di Abramo e il Dio di Isacco e il Dio di Giacobbe? Ora, non è Dio dei morti, ma dei vivi»*. Udendo ciò, la folla era sbalordita per la sua dottrina.

251 Luca 20, 34-36

Allora i discepoli gli domandarono: *«Perché dunque gli scribi dicono che prima deve venire Elia?»*. Ed egli rispose: *«Sì, verrà Elia e ristabilirà ogni cosa. Ma io vi dico: Elia è già venuto e non l'hanno riconosciuto; anzi, hanno fatto di lui quello che hanno voluto. Così anche il Figlio dell'uomo dovrà soffrire per opera loro»*. Allora i discepoli compresero che egli parlava loro di Giovanni il Battista[252].

Come fa un profeta morto da più di 500 anni rispetto ai tempi in cui è accaduta questa vicenda ad esser tornato sulla Terra nel corpo di un altro uomo senza che le persone lo riconoscessero?

È evidente che il Cristo credesse nella reincarnazione dell'anima ed anche i discepoli più intimi ne fossero al corrente, altrimenti come minimo, sentendosi dare una simile risposta, avrebbero chiesto spiegazioni rispetto al ritorno di Elia, cosa che però, stando ai vangeli, non avvenne[253].

Anche nel celebre scambio tra Gesù e Nicodemo si può individuare un esplicito riferimento alla dottrina della reincarnazione:

---

252 Matteo 17, 10-13

253 Il fatto che Giovanni, interrogato dai farisei, negò di essere Elia (si veda Giovanni 1, 19-28) non confuta l'argomentazione da me esposta; l'affermazione che il profeta fosse tornato nella figura del Battista, rappresenta una tacita ammissione dell'aderenza del Cristo alla dottrina della reincarnazione. Si consideri inoltre che Giovanni Battista potrebbe aver mentito consapevolmente per evitare di essere accusato di eresia, o magari egli stesso, a differenza del Cristo, non era consapevole di essere la reincarnazione di Elia.

Vi era tra i farisei un uomo di nome Nicodèmo, uno dei capi dei Giudei. Costui andò da Gesù, di notte, e gli disse: *«Rabbì, sappiamo che sei venuto da Dio come maestro; nessuno infatti può compiere questi segni che tu compi, se Dio non è con lui»*. Gli rispose Gesù: *«In verità, in verità io ti dico, se uno non nasce dall'alto, non può vedere il regno di Dio»*. Gli disse Nicodèmo: *«Come può nascere un uomo quando è vecchio? Può forse entrare una seconda volta nel grembo di sua madre e rinascere?»*. Rispose Gesù: *«In verità, in verità io ti dico, se uno non nasce da acqua e Spirito, non può entrare nel regno di Dio. Quello che è nato dalla carne è carne, e quello che è nato dallo Spirito è spirito. Non meravigliarti se ti ho detto: dovete nascere dall'alto. Il vento soffia dove vuole e ne senti la voce, ma non sai da dove viene né dove va: così è chiunque è nato dallo Spirito»*. Gli replicò Nicodèmo: *«Come può accadere questo?»*. Gli rispose Gesù: *«Tu sei maestro d'Israele e non conosci queste cose?»*[254].

Per comprendere questa conversazione bisogna tenere presente che, in alcune traduzioni dei vangeli, "non nascere dall'alto" è sostituito con "non nascere di nuovo"[255], ovvero Gesù sta dicendo che se un individuo non *rinasce*, cioè, secondo la mia ipotesi, se non si reincarna più volte, di certo non può vedere il Regno di Dio.

Nicodemo, che non era affatto uno sprovveduto[256] e quindi aveva ben compreso cosa il Cristo gli stesse di-

254 Giovanni 3, 1-10

255 Ad esempio nell'edizione TILC la traduzione è: *«Credimi, nessuno può vedere il regno di Dio se non nasce nuovamente»*. Ciò è dovuto al corrispettivo termine greco da cui derivano le traduzioni, ovvero *ànothen* che solitamente viene tradotto come "dall'alto" ma, in questo passo, può essere reso anche con le diciture "di nuovo", o "un'altra volta".

cendo, con la sua successiva domanda dà conferma del fatto che il suo interlocutore stesse proprio parlando della reincarnazione: *«Come può nascere un uomo quando è vecchio? Può forse entrare una seconda volta nel grembo di sua madre e rinascere?»*.

A questo punto il Cristo, non solo non risponde in maniera negativa a Nicodemo, ma aggiunge addirittura un'ulteriore informazione, ovvero che per accedere al Regno di Dio, non solo un uomo deve passare attraverso il processo della reincarnazione, ma nel corso di una delle sue incarnazioni deve nascere in *acqua e Spirito*[257], ovvero deve essere iniziato al cristianesimo e mettere in pratica gli insegnamenti cristici, così da elevarsi spiritualmente fino al punto da superare il giudizio che avviene post mortem e liberarsi dal ciclo di vita-morte-rinascita terrena: è in questo modo, infatti, che l'anima può accedere ad una nuova forma di esistenza, simile a quella degli angeli.

Ecco perché in conclusione Gesù ribadisce il concetto dicendo a Nicodemo di non stupirsi se egli ha detto che l'uomo deve *nascere dall'alto,* cioè deve passare attraverso il processo della *reincarnazione* dell'anima.

---

256 Egli era addirittura un dottore della Legge, fariseo e membro del Sinedrio, dunque un profondo conoscitore delle dottrine religiose associate alle diverse correnti spirituali.

257 Il riferimento al processo di iniziazione battesimale giovannea mediante il quale il cristiano acquisisce una nuova coscienza spirituale, e quindi può condurre una nuova vita agendo in conformità al Logos, è troppo evidente per non essere colto ed è perfettamente coerente con quanto ho sostenuto finora.

Alcuni diranno: *«Benissimo, ora mi hai convinto, ma la dottrina della reincarnazione prevede un meccanismo secondo cui chi "sbaglia", facendo del male agli altri, accumula karma negativo a cui deve porre rimedio; inoltre, chi compie delle azioni malvagie, prima o poi, nell'esistenza corrente, o nell'incarnazione successiva, subisce un qualche genere di effetto "negativo" in conseguenza della retroazione dovuta alla legge di causa ed effetto karmica. Ma di tutto ciò non c'è traccia nei vangeli».*

Sbagliato: tutto ciò è scritto nero su bianco perfino nei vangeli canonici!

Ad esempio, dopo aver guarito in modo prodigioso una persona paralizzata da trentotto anni, il Cristo disse, rivolgendosi al miracolato: *«Ecco: sei guarito! Non peccare più, perché non ti accada qualcosa di peggio»*[258], lasciando intendere che il commettere peccato, ovvero in particolare operare il male, faccia accumulare e poi manifestare karma negativo.

In un'altra occasione Gesù e i suoi discepoli incontrarono un uomo cieco fin dalla nascita, e quest'ultimi chiesero al loro maestro: *«Rabbì, chi ha peccato, lui o i suoi genitori, perché egli nascesse cieco?»*[259]; in altre parole, essi stavano cercando di stabilire se la colpa di quella menomazione fosse dovuta al *karma personale* di quell'individuo o al *karma familiare* accumulato dai suoi genitori.

---

258 Giovanni 5, 1-14
259 Giovanni 9, 1-7

Essendo chiaramente impossibile che un bambino commetta peccato prima di venire al mondo, a meno che non si assuma che egli fosse già esistito in una incarnazione precedente, questa citazione dimostra, in un colpo solo, che:

1) i discepoli di Gesù fossero al corrente della dottrina della reincarnazione;

2) per loro fosse scontato attribuire la manifestazione di una condizione particolare, come la cecità, ad una causa associata ad un *debito karmico* maturato in questa o in un'altra vita.

Vi è infine un ulteriore celebre passo in cui il Cristo, proprio nel momento del suo arresto, a detta di alcuni, esporrebbe la legge karmica di *causa-effetto*:

> Ed ecco, uno di quelli che erano con Gesù, messa mano alla spada, la estrasse e colpì il servo del sommo sacerdote staccandogli un orecchio. Allora Gesù gli disse: *«Rimetti la spada nel fodero, perché tutti quelli che mettono mano alla spada periranno di spada»*[260].

Se questa interpretazione fosse corretta, Cristo starebbe dicendo che "chi di spada ferisce, di spada perisce", ovvero che il rapporto di retroazione karmico causato dalle proprie azioni non sarebbe di 1 a 1, ma risulterebbe accrescitivo[261].

---

260 Matteo 26, 51-52

261 Con ciò intendo dire che il male che viene compiuto ritorna indietro incrementato nella sua entità.

Ad onor del vero, devo aggiungere che, in questo caso, l'interpretazione della citazione non è per nulla univoca, in quanto il Cristo, volendo salvare la vita ai suoi discepoli, avrebbe anche potuto prevedere il futuro, rendendosi conto in anticipo che se essi fossero intervenuti a suon di spada sarebbero stati sicuramente uccisi.

Ad ogni modo, quanto riportato fin qui è comunque sufficiente per provare che, sia il Cristo che i suoi diretti iniziati, ritenessero che chi commette dei peccati, cioè chi non opera secondo ragione e verità, con amore, in vista del bene di tutti, non solo accumula del karma negativo ma ne subisce le conseguenze, se non nel corso della vita corrente, di certo, in quella successiva.

Mi avvio a concludere questo capitolo aggiungendo un ulteriore dettaglio di fondamentale importanza.

Come tacitamente sostenuto da Gesù, enunciando uno dei suoi insegnamenti più importanti[262], l'essere umano non è costituito soltanto da un'*anima* ed un *corpo*, ma anche da uno *spirito*.

Quando si pecca, non è l'anima ad essere impura, ma lo spirito; non a caso è lo spirito di un individuo che deve elevarsi per far sì che egli riesca a vivere in modo etico operando il bene, liberandosi così dalla "ruota" della reincarnazione.

---

262 In Matteo 22,37 Cristo dice: *«Amerai il Signore Dio tuo con tutto il cuore, con tutta la tua anima e con tutta la tua mente»*. Si consideri che la mente è il prodotto dello spirito dell'uomo. Ciò implica che l'essere umano è costituito da corpo, anima e spirito.

Che cosa accade quando, sopraggiunta la morte fisica, lo spirito impuro esce dal corpo di un uomo che nel corso della sua incarnazione ha commesso dei peccati? Ce lo spiega ancora una volta il Cristo:

«Quando lo spirito impuro esce dall'uomo, si aggira per luoghi deserti cercando sollievo e, non trovandone, dice: "Ritornerò nella mia casa, da cui sono uscito". Venuto, la trova spazzata e adorna. Allora va, prende altri sette spiriti peggiori di lui, vi entrano e vi prendono dimora. E l'ultima condizione di quell'uomo diventa peggiore della prima»[263].

In altre parole, lo spirito di un uomo impuro, dopo la morte terrena, inizialmente si aggira in un mondo spirituale ostile[264] che non può dargli sollievo (un *deserto*), poi è nuovamente attratto dalla dimora da cui è uscito (il *corpo*); nel frattempo, a causa dei processi della reincarnazione, l'anima di quell'individuo è stata associata ad un nuovo corpo, che con il concepimento e la gravidanza dovrà formarsi ed essere dato alla luce: per questo motivo lo spirito, ricongiungendosi con esso, trova la sua [nuova] "casa", pulita ed abbellita, cioè candida.

Peccato però che quell'essere, nella sua vita precedente abbia commesso dei peccati, e quindi, la purezza dovuta al suo nuovo involucro corporeo, ed alla sua anima, venga interferita dalle attitudini del suo spirito immondo che, non solo era già impuro, ma in virtù del karma

---

263 Luca 11, 24-26

264 Si tratta del cosiddetto *Bardo* descritto nel *Libro tibetano dei morti*, vale a dire il luogo di esistenza intermedio esperito dallo spirito disincarnato prima di una nuova incarnazione.

negativo da egli generato, porterà con sé altri sette demoni negativi.

Il risultato di questo processo è che lo stato esistenziale della successiva incarnazione sarà *peggiore* rispetto a quello della precedente esperienza di vita e di conseguenza l'individuo sconterà, per forza di cose, il suo debito karmico.

Vi è infine un altro importantissimo dialogo, questa volta condotto da Cristo con alcuni Giudei, che può essere facilmente interpretato tenendo presente quanto ho fin qui sostenuto in relazione alla dottrina della reincarnazione:

Di nuovo Gesù disse loro: *«Io vado e voi mi cercherete, ma morirete nel vostro peccato. Dove vado io, voi non potete venire»*. Dicevano allora i Giudei: *«Forse si ucciderà, dal momento che dice: Dove vado io, voi non potete venire?»*. E diceva loro: *«Voi siete di quaggiù, io sono di lassù; voi siete di questo mondo, io non sono di questo mondo. Vi ho detto che morirete nei vostri peccati; se infatti non credete che io sono, morirete nei vostri peccati»*[265]. [...] Gesù allora disse a quei Giudei che avevano creduto in lui: *«Se rimanete fedeli alla mia parola, sarete davvero miei discepoli; conoscerete la verità e la verità vi farà liberi»*. Gli risposero: *«Noi siamo discendenza di Abramo e non siamo mai stati schiavi di nessuno. Come puoi tu dire: Diventerete liberi?»*. Gesù rispose: *«In verità, in verità vi dico: chiunque commette il peccato è schiavo del peccato. Ora lo schiavo non resta per sempre nella casa, ma il figlio vi resta sempre; se dunque il Figlio vi farà liberi, sarete liberi davvero»*[266].

265 Giovanni 8, 21-24
266 Giovanni 8, 31-36

In questo dialogo, secondo la mia interpretazione, il Cristo ribadisce che egli non è di questo mondo, ovvero della realtà materiale terrena, ma è un essere spirituale scevro dalla legge del karma; se i suoi interlocutori non crederanno in ciò che egli dice, e non metteranno in pratica i suoi insegnamenti, non potranno raggiungerlo nella realtà metafisica, perché non riusciranno a liberarsi dal ciclo della reincarnazione.

Chi commette dei peccati è schiavo dei peccati ed è per questo condannato a morire nei peccati, e quindi a reincarnarsi. Lo schiavo del peccato, dunque, non resta sempre nella "casa", perché deve morire e rinascere, fino a che non riuscirà a liberarsi.

Il figlio di Dio, invece, cioè colui che opera in conformità alla ragione universale, secondo verità, con amore, per il bene di tutti, resta sempre nel suo *corpo glorioso*, acquisendo la vita eterna ed essendo veramente libero.

Ecco quindi svelato che cosa Cristo intendesse dire ai suoi apostoli con le sue promesse di libertà e vita eterna.

La Profezia di Cristo

Un altro elemento di carattere esoterico che faceva parte degli insegnamenti privati trasmessi ai discepoli, è dato dalla profezia riguardante la *fine dei tempi*, quando, secondo le scritture, il Cristo ritornerà sulla Terra[267].

Recatosi sul monte degli ulivi, fu lo stesso Gesù a rivelare agli apostoli che egli sarebbe ritornato sulla Terra per separare i buoni dai malvagi, consegnando i primi alla vita eterna ed i secondi al supplizio.

Quando tutto ciò accadrà non è noto a nessuno con esattezza, tranne che a Dio[268]; ma prima della fine dei tempi si manifesteranno dei segni che metteranno in allerta l'umanità[269]:

---

267 Si veda Matteo 24, 1-50 e Matteo 25, 31-46

268 Matteo 24, 36: *«Quanto a quel giorno e a quell'ora, però, nessuno lo sa, neanche gli angeli del cielo e neppure il Figlio, ma solo il Padre».*

Luca 21, 28-31: *«Quando cominceranno ad accadere queste cose, risollevatevi e alzate il capo, perché la vostra liberazione è vicina». E disse loro una parabola: «Osservate la pianta di fico e tutti gli alberi: quando già germogliano, capite voi stessi, guardandoli, che ormai l'estate è vicina. Così anche voi: quando vedrete accadere queste cose, sappiate che il regno di Dio è vicino».*

269 Matteo 24, 32-33: *«Dalla pianta di fico imparate la parabola: quando ormai il suo ramo diventa tenero e spuntano le foglie, sapete che l'estate è vicina. Così anche voi: quando vedrete tutte queste cose, sappiate che egli è vicino, è alle porte».*

«Sentirete di guerre e di rumori di guerre. Guardate di non allarmarvi, perché deve avvenire, ma non è ancora la fine. Si solleverà infatti nazione contro nazione e regno contro regno; vi saranno carestie e terremoti in vari luoghi: ma tutto questo è solo l'inizio dei dolori»[270].

In quei tempi bisognerà fare molta attenzione alla falsa spiritualità perché sorgeranno falsi maestri che cercheranno di deviare ulteriormente la condotta morale dell'umanità:

«Badate che nessuno vi inganni! Molti infatti verranno nel mio nome, dicendo: "Io sono il Cristo", e trarranno molti in inganno»[271].

Taluni, compiendo addirittura dei prodigi, cercheranno d'ingannare perfino gli "eletti"[272], vale a dire coloro che hanno risposto alla chiamata del Cristo incarnando la sua coscienza[273].

Pertanto, non bisognerà credere a quelli che diranno *«Ecco, il Cristo è qui!» oppure «È là»*[274], perché quando il Cristo tornerà veramente sarà visto da oriente ad occidente e farà brillare i cieli come un fulmine[275].

---

270 Matteo 24, 6-8

271 Matteo 24, 4-5

272 Matteo 24, 24: *«sorgeranno falsi cristi e falsi profeti e faranno grandi segni e miracoli, così da ingannare, se possibile, anche gli eletti»*

273 Che gli eletti siano coloro che hanno accolto il messaggio cristico lo si può dedurre dalla Parabola delle Nozze (Matteo 22, 1-14) dove, a conclusione della vicenda, si può leggere: *«Poiché molti sono i chiamati, ma pochi gli eletti»*.

274 Matteo 24, 23: *«Allora, se qualcuno vi dirà: "Ecco, il Cristo è qui", oppure: "È là", non credeteci»*.

A causa della proliferazione dell'iniquità, il cuore di molti si raffredderà[276]; coloro che seguiranno gli insegnamenti del Cristo saranno mal visti, perseguitati e uccisi[277]. In molti si scandalizzeranno per ciò che avverrà nella società e molti altri ancora inizieranno ad odiarsi ed a tradirsi a vicenda[278].

Ed alla fine, verrà salvato soltanto chi sarà riuscito a perseverare nonostante tutte le avversità, mantenendo saldi i principi etici spirituali rivelati dal Cristo[279].

Nel frattempo il *«vangelo del Regno sarà annunciato in tutto il mondo, perché ne sia data testimonianza a tutti i popoli»*[280] ed a quel punto giungerà veramente la fine dei tempi[281]:

«Vi sarà allora una tribolazione grande, quale non vi è mai stata dall'inizio del mondo fino ad ora, né mai più vi sarà. E se quei giorni non fossero abbreviati, nessuno si

275 Matteo 24, 27: *«Infatti, come la folgore viene da oriente e brilla fino a occidente, così sarà la venuta del Figlio dell'uomo».*

276 Matteo 24, 12: *«per il dilagare dell'iniquità, si raffredderà l'amore di molti».*

277 Matteo 24, 9: *«vi abbandoneranno alla tribolazione e vi uccideranno, e sarete odiati da tutti i popoli a causa del mio nome».*

278 Matteo 24, 10: *«Molti ne resteranno scandalizzati, e si tradiranno e odieranno a vicenda».*

279 Matteo 24, 13: *«Ma chi avrà perseverato fino alla fine sarà salvato».*

280 Matteo 24, 14

281 Matteo 24, 14: *«Questo vangelo del Regno sarà annunciato in tutto il mondo, perché ne sia data testimonianza a tutti i popoli; e allora verrà la fine».*

salverebbe; ma, grazie agli eletti, quei giorni saranno abbreviati»[282].

«Subito dopo la tribolazione di quei giorni, il sole si oscurerà, la luna non darà più la sua luce, le stelle cadranno dal cielo e le potenze dei cieli saranno sconvolte. Allora comparirà in cielo il segno del Figlio dell'uomo e allora si batteranno il petto tutte le tribù della terra, e vedranno il Figlio dell'uomo venire sulle nubi del cielo con grande potenza e gloria. Egli manderà i suoi angeli, con una grande tromba, ed essi raduneranno i suoi eletti dai quattro venti, da un estremo all'altro dei cieli»[283].

A questo punto, stando a quanto riportato nei vangeli, avrà luogo la *grande separazione:*

«Quando il Figlio dell'uomo verrà nella sua gloria con tutti i suoi angeli, si siederà sul trono della sua gloria. E saranno riunite davanti a lui tutte le genti, ed egli separerà gli uni dagli altri, come il pastore separa le pecore dai capri, e porrà le pecore alla sua destra e i capri alla sinistra. Allora il re dirà a quelli che stanno alla sua destra: *"venite, benedetti del Padre mio», ricevete in eredità il regno preparato per voi fin dalla fondazione del mondo. Perché io ho avuto fame e mi avete dato da mangiare, ho avuto sete e mi avete dato da bere; ero forestiero e mi avete ospitato, nudo e mi avete vestito, malato e mi avete visitato, carcerato e siete venuti a trovarmi"*. Allora i giusti gli risponderanno: *"Signore, quando mai ti abbiamo veduto affamato e ti abbiamo dato da mangiare, assetato e ti abbiamo dato da bere? Quando ti abbiamo visto forestiero e ti abbiamo ospitato, o nudo e ti abbiamo vestito? E quando ti abbiamo visto ammalato o in carcere e siamo venuti a visitarti?"*. Rispondendo, il re dirà loro: *"In verità vi dico: ogni volta che avete fatto que-*

282 Matteo 24, 21-22
283 Matteo 24, 29-31

ste cose a uno solo di questi miei fratelli più piccoli, l'avete fatto a me. Poi dirà a quelli alla sua sinistra: Via, lontano da me, maledetti, nel fuoco eterno, preparato per il diavolo e per i suoi angeli [i demoni]. Perché ho avuto fame e non mi avete dato da mangiare; ho avuto sete e non mi avete dato da bere; ero forestiero e non mi avete ospitato, nudo e non mi avete vestito, malato e in carcere e non mi avete visitato". Anch'essi allora risponderanno: *"Signore, quando mai ti abbiamo visto affamato o assetato o forestiero o nudo o malato o in carcere e non ti abbiamo assistito?".* Ma egli risponderà: *"In verità vi dico: ogni volta che non avete fatto queste cose a uno di questi miei fratelli più piccoli, non l'avete fatto a me. E se ne andranno, questi al supplizio eterno, e i giusti alla vita eterna"»*[284].

Questa separazione, dunque, non avverrà guardando al credo religioso, o alle cose che una persona ha pensato o detto di voler fare, ma sarà svolta in base alle azioni effettivamente compiute dagli individui nel corso delle loro esistenze terrene:

«Il Figlio dell'uomo sta per venire nella gloria del Padre suo, con i suoi angeli, e allora renderà a ciascuno secondo le sue azioni»[285].

In altri passi dei vangeli, i tempi della seconda venuta di Cristo vengono paragonati a quelli che precedettero il diluvio universale e la distruzione di Sodoma e Gomorra, in cui le persone continuarono a vivere "normalmente", perseverando nella loro condotta immorale, essendo completamente indifferenti rispetto a quanto, di lì a poco, gli sarebbe accaduto:

284 Matteo 25, 31-46
285 Matteo 16, 27

«Come avvenne nei giorni di Noè, così sarà nei giorni del Figlio dell'uomo: mangiavano, bevevano, prendevano moglie, prendevano marito, fino al giorno in cui Noè entrò nell'arca e venne il diluvio e li fece morire tutti. Come avvenne anche nei giorni di Lot: mangiavano, bevevano, compravano, vendevano, piantavano, costruivano; ma, nel giorno in cui Lot uscì da Sòdoma, piovve fuoco e zolfo dal cielo e li fece morire tutti. Così accadrà nel giorno in cui il Figlio dell'uomo si manifesterà»[286].

Per questo il Cristo invitava i suoi discepoli a mantenersi sempre vigili e pronti[287], preparandosi adeguatamente per superare le prove a cui tutta l'umanità sarà sottoposta prima che si compirà il tempo del suo ritorno:

«State attenti a voi stessi, che i vostri cuori non si appesantiscano in dissipazioni, ubriachezze e affanni della vita e che quel giorno non vi piombi addosso all'improvviso; come un laccio infatti esso si abbatterà sopra tutti coloro che abitano sulla faccia di tutta la terra. Vegliate in ogni momento pregando, perché abbiate la forza di sfuggire a tutto ciò che sta per accadere e di comparire davanti al Figlio dell'uomo»[288].

In realtà, la dottrina escatologica della *parusia* cristiana[289], vale a dire il ritorno di Gesù alla fine dei tempi,

---

286 Luca 17: 26-30

287 Matteo 24, 42-44: *«Vegliate dunque, perché non sapete in quale giorno il Signore vostro verrà. Cercate di capire questo: se il padrone di casa sapesse a quale ora della notte viene il ladro, veglierebbe e non si lascerebbe scassinare la casa. Perciò anche voi tenetevi pronti perché, nell'ora che non immaginate, viene il Figlio dell'uomo»*.

288 Luca 21, 34-36

venne espressa anche pubblicamente, sebbene in modo velato, attraverso la *parabola della zizzania:*

Espose loro un'altra parabola, dicendo: «*Il regno dei cieli è simile a un uomo che ha seminato del buon seme nel suo campo. Ma, mentre tutti dormivano, venne il suo nemico, seminò della zizzania in mezzo al grano e se ne andò. Quando poi lo stelo crebbe e fece frutto, spuntò anche la zizzania. Allora i servi andarono dal padrone di casa e gli dissero: "Signore, non hai seminato del buon seme nel tuo campo? Da dove viene la zizzania?"*. Ed egli rispose loro: *"Un nemico ha fatto questo!"*. E i servi gli dissero: *"Vuoi che andiamo a raccoglierla?". "No, rispose, perché non succeda che, raccogliendo la zizzania, con essa sradichiate anche il grano. Lasciate che l'una e l'altro crescano insieme fino alla mietitura e al momento della mietitura dirò ai mietitori: raccogliete prima la zizzania e legatela in fasci per bruciarla; il grano invece riponetelo nel mio granaio*».[290]

La spiegazione del senso allegorico di questo racconto fu data direttamente da Gesù ai suoi discepoli con le seguenti parole:

Poi congedò la folla ed entrò in casa; i suoi discepoli gli si avvicinarono per dirgli: «*Spiegaci la parabola della zizzania nel campo*». Ed egli rispose: «*Colui che semina il buon seme è il Figlio dell'uomo. Il campo è il mondo e il seme buono sono i figli del Regno. La zizzania sono i figli del Maligno e il nemico che l'ha seminata è il diavolo. La mietitura è la fine del mondo e i mietitori sono gli angeli. Come dunque si raccoglie la zizzania e la si brucia nel fuoco, così avverrà alla fine del mondo. Il Figlio dell'uomo manderà i*

289 La *parusìa* (dal greco *παρουσία*, reso come "visita ufficiale", "arrivo") nella teologia cristiana indica proprio il ritorno sulla Terra di Gesù alla fine dei tempi.

290 Matteo 13, 24-30

suoi angeli, i quali raccoglieranno dal suo regno tutti gli scandali e tutti quelli che commettono iniquità e li getteranno nella fornace ardente, dove sarà pianto e stridore di denti. Allora i giusti splenderanno come il Sole nel regno del Padre loro. Chi ha orecchi, ascolti!»[291].

In molti, leggendo questa profezia, ritengono erroneamente che, ad un certo punto della storia, Dio sceglierà di intervenire in modo arbitrario per imporre una sorta di *grande reset* all'umanità, stabilendo così la fine dei tempi.

In realtà, se non avverrà un'inversione di rotta, sarà la condotta immorale, deviata ed anti-cristica, degli individui, che porterà al limite dell'autodistruzione la società umana.

Alcuni associano a questa previsione un ipotetico scenario dovuto ad un *olocausto nucleare*; altri invece ritengono che l'odierna follia socio-economica, predatoria, sfruttatrice, parassitaria e distruttrice, comprometterà a tal punto il pianeta Terra da rendere pressoché impossibile la vita.

In ogni caso, sarà soltanto a quel punto che il Cristo interverrà, con la sua legione di angeli, per abbreviare le sofferenze di quei giorni; così facendo egli effettuerà la grande separazione ed inaugurerà una *nuova era,* affidando la Terra ad una *nuova umanità* caratterizzata da un livello spirituale adatto a vivere nel *Regno dei Cieli*.

A mio avviso, alcuni fraintendono l'insegnamento contenuto nella profezia della seconda venuta affermando

291 Matteo 13, 36-43

che la catastrofe sociale dell'umanità, dovuta all'intima corruzione degli individui tentati dalle forze del male, sia inevitabile e pertanto possa essere fermata e risolta soltanto da un diretto, esplicito e coatto, intervento divino.

Ma di tutto ciò non v'è alcuna traccia nell'autentico insegnamento di Gesù, il quale, come ho ampiamente argomentato nei precedenti capitoli, spronava i suoi discepoli a salvarsi da sé, elevandosi innanzitutto spiritualmente per poi mettersi al servizio dell'umanità al fine di realizzare il bene di tutti gli esseri viventi.

Del resto, se gli esseri umani riuscissero, con le loro forze, ad evitare la catastrofe, cominciando a vivere in modo etico, Cristo ed i suoi angeli ben si guarderebbero dall'intervenire ponendo fine ai tempi, perché non ce ne sarebbe affatto bisogno.

L'intervento divino, semmai, può essere inteso come una sorta di *extrema ratio,* a cui la ragione universale ricorre soltanto quando si concretizza una situazione irrimediabile che richiede una forzante esterna per evitare una completa catastrofe, portare in salvo coloro che, nonostante le avversità, sono riusciti a mantenersi saldi lungo la Via, e ricreare le condizioni per la nascita di una nuova civiltà.

Pertanto, il futuro dell'umanità è completamente aperto; ciò che accadrà sulla Terra dipenderà da quanti individui riusciranno ad acquisire una coscienza cristica, contrastando con la luce delle loro opere l'avanzare dell'oscurità.

È questo il motivo per cui nessuno sa, e può sapere, al di là di Dio, se e quando il Cristo ritornerà.

Capitolo XII

«Il mio regno non è di questo mondo; se il mio regno fosse di questo mondo, i miei servitori avrebbero combattuto perché non fossi consegnato ai Giudei; ma il mio regno non è di quaggiù». *Gesù di Nazareth*

L'Ipotesi Aliena

Secondo un certo filone di ricerca che si è andato affermando negli ultimi decenni, inquadrabile nel contesto della *Teoria degli Antichi Astronauti*[292], le vicende riportate nei vangeli dovrebbero essere rilette in chiave *ufologica:* Gesù non era un terrestre che intendeva trasformare la società con un programma politico e degli insegnamenti etici; egli non era neppure un maestro spirituale elevatosi fino al punto da incarnare il Logos. Il Cristo era un *alieno* venuto da un altro pianeta.

Allo stesso modo, gli angeli non sarebbero da intendersi come delle forze metafisiche o, al più, degli esseri spirituali, ma come suoi collaboratori extraterrestri, forse addirittura in carne ed ossa, che avrebbero raggiunto la Terra con delle *astronavi,* interagendo con una umanità primitiva e pertanto incapace di trovare i termini adatti per descrivere in modo accurato ciò che si trovava davanti ai loro occhi.

Ed ecco allora che la *"nube luminosa"* che *"coprì con la sua ombra"* Pietro, Giacomo e Giovanni, quando Mosé ed Elia apparvero dopo che il Cristo condusse i tre apostoli su di una montagna, non sarebbe la descrizione di uno strano fenomeno atmosferico, ma dell'avvistamen-

---

292 Secondo i sostenitori di queste teorie, nell'antichità sarebbero avvenuti dei contatti tra civiltà extraterrestri e umane; alcuni arrivano a sostenere che la specie umana sia stata creata da una razza aliena; altri affermano che gli extraterrestri siano i veri dominatori della società umana; altri ancora ritengono che essi lavorino per sostenere il processo di evoluzione spirituale dell'umanità.

to di un velivolo alieno con cui quei "profeti" sarebbero prima arrivati e poi ripartiti:

Sei giorni dopo, Gesù prese con sé Pietro, Giacomo e Giovanni suo fratello e li condusse in disparte, su un alto monte. E fu trasfigurato davanti a loro: il suo volto brillò come il sole e le sue vesti divennero candide come la luce. Ed ecco, apparvero loro Mosè ed Elia, che conversavano con lui. Prendendo la parola, Pietro disse a Gesù: *«Signore, è bello per noi essere qui! Se vuoi, farò qui tre capanne, una per te, una per Mosè e una per Elia».* Egli stava ancora parlando, quando una nube luminosa li coprì con la sua ombra. Ed ecco una voce dalla nube che diceva: *«Questi è il Figlio mio, l'amato: in lui ho posto il mio compiacimento. Ascoltatelo».* All'udire ciò, i discepoli caddero con la faccia a terra e furono presi da grande timore. Ma Gesù si avvicinò, li toccò e disse: *«Alzatevi e non temete».* Alzando gli occhi non videro nessuno, se non Gesù solo[293].

Lo stesso episodio viene riportato anche da Luca, il quale aggiunge un dettaglio non trascurabile, sostenendo che anche gli apostoli ebbero modo di salire sull'astronave dei "profeti" alieni, prendendosi un bello spavento:

Mentre questi si separavano da lui, Pietro disse a Gesù: *«Maestro, è bello per noi stare qui. Facciamo tre tende, una per te, una per Mosè e una per Elia».* Egli non sapeva quel che diceva. Mentre parlava così, venne una nube e li avvolse; all'entrare in quella nube, ebbero paura[294].

Allo stesso modo, quando gli evangelisti scrissero che il Cristo sarebbe ritornato «*sulle nubi con grande poten-*

---

293 Matteo 17,1-8
294 Luca 9, 33-34

za e gloria»[295] apparendo come una "*folgore*" che brillerà da oriente fino ad occidente[296], in realtà, intendevano dire che egli tornerà con la sua astronave e che la scia luminosa prodotta dalla sua navicella, simile a quella di un fulmine, potrà essere avvistata da tutti gli abitanti della Terra.

Ad onor del vero, bisogna dire che le citazioni più dettagliate ed esplicite rispetto all'ipotetico avvistamento di un ufo nell'antichità, non si trovano nei vangeli canonici ma nell'antico testamento, come quando, ad esempio, il profeta Elia venne portato via da un *carro volante di fuoco* davanti al suo allievo Eliseo:

> «Mentre Elia ed Eliseo camminavano conversando, ecco un carro di fuoco e cavalli di fuoco si interposero fra loro due. Elia salì sul turbine verso il cielo. Eliseo guardava e gridava: *"Padre mio, padre mio, cocchio d'Israele e suo cocchiere"*. E non lo vide più»[297].

Il profeta Ezechiele, invece, in una tanto celebre quanto studiata citazione, sembra descrivere le fattezze sia di alcuni alieni che dei loro apparati tecnologici[298]:

> *«Il cinque del quarto mese dell'anno trentesimo, mentre mi trovavo fra i deportati sulle rive del canale Chebàr, i cieli si aprirono ed ebbi visioni divine[299]».*

---

295 Matteo 24, 30

296 Matteo 24, 27: «Come la folgore viene da oriente e brilla fino a occidente, così sarà la venuta del Figlio dell'uomo»

297 Re 2:11-12

298 Si veda Ezechiele 1 di cui, per brevità, ho riportato soltanto alcuni versetti significativi.

299 Ezechiele 1, 1

«Io guardavo ed ecco un uragano avanzare dal settentrione, una grande nube e un turbinìo di fuoco, che splendeva tutto intorno, e in mezzo si scorgeva come un balenare di elettro incandescente. Al centro apparve la figura di quattro esseri animati, dei quali questo era l'aspetto: avevano sembianza umana e avevano ciascuno quattro facce e quattro ali»[300].

«Quanto alle loro fattezze, ognuno dei quattro aveva fattezze d'uomo; poi fattezze di leone a destra, fattezze di toro a sinistra e, ognuno dei quattro, fattezze d'aquila. Le loro ali erano spiegate verso l'alto; ciascuno aveva due ali che si toccavano e due che coprivano il corpo[301]».

«Tra quegli esseri si vedevano come carboni ardenti simili a torce che si muovevano in mezzo a loro. Il fuoco risplendeva e dal fuoco si sprigionavano bagliori. Gli esseri andavano e venivano come un baleno. Io guardavo quegli esseri ed ecco sul terreno una ruota al loro fianco, di tutti e quattro. Le ruote avevano l'aspetto e la struttura come di topazio e tutt'e quattro la medesima forma, il loro aspetto e la loro struttura era come di ruota in mezzo a un'altra ruota. Potevano muoversi in quattro direzioni, senza aver bisogno di voltare nel muoversi. La loro circonferenza era assai grande e i cerchi di tutt'e quattro erano pieni di occhi tutt'intorno[302]*».*

«Quando essi si muovevano, io udivo il rombo delle ali, simile al rumore di grandi acque, come il tuono dell'Onnipotente, come il fragore della tempesta, come il tumulto d'un accampamento. Quando poi si fermavano, ripiegavano le ali. Ci fu un rumore al di sopra del firmamento che era sulle loro teste. Sopra il firmamento che era sulle loro teste

300 Ezechiele 1, 4-6
301 Ezechiele 1, 10-11
302 Ezechiele 1, 13-18

apparve come una pietra di zaffiro in forma di trono e su questa specie di trono, in alto, una figura dalle sembianze umane. Da ciò che sembrava essere dai fianchi in su, mi apparve splendido come l'elettro e da ciò che sembrava dai fianchi in giù, mi apparve come di fuoco. Era circondato da uno splendore il cui aspetto era simile a quello dell'arcobaleno nelle nubi in un giorno di pioggia. Tale mi apparve l'aspetto della gloria del Signore. Quando la vidi, caddi con la faccia a terra e udii la voce di uno che parlava»[303].

Se trovate ridicola l'idea che gli antichi descrivessero gli avvistamenti di astronavi come "nubi" brillanti o "carri" di fuoco, riflettete sul fatto che la nostra civiltà, ritenuta ben più avanzata di quella che esisteva ai tempi di Gesù, descrive il medesimo fenomeno come "piatti" o "dischi" volanti[304].

Per quanto riguarda la vicenda, invece, oggi diremmo che Elia fu rapito dagli alieni mediante il *raggio traente* della loro astronave e che quindi egli ebbe un incontro ravvicinato del IV tipo con gli extraterrestri; Ezechiele, più modestamente, si limitò ad un incontro di I, o al più, II tipo[305].

303Ezechiele 1, 24-28

304 Dall'inglese *saucer*, che fa riferimento alla forma di un piattino di piccole dimensioni che si utilizza, ad esempio, per adagiare le tazzine di caffé (da cui *flying saucer*, ovvero piatto volante); in modo analogo *flying disc*, ovvero disco volante.

305 Vengono detti incontri del:
1° tipo - visione di un Ufo posato a terra ravvicinata;
2° tipo - atterraggio Ufo con tracce misurabili della sua presenza;
3° tipo - avvistamento di un Ufo con almeno una entità animata;
4° tipo - rapimento di un terrestre a bordo di un Ufo (la cosiddetta *abduction*).

Stando all'interpretazione ufologica dei vangeli, anche il Cristo, così come Elia, al termine della sua missione, fu portato in cielo mediante un dispositivo tecnologico alieno:

«Poi li condusse fuori verso Betània e, alzate le mani, li benedisse. Mentre li benediceva, si staccò da loro e veniva portato su, in cielo. Ed essi si prostrarono davanti a lui; poi tornarono a Gerusalemme con grande gioia e stavano sempre nel tempio lodando Dio»[306].

In poche parole, i sostenitori di quella che definirò sinteticamente come *ipotesi aliena* tendono a reinterpretare, e quindi a spiegare, tutti gli accadimenti legati alla vita di Gesù ponendo l'accento sulla presunta esistenza di una civiltà superiore che intervenne sulla Terra da un punto di vista tecnologico, potendo disporre di una conoscenza scientifica così avanzata da far sembrare ai terrestri di allora quegli esseri venuti da un altro pianeta al pari di divinità (o angeli, se preferite).

Del resto, come sostenne l'autore di fantascienza Arthur C. Clarke nella terza delle sue tre leggi: «*Qualunque tecnologia sufficientemente avanzata è indistinguibile dalla magia*»[307], da cui segue l'ovvio corollario, sottolineato dal filosofo della scienza Michael Shermer, secondo cui, da un punto di vista umano, un membro di una civiltà extraterrestre sufficientemente avanzata risulterebbe indistinguibile da un dio[308].

---

306 Luca 24, 50-52
307 Per approfondire date un'occhiata alla voce *Tre leggi di Clarke* su Wikipedia
308 Per approfondire date un'occhiata alla voce *Ultima legge di Shermer* su Wikipedia

Così, ad esempio, i concepimenti apparentemente prodigiosi di Gesù Cristo ed ancor più di Giovanni Battista, furono possibili ed avvennero in quanto gli alieni, scambiati per angeli, utilizzarono una sorta di inseminazione artificiale *ante litteram* talmente efficace da consentire perfino ad una donna molto anziana e pertanto non più fertile, quale era all'epoca dei fatti la futura madre di Giovanni, di portare addirittura a termine una gravidanza.

In modo analogo, anche gli esorcismi, le guarigioni, e più in generale, tutti i "prodigi" compiuti da Gesù e dai suoi diretti iniziati, furono anch'essi il frutto dell'applicazione di una conoscenza così avanzata da produrre effetti equivalenti a quelli di una potente magia[309].

Gesù, quindi, non risuscitò per intervento divino, ma fu raggiunto da medici extraterrestri che lo riportarono in vita mediante delle cure ad oggi ancora sconosciute e così via.

Chi fu dunque il Cristo per i sostenitori dell'ipotesi aliena?

A loro avviso, fu egli stesso a rivelarlo quando sostenne di essere un Re[310], di non essere di questo mondo[311] e che, se avesse voluto, avrebbe potuto convocare più di

309 Non a caso, secondo alcuni esoteristi, la magia naturale è l'unica e vera Scienza, da cui l'umanità d'oggi è ancora ben lontana, ma che, almeno in teoria, consentirebbe di intervenire direttamente sulla realtà per trasformarla, operando in perfetto accordo, ed in virtù della conoscenza, delle più autentiche leggi di natura.

dodici legioni di "angeli" che sarebbero subito accorse in suo supporto[312].

Il Cristo, dunque, sarebbe una sorta di sovrano di un regno popolato da una qualche specie aliena che si troverebbe in uno o più pianeti dell'universo a noi sconosciuti.

Stando alla sua profezia, non appena i tempi saranno maturi, egli tornerà assieme ai suoi angeli con una flotta di astronavi per separare il grano dalla gramigna, ovvero i figli della luce dai figli dell'oscurità, inaugurando così il Regno dei Cieli.

Come mai il Cristo ed il suo popolo alieno sarebbero così tanto interessati ai terrestri?

Perché essi potrebbero essere addirittura i creatori dell'umanità ed avrebbero quindi a cuore l'evoluzione spirituale degli esseri umani; se ciò fosse vero, di converso, l'Anticristo ed i demoni, potrebbero essere reinterpretati rispettivamente come il sovrano ed i membri di un popolo alieno malevolo, antagonista all'opera cristica.

---

310 Giovanni 18, 37 Allora Pilato gli disse: *«Dunque tu sei re?»*. Rispose Gesù: *«Tu lo dici; io sono re. Per questo io sono nato e per questo sono venuto nel mondo: per rendere testimonianza alla verità. Chiunque è dalla verità, ascolta la mia voce»*.

311 Giovanni 18, 36 Rispose Gesù: *«Il mio regno non è di questo mondo; se il mio regno fosse di questo mondo, i miei servitori avrebbero combattuto perché non fossi consegnato ai Giudei; ma il mio regno non è di quaggiù»*.

312 Matteo 26, 53: *«Pensi forse che io non possa pregare il Padre mio, che mi darebbe subito più di dodici legioni di angeli?»*

Il lettore ricorderà che Satana, nei vangeli, viene definito come il principe del mondo[313] e che, stando all'opinione degli evangelisti, tutta la Terra giace sotto il suo potere[314].

Questo, per estensione, suggerisce che il Maligno, ed i suoi malvagi servitori, controllino, se non addirittura dirigano in prima persona, i ruoli di potere dell'odierna società che, forse ancor più che ai tempi di Gesù, è ormai alla più totale deriva.

A rigor di logica, quindi, non si può escludere che, per confondere ed ingannare con maggiore facilità l'umanità, gli alieni malvagi che dominano il mondo abbiano addirittura assunto sembianze umane, così come anche gli angeli, volendo, sono in grado di fare.

Concludo quest'ultimo ed alquanto insolito capitolo sostenendo che, sebbene l'ipotesi aliena non possa essere esclusa a priori, non si può evitare di sottolineare che una sua corroborazione esclusivamente basata sui contenuti dei vangeli canonici risulti piuttosto debole.

È interessante, invece, osservare che se anche per assurdo Gesù ed i suoi angeli appartenessero veramente ad una razza aliena, l'insegnamento cristico riportato nei vangeli, in particolar modo per quanto riguarda la

---

313 Giovanni 14, 30-31: *«Non parlerò più a lungo con voi, perché viene il principe del mondo; egli non ha nessun potere su di me, ma bisogna che il mondo sappia che io amo il Padre e faccio quello che il Padre mi ha comandato. Alzatevi, andiamo via di qui».*

314 Giovanni 5, 19: *«Noi sappiamo che siamo da Dio, mentre tutto il mondo giace sotto il potere del maligno».*

dottrina sociale e la via spirituale, non cambierebbe d'una sola virgola ed avrebbe lo stesso identico valore per l'umanità.

Considerazioni finali

«Conoscerete la Verità e la Verità vi farà liberi». *Gesù di Nazareth*

Conclusione

Chi fu, dunque, *Gesù di Nazareth*, detto il *Cristo*?

Un *filosofo morale* che insegnò agli uomini dei suoi tempi una nuova etica?

Un *rivoluzionario anarchico* che combatteva i potenti e voleva costruire una società senza denaro?

Un uomo elevatosi fino al punto da diventare un *maestro spirituale* che professò l'amore universale e la dottrina della reincarnazione?

Un potente *mago bianco* che operò al servizio del bene e della verità?

Il *Re di una civiltà extraterrestre* che ritornerà sulla Terra con la sua navicella spaziale?

Oppure fu veramente il *Figlio di Dio* incarnatosi per redimere l'umanità?

In fin dei conti, tutto ciò non è poi così importante, e di certo passa in secondo piano rispetto all'indiscusso valore degli insegnamenti sociali, spirituali ed esoterici, attribuiti a Gesù di Nazareth.

Il mio augurio è che traendo forza ed ispirazione dalla sua figura l'umanità possa diventare nonviolenta; cominci a cooperare in vista del bene comune; riesca a sbarazzarsi dei potenti, rovesciandoli dai troni; si liberi dalle odierne schiavitù del lavoro e del denaro; possa smascherare tutti i falsi maestri; si elevi spiritualmente fino a ricongiungersi con la ragione universale; ed infine riesca a sanare ogni male, operando la magia del cuore.

Io auguro all'umanità di realizzare il Regno dei Cieli seguendo la Via indicata da Cristo.

Printed by Amazon Italia Logistica S.r.l.
Torrazza Piemonte (TO), Italy

61347400R00121

Sendestation Mensch

Telepathie
auf dem Prüfstand

Harold Sherman
und Sir Hubert Wilkins

Mit einem Vorwort
des Astronauten
Edgar D. Mitchell

Edition Sven Erik Bergh

Originaltitel
Thoughts through Space

Aus dem Amerikanischen
von Gösta von Uexküll

Edition Sven Erik Bergh im Ingse Verlag

Lektorat: Liselotte Weiss
Schutzumschlag: Volkmar Börner
Schrift: 10 Punkt Times Linotron
Gesamtherstellung Mohndruck Reinhard Mohn OHG, Gütersloh
Printed in Germany
ISBN 3-4301-8399-5

Auslieferung: Econ Verlag GmbH
4 Düsseldorf 1 – Postfach 9229

Bei den bahnbrechenden telepathischen Experimenten von Sir Hubert Wilkins und Harold Sherman zwischen New York City und den arktischen Regionen ging es um Entfernungen von zwischen 3000 und 5000 Kilometern. Die Entfernungen bei den Versuchen von Edgar D. Mitchell während des Flugs von Apollo 14 zum Mond waren in der Größenordnung von 250000 Kilometern.
Mitchell konzentrierte sich auf die Übertragung von Standard-Symbolen, wie sie bei parapsychologischen Laboratoriumsversuchen verwendet werden, Wellenlinie, Kreuz, Kreis, Quadrat und Stern, an vier sensible Zielpersonen. Die Ergebnisse wurden von Wissenschaftler geprüft und als sehr beachtlich bezeichnet. Diese beiden telepathischen Versuche über weite Entfernungen im Abstand von vierunddreißig Jahren lassen keinen anderen Schluß zu, als das Zeit und Raum unseren Gedanken keine Grenzen setzen.
Mitchell leitet ein, unter dem Namen Edgar D. Mitchell and Associates, Inc., bekanntgewordenes Forschungsprojekt in Houston, Texas. Harold Sherman ist der Gründer und Direktor der ESP Research Associates Foundation in Little Rock, Arkansas.

Vorwort

von Edgar D. Mitchell

1937 lieferten Harold Sherman und Sir Hubert Wilkins die ersten publizierten Beweise für Langdistanz-Telepathie. Da die parapsychologische Wissenschaft damals noch ein Kind in der Wiege war und obendrein ein Kind »von der falschen Seite des Zauns« der etablierten Wissenschaft, blieb dieses Ereignis so gut wie unbeachtet.
Seitdem ist das »Kind« gewachsen – langsam, unterernährt und verlacht von den respektablen Vertretern der Wissenschaft. Auch in ihrem heutigen, noch immer nicht reifen Alter hat die Parapsychologie den Geruch der Unseriosität noch nicht ganz verloren. Doch bei aller Skepsis der Hüter des Herkömmlichen gewinnt sie zusehends an Respekt und Glaubwürdigkeit. Interessant ist es zu beobachten, daß die von Sherman und Wilkins entwickelten Techniken von der heutigen parapsychologischen Forschung wiederentdeckt und mit Erfolg erprobt werden. Ich denke dabei an die Technik, Ideen, Gedanken und Gefühle zu senden, und nicht ausgeklügelte sterile Symbole.
Vom Standpunkt der Wissenschaftler wäre es natürlich sehr zu begrüßen, wenn die telepathischen Fähigkeiten so beschaffen wären, daß sie sich in die gängigen Untersuchungsmethoden einfügen ließen. Man würde sie dann als mathematische Formeln oder statistische Tabellen der kritischen Mitwelt präsentieren können. Leider tut die Natur der Wissenschaft in der Regel nicht diesen Gefallen. Sie nimmt keine Rücksicht auf unsere vorgefaßten Meinungen, sondern legt uns nahe, unsere Methoden dem zu untersuchenden Gegenstand anzupassen, wenn wir ihr ein Geheimnis entreißen wollen.

So wenden sich die Wissenschaftler nach vielen Jahren statistischer Laboratoriumsarbeit wieder Untersuchungsmethoden zu, deren sich Nichtwissenschaftler vor fünfunddreißig Jahren bedienten. Das Funktionieren dieser Methoden scheint ähnlichen Wurzeln zu entspringen wie die Gefühlsbindung und das gegenseitige Verstehen von zwei Menschen in Lebensgefahr oder in einer anderen, gefühlsgeladenen Situation. In einem solchen seelischen Klima nimmt das telepathische Phänomen deutliche Gestalt an, und sicher bedürfen solche Forschungsergebnisse dann keiner statistischen Analyse mehr, um den aufgeschlossenen Leser zu beeindrucken.

Vierunddreißig Jahre nach dem Sherman-Wilkins-Experiment beweisen die Übertragungen aus Apollo 14, daß der Mechanismus, der damals am Werk war, auch bei Abständen planetarischer Dimension funktioniert. Aber wenn die Apollo-14-Ergebnisse auch für den Wissenschaftler statistisch besonders wertvoll sind, so erreichen sie doch nicht die Dramatik und die Gefühlsintensität jener alten Experimente.

Es ist mir aus dieser Sicht und in diesem Zusammenhang eine Freude, das Vorwort zu dem Bericht über das Sherman-Wilkins-Experiment zu schreiben. Mit wieviel Skepsis und Forderungen nach strengerer Kontrolle Berufswissenschaftler diesem ersten Versuch auch begegnen mögen, fest steht, daß sich hier etwas zugetragen hat, das auch im Lichte unseres heutigen Wissens unerklärlich bleibt.

Edgar D. Mitchell
2. Oktober 1972

Der Beweis für Telepathie

von Sir Hubert Wilkins

Das Zurkenntnisnehmen einer Tatsache und eine »wissenschaftlich erwiesene Tatsache« sind zwei sehr verschiedene Dinge. Das wurde mir erst kürzlich wieder an Hand eines recht amüsanten Falles klar. 1913 war ich längere Zeit in der Arktis. Und da ich damals schon eine Flugausbildung hinter mir hatte, hielt ich bei meinen Tausende von Kilometern langen Wanderungen über das Meereseis mit den Augen eines Piloten nach möglichen Landeplätzen für Flugzeuge Ausschau. Ich kam zu dem Ergebnis, daß fast überall auf dem arktischen Ozean ein Pilot im Umkreis von etwa achtzig Kilometern einen geeigneten Landeplatz finden könne, und berichtete das nach meiner Heimkehr. Sofort wurde mir die Frage gestellt: »Aber sind Sie denn selbst mit einem Flugzeug auf dem Eis gelandet?« Da unsere Expedition nicht mit Flugzeugen ausgerüstet war, mußte ich diese Frage verneinen. »Also«, sagten meine wissenschaftlichen Kollegen, »ist Ihre Aussage über die Landemöglichkeiten auf dem Meereseis lediglich eine Vermutung.«
Viele Jahre später, 1926–28 und 1937/38, landeten die an meinen Expeditionen teilnehmenden Piloten viele, viele Male auf dem arktischen Eis, und die internationale Presse berichtete ausführlich darüber. Nach diesen Flügen begannen sich auch die militärischen Experten für diese Frage zu interessieren. Jetzt wurden meine Berichte als Beweis dafür zitiert, daß es möglich sei, sicher auf dem Meereseis zu landen. Den Wissenschaftlern genügte das nicht. Sie fragten: »Wurden diese Landungen von wissenschaftlich geschultem Personal geplant, überwacht und kontrolliert?« Da in der Regel nur zwei von uns Expeditionsmitgliedern in einem

Flugzeug saßen und sehr oft auch kein Beobachter zur Hand war, konnte ich nicht behaupten, daß all die Starts und Landungen, die wir ohne Zwischenfall ausgeführt hatten, unter wissenschaftlicher Überwachung und Kontrolle gestanden hätten. Die Experten kamen daher zu dem Schluß: »Sie sagen, Sie seien sicher gelandet und gestartet, aber das ist nur Ihre persönliche Meinung.« Die Tatsache, daß ich am Leben war, genügte nicht als Beweis für meine Behauptungen.

Im Jahre 1951 landeten endlich zwei Militärflugzeuge in offizieller Mission ein halbes dutzendmal auf dem Arktiseis. Und jetzt durfte es wahr sein: »Der Nachweis«, so hieß es anschließend an diese Expedition, »ist nunmehr erbracht, daß ein Flugzeug auf dem Eis des arktischen Ozeans landen und starten kann.«

Zwischen den ersten Erfahrungen des Menschen mit außersinnlicher Wahrnehmung und den telepathischen Protokollen von Harold Sherman ist sehr viel mehr Zeit vergangen als die von 1913 bis 1951 hier in unserem Beispiel. Adam und Eva haben sich vielleicht schon telepathisch verständigt, und vieles spricht dafür, daß die Schlange Eva das Geheimnis des Baumes der Erkenntnis nicht in Form eines menschlichen Dialogs offenbart hat. Und doch, Kommunikation durch nichts als Gedankenkraft zwischen zwei sich relativ fremden Menschen über eine Entfernung von 5000 Kilometern, gewissenhaft protokolliert, hat offenbar nicht genügt, um die Telepathie als Wissenschaft anzuerkennen.

Zehn Jahre nach der ersten Veröffentlichung habe ich *Thoughts through Space* wiedergelesen und dabei die Überzeugung gewonnen, daß in dieser einfachen, offenherzigen Wiedergabe von Erlebnissen Hinweise auf einzigartige Möglichkeiten des menschlichen Geistes enthalten sind. Dieses Erlebnis-Protokoll könnte dazu anregen – zwar nicht in erster Linie unseren Geist als Nachrichtenträger zu verwenden – wohl aber, brachliegende Fähigkeiten des Geistes zu entwickeln und unsere Geisteskräfte, ganz allgemein, umfassender und besser zu nutzen.

Eines Tages werden wir sicher begreifen, wie weit wir noch

von dem wirklichen Verständnis des Phänomens der Zeit und des Wesens aller Dinge entfernt sind. Immer wieder stießen wir bei unseren Gedankentelegrammen auf das Problem der Zeit. Bei der Übermittlung von Gedanken gibt es bisweilen Verzögerungen, bisweilen aber läuft auch die Gedankenbotschaft der Zeit voraus. Es zeigte sich auch ganz deutlich, daß »konzentriertes« oder »tiefes« Denken im üblichen Wortsinn nicht erforderlich ist, um Gedanken zu transportieren. Ebensowenig müssen die Gedanken besonders erhaben oder bedeutend sein. So triviale Dinge wie die Auswahl von Fischen für eine Mahlzeit erreichten so sicher ihr Ziel wie fundierte Betrachtungen über den Fortschritt der Menschheit.

Was die »Triebkraft« betrifft, so bedarf es keiner bewußten Anstrengung, keiner »Denkerfalten« und keiner besonderen Konzentration zur Beförderung von Gedanken. Dagegen entpuppte sich schlichter Glaube an den Erfolg als bester Dynamo bei Sendung und Empfang. Aber wissen wir denn, was wir denken? Wieviel von dem unterbewußten Geschehen dringt an die Bewußtseinsoberfläche? Oft wurden Vorgänge in meinem Unterbewußtsein von Sherman ebenso deutlich wahrgenommen wie die Gefühle, die meine nach außen gerichtete Aktivität zur gleichen Zeit begleiteten und mich, wie mir schien, völlig absorbierten. In der Regel waren es aber gerade die emotional besonders geladenen Augenblicke, die von Sherman am deutlichsten protokolliert wurden.

Manchmal schien Sherman die Intensität des Gefühls selbst zu spüren, besonders, wenn wir beide zur gleichen Zeit »ganz bei der Sache« waren. Auffallend war auch die Genauigkeit der Wahrnehmung. So bemerkte Sherman beim Betrachten meiner Gesichtszüge auf seinem »Gedanken-Schirm« eine kaum erbsengroße Narbe auf meiner Wange, die ihm während der vielen Male, an denen wir uns bei hellichtem Tage oder bei starkem elektrischem Licht gegenübergesessen hatten, entgangen war.

Seit dem Druck der ersten Ausgabe dieses Buchs hatten wir die Möglichkeit, Genauigkeit und Schlüssigkeit unserer damaligen Beobachtungen zusätzlich zu erhärten; aber es erregt immer wieder mein Erstaunen, wie wenig solche Tatsachen gegen die allgemeine Gleichgültigkeit (meine eigene nicht ausgenommen) auszurichten vermögen. Ich meine die Gleichgültigkeit in Hinblick auf die Möglichkeiten, unseren Geist, weit über seine jetzigen Grenzen hinaus, zu entwikkeln und zu beherrschen.

Man hat Wege gefunden, den komplizierten Mechanismus der Atome dem Menschen dienstbar zu machen. Vielleicht sind die Naturgesetze unseres Geistes noch komplizierter und noch schwerer in Formeln zu fassen, weil sie ja nur zum Teil der physikalischen Welt angehören. Überdies hat der Mensch das Gebiet des Geistigen noch nicht als lohnendes Feld für Kapitalinvestitionen entdeckt. Aber sicherlich wird auch hier eines Tages jemand kommen und verkünden: »Es ist jetzt eine erwiesene Tatsache, daß Gedankenbotschaften, ohne mechanische Mittel, von jedem Menschen übertragen werden können, dessen Geist entsprechend geübt und dessen Wille auf die Besserung des Loses der Menschheit gerichtet ist.«

Rückblick und Ausblick

von Harold Sherman

Wenn ich jetzt, der Zeit-Achse folgend, meine Gedanken zurückwandern lasse zu früheren Versuchen mit dem, was man populär »Langdistanz-Telepathie« nennt, wächst mein Erstaunen darüber, welche Bedeutung die Arbeit von Sir Hubert Wilkins und mir inzwischen erlangt hat. Mit dem Enthusiasmus zweier Menschen mit gleichem Interesse für die Möglichkeiten psychischer Kommunikation, aber ohne übertriebene Hoffnung auf greifbare Erfolge, hatten wir uns in dieses Abenteuer gestürzt. Bestenfalls, so meinten wir, konnten wir eine Anzahl von »zusammentreffenden Ereignissen« erhoffen, dergestalt, daß von mir als »Empfänger« registrierte Eindrücke eine gewisse Parallelität mit wirklichen Erlebnissen von Wilkins aufwiesen. Schon ein solcher Erfolg schien uns der Mühe dieses Versuchs, der uns fünf Monate lang an drei Abenden und Nächten jeder Woche voll beschäftigen sollte, wert zu sein.

Für mich persönlich wäre die »innere Vision« einer Feuersbrunst, im gleichen Augenblick, in dem Wilkins, an einem mehr als 5000 Kilometer entfernten Ort ein Eskimo-Haus in Flammen stehen sah, Beweis genug gewesen, daß mehr als »Zufall« am Werk war. Nach den Gesetzen der mathematischen Wahrscheinlichkeit waren meine Chancen genauer Aussagen über das, was Wilkins in einem bestimmten Augenblick widerfuhr oder was sich vor seinen Augen abspielte, minimal. Aber mit immer größerem Erstaunen konstatierten Wilkins und ich unser ganzes Experiment hindurch eine hochgradige Genauigkeit der von mir wahrgenommenen und aufgezeichneten Eindrücke.

Darüber hinaus erweckte die Art dieser Eindrücke unser

lebhaftes Interesse. Manche dieser Eindrücke waren höchst persönlich und standen in keinem erkennbaren Zusammenhang mit Wilkins' Expedition. Einige Eindrücke kamen nicht von Wilkins selbst, sondern von anderen Personen in Wilkins' Umgebung; und er mußte ihre Richtigkeit erst durch Rückfragen bei diesen Personen erhärten. So empfing ich einmal eine Episode aus dem Lebens eines Mitglieds von Wilkins' Expedition. Wilkins selbst hätte nie von ihr gehört, wenn ich sie nicht empfangen und ihm, zwecks Nachprüfung, mitgeteilt hätte.

Woher kamen solche Eindrücke? Hatte ich sie in dem Bewußtsein jenes Expeditionsmitglieds »gelesen«, das diese Information, während es versuchte, sie zu verheimlichen, unbewußt »sendete«?

Ließ das den Schluß zu (wovon ich inzwischen fest überzeugt bin), daß alle Menschen Sender und Empfänger sind, und daß ein besonders sensibles Individuum sich – wie groß die Entfernung auch sein mag – in das Sendeprogramm eines anderen Individuums einschalten kann?

So viel steht fest: Während ich ruhig in meinem Schreibzimmer in New York saß und mein Bewußtsein darauf einstellte, mir zu sagen, was Wilkins im gleichen Augenblick erlebte oder am gleichen Tage erlebt hatte, erhielt ich Antworten in Gestalt psychischer, visueller Projektionen und starken Gefühlsimpulsen, bei denen sich in den allermeisten Fällen eine Übereinstimmung mit realen Vorgängen nachweisen ließ.

Wie mein Bewußtsein oder das menschliche Bewußtsein überhaupt eine solche Leistung zustande bringt, war mir damals ein Rätsel und ist es noch heute. Aber es gelang mir, und es gelang anderen vor mir und nach mir, zu zeigen, daß ein »auf Empfang gestelltes Bewußtsein« wahrnehmen konnte, was an einem anderen Ort geschah oder welche Gedanken andere Menschen bewegten.

Ich entdeckte, daß regelmäßiges Üben diesen »Empfangssinn« ganz erheblich zu steigern vermochte. Ebenso wie ein Muskel unseres Körpers durch eifriges Trainieren kräftiger wird, schien auch die Leistung meines Empfangssinns mit den Anforderungen, die ich an ihn stellte, zuzunehmen.

Am hinderlichsten bei meinen Bemühungen, alle Störungen bei dem Empfang zu eliminieren, waren mir einmal meine Phantasie, zum anderen meine natürlichen Zweifel und Bedenken. Bei jedem vereinbarten Kontakt mit Wilkins stand ich von neuem vor diesem Problem; und die meisten Übermittlungsfehler ließen sich darauf zurückführen, daß ich meiner Phantasie oder meinen Zweifeln und Bedenken gestattet hatte, das, »was von draußen kam«, zu »färben«.

Auch künftige Experimentatoren werden mit dieser Schwierigkeit zu kämpfen haben. Üppige Phantasie neigt dazu, die Details auszuschmücken. So unmerklich wirkt sie, daß man einen feinen, fast automatischen Spürsinn zum Ausschalten ihrer Zutaten entwickeln muß.

Gefühlsregungen wie Zweifel und Furcht können eine telepathische Information ebenfalls verzerren. Daher müssen auch sie, so weit wie möglich, ausgeschaltet werden.

Telepathisches Senden und Empfangen als solches ist nicht übermäßig schwer. Jeder ernsthafte Experimentator kann sich davon überzeugen, wenn er eine Zeitlang gewissenhaft geübt hat. Aber er muß damit beginnen, daran zu glauben, daß telepathische Übertragung überhaupt möglich ist. Tut er das nicht, wird seine Skepsis diese Fähigkeit seines Gemüts blockieren, insbesondere dann, wenn er als Empfänger fungiert.

Auch die Gedanken eines in bezug auf Telepathie skeptischen oder sie völlig ablehnenden Menschen kann man lesen, zweifelt aber auch der die Gedanken »Lesende«, so ist eine erfolgreiche Gedankenübertragung so gut wie ausgeschlossen. Wahrscheinlich gibt es hierfür eine wissenschaftliche Erklärung.

Unser Unterbewußtsein arbeitet unter der Aufsicht unseres wachen Bewußtseins. Von ihm empfängt es, in Form von Bildeindrücken und Gefühlen, seine Befehle. Was immer wir anzweifeln, fürchten, ersehnen, registriert unser Bewußtsein mit der gleichen Intensität, mit dem wir es im aktuellen Augenblick erlebten, und dementsprechend ist auch unsere innere Einstellung zu diesem Sachverhalt oder diesem Ereignis bis zu dem Augenblick, in dem diese Einstellung von einer späteren Reaktion (auf ein späteres Ereignis) abgelöst wird.

Wenn wir also, vor einem Experiment, mit uns in der Rolle des Empfängers, uns selbst mit Nachdruck sagen, daß es so etwas wie Telepathie nicht gibt, so sagen wir damit unserem inneren Sinn: »Funktioniere bei mir nicht!« – und dann wird er auch nicht funktionieren.

Als ich vor vielen Jahren zum erstenmal mit Telepathie experimentierte, mußte ich ihre Möglichkeit voraussetzen. Ich mußte, mit anderen Worten, mein Bewußtsein glauben machen, daß es mir zuverlässige Einblicke in das Bewußtsein anderer Personen vermitteln könnte. Das bedeutete: Ich mußte in mir selbst ein intensives und aktives Interesse und ein Gefühl gespannter Erwartung entwickeln.

Ich war bereit, mich von der Fähigkeit meiner geistigen Antennen, Gedankenbotschaften zu empfangen, überraschen zu lassen, und wartete ungeduldig, welche Form diese Botschaften wohl in meinem wachen Bewußtsein annehmen würden. Als sie dann tatsächlich in Gestalt von Bildern oder Empfindungen von meinem inneren Empfangsgerät blitzartig registriert wurden, war es meine Aufgabe, mir so deutlich wie möglich einzuprägen und aufzuschreiben, was diese Bilder und Empfindungen meiner Meinung nach bedeuteten. Manchmal waren diese Eindrücke so undeutlich und so unzusammenhängend, daß ich außerstande war, sie einigermaßen, wenn überhaupt, zu entziffern. Ein anderes Mal aber prägten sie sich so tief und so lange in mein Bewußtsein ein, daß ich keine Mühe hatte, sie genau und vollständig zu rekapitulieren. Solche klaren und deutlichen Botschaften waren in der Regel begleitet von einem unbeschreiblich wohligen Gefühl in meinem Solarplexus, das mir zu sagen schien: »Das ist es! Das ist wahr! Du hast es geschafft!«

Es gibt Forscher, die den Solarplexus, dieses große Nervenbündel in unserer Körpermitte, »das zweite Gehirn des Menschen« nennen. Aber von einem wirklichen Begreifen der Geheimnisse und verschlungenen Pfade dieses zweiten Gehirns sind wir weit entfernt. Ebenso weit wie vom Begreifen der Geheimnisse und verschlungenen Pfade unseres Be-

wußtseins – aber zweifellos sind beide irgendwie miteinander verbunden.
Viele Menschen spüren in Momenten des Erschreckens oder des Lampenfiebers einen »Druck in der Magengegend«, manchmal auch einen »deutlichen Schmerz in der Körpermitte« – wie von einem Faustschlag. Es ist, als hätten die gefühlsbetonten Funktionen unseres Gemüts ihren Sitz im Solarplexus; oder, wie jemand, der besonders sensibel ist, es einmal ausdrückte: »Ich nehme wahr mit dem Kopf und fühle mit dem Magen.«
Doch wie der Zusammenhang zwischen dem Denk- und dem Gefühlszentrum auch sein mag, fest steht, wie Wilkins an sich selbst erlebte: Die Intensität der Gefühlsreaktionen auf das, was der »Sender« gerade erlebt oder kurz zuvor erlebt hat, bestimmt den Intensitätsgrad der von ihm ausgestrahlten »Gedankenwellen«.
Als Empfänger von Wilkins Gedanken konnte ich beobachten, daß diejenigen Erlebnisse von Wilkins am leichtesten und deutlichsten von mir wahrgenommen wurden, an denen er stark emotional beteiligt war.
Eine Feuersbrunst, ein heftiger Zahnschmerz, Todesgefahr im Flugzeug, das Tragen eines geliehenen Fracks, all diese gefühlsbetonten Erlebnisse von Wilkins empfing ich so deutlich, daß ich sie präzise und unmißverständlich protokollieren konnte.
Eines Tages, wenn die Forschung tief genug in das Geheimnis der fundamentalen Gesetze der Geist-Geist-Kommunikation eingedrungen ist, wird sie, meiner festen Überzeugung nach, auch den Nachweis erbringen, daß unsere Gefühle oder Emotionen die Generatoren und Transmittoren der »Geistesenergie« sind und die Kraft, die einen Gedanken von einem Bewußtsein zum anderen trägt.
Die Archive der Gesellschaften zur Erforschung psychischer Phänomene enthalten Tausende von Fällen, in denen Menschen tragische Geschehnisse im Leben eines nahen Freundes oder Angehörigen »miterlebt« haben. Solche Geschehnisse leuchteten blitzartig im Bewußtsein auf, manchmal im wachen Zustand, manchmal im Schlaf. Viele haben ge-

träumt, daß der Sohn oder die Tochter, der Geliebte oder die Geliebte, der Mann oder die Frau bei einem Unglück schwer verletzt oder ums Leben gekommen waren; um bald darauf zu erfahren, daß es sich wirklich so verhielt.
Bedenkt man, daß ein schwerverletzter oder sterbender Mensch sich in der Regel in einem Zustand höchster emotionaler Erregung befindet und in einem solchen Zustand sehr häufig intensiv an seine Nächsten und Liebsten denkt, ist es nicht schwer, sich vorzustellen, daß diese starken Empfindungen die Kraft haben könnten, Gedanken über große räumliche Abstände hinweg zu projizieren. Solche Umstände erzeugen die günstigsten Bedingungen für die Aufnahme solcher von außen kommenden Eindrücke in unserem Bewußtsein, vorausgesetzt, daß wir in dem fraglichen Augenblick nicht gerade von anderen Dingen in Anspruch genommen sind. Auch wenn das nicht der Fall ist, werden die von außen kommenden Botschaften uns nicht immer so stark in ihren Bann ziehen, daß wir genau erfahren, was dem uns lieben Menschen zugestoßen ist, aber doch stark genug, um uns besorgt zu machen und aus dieser Sorge heraus ein Telegramm abzuschicken oder ein Ferngespräch zu führen.
»Ich habe das Gefühl, daß irgend etwas mit Soundso nicht stimmt, daß es ihm oder ihr nicht gut geht«, haben schon viele gedacht oder gesagt und später erfahren, daß ihr Gefühl sie nicht trog. Sie hatten sich irgendwie in die Gefühlsturbulenzen des ihnen nahestehenden Menschen eingestimmt, oder auch die mit emotionaler Energie ausgestrahlten Gedanken des anderen waren in ihr eigenes Bewußtsein eingedrungen.
Wir stehen hier noch immer vor einem unerklärlichen Phänomen. Wir wissen, daß Gedanken unter gewissen Bedingungen gesendet und empfangen werden können. Aber unter keinen uns bekannten Bedingungen kann ein ehrlicher »Sensibler« hundertprozentige Treffsicherheit garantieren. Bisweilen reicht der Empfang an dieses Ideal heran, aber das sind eher seltene Ausnahmen. Und wenn man versucht, den Erfolg herbeizuzwingen, nähert sich die Trefferzahl meist dem Nullpunkt. Physische und geistige Entspanntheit und

innere Ruhe und Gelassenheit sind notwendige Voraussetzungen für einen guten Empfang. Wenn man den für den Empfang günstigen Gemütszustand beschreiben will, dann etwa als »Inneres Wachsein bei äußerer Passivität«.
Wer mit sogenannter außersinnlicher Wahrnehmung experimentiert, wird bald auf die Tatsache stoßen, daß bei der Wahrnehmung von Gedanken und Zuständen außerhalb des Bereichs der uns vertrauten Sinne mehr im Spiel ist als sogenannte Telepathie. Zuweilen werden auf der selben Bewußtseinsebene vergangene und künftige Ereignisse wahrgenommen, und zwar so, daß sie sich gegenseitig durchaus nicht zu stören scheinen. So sah und protokollierte ich die beiden einzigen Male, in denen Wilkins' Flugzeug in der Arktis zu Schaden kam, mindestens zehn Tage vorher. In diesen Fällen konnte meine Information unmöglich aus dem Gedankenarsenal von Wilkins stammen. Dagegen war offenbar mein eigenes Bewußtsein oder ein Teil meines Bewußtseins den Ereignissen vorausgeeilt und versah mich mit Informationen über Dinge, die noch nicht passiert waren.
Für die Existenz von »Hellsehen in die Zukunft« oder Präkognition gibt es immer mehr Belege. Wir können offenbar unser wahrnehmendes Ich in der Zeit vorwärts und rückwärts wandern lassen, wenn die Anstöße dafür gegeben sind.
Das legt die doppelte Frage nahe: Was ist das eigentlich, was wir »Zeit«, und was ist das, was wir »Raum« nennen? Vielleicht steht unsere zu enge Definition dieser beiden Begriffe der vollen Entfaltung unserer geistigen Möglichkeiten im Wege! Gelegentlich befähigt uns eine besondere Empfindsamkeit oder ein besonders zwingender Impuls von innen oder von außen dazu, die Grenzen unseres normalen Geisteszustandes zu überschreiten und einen flüchtigen Blick in uns sonst verschlossene Bereiche künftigen oder vergangenen Geschehens zu tun.
Vielleicht werden wir eines Tages konstatieren, daß Gedanken das Verhalten und den Charakter von Schwingungen haben, und daß diese Gedankenwellen oder Schwingungen, nachdem sie in unserem Kopf entstanden und ihm »ent-

sprungen« sind, fortfahren, um uns und außer uns zu existieren. Wenn dem so ist, könnte theoretisch ein »sensibles Ich« Gedankenschwingungen Tage, Wochen, ja Jahre nach ihrer Entstehung einfangen, besonders, wenn diese Gedanken von Anfang an stark emotionalisiert waren.

Wir wissen, daß der Strom unseres Gedächtnisses unsere eigenen Gedanken aufnimmt und aufbewahrt, denn wie könnten wir sonst so viele dieser Gedanken auf Wunsch in unser sich erinnerndes Bewußtsein zurückrufen? Das erklärt sicherlich die Fähigkeit guter »Gedankenleser«, bestimmte wichtige Ereignisse aus dem Leben eines anderen Menschen wahrzunehmen und richtig wiederzugeben. Ich selbst hatte zuweilen das deutliche Empfinden, ein anderes Ich zu sein, und war imstande, bestimmte Gefühle und Erlebnisse, deren ich mir in solchen Momenten bewußt wurde, so zu beschreiben, als wäre ich selbst die sich dieser Dinge erinnernde andere Person. Oft war ich den betreffenden Menschen nie im Leben begegnet. Ich konnte mein Wissen über ihre Vergangenheit also unmöglich auf »normalem« Wege erlangt haben.

Welche Ironie liegt nicht, wenn man es recht bedenkt, darin, daß der Mensch, trotz all seiner wissenschaftlichen und materiellen Errungenschaften, bezüglich seines eigenen Wesens, geistig wie körperlich, noch immer im Dunkel nachtschwarzer Unkenntnis tappt!

Würden die Milliarden-Summen, die heute für den Krieg ausgegeben werden, auf die Erforschung des Menschen verwendet, könnten nach meiner und Sir Robert Wilkins fester Überzeugung die Ursachen des Krieges beseitigt werden.

Mit seinem Geist und mit der Art, wie er ihn gebraucht, erbaut sich der Mensch seine Welt und – zerstört sie auch. Der Mensch verfügt in seinem Geist über Kräfte, die ihm die Lösung aller seiner Probleme ermöglichen würden, wenn er sich nur entschließen könnte, sie richtig anzuwenden und dadurch zu einem wirklichen Wissen über sich selbst und seine Mitmenschen zu gelangen.

Erst wenn wir und nur wenn wir lernen, unseren »Denkapparat« konstruktiv zu nutzen, werden wir aufhören, immer

mehr und immer verheerendere Katastrophen durch unser Tun oder durch unser Nichttun heraufzubeschwören.
Denen, die fragen: »Welchen praktischen Nutzen hat die Erforschung des menschlichen Geistes?« möchte ich erwidern: »Wie der Mensch denkt und fühlt, entscheidet darüber, was er ist. Der Gedanke ist die vitalste Kraft im Universum. Durch richtiges Denken kann ein Mensch den Lauf seines ganzen Lebens verändern; und wenn genügend Menschen richtig denken, kann das Schicksal einer Nation, ja der ganzen Welt einen anderen Lauf nehmen. Ausgehend von dieser Einsicht muß der Mensch endlich damit beginnen, den Schlüssel zu seiner Freiheit in sich selbst zu suchen – andernfalls wird fortgesetztes falsches Denken ihn selbst zum Sklaven und die Welt zum Kerker machen.«
Unser gemeinsames Experiment hat Wilkins und mich überzeugt, daß die Menschen sich noch immer im Kindergartenstadium ihres geistigen Werdegangs befinden – daß erst einige wenige von ihnen die Möglichkeiten geistiger Fortentwicklung und Leistung zu begreifen beginnen – daß der Mensch viel mehr kann, als er weiß oder ahnt –, und daß das »große Unbekannte« mehr und mehr erkannt werden könnte, wenn der Mensch das große Wagnis auf sich nähme, sich selbst immer besser und genauer kennenzulernen und das richtige Verhältnis zu diesem wundervollen Universum zu finden.

Erster Teil

Meine Geschichte als Sender

von Sir Hubert Wilkins

Ich treffe Vorbereitungen zur Erforschung des Bewußtseins

Ein alter Mann mit bleichem Gesicht saß in einer engen Stube in einem abgelegenen Dorf in Polen. Vor ihm lag eine Karte des Nordpol-Gebiets. Er schien in den leeren Raum zu starren. Plötzlich kam Leben in ihn.
»Eis, Eis, Eis«, rief er, »überall Eis! Welch gewaltige Flächen! Bei Gott, welche Weiten, welch wunderbarer Anblick! Endlose Eisfelder mit blauen Schatten. Hier sind sie.« Und mit einem Bleistift machte er einen Kreis um einen Punkt auf der Karte. »Das Eis bewegt sich schnell, irgend etwas setzt es in Bewegung, treibt es ab. Aber da sind Menschen. Es sind noch alle da, und sie leben. Ihr Funkgerät ist außer Funktion, und sie können uns nicht benachrichtigen. Da sind auch Tiere. Hatten sie Hunde bei sich? Zwei Männer sind verletzt, einer schwer. Das Fahrgestell des Flugzeugs scheint beschädigt zu sein. Levanevsky macht den anderen Mut. Er ist ungemein aktiv. Jemand versucht, daß Funkgerät zu reparieren. Die größte Gefahr droht ihnen von der schnellen Drift des Eises. Sie befinden sich jetzt ungefähr auf dem 170. Grad östlicher Länge, aber sie landeten auf dem 165. westlichen Längengrad. Die Unverletzten unter ihnen wollen das Flugzeug und ihre verletzten Kameraden nicht verlassen. Der Funker ist von allen der munterste. Pobeshimov hat die Verpflegung übernommen, er teilt die Rationen ein. Einige sitzen nahe beim Lager, rauchen Zigaretten und unterhalten sich. Levanevsky ist äußerlich die Ruhe selbst und gibt den anderen Anweisungen, aber er weiß auch, daß bald Hilfe kommen muß, wenn er und seine Kameraden gerettet werden sollen.«
Ein anderer Mann in Manitoba, Kanada, saß in seinem Zim-

mer, tief in Gedanken: »Levanevsky und seine Kameraden landeten auf dem 140. Längengrad. Das Flugzeug ist auf dem Eis zu erkennen. Es steht mit dem Bug nach Norden. An Bord ist niemand mehr am Leben. Sie sind alle gestorben.«

Ein Mann in Winnipeg, der sich auch mit den vermißten russischen Fliegern beschäftigte, sagte, er habe »aus dem Kosmos« folgende Nachricht empfangen: »Das russische Flugzeug ist schwer beschädigt. Eine Gruppe bei dem Wrack versucht, auf sich aufmerksam zu machen. Zwei Männer, die von allen noch am besten bei Kräften sind, haben sich nach Süden auf den Weg gemacht. Ihre Position ist weit westlich von dem beabsichtigten Kurs längs dem 148. westlichen Längengrad.«

Von einem anderen Ort in Kanada kam folgende Botschaft: »Ich halte es für meine Pflicht, Ihnen mitzuteilen, wo Sie, meiner festen Überzeugung nach, die vermißten russischen Flieger finden werden. Ich habe ihr Flugzeug dreimal ›gesehen‹, jedesmal auf einer zerklüfteten Eisfläche zwischen zwei Inseln. Es sind lange, schmale Inseln, fast exakt nördlich von Winnipeg, also östlich von ihrem richtigen Kurs.«

Eine Mitteilung von einem Mann in Kalifornien lautete: »Sie werden die russischen Flieger niemals finden, wenn Sie sie auf dem arktischen Ozean suchen. Sie haben das Festland erreicht. Vier sind noch am Leben, und einige von ihnen befinden sich jetzt westlich des Großen Bärensees.« Ein anderer Kalifornier schrieb: »Das russische Flugzeug befindet sich östlich von Grönland, 400 Kilometer ostwärts der Shannon-Insel. Viele Leute werden das anzweifeln, aber neunzig Prozent der menschlichen Tiere sind schwachsinnig, mit einem Brett vor dem Kopf und ohne jede Ahnung von den Kräften des menschlichen Geistes.«

Vor mir liegen, während ich dies schreibe, diese Gedankenbotschaften über die Position und über das Schicksal von Sigismund Levanevsky und seinen fünf Kameraden. Es lag auf der Hand, daß nicht alle diese Botschaften stimmen konnten. Ich hätte sie auch, ohne mir weiter den Kopf zu zerbrechen, beiseite gelegt, wenn ich nicht die Dinge erlebt hätte, von denen ich jetzt berichten will.

Im Juni 1937 stieg ein Flugzeug von Moskau auf und landete, bevor die Welt erfahren hatte, daß es gestartet war, im Staate Washington. Es hatte das Nördliche Eismeer überquert, Alaska überflogen und einige Stunden über den Rocky Mountains gekreist, bevor es seine Position bestimmen und einen geeigneten Landeplatz finden konnte.

Einige Wochen später überflog eine andere Maschine den Nordpol und landete bei San Jacinto in Kalifornien, womit es einen neuen Langstreckenrekord aufstellte. Es waren zwei großartige Flüge, durchgeführt von tüchtigen, gut ausgebildeten russischen Piloten und Besatzungen. Die Flugpioniere aus der Sowjetunion waren überzeugt, die Flugroute über den Nordpol für den Weltluftverkehr erschlossen zu haben, und die Welt war bereit, ihnen zuzustimmen.

Die beiden ersten Flüge waren mit speziell für überlange Strecken konstruierten Flugzeugen unternommen worden. Jetzt, so glaubten damals viele, bedürfe es nur noch eines weiteren Fluges über den Pol mit einer konventionellen, mehrmotorigen Maschine mit Passagieren und Fracht, um die Durchführbarkeit und Sicherheit der transarktischen Flugroute zu besiegeln.

Dieses Ziel hatten Sigismund Levanevsky und seine fünf Kameraden vor Augen, als sie am 12. August 1937 in einer mehrmotorigen Maschine von Moskau nach den Vereinigten Staaten starteten. Die erste Zwischenlandung war in Fairbanks, Alaska, vorgesehen. Eine große Zahl von Meteorologen und Funkern längs der ganzen Route bewachte den Flug. Das Wetter beim Start und auf den ersten 1000 Flugkilometern war schlecht, aber im großen und ganzen waren die Wetterverhältnisse so, wie es in dieser Gegend und zu dieser Jahreszeit zu erwarten ist. Levanevsky startete bei Regenwetter, meldete aber Stunde für Stunde Besserung und einen normalen Flugverlauf.

Als er sich dem Nordpol näherte, mußte er höher steigen und über den Wolken fliegen. Er hatte den Pol überflogen und befand sich auf der amerikanischen Seite des Polarmeers, als

er eine Positionsbestimmung durch Funkpeilung erbat. Dann kam der Anfang eines Funkspruchs, des 19. seit dem Start. Er war teilweise verschlüsselt: »Motor 34, fliegen schwer gegen 100-Kilometer-Wind. Verlieren Höhe 6000 zu 4300 Meter 48 ...« Es folgten einige Zeichen, die als »3400« entschlüsselt wurden, und das Kodezeichen »93«. In Klartext lautete der Funkspruch: »Der rechte Motor arbeitet nicht einwandfrei. Wir fliegen gegen einen Sturm von 100 Stundenkilometern und haben von 6000 auf 4300 Meter Höhe verloren ... Wir versuchen zu landen in ...« Die dann folgenden, teilweise unverständlichen Signale wurden als »3400« gedeutet. Das war nicht Teil des vereinbarten Kodes, sondern sollte vermutlich einen Zustand der Maschine oder eine Position bedeuten. Aber was der letzte Teil des letzten Funkspruchs von Levanevsky wirklich enthielt, wird wohl kein Lebender je erfahren. »93« war der Kodename für Leichencko, ein Mitglied der Besatzung.
Am 13. August gab die Sowjetische Botschaft in Washington folgende Erklärung ab: »Das von Sigismund Levanevsky geführte Flugzeug auf dem Wege von Moskau nach den Vereinigten Staaten ist überfällig. Anlaß zu ernster Sorge um das Schicksal der Besatzung besteht zur Zeit noch nicht. Es wird vermutet, daß das Flugzeug zwischen dem Nordpol und Alaska notgelandet ist.«
Am 15. August kam von der Botschaft folgendes Bulletin: »Das sowjetische Kommissariat zur Organisation von transarktischen Flügen von Moskau nach den Vereinigten Staaten hat gestern beschlossen, am 17. August mit der Suche nach Sigismund Levanevsky und der Besatzung des transarktischen Flugzeugs zu beginnen. Wie aus Moskau gemeldet wird, haben verschiedene sibirische Funkstationen undeutliche Signale eines irregulär arbeitenden Funkgeräts, das wahrscheinlich von Levanevskys Flugzeug stammt, aufgefangen. Die Position konnte nicht bestimmt werden. Man nimmt an, daß das Flugzeug zwischen dem 82. und 83. Breitengrad notgelandet ist, rund 600 Kilometer vom Nordpol entfernt auf der amerikanischen Seite des Eismeers.«
Am Sonntag, dem 16. August, erreichte mich die offizielle

Anfrage, ob ich mich an der Suchaktion beteiligen wolle. Die Anfrage war vermittelt worden durch Dr. Vilhjalmur Stefansson, Präsident des *Explorer Club* von New York, mit dem die Sowjetische Botschaft in Washington eng zusammenarbeitete. Ich stellte mich für diese Aufgabe zur Verfügung und erhielt zwei Tage später die Ermächtigung der Sowjetregierung, ein Consolidated-Flugboot, Typ P. B. Y., zu meiner freien Verfügung zu erwerben. Die Maschine gehörte Richard Archbold, auch er Mitglied des *Explorer Club*. Mit Hilfe von Major Anthony Fiala und Burt McConnell, einem alten Freund von mir und Begleiter Stefanssons auf dessen kanadischer Arktis-Expedition, konnte ich alles, was ich an arktischer Ausrüstung brauchte, in New York besorgen, während das Flugboot von Archbolds Leuten und der O. J. Whitney Aircraft Company instand gesetzt wurde.
Flugkommodore Herbert Hollick-Kenyon aus Toronto und Alderman Al Cheeseman aus Port Arthur, Kanada, erklärten sich, auf meine telegraphische Anfrage hin, bereit, an der Suchexpedition als Piloten mitzuwirken, während ich die Aufgaben des Navigators übernahm. Am Donnerstag der gleichen Woche, neununddreißig Stunden nachdem ich mit meinen Vorbereitungen begonnen hatte, waren wir in der Luft und auf dem Wege von New York zur Arktis. Zehn Tage später hatten wir mehr als 17000 Flug-Kilometer über dem Polarmeer hinter uns, mehr als die Strecke von vier transarktischen Flügen – ohne auch nur die geringste Spur von Levanevsky entdeckt zu haben. Wir flogen in derselben Maschine weitere dreißig Tage lang und legten dabei eine Strecke von über 50000 Kilometern zurück. Von den insgesamt dreißig Nächten dieser Expedition verbrachten wir dreiundzwanzig im Flugboot, in der Luft oder auf dem Wasser. Nur sieben Nächte verbrachten wir an Land. Wir flogen sehr lange Strecken, einmal 4800 Kilometer hin und her über dem Teil des Nordmeers, in dem Levanevsky vermutet wurde – doch wiederum ohne irgend etwas von der verschollenen Maschine oder ihrer Besatzung gesehen zu haben.
Das einzige mögliche Lebenszeichen war ein von unserem Bordfunker aufgefangenes Signal, das von einem anderen

Funker, der sich nicht weit von uns auf unsere Frequenz eingepeilt hatte, stammen konnte. Aber, was wir hörten, war möglicherweise der Funkspruch eines sowjetischen Flugzeugs, das auf der sibirischen Seite des Polarmeers in gleicher Mission wie wir unterwegs war.
Die Jahreszeit, in der man Flugboote verwenden konnte, ging zu Ende. Die Temperaturen fielen, die von uns als Landeplätze benutzten Seen und Flüsse würden bald mit einer Eisschicht bedeckt sein. Das bedeutete schleunige Rückkehr in südlichere Breiten.
Obwohl ich meine Dienste unentgeltlich zur Verfügung gestellt hatte und obwohl sich viele Regierungen und Privatpersonen an der Finanzierung der Suchaktion beteiligten, waren der Sowjetregierung erhebliche Kosten entstanden. Doch bat sie mich – teils, um keine Möglichkeit, Levanevsky zu finden, ungenutzt zu lassen, teils in der Hoffnung, daß die Beobachtungen während der Suchaktion sich als ebenso wertvoll erweisen könnten wie die Informationen, die Levanevsky bei einem Erfolg seines Fluges in die Vereinigten Staaten hätte liefern können –, meine Suche den Winter hindurch fortzusetzen. Dazu brauchte ich eine andere Ausrüstung als die von mir in den vergangenen August- und Septemberwochen benutzte, und ich begann, mich nach einem anderen Flugzeug umzusehen.
Bald fand ich das beste, das zu haben war: Die *Good Will*, mit der Richard Merrill anläßlich der Krönung von König Georg VI. und Königin Elisabeth von den Vereinigten Staaten nach Liverpool hin- und zurückgeflogen war. Es war eine Lockheed 10 E mit zusätzlichen Brennstofftanks, die es möglich machten, 6000 Kilometer im Nonstop-Flug zurückzulegen. Sie hatte alle Instrumente für Blindflug, und ich vervollständigte ihre Ausrüstung mit einem dem letzten Stand der Technik entsprechenden Funkgerät.
Bei unserer Suche mit dem Consolidated-Flugboot hatten wir fast immer Tageslicht. Aber jetzt im Winter würden Mond, Sterne und Nordlicht die einzigen Lichtquellen sein. Das bedeutete zusätzliche Navigationsprobleme. Um unsere Suche effektiv zu gestalten, mußten wir für jeden unserer

Flüge eine Strecke von mehr als 2000 Kilometern einkalkulieren. Und wenn wir das ganze uns zugewiesene Gebiet absuchen wollten, mußten wir für einige Nonstop-Flüge bei Mondlicht Strecken von mehr als 5000 Kilometern ins Auge fassen. Ein Flug von einem Stützpunkt im hohen Norden über das Polarmeer und zurück, über kartographisches Niemandsland, im Zickzack-Kurs und so nahe dem magnetischen Pol, daß die Kompaßnadel auf einer Strecke von 500 Kilometern bis zu 100 Grad von der wirklichen Nordrichtung abweichen konnte, ist auch im Sommer, wo man die Position mit Hilfe der Sonne und des Sextanten bestimmen kann, kein Kinderspiel. Im Winter aber, in einer engen Pilotenkanzel hinter vereisten Windschutzscheiben bei Temperaturen bis zu 60 Grad unter Null, mit nichts als dem Mond und den Sternen als astronomischen Wegweisern, würde das Navigieren noch sehr viel schwieriger sein.

Rund vier Monate waren seit dem Flug Levanevskys vergangen. Viele Menschen hielten sein Schicksal für besiegelt. Viele fanden die Idee einer Suchaktion in der arktischen Winternacht absurd und sahen in uns, die wir uns auf so etwas einließen, wundergläubige, romantische Optimisten. Sie wiesen auf die außergewöhnlichen Risiken des Unternehmens hin und hielten es für unmöglich, in der arktischen Nacht aus großer Höhe irgend etwas wie ein Flugzeug oder einen Menschen zu sehen.

Wie häufig in solchen Fällen, zogen diese Menschen ihre Schlüsse von Beobachtungen im Umkreis ihres eigenen Wissens und ihrer persönlichen Erfahrungen – eine Angewohnheit, die man bei vielen zivilisierten Menschen feststellen kann. Sie wußten weder etwas vom arktischen Winter, noch kannten sie die Geschichte der arktischen Rettungen. Sie konnten nicht begreifen, daß die riesigen, fast vollständig mit Schnee bedeckten Flächen ideale Reflektoren des Mondlichts sind, und daß die reine Polarluft mehr Licht von den Himmelskörpern auf die Erdoberfläche gelangen läßt als die Luft in der Nähe von rauchverschleierten Großstädten und staubigen Landschaften niedrigerer Breitengrade.

Die Zeit seit der letzten Nachricht von Levanevsky und sei-

nen Kameraden war relativ kurz. Es gab keinen wirklichen Grund zu vermuten, daß sie nicht mehr lebten, falls ihnen eine sichere Landung gelungen war. Sir John Franklin verscholl im Eismeer im Mai 1845 und lebte auf seinem vom Eis festgehaltenen Schiff, der *Erebus,* bis zum Juni 1847. Niemand von seiner Expedition kehrte lebend zurück, aber die Suche nach ihnen wurde von der britischen Admiralität sieben Jahre lang und von Lady Franklin zwei weitere Jahre fortgesetzt. Die Welt erhielt keine genaue Kunde über das Schicksal der Franklin-Expedition bis zum Jahre 1859, vierzehn Jahre nachdem man zum letztenmal von ihr hörte.
1871 starb Francis Hall, der Leiter einer weiteren arktischen Expedition, und einige Expeditions-Mitglieder verließen das an einer Eisscholle vertäute Schiff. In einem Walfisch-Boot trieben sie fünf Monate lang und 2000 Kilometer weit über das Meer, bevor sie an der Küste von Labrador aufgefunden und gerettet wurden. Sie lebten in der Hauptsache von Seehundfleisch und waren nur sehr unzulänglich ausgerüstet, um sich gegen die Härte des arktischen Klimas zu schützen.
Levanevsky und seine Begleiter waren mit Rationen für acht Wochen im Fall einer Notlandung versehen. Diese Rationen ließen sich so strecken, daß sie zwölf Wochen reichten; und mit dem Fleisch von erbeuteten Seehunden konnten sie viele Jahre auf einer arktischen Scholle, eingeschlossen von Packeis, driften, bis sie, vielleicht nach vielen Hunderten von Kilometern, in die Nähe einer Küste kamen.
Wilkins' Problem, so sagte man, bestehe darin, daß er Tausende von Quadratkilometern Schnee und Eis absuchen müsse ohne irgendeinen Anhaltspunkt in der Landschaft oder eine Ahnung von der Position der verschollenen Flieger. Vier Monate lang gäbe es praktisch kein wirkliches Tageslicht. Aber, so paradox es scheinen mag, konnte gerade diese Jahreszeit besser als irgendeine andere geeignet sein, um die Suchaktion fortzuführen. Es war nicht zu erwarten, daß es möglich sein würde, an jedem Tag während der Dunkelheitsperiode zu suchen. Wir würden unsere Bemühungen auf nicht mehr als acht Tage oder richtiger acht Vierund-

zwanzig-Stunden-Nächte in jedem Monat – die vier Tage vor und nach Vollmond – beschränken müssen.
Während dieser Zeit würde es möglich sein, bei klarem Wetter, aus nicht zu großer Höhe, die dunkle Silhouette eines Zeltlagers im Mondlicht gegen den Schneehintergrund zu sehen.
In der Arktis bewegt sich der Mond am Firmament sehr ähnlich wie die Sonne in niedrigeren Breiten. Einen Teil des Monats bleibt der Mond vollständig unter dem Horizont, wie die Sonne einen Teil des Jahres. Während des Vollmonds sind die Lichtverhältnisse fast den ganzen 24-Stunden-Zyklus lang gut – jedenfalls gut genug, um die Umrisse von Gegenständen gegen den Schnee zu erkennen. Es würde auch leichter sein, daß Aufblitzen einer Lampe in einer Mondnacht zu sehen, als einen Gegenstand, etwa ein Zelt im Schnee, bei Tageslicht zu erkennen; und die Verschollenen würden beim Vernehmen von Motorengeräusch in der dunklen Jahreszeit gewiß daran denken, Lichtsignale zu geben – eine Idee, auf die sie bei strahlendem Sonnenlicht wahrscheinlich nicht kommen würden.
Andere Überlegungen kamen hinzu. Nebel ist ein großes Hindernis für arktische Expeditionen. Berichte, gestützt auf die Erfahrungen von Nansen, Sverdrup, Amundsen und Stefansson, die alle bis weit weg von der Küste in das Polarmeer vorgedrungen sind, besagen, daß man im Juli mit zweiundzwanzig, im August mit siebzehn, im September mit elf, im Oktober mit vier bis fünf, im November mit drei und von Dezember bis März praktisch mit überhaupt keinen Nebeltagen zu rechnen hat. Diese Schätzungen gelten für das nördliche Eismeer weit entfernt von der Küste, nicht aber für Küstengebiete.
Wir würden natürlich zu unseren Flügen von einem Stützpunkt an der Küste starten; und der Nebel würde uns möglicherweise nicht nur beim Start behindern, sondern erst recht bei der Rückkehr und dem Versuch, unseren Stützpunkt wiederzufinden. Aber draußen über dem Eismeer, wo Levanevsky vermutet wurde, konnten wir den größten Teil des Winters mit klarem Wetter rechnen.

Aber wegen der praktischen Schwierigkeiten, wie der Enge der Führerkabine, vereisten Fenstern, dem Beschlagen der Instrumente und Linsen durch kondensierte Atemluft, hielt ich es für ratsam, mich jeder denkbaren Hilfe bei meiner Navigation zu bedienen. Ich schlug daher vor, zwei Funkpeilstationen zu errichten, im Abstand von mehreren hundert Kilometern.
Durch einen Vergleich der Stärke der von den beiden Stationen aufgefangenen Signale des Bordfunkgeräts sowie durch Peilung und Triangulation würde es möglich sein, die Position meiner Maschine zur Zeit der Aussendung der Signale einigermaßen exakt zu bestimmen und mir diese Position durch Funk mitzuteilen.
Solche Funkpeilgeräte waren damals noch knapp, teuer und schwer zu beschaffen. Es war mir noch nicht gelungen, zwei davon ausfindig zu machen, als die Zeit für meinen Flug nach Norden gekommen war. Ich mußte mich also entschließen, auf sie zu verzichten. Das war enttäuschend für mich, denn es bedeutete im Fall einer Notlandung auf dem Eis und der Unmöglichkeit, wegen des Wetters oder anderer Umstände unsere genaue Position zu ermitteln, daß andere, bei dem Versuch, uns zu finden, mit den gleichen Schwierigkeiten zu kämpfen haben würden wie wir bei unserer Suche nach Levanevsky.
Ungefähr zur gleichen Zeit begegnete ich zufällig Harold Sherman, den ich seit einigen Jahren flüchtig kannte, und mit dem ich im *City Club* von New York hin und wieder über das Geheimnis geistiger Prozesse gesprochen hatte. Ich berichtete Mr. Sherman über meine Schwierigkeiten mit den Funkpeilgeräten, und er schlug mir vor, da ich ja möglicherweise außerstande sein würde, meine Position der Außenwelt durch Funksignale mitzuteilen, gemeinsam mit ihm ein anderes Kommunikationsmittel zu erproben.
Er erzählte mir, daß er sich seit vielen Jahren für die Frage interessiere, ob es möglich sei, ohne geschriebenes oder gesprochenes Wort und ohne normale mechanische Mittel über größere Entfernungen hinweg etwas über die Gedanken anderer Personen zu erfahren.

»Bei der Arbeit auf kurze Distanz«, sagte er, »von Personen, die im Zimmer nebenan oder auch mir gegenüber saßen, und manchmal auch über größere Entfernungen habe ich Eindrücke empfangen, die mir Hinweise auf die Tätigkeit oder die Gedanken der anderen Person gaben. Es wäre großartig, wenn ich, während Ihres Aufenthalts in der Arktis, Gedankenbotschaften von Ihnen empfangen könnte – besonders im Fall einer Notlandung und des Versagens Ihres Funkgeräts.«

Diese Idee fiel bei mir auf fruchtbaren Boden. Seit vielen Jahren und schon in meiner Kindheit hatte ich die Erfahrung gemacht, daß bestimmte Personen unmittelbar in ihrem Bewußtsein, ohne jede mechanische Hilfe, Nachrichten über Zustände oder Vorkommnisse aus weiter Entfernung empfangen konnten.

Die Ureinwohner von Australien, mit denen ich als Kind in Berührung gekommen war, bewiesen oft, daß sie über Dinge Bescheid wußten, die sich viele Kilometer jenseits ihres Seh- oder Hörbereichs abspielten. Manchmal teilten sie ihr Wissen von unerwarteten Ereignissen zu einem Zeitpunkt mit, der jede Möglichkeit einer Übermittlung durch »Busch-Telegraphie« oder durch Rauchsignale ausschloß – trotz der erwiesenen erstaunlichen Geschwindigkeit solcher Übermittlungsmethoden.

Nachdem das Interesse für diese Dinge frühzeitig in mir erwacht war, habe ich oft darüber nachgedacht, ob es für ein kultiviertes und zivilisiertes Bewußtsein nicht möglich sei, durch zielbewußte Übung und Entwicklung solcher Anlagen die kontrollierbare Fähigkeit zu erlangen, auf Gedankenformen, Gedankenwellen, Gedankeneinflüsse anderer Personen zu reagieren. Ich sagte mir, wenn Gedanken ohne Hilfe des Seh-, Hör-, Tast- oder Geruchsinns direkt gefühlt und beantwortet werden können, und wenn der ursprüngliche Gedanke emotional, stark und von der geistigen Kraft des Bewußtseins getragen war, sollte die Entfernung eigentlich keine Rolle spielen. Ich selbst erlebte, ebenso wie unzählige andere Menschen, eigentümliche Fälle des »Zusammentreffens« – wie Telefonanrufe bei Personen, die gerade

im Begriff waren, mich anzurufen, aus einem Anlaß, der mir, ohne jede erkennbare Ursache, gerade durch den Kopf gegangen war.
Auch entdeckte ich in mir Bewußtseinsinhalte, die durch keine Erfahrung in der realen Welt und durch keine noch so eifrige Lektüre in mein Gedächtnis gelangt sein konnten und mir aus einer mir unbekannten Quelle zuströmten.
Ich habe oft darüber nachgedacht, wie man den Ursprüngen solcher Gedanken auf die Spur kommen könnte, und ob es sich dabei nicht um Gedanken anderer handelte, die sich mir, nachdem sie mit starker Energie ausgestrahlt worden waren, aufdrängten, beziehungsweise von mir »registriert« wurden.
Da einige der sogenannten »originalen« Themen, die ich in meinem Bewußtsein vorfand, in keinerlei Zusammenhang mit mir bekannten Fakten oder Gedanken standen und auch nicht mit noch lebenden Personen in Beziehung gebracht werden konnten, überlegte ich, ob nicht auch die Gedanken von Personen, die unsere irdische Welt verlassen haben, weiterhin in unserer Sphäre kreisen und unser Bewußtsein stimulieren, beziehungsweise das Bewußtsein von sogenannten »Sensiblen«, die für die Wahrnehmung solcher Stimuli ein besonderes Organ besitzen.
Durch meine Bekanntschaft mit Sir Arthur Conan Doyle erfuhr ich einiges über »Geistererscheinungen« und Hellsehen, aber weder das eine noch das andere Phänomen erweckte mein besonderes Interesse. Um so mehr interessierte mich die Frage zuverlässiger und absichtlich herbeigeführter Gedankenübertragung von einem lebenden Individuum zu einem anderen.
Wenn diese Fähigkeit erworben oder von Personen, die sich besonders dieser Aufgabe widmeten, entwickelt werden konnte, dann wären diese Spezialisten in der Lage, beim Fortschritt der menschlichen Zivilisation eine wichtige Rolle zu spielen.
Alle Dinge stehen in Beziehung zueinander, und die Erfahrung sagt uns, daß kein Ding, beseelt oder unbeseelt, ohne irgendeinen Anstoß, irgendeinen Impuls etwas bewegen

oder selbst bewegt werden kann. Was hatte mich auf die Spur meiner »originalen« Gedanken gebracht, und was hatte in dem Bewußtsein von anderen Individuen die Eindrücke von Dingen hervorgerufen, die sich weit außerhalb der Reichweite ihres Hör-, Gesichts- oder Tastsinnes abspielten?
Es war vielleicht nicht abwegig anzunehmen, daß bestimmte Teile des menschlichen Gehirns – bei den meisten Menschen in einem Dornröschenschlaf befangen, aber bei einigen wach und aktiv -- zu einer hochgradigen Empfindlichkeit »erzogen« und entwickelt werden und in diesem Zustand auf »Gedankenbilder« reagieren können.
Während meines ganzen Lebens, das angefüllt war mit harter, praktischer Arbeit und praktischen Erfahrungen von großer Vielseitigkeit und häufig unter sehr ungewöhnlichen Umständen, hatte ich wenig Zeit, solchen Möglichkeiten nachzugehen oder eine hochgradige Empfindlichkeit einer solchen Gehirntätigkeit zu entwickeln (vorausgesetzt, daß es sie überhaupt gab!). Aber mit einem wachsenden Vorrat an überraschenden Erlebnissen in bezug auf die Möglichkeiten des Bewußtseins und beeindruckt durch die Tatsache, daß viele freiwillig von »Sensiblen« gemachte Voraussagen, bevor ich zu einer meiner Expeditionen aufbrach, eintrafen, bin ich jetzt zu der festen Überzeugung gelangt, daß man diese Frage nicht als hoffnungslos irrational beiseite schieben kann.
So kam es, daß ich, teilweise infolge von Umständen, die mich oft meilenweit von meinen Freunden trennten, ohne Möglichkeit mechanischer Kommunikation, meine Gedanken häufig in Form von »Mentalbotschaften« mir nahestehenden Personen mitteilte. Ich habe nicht nachgeprüft, ob meine Freunde meine mentalen Grüße als konkrete Botschaften aufgefaßt haben, aus dem einfachen Grunde, weil ich so weit gehende Erwartungen nicht hegte. Aber ich glaubte und war fest überzeugt, daß meine Gedanken es ihnen erleichtern würden, die Erinnerung an mich lebendig zu erhalten. Was mich in dieser Gewohnheit bestärkte, war die Tatsache, daß sehr oft, nach einer langen Abwesenheit, einer

meiner Freunde sagte – vielleicht, ohne zu wissen, warum er es sagte: »Wir haben sehr lange nichts von dir gehört, aber wir wußten, daß du an uns dachtest.« Eine Redensart, mag sein, aber vielleicht doch nicht nur eine Redensart.
Ich könnte viele Beispiele erstaunlicher Voraussagen geben, die haargenau mit dem, was sich bei meinen Expeditionen ereignete, übereinstimmten, aber ich interessiere mich nicht besonders für solche Phänomene, die für mich einen Beigeschmack von Hellsehen und moderner Prophetie haben. Sie waren auch nicht nach dem Geschmack der Menschen, die mir ursprünglich diese Dinge nahegebracht hatten, obwohl sie selbst tief religiös waren und fest an die Prophezeiungen der Heiligen Schrift glaubten.
Was mich dagegen interessierte, war die Fähigkeit von »Sensiblen«, direkt auf Gedanken zu reagieren; denn richtig verstanden und gepflegt, konnte diese Fähigkeit, beziehungsweise dieser im allgemeinen ungenutzte Teil unseres Gehirns, zu einem Instrument im Dienste der Menschheit werden und den menschlichen Fortschritt von der Barbarei zur Zivilisation fördern.
Ich halte es für unwahrscheinlich, daß jeder Mensch fähig ist, den gleichen Grad von Sensibilität oder Empfänglichkeit für Gedankenbilder oder Gedankenwellen zu entwickeln; wie wir ja auch wissen, daß nicht jedermann mit der gleichen Empfänglichkeit für Töne und Farben, dem gleichen Tastsinn oder der gleichen Gabe, Feinheiten des gesprochenen oder geschriebenen Wortes zu begreifen, ausgerüstet ist. Aber Personen, die bewußt auf geistige Impulse reagieren, könnten durch Übung und unter streng rationaler Kontrolle mithelfen, solche Erfahrungen zu sammeln, die uns eines Tages dazu dienen, diese Erscheinungen besser zu verstehen.
Als Sherman die Möglichkeit erwähnte, von mir ausgehende Gedankenimpulse zu empfangen, war ich also mehr als bereit, auf seinen Vorschlag einzugehen.
Er sagte: »Glauben Sie, wir könnten in dieser Weise zusammenarbeiten? Wenn Sie irgendwo landen müssen und feststellen, daß ihr Funkgerät nicht funktioniert, würden Sie

dann konzentriert an Ihren Längen- und Breitengrad denken? Einigen wir uns auf einen Zeitpunkt bezogen auf östliche Normalzeit, sagen wir von 23.30 Uhr bis Mitternacht an drei Tagen der Woche, und versuchen Sie in dieser Zeit, bewußt und entschlossen, an mich denkend, mir Ihre Gedanken zu senden.«
Die weiteren Vereinbarungen waren einfach. Das Gebiet, in dem ich suchen sollte, erstreckte sich vom 120. bis zum 170. westlichen Längen- und dem zweiundsiebzigsten bis siebenundachtzigsten Breitengrad – also genau fünf Zahlen. Die beiden auf eine eins folgenden Zahlen würden die Längengrade, die einer sieben oder acht folgenden die Breitengrade ausdrücken. Ein weiterer Vorteil dieses »Kode« bestand darin, daß die Längengrade in hohen Breiten sehr nahe beieinander liegen, so daß ein mit diesen fünf Zahlen gekennzeichnetes Gebiet nur wenige Kilometer breit und nur hundert Kilometer lang sein würde – ein verhältnismäßig kleines Gebiet, um uns zu suchen, wenn wir vermißt würden, und Sherman unsere Botschaft erhielt.
Dann vereinbarten wir andere Übermittlungszeichen, einige davon in Farbe. Sherman sagte, er habe mit der Wahrnehmung von Zahlen und Farben bei der Übermittlung von Gedanken auf kurze Distanz gute Erfahrungen gemacht. Wenn ich selbst oder mein Begleiter verletzt sein sollte, sollte ich an Rot denken. Ein schwarzes Signal würde den Tod meines Kameraden, die Farbe Weiß dagegen »alles wohl« bedeuten. Um meine ganze Aufmerksamkeit auf diese Symbole konzentrieren zu können, sollte ich mir die Farben auf einer Kinoleinwand vorstellen und die gedachten Zahlen so, als wären sie mit weißer Kreide auf einer schwarzen Tafel aufgeschrieben; außerdem sollte ich die Zahlen laut vor mich hin sprechen. In einer festgelegten Ordnung sollte eine »Szene« der anderen folgen: 1. Szene: zwei Zahlen zwischen zweiundsiebzig und siebenundachtzig, 2. Szene: drei Zahlen zwischen einhundertzwanzig und einhundertsiebzig, 3. Szene: Rot, Schwarz oder Weiß.
Sollten wir vermißt werden, ohne Möglichkeit, uns durch Funk zu melden, würden solche Informationen für jeden,

der uns suchte, von großem Nutzen sein. Und selbst, wenn Shermans Bemühungen zu ganz falschen Ergebnissen bezüglich unserer Position und unseres Schicksals führten, konnten sie keinen Schaden anrichten; denn wenn es überhaupt keine Anhaltspunkte für eine Suche nach uns gab, konnte eine Hilfsexpedition ebenso gut in der von Sherman angegebenen Richtung suchen wie in irgendeiner anderen.
Ich begrüßte die Gelegenheit, mich an diesem Experiment zu beteiligen, hoffte aber, daß wir nicht in die Lage kommen würden, uns auf sein Gelingen als letzte Hilfe verlassen zu müssen. Für den Fall, daß mir etwas zustoßen sollte, nahm ich mir vor, sorgfältig alles zu registrieren, was meinen Zustand und meine Umgebung betraf, und keine Anstrengung zu scheuen, um eine Gedankenverbindung mit Sherman herzustellen.
Überzeugt, daß es kaum eine menschliche Fähigkeit gibt, die nicht zu ihrer vollen Entfaltung beträchtlicher Übung bedarf, verabredete ich mit Sherman, daß wir für alle Fälle und schon vor dem möglichen Eintreten einer Notlage *dreimal* wöchentlich miteinander in Verbindung treten und uns, wenn irgend möglich, von unserer Fähigkeit oder Unfähigkeit zu einem solchen Kontakt überzeugen sollten. Über das Ergebnis dieser Versuche werde ich jetzt im Zusammenhang mit der allgemeinen Beschreibung meiner winterlichen Suche nach Levanevsky berichten.

Unterwegs in den hohen Norden

Am Nachmittag, dem 22. Oktober 1937, startete ich, mit Flugkommodore Hollick-Kenyon als Pilot, vom New Yorker Floyd-Bennett-Flugplatz. Wir flogen durch Regen und Wolken nach Cleveland, wo wir, da die Wetteraussichten sich nicht besserten, übernachteten. Am folgenden Tag flogen wir frühmorgens bis Grand Forks, North Dakota. Doch da wir erfuhren, daß man einen Empfang der Luftwaffe und der Zivilbehörden in Winnipeg für uns vorbereitet hatte, verschoben wir unseren Weiterflug dorthin bis zum Morgen des 25.

Es war ein Vergnügen, die Lockheed Electra zu fliegen, die mit den gleichen Vorrichtungen für Blindflug ausgerüstet war wie die für unsere Suche im Sommer benutzte Consolidated, aber wir entbehrten den Luxus und Komfort des viel geräumigeren Flugboots.

In ihm hatten wir uns nach Herzenslust bewegen können. Das Cockpit war geräumig, zwei separate Kabinen enthielten bequeme Kojen für alle fünf Besatzungsmitglieder. Eine dritte Kabine, auch sie großzügig bemessen, stand dem Navigator und dem Funker zur Verfügung; ein weiterer Raum im Bug dem Beobachter. Wir konnten all unsere Vorräte und die verschiedensten Ausrüstungsgegenstände im Heck der Maschine unterbringen und waren so für einen langen Aufenthalt in der Maschine, weit entfernt von unserem Stützpunkt, aufs beste gerüstet.

In der Electra bedurfte es einer recht mühsamen Klettertour über den großen Extra-Brennstofftank, um vom Cockpit in die Heck-Kabine zu gelangen; und auch dort war der Bewegungsraum sehr beschränkt. Diese Kabine war vollgestopft

mit Rettungsausrüstung und unentbehrlichen Vorräten. Für Luxus war kein Platz. Der Flugzeugführer hatte in der Electra, solange er am Steuer saß, dieselben Annehmlichkeiten und technischen Hilfen wie in dem Flugboot; aber wenn die Maschine einmal in der Luft war, konnte er seinen Sitz nur verlassen, wenn der Navigator einmal das Steuer übernahm; und dann mußte er über den Benzintank in den hinteren Teil der Maschine klettern.
Die Navigation mit Hilfe von Mond und Sternen und dem Sextanten mußte durch die Seitenfenster der Führerkanzel erfolgen oder durch das auch als Einstieg benutzte Schiebedach. War dieses Dach offen, schützte uns nichts vor Wind und Wetter, und die Temperaturen in der Kanzel waren dann so niedrig wie draußen in der arktischen Luft. Die nötigen Karten und Tabellen mußte ich als Navigator auf den Knien halten und außerdem, eingeklemmt in meinem Sitz, Luftströmung und Drift berechnen.
Die Geschwindigkeit der Consolidated, bei sparsamem Benzinverbrauch, war zweihundertzwanzig Stundenkilometer, mit der Electra erreichten wir mühelos zweihundertsechzig Kilometer in der Stunde und, wenn nötig, dreihundertzwanzig. Der Unterschied von hundert Stundenkilometern Fluggeschwindigkeit scheint nicht sehr eindrucksvoll, aber über große Strecken und bei ganzen Tagesreisen – und auch für die Bedienung der Maschine – bedeutete er doch viel. Ich merkte das besonders, wenn ich selbst am Steuer saß. Ich hatte keine Erfahrung mit wirklich schnellen Flugzeugen, und die außerordentliche Empfindlichkeit der Electra bei hohen Geschwindigkeiten war für mich zunächst beunruhigend – aber auch spannend, sobald ich mich an sie gewöhnt hatte. Als wir New York verließen, war die Electra mit Rädern ausgerüstet, und wir rechneten damit, sie in Winnipeg gegen Kufen auszutauschen. Aber in Winnipeg gab es nirgends Schnee, und sehr zu unserem Kummer blieb das Wetter den ganzen Herbst 1937 hindurch ungewöhnlich milde. Normalerweise war es Ende November in Winnipeg möglich, mit Schneekufen zu fliegen, und auf allen nördlicher gelegenen Flugplätzen zu dieser Jahreszeit unerläßlich.

Auf dem Flugplatz von Winnipeg erwarteten uns der Bürgermeister und einige Mitglieder meiner Expedition, die ich noch nicht kannte: A. J. L. Dyne, den ich als Mechaniker verpflichtet hatte, und W. R. Wilson, Experte für drahtlose Telegraphie, der bis vor kurzem Mitarbeiter der Marconi-Gesellschaft von Kanada gewesen war. Ich hatte die Flugzeugkufen und die Radioausrüstung, die Reginald Iversen von der Radioabteilung der *New York Times* für mich besorgt hatte, mit Eilfracht nach Winnipeg schicken lassen und erwartet, daß die beiden neuen Besatzungsmitglieder alles zur Weiterbeförderung in die Arktis auf dem Luftwege vorbereitet hatten.
Da in Winnipeg aber kein Schnee war und wir daher nicht direkt nach Norden weiterfliegen konnten, war diese Ausrüstung immer noch in Kisten verpackt. Auch für die nächsten Tage bestand noch keine Aussicht auf kaltes Wetter, und so hatte ich Zeit, nach Ottawa zurückzufliegen. Hier konnte ich zwei Funkpeilgeräte in Empfang nehmen, die die kanadische Regierung entgegenkommenderweise unserer Expedition zur Verfügung gestellt hatte.
Um diese zusätzliche Ausrüstung verwenden zu können, brauchten wir einen weiteren Radiofachmann, der seine Funkstation in Point Barrow, Alaska, rund eintausend Kilometer westlich von Aklavik, das von uns als Hauptstützpunkt vorgesehen war, errichten sollte.
Ich hatte Sherman versprochen, wenn irgend möglich, an jedem Montag, Dienstag und Donnerstag um 23.30 Uhr einen Gedankenkontakt mit ihm herzustellen. Ich mußte also manche Nachtstunde in meinem Zimmer verbringen, um die vereinbarten Zeiten einzuhalten.
Unser erstes »Rendezvous« stieß auf unvorhergesehene Schwierigkeiten. Zur fraglichen Zeit war ich Ehrengast eines von der Fliegergilde von Manitoba veranstalteten Festessens und hatte die Hälfte meiner Dankesrede hinter mir, als der Augenblick für den Kontakt mit Sherman gekommen war. Es war mir unmöglich, bewußt und konzentriert, Sherman zuliebe die Ereignisse des Tages Schritt für Schritt zu rekapitulieren. Aber ich konnte, dank der Übung in vielen Vorträ-

gen, meine Rede halten, ohne den Kontakt zu meinen Zuhörern zu verlieren, und gleichzeitig an ganz andere Dinge denken.
Während ich also zu den um die Festtafel versammelten Gästen sprach, hatte ich auch für die Geschehnisse des Tages und für Sherman Platz in meinen Gedanken. Erst viele Tage später erfuhr ich, daß in der Nacht dieses Gala-Empfangs die erstaunliche Serie von »Zusammentreffen« zwischen meinen wirklichen Erlebnissen und Shermans Eindrücken von diesen Erlebnissen ihren Anfang nahm.
Sherman, der bewußt »an nichts denkend« in seinem Zimmer in New York saß, erhielt Eindrücke, die ihn befähigten, einen nahezu vollständigen Bericht der Dinge, die mich an diesem Tage lebhaft beschäftigt hatten, niederzuschreiben und auch anzugeben, wie es um mich herum aussah und was ich tat, während er versuchte, Eindrücke oder Impulse von meinen Gedanken zu empfangen.
Sherman hatte keine besonderen Informationen über das, was ich just an diesem Tage tun oder sagen würde. Er wußte, daß ich unterwegs zur Arktis war, aber nicht, was ich unterwegs erleben könnte. Als ich einige Tage später seinen Bericht erhielt, war meine Verblüffung um so größer. Sherman berichtete am 25. Oktober:
»Reise bisher zufriedenstellend. Ausrüstung nicht fertig. Sehe, daß Sie sich von den anderen trennen. Der Start wird sich verzögern. Ausrüstung nicht vollständig. Irgend etwas Mechanisches ist nicht angekommen. Es fehlt Ihnen noch ein Mann. Jemand hat eine leichte Erkältung. Sie sind in Gesellschaft eines untersetzten Mannes. Es fällt Ihnen schwer, unsere Verabredung einzuhalten. Eindruck, als würden Sie sagen: ›Wilkins verabschiedet sich jetzt.‹«
Danach hatte er den Eindruck, daß ich das Zimmer verließ, um *drei Herren zu treffen*; dann waren da *mehr als drei – eine ganze Gruppe.*
In Wahrheit hätte die Gedankenbotschaft, die ich, falls meine Zeit nicht von anderen Dingen in Anspruch genommen gewesen wäre, übermittelt hätte, ungefähr folgendermaßen gelautet:

Ich bin zufrieden mit der Leistung der Lockheed-Maschine. Ich hatte erwartet, die Ausrüstung, die ich in Kisten nach Winnipeg hatte schicken lassen, ausgepackt vorzufinden, um sie ins Flugzeug zu verladen. Aber da die Besatzung, angesicht der Tatsache, daß in Winnipeg vorerst mit Schnee nicht zu rechnen sein würde, einen weiteren Landtransport nach Norden für unvermeidlich hielt, hatte sie die Ausrüstung in den Kisten gelassen. Ich sprach mit Wilson, unserem Funker, und er riet dringend zu einem neuen Versuch, Funkpeilgeräte zu beschaffen, und gab mir außerdem Informationen, wie sich das vielleicht ermöglichen ließe. Das würde die Dienste eines weiteren Mannes erfordern. Die Beschaffung dieser zusätzlichen Ausrüstung würde einige Verzögerung mit sich bringen. Ich hörte, daß Cheeseman wegen einer Erkältung erst in ein paar Tagen zu uns stoßen könnte. Ich wollte ein Abendessen absagen, um nach Montreal zu fliegen. Da aber schon alle Vorbereitungen getroffen waren, einen Teil meiner Rede bei diesem Abendessen in ganz Kanada und den Rest über eine örtliche Radiostation auszustrahlen, ließ ich mich überreden zu bleiben. Meine beiden Tischnachbarn waren klein und untersetzt, aber ich hatte diesem Umstand wenig Aufmerksamkeit geschenkt. Es war verabredet, daß ich nach dreißig Minuten zu einem Abschnitt in meiner Rede kommen und daß der Radioansager in diesem Augenblick sagen sollte, »Wilkins verabschiedet sich jetzt«. Danach würde meine Stimme im nationalen Programm abgeschaltet werden, aber im regionalen Programm weiter zu hören sein. Diese Unterbrechung meiner Rede beschäftigte mich verständlicherweise sehr intensiv, und ich wartete auf die Worte »Wilkins verabschiedet sich jetzt« voller Unruhe, ob sie wohl mitten in einem Satz von mir kommen würden, was passieren konnte, wenn mein Zeitplan nicht genau stimmte.
Sobald ich den Festsaal verlassen hatte, ging ich eilends in mein Zimmer, wo ich mich mit »drei Herren« verabredet hatte. Wir waren nur ein paar Minuten allein, als, sehr zu meinem Ärger, »eine Gruppe von etwa fünfzehn« ungeladenen Gästen erschien, so daß ich das Gespräch mit den

dreien, die ich geladen hatte, nicht zu Ende führen konnte.
Natürlich hatte ich keine Ahnung von Shermans Protokoll und war am nächsten Morgen wieder ganz und gar mit der Expedition beschäftigt. Um die Funkpeilgeräte zu besorgen und einen neuen Mann anzuwerben, wollte ich Winnipeg um 14 Uhr mit dem Ziel Montreal verlassen. Die Mechaniker nahmen die Räder vom Fahrgestell der Electra und paßten ihr Schneekufen an, um sich von dem perfekten Sitz der Kufen zu überzeugen. Danach mußten sie die Kufen wieder ab- und die Räder wieder aufmontieren.
Ich aß zu Mittag mit Kenyon und anderen Freunden. Kenyon bestellte sich ein Steak. Auf der Speisekarte war eine örtliche Fischart verzeichnet, und nach einer Diskussion über ihre kulinarischen Qualitäten im Vergleich zu anderen Binnenseefischen bestellte ich diesen Fisch. Während des Essens sprachen wir über den Transport der Schneekufen und anderer Ausrüstungsstücke nach Norden, weil in Winnipeg kein Schnee war.
Einige schlugen diesen Ort vor, andere jenen; es wurde eifrig diskutiert, welcher der beste sei. Zur Debatte standen auch die Vorzüge des neuen Typs von Schneekufen, den wir benutzen würden. Diese Frage hatte mir schon erhebliches Kopfzerbrechen verursacht, denn diese Kufen waren für eine Last von 5000 Kilogramm konstruiert, während unsere Maschine, voll beladen, an die 7000 Kilo wiegen würde.
An demselben Morgen hatte ich im Hudsonbai-Warenhaus verschiedene Modelle von Fausthandschuhen anprobiert, fand aber nicht, was ich suchte. Deswegen bestellte ich ein Paar aus Wolfsfell in der Art, wie sie die Königlich Kanadische Grenzpolizei bevorzugte. Dazu kaufte ich mir eine Skimütze mit Klappen, um meine Ohren gegen die Kälte zu schützen.
Ich ging an Bord der Verkehrsmaschine und flog die ganze Nacht über Minneapolis und Chicago nach New York und am nächsten Morgen weiter nach Montreal. Ich hatte gehofft, während des Fluges meine »Verabredung« mit Sherman einhalten zu können, und schickte mich gerade dazu an,

als eine neben mir sitzende ältere Dame mich höflich fragte, ob sie sich wohl getrauen sollte, etwas zu essen. Sie sagte, es sei ihr erster Flug und sie habe solches Lampenfieber gehabt, daß sie weder zu Mittag noch zu Abend gegessen habe – aus Furcht, luftkrank zu werden. Aber jetzt fühle sie sich wohl und habe Hunger und möchte gerne wissen, ob sie wohl ihre Sandwiches essen könne. Sie bestand darauf, die Unterhaltung während der ganzen Zeit meines »Kontaktes« mit Sherman fortzusetzen.
Shermans Bericht von seinen Eindrücken an diesem Abend, den ich viele Tage später zu Gesicht bekam, enthielt unter anderem folgende Details: »*Sie aßen Fisch zu Mittag. Sie denken an etwas in Zusammenhang mit Kenyon – Sie waren verschiedener Meinung über die Flugroute und diskutierten darüber. Sie scheinen in einem Gebäude zu sein mit Stufen, die zu einer Tür führen.* (Das Fort Garry Hotel, in dem wir wohnten, hat eine breite Freitreppe, die zum Haupteingang führt.) *Sie scheinen sich ein Paar dicke Handschuhe und eine Mütze besorgt zu haben.*«
Sherman war der Eindruck entgangen, daß ich Winnipeg verlassen hatte und daß ich ungehalten war über die Störung durch die Konversation mit der älteren Dame; aber es war nicht zu erwarten, daß alles in voller Deutlichkeit oder in der richtigen Reihenfolge von ihm wahrgenommen würde. Erstaunlich war, daß er überhaupt etwas wahrgenommen hatte, das meinen Erlebnissen an diesem Tage sehr nahe kam.
Ich beendete meinen Flug nach Montreal am 28. Oktober und flog weiter nach Ottawa. Hier verhandelte ich mit dem Verkehrsminister Howe, dem Staatssekretär für zivile Luftfahrt, J. A. Wilson, und dem Chef des kanadischen Fernmeldedienstes, Major Edwards, über die Möglichkeit, mir Funkpeilgeräte leihweise zur Verfügung zu stellen.
Ich konnte alles zufriedenstellend erledigen und flog am späten Nachmittag nach Montreal zurück. Hier hatte ich den ganzen Abend lang mit Mr. Cooke zu tun, dem neuen Funker, und mit Angestellten der Marconi-Radiogesellschaft. Sie sagten mir, es würde mindestens noch eine Woche dau-

ern, bis ich die Funkausrüstung übernehmen könnte. Ich diskutierte mit ihnen unsere Absicht, bei Mondlicht nach den verschollenen Russen zu suchen, und ihre vermutete Position. Ich erwähnte auch das Experiment mit Sherman und zeigte ihnen einige Briefe, darunter auch die im ersten Kapitel zitierten Briefe von »Hellsehern«.
Sherman hatte in dieser Nacht einige verblüffende Eindrücke. Er notierte: *»Sie verhandelten in Ottawa mit drei wichtigen Leuten. Sie werden voraussichtlich eine Woche oder mehr aufgehalten. Cheeseman ist bei Ihnen – er hat ein Amulett bei sich. Das Montieren der Kufen ist im Gange.«*
Sherman wußte, daß ich in Ottawa war, aber er konnte nicht ahnen, daß ich dort mit *drei wichtigen Leuten* verhandeln und daß ich, wegen der Radioausrüstung *eine Woche oder mehr* aufgehalten würde. Es war seltsam, daß er Cheeseman erwähnte, der *nicht* bei mir war, der aber an diesem Tage zu den anderen Besatzungsmitgliedern in Winnipeg gestoßen war und bei der Gelegenheit einen holzgeschnitzten Pinguin als Glücksbringer in Empfang genommen hatte, den mir Mrs. Burt McConnell für Cheeseman mitgegeben hatte.
Shermans Bericht in dieser Nacht enthielt auch eine Anspielung auf die russischen Flieger. Bis zu diesem Zeitpunkt war ich noch ohne jede Nachricht von Sherman über seinen Empfang meiner »Sendungen« und voller Skepsis hinsichtlich des Erfolges seiner Bemühungen.
Am folgenden Tag, bei meiner Rückkehr nach New York, erhielt ich den ersten Stoß Briefe mit Shermans Protokollen, hatte aber zunächst keine Zeit, sie zu lesen. Auch beim ersten flüchtigen Lesen war es mir noch nicht möglich, Shermans Berichte mit den Eintragungen in meinem Tagebuch Punkt für Punkt zu vergleichen.
So viel stand jedoch fest: Um welche Ereignisse es sich auch handeln mochte, Sherman erhielt keine Faksimile-Kopie meiner recht unzusammenhängenden Tagesübersichten zu den zwischen uns verabredeten Zeiten. Andrerseits empfing er Eindrücke von so gut wie *allen* meinen »starken« oder emotionalen Gedanken in Zusammenhang mit der Expedition, die mich den Tag über beschäftigt hatten. Das war für

mich von besonderem Interesse, weil ich überzeugt bin, daß ein mit Nachdruck projizierter Gedanke sich nicht unmittelbar darauf in Nichts auflöst, sondern daß er weiter in unserer Atmosphäre kreist oder jedenfalls in solchen Sphären und in solcher Weise, daß er einem empfänglichen Bewußtsein als Anregung dienen und dort noch Stunden, ja sogar Jahre später Reaktionen auslösen kann.
Ich hatte damals keine Zeit, Shermans Berichte genau zu studieren oder sie mit ihm selbst zu diskutieren. Am 1. November verließ ich Newark und flog zurück nach Winnipeg. Kenyon empfing mich auf dem Flugplatz mit der Nachricht, daß unser Flugzeug für Probeflüge am nächsten Morgen bereit sei. Die Kufen seien montiert und als brauchbar befunden worden. In der Nacht würden sie wieder gegen Räder ausgetauscht werden.
Kenyon war etwas bekümmert hierüber und über das Fehlen von Schnee in Winnipeg. Er wollte die Kufen ausprobieren und war ebenso ungeduldig, mit unserer Expedition zu beginnen, wie ich. Aber das Wetter im Norden war immer noch ungewöhnlich warm, es lag kein Schnee zwischen Edmonton und der Arktis; und bei Aklavik, an einem Arm des Makkenzie-Flusses nahe dem Ozean, war das Eis noch nicht fest genug gefroren. Es war nicht ratsam, vor Ablauf einer Woche oder mehr zu starten.
Die Sowjetische Botschaft rief mich an diesem Abend an, und ich informierte sie über die Fortschritte, die ich mit der Ausrüstung in Winnipeg gemacht hatte und über die mögliche Verzögerung infolge des Mangels an Schnee und des späten Winters im Norden.
Ich begleitete Kenyon zum Abendessen mit einigen Freunden und machte die Bekanntschaft von fünf Ehepaaren aus Winnipegs gesellschaftlicher Prominenz. Wir unterhielten uns sehr angeregt. Einige am Tisch kannten meine Frau. Mir fiel ein, daß ihr angeboten worden war, in Winnipeg zu singen, und daß sie geneigt war, das Angebot anzunehmen. Ich notierte in Gedanken meine Absicht, ihr abzuraten. Meine Gastgeberin interessierte sich sehr für Psychologie. Ich erzählte ihr von meinem Experiment mit Sherman –, das ich,

nebenbei gesagt, wegen dieser Abendgesellschaft vernachlässigte.
Am späten Abend verließ ich das Haus unserer Gastgeber und kehrte ins Hotel zurück, wo ich mich mit Fräulein Kathleen Shackleton – der Schwester des Kommandanten der Shackleton-Rowett-Expedition, Sir Ernest Shackleton – verabredet hatte. Ich hatte an dieser Expedition als Chef des wissenschaftlichen Stabes teilgenommen. Fräulein Shackleton ist Künstlerin und wollte eine Kohlezeichnung von mir machen. Während sie mich zeichnete, rief die Gastgeberin der Gesellschaft, die ich gerade verlassen hatte, mehrere Male an und erkundigte sich, ob das Bild fertig sei und ob ich zu der Gesellschaft zurückkäme. Das aber war mir unmöglich.
Sherman notierte in dieser Nacht unter anderem: »*Sie waren heute in Verbindung mit der sowjetischen Regierung wegen Dingen, die den Flug betreffen – Wetter immer noch milde – Sie betonen, daß Sie nicht vor Ablauf von zwei Wochen starten können, wenn das Wetter sich nicht radikal ändere. Kenyon berichtet, Flugzeug sei bereit – er ist ungeduldig. Räder kommen mir in den Sinn – kann den Zusammenhang nicht erkennen. Sehe Sie an einem Ort mit vielen Personen. Ich höre Musik – Gespräche. Ihre Frau – irgend etwas, was Sie ihr sagen wollen. Sie reden angeregt mit einer Gruppe – mehrere Frauen sind zugegen. ›O ja‹, höre ich Sie zu jemand sagen, als ob Sie eine Einladung ablehnen wollten, ›leider nicht heute abend.‹*«
Am 2. November machten wir unseren ersten Probeflug mit Cheeseman. Er kam mit der Maschine gut zurecht und verbesserte seine Leistung noch mit der Übung.
Der Flieger-Club von Winnipeg lud uns zum Mittagessen, und der Presse-Club zum Abendessen ein. Ich kam etwas verspätet zum Abendessen, weil ich auf einen Anruf von Oumansky, dem Geschäftsträger der Sowjet-Botschaft in Washington, gewartet hatte. Am Abend vorher hatte er mir eine zusätzliche Anlage zur Erzeugung elektrischen Stroms für die Radiostation in Point Barrow angeboten, und an diesem Abend erwartete ich die Bestätigung, daß diese Ausrü-

stung verfügbar war. Auswahl und Verschiffung der Anlage lag in den Händen Reginald Iversens von der Radioabteilung der *New York Times.* Wir hätten den Strom auch von der Kraftstation des Fernmeldekorps der amerikanischen Armee in Point Barrow beziehen können, aber die Sowjetregierung wünschte, daß ich vollständig und in jeder Hinsicht unabhängig ausgerüstet sein sollte, ohne Rücksicht auf die Kosten. Die Kosten für eine eigene Kraftstation würden erheblich sein, wegen ihres Gewichtes von mehreren hundert Pfund und wegen der Notwendigkeit, sie mit normaler Luftfracht nach Point Barrow zu fliegen.

Im Presse-Club begegnete ich Captain Innes Taylor, einem Mann, reich an Erfahrung mit arktischen und antarktischen Expeditionen. Er war mit Admiral Byrd in Little America gewesen. Wir hatten ausgiebigen Gesprächsstoff, denn er interessierte sich – wie ich – für die Verhältnisse am Pol und für Meteorologie.

Es war Präsidenten-Wahlnacht in New York, aber Sherman ließ sich dadurch nicht davon abhalten, unsere Verabredung einzuhalten. Obwohl ich voll und ganz von den Gesprächen beim Abendessen in Anspruch genommen war, empfing Sherman an diesem Tage von mir unter anderen folgende Einzelheiten: »*Probeflug – in der Maschine – Flug über spärlich bewaldete Landschaft – Wasser – ein paar verstreute Häuser – Schneekufen – Sie möchten sie gerne ausprobieren, aber das Wetter macht es immer noch unmöglich. Sie fragen einen Seeoffizier um Rat, einen Mann mit Erfahrungen im Norden – sprechen mit ihm über Eis-Drift, Ozeantiefen, Luftströmungen. Sie erwarten eine wichtige Nachricht von irgend jemand in Washington.*«

Wir hatten tatsächlich den Probeflug mit Rädern gemacht, und nachdem das geschehen war, wünschte ich sehr, einige Flüge mit Kufen machen zu können, doch das bißchen Schnee, das in der Nacht gefallen war, war schon geschmolzen. Es gab noch immer keine Anzeichen für kaltes Wetter im Norden, und ich wartete natürlich auf den Anruf aus Washington. Ich bin nicht sicher, bei welcher Waffengattung Captain Innes Taylor seinen Hauptmannsrang erworben

hat, aber er hatte fraglos reiche arktische Erfahrung. Wir diskutierten Naturwissenschaft, Wettervoraussagen und andere Fragen in Zusammenhang mit Expeditionen in der Polargegend. Sherman hatte in dieser Nacht wieder einige »Treffer« erzielt, andrerseits waren ihm einige der hervorstechendsten Tagesereignisse entgangen.
Der 3. November war fast ganz ausgefüllt mit Verhandlungen über Zollfragen. Die kanadischen Zollbehörden wollten mir in jeder Weise behilflich sein, und nach einem Telefongespräch mit Ottawa wurde mir erlaubt, alle meine Vorräte und meine Ausrüstung zollfrei in Kanada einzuführen. Gefordert wurde lediglich die Kontrolle nicht verbrauchter Güter nach Beendigung der Expedition.
Am 4. November machten wir das Flugzeug für einen Nachtflug bereit. Bei einem Mittagessen, das die Searle-Grain-Gesellschaft für mich gab, hatte ich Gelegenheit, einige meiner Theorien über weit in die Zukunft reichende Wettervoraussagen zu entwickeln, und ich stellte mit Befriedigung fest, daß meine Zuhörer Interesse und Verständnis für meine Arbeit bekundeten.
Mein Vortrag inspirierte Mr. Strange, Vizepräsident der Searle-Grain-Gesellschaft zu einem Artikel, den er mir später zuschickte; der Artikel begann mit einem Gedicht:

Was macht den Regen?

Was macht uns arm und was uns reich?
Das Wetter;
Die einen schwarz, die andern bleich?
Das Wetter.
Was macht den Zulu froh und nackt,
den Kongo-Neger bastbefrackt,
Wenn uns, trotz Kleidern, Kälte packt?
Das Wetter.

Ich wollte an diesem Abend zusammen mit meinen Gefährten zum Flugplatz gehen, um mir selbst ein Urteil zu bilden, ob die Bedingungen für einen Nachtflug günstig waren. Aber als ich im Begriff war, das Hotel zu verlassen, erreichte mich ein Telefonanruf aus Vancouver. Am Apparat war der neue Funker R. W. Cooke. Sein Reisepaß war nicht in Ordnung, und man verweigerte ihm die Einreise in die Vereinigten Staaten, also auch in den amerikanischen Bundesstaat Alaska. Das Schiff nach Alaska ging am nächsten Morgen, und nach einigen Komplikationen und Verzögerungen – die Behörden in Washington D. C. hatten schon geschlossen – gelang es mir, das Außenministerium zu bewegen, Cooke die Einreise in die Vereinigten Staaten zu gestatten. Damit war dieses Problem erledigt. Es schien keine Behörde und keine Regierung zu geben, die nicht ihr Äußerstes tat, um uns bei der Suche nach den verschollenen Fliegern zu helfen.

Als ich den Flugplatz erreichte, hatte Kenyon, in der Annahme, daß ich nicht mehr rechtzeitig kommen würde, beschlossen, zum Nachtflug zu starten. Ich hatte auf dem Wege zum Flugplatz die Wetterbedingungen geprüft und war zu dem Schluß gekommen, daß das Wetter für den Probeflug ungeeignet war. Es bestand die Gefahr der Eisbildung, und ein Nachtflug unter diesen Bedingungen war, meiner Meinung nach, ein zu großes Risiko.

Aber bevor ich das Flugzeug erreichen konnte, rollte es heraus auf die Piste. Mit Mißfallen stellte ich fest, daß in der Heck-Kabine drei Frauen saßen. Ich war wütend. Ein Flug bei solchen Wetterbedingungen war nur in einem Notfall zu verantworten, und Frauen zu einer »Vergnügungstour« mitzunehmen, war der Gipfel des Leichtsinns. Weder war die Ausrüstung noch waren wir selbst gegen Unfall versichert, und ich dachte an die Folgen für mich und für die sowjetische Regierung, wenn ein Unglück passieren sollte.

Laut rufend lief ich der Maschine nach, aber der Motorlärm übertönte meine Stimme. Der Pilot hörte meine Rufe nicht und startete, während wir unten am Boden voller Sorge der Rückkehr und Landung der Maschine entgegensahen. Mehrere unter uns, die Erfahrung mit Flügen unter solchen Bedingungen hatten, waren sicher, daß sich Eis auf der Maschine bilden würde und daß es für den Piloten vielleicht

schwierig sein würde, den Flugplatz zu erreichen, bevor das Eis auf den Tragflächen ihn zur Notlandung zwang.
Wir hörten die Motoren und sahen, wie die Lichter des Flugzeugs eine langsame, unsichere Kurve beschrieben. Das Flugzeug nahm Kurs auf die Piste. Wir warteten, der Atem stockte uns fast, als es sich, offenbar mühsam das Gleichgewicht haltend, auf das Flugfeld zu bewegte. Es setzte schwer auf der Piste auf, rumpelte und stieg, rumpelte und rumpelte und stieg noch dreimal, bevor es schließlich ausrollte.
Es war gerade noch einmal gutgegangen. Der Flugplatz war damals noch nicht auf Nachtflüge eingestellt; es gab keine regulären Landefeuer, und unsere Maschine hatte keine Enteisungsanlage. Tragflächen und Heck waren mit Eis bedeckt. Es war wirklich ein Glück, daß Kenyon dies entdeckt hatte, bevor die Maschine sich zu weit von dem Flugplatz entfernte.
Nach diesem Zwischenfall überlegte ich, ob wir nicht mit unserem Verzicht auf eine Enteisungsvorrichtung an den Tragflächen einen Fehler gemacht hatten. Waren wir erst einmal in den arktischen Breiten mit ihren extrem niedrigen Temperaturen – das war unsere Kalkulation –, war mit Eisbildung an den Tragflächen kaum zu rechnen. Wir begnügten uns daher mit einer Enteisungsausrüstung für die Propeller. Wir hielten das für ausreichend, um ernsten Schwierigkeiten vorzubeugen.
Shermans Bericht in jener Nacht enthielt die Bemerkung: *»Der Tod von Freunden geht Ihnen nahe.«* (Der Gedanke an den Tod war mir bestimmt gekommen, als ich sah, wie die Maschine in die eishaltige Atmosphäre aufstieg.) *»Enteisungsausrüstung – Notwendigkeit einer solchen. Sie scheinen in Ihrem Zimmer zu sein – vierter Stock.«* (Mein Zimmer hatte die Nummer 413 und lag im vierten Stock.) Dies war eine Rekordleistung – Eindrücke vom Tod – Enteisungsausrüstung.
Sherman konnte sich möglicherweise irgendwann denken, daß ich Schwierigkeiten mit Eis auf der Maschine haben könnte, und konnte raten, daß mir Gedanken an den Tod durch den Kopf gingen – den eigenen Tod oder den mögli-

chen Tod von Freunden – Freunden in meiner nächsten Umgebung oder irgendwo anders. Aber bis zu diesem Tage hatte er keine solchen Eindrücke registriert, und es scheint höchst unwahrscheinlich, daß er bewußt alle »Möglichkeiten« Revue passieren ließ und von allen Nächten in der Zeit unserer Vorbereitungen rein zufällig gerade auf diese Nacht stieß, um seine Eindrücke in Zusammenhang mit Enteisung und dem wahrscheinlichen Tod von jemand in unserem Team aufzuzeichnen.

Am 5. November begrüßte ich die Gelegenheit zu einem Besuch bei dem Modellflugzeug-Knaben-Club von Winnipeg und traf mit vielen Freunden zusammen, aber emotional gesehen geschah nichts von besonderem Interesse. Das Wetter im Norden, hieß es, war immer noch ungewöhnlich mild, und die Flugplätze waren weiterhin schneefrei.

Am 6. ging ich in das Meteorologische Büro, um die Wetterberichte genau zu studieren und mit Berichten aus früheren Jahren zu vergleichen. Normalerweise wären die Fluren und Felder nördlich von Winnipeg um diese Jahreszeit gefroren und mit Schnee bedeckt gewesen, aber jetzt lag überhaupt nur auf einem der für eine Zwischenlandung in Frage kommenden Plätze, Fort Smith, etwas Schnee. Er war erst kürzlich gefallen und würde wahrscheinlich nicht lange liegen bleiben.

Die Verzögerung war ärgerlich – um es milde auszudrükken –, ich telegraphierte nach Fairbanks und Toronto und bat um einen Wetterbericht für die kommende Woche. Von diesen Berichten wollte ich es abhängig machen, ob ich noch länger in Winnipeg warten oder nach Edmonton starten und von dort entweder nach Point Barrow in Alaska oder nach Aklavik weiterfliegen sollte.

An diesem Tage ging ich daran, unsere Lockheed Electra mit einem neuen Gatti-Abdriftanzeiger auszustatten. Er hat die Form eines Teleskops und ist nach dem Prinzip eines Entfernungsmessers konstruiert. Er gilt als ziemlich zuverlässig bei Flügen in geringer Höhe. In Winnipeg hatte man noch kein solches Gerät gesehen, und es erweckte einiges Interesse bei den Fliegern am Ort.

Ich brachte auch einen zur Fernnavigation erforderlichen Prisma-Kompaß in der Kanzel an. In den ersten Nachtstunden machten wir einige Probeflüge von der mit kleinen tragbaren Feuern markierten Piste und benutzten während der Landung die Scheinwerfer unserer Maschine. Ich übte während des Fluges die Bedienung des Luftbläschen-Sextanten, mit dem ich messen konnte, wie hoch die Sterne und der Mond über dem Horizont standen.

Im Bericht Shermans in der Nacht vom 8. auf den 9. November stand: »*Rastlosigkeit. Wetter enttäuschend. Aufschub beschäftigt wieder stark die Gedanken. Point Barrow. Fliegen Sie aus irgendeinem Grunde dorthin? Sie machen eine drehende Bewegung mit irgendeinem Instrument in Ihrer Hand. Ist es ein Entfernungsmesser? Hatte jetzt das Bild von weißen Lichtern – wie Funken schienen sie aus dem Dunkel zu kommen.*«

Wieder war Sherman drei wichtigen, mich in diesem Zeitabschnitt besonders bewegenden Fragen auf die Spur gekommen: Flug nach Point Barrow? – Entfernungsmesser (obwohl es sich bei dem Gerät in Wahrheit um einen Abdriftsanzeiger handelte) und funkenähnliche, weiße Lichter auf dem nächtlichen Flugplatz.

Der Leser muß sich vergegenwärtigen, daß ich nicht wußte, was Sherman »empfing«, und auch Sherman sich durch keinerlei mechanische Hilfsmittel darüber informieren konnte, was ich tat oder voraussichtlich tun würde. Erst geraume Zeit nach den geschilderten Ereignissen hatte ich Shermans Berichte erhalten; und danach verging wiederum einige Zeit, bis meine Briefe mit meinen Kommentaren Sherman erreichten. Angesichts der ständigen Störungen bei meinen Bemühungen, unsere nächtlichen »Verabredungen« ruhig in einem Stuhl sitzend einzuhalten, hatte ich mir angewöhnt, über alle erwarteten oder unerwarteten Vorfälle während der Expedition, von denen ich annahm, daß Sherman sie »erfassen« würde, ganz intensiv nachzudenken. Besonders unerwartete Ereignisse ließ ich sofort noch einmal vor meinem inneren Auge vorüberziehen, ohne die vereinbarte Zeit für einen Kontakt mit Sherman abzuwarten, und

»dirigierte« gleichzeitig meine Gedanken in seine Richtung.
Bis jetzt habe ich mich bei meiner Beschreibung auf Vorfälle und Tätigkeiten beschränkt, die man an Hand meiner vor dem Eintreffen der Berichte Shermans verfaßten Aufzeichnungen nachprüfen kann.
Aber diese beiden Tatsachen sollte man jetzt schon festhalten: Einmal hatte Sherman bewiesen, daß er offensichtlich auch dann Einblick in mich betreffende Ereignisse gewinnen konnte, wenn ich sie ihm nicht durch eine bewußte Anstrengung während unserer »Sitzungen« vermittelte, zum anderen, daß er auch *direkt* auf meine Gedanken reagieren konnte, wenn ich unsere Verabredungen einhielt.
Zwischen dem 7. und dem 19. November machte ich keine detaillierten Eintragungen in meinem Tagebuch. Doch können einige der in den jetzt folgenden Seiten geschilderten Ereignisse in unserem Bord-Logbuch und in der Tagespresse von Winnipeg, Regina und Edmonton nachgelesen und nachgeprüft werden. Ich bedauere, daß ich in diesen zwölf Tagen keine genauen und ausführlichen Tagebucheintragungen machte, denn es fielen in diese Zeit mehrere Ereignisse mit stark emotionalem Einschlag. Ja gerade weil soviel passierte, kam ich nicht zum Schreiben. Entweder war ich zu beschäftigt oder zu müde, um mich meinem Tagebuch zu widmen.
Ich blieb allerdings bei meiner schon fast zum Reflex gewordenen Gewohnheit, bei ungewöhnlichen Vorfällen intensiv an Sherman und »zu Sherman hin« zu denken. In Zuständen hochgradiger nervöser Spannung schien ich Gedanken auszusenden, auf die Sherman reagierte.
Wenn ich auf das Experiment als Ganzes zurückblicke, bin ich geneigt zu glauben, daß es sich tatsächlich so verhielt. Es gibt keine andere Erklärung für die vielen »Treffer«, die er in dieser Zeit notierte.
Dank günstiger Umstände erhielt ich am 16. November mit Luftpost die Berichte Shermans vom 8., 9. und 11. November. Nur dieses eine Mal während des ganzen Experiments kamen mir solche nur wenige Tage alte Berichte zu Gesicht.

Ich ging daher sofort daran, mit noch frischem Gedächtnis die vielen von Sherman erzielten »Treffer« mit meinen Kommentaren zu versehen.
Außenstehende können diese »Treffer«, wie ich schon sagte, an Hand der Bord-Logbücher, wie auch von Quittungen der Läden in den Orten, in denen wir uns aufhielten, sowie der Lokalpresse nachprüfen.
Ich hatte beschlossen, zuerst nach Edmonton und von dort, sobald die Schneeverhältnisse es gestatteten, nach Aklavik weiterzufliegen. Am 9. November waren wir wie üblich mit der Überprüfung unserer Ausrüstung beschäftigt, und da wir hofften, nicht lange in Edmonton bleiben zu müssen, versuchte ich, in Winnipeg alles zu besorgen, was wir vielleicht noch brauchten.
Die beiden Drei-Mann-Zelte, die zur Ausrüstung des Consolidated-Flugboots gehört hatten, waren nicht mein Ideal. Ich entschied mich daher für Zelttuch und Stangen – am besten Bambusstangen –, um mir in Aklavik, wo ich von Freunden bei der Hudsonbai-Station eine Nähmaschine leihen konnte, Zelte nach meinen eigenen Wünschen zu nähen.
Geeignete Bambusstangen in Winnipeg aufzutreiben, war jedoch keine Kleinigkeit. Ich versuchte es in mehreren Geschäften ohne Erfolg. Die Suche nach den Stangen nahm einige Zeit in Anspruch. Schließlich entdeckte ich einige in einem kleinen Laden und ließ sie zusammen mit dem Zelttuch einpacken, um sie zum Flugzeug zu bringen. Man kann sich kaum eine Tätigkeit vorstellen, die für Sherman schwerer vorauszusehen oder zu erraten gewesen wäre, wenn er sich lediglich auf das Spiel seiner Einbildungskraft verlassen hätte.
Aber als ich seinen Bericht von diesem Tage vor mir hatte, las ich: »*Zelt – irgend etwas, das man tragen kann? Die neueste Ausrüstung, falls man auf dem Eis ein Lager aufschlagen muß? Ich sehe Ausrüstungsmaterial verpackt mit Stangen – um im Flugzeug verstaut zu werden. Tiefenmeßgerät – haben Sie heute Ausrüstungsgegenstände besorgt?*«
Tatsächlich hatte ich mich in verschiedenen Sportgeschäften,

die ich nach Bambusstangen abgeklappert hatte, auch nach sehr langen und kräftigen Angelschnüren erkundigt, wie ich sie bei früheren Gelegenheiten zum Messen der Wassertiefe im Eismeer benutzt hatte. Ich überlegte, ob es nicht ratsam sei, eine solche Ausrüstung auch jetzt, bei der Suche nach den russischen Fliegern, mitzunehmen. Wenn wir durch einen Sturm zur Notlandung gezwungen wurden und nicht wußten, wo wir uns befanden, konnten wir durch Ausloten der Wassertiefe feststellen, wie weit wir vom Festland entfernt waren. Während meines Besuchs der verschiedenen Läden hatte ich über diese Frage intensiv nachgedacht. Ich fand aber keine Angelleine, die lang genug war, und gab die Idee schließlich auf.
Eine andere Eintragung von Sherman machte mich auf eine Schwierigkeit aufmerksam, mit der ein »Sensibler« wie Sherman sich auseinanderzusetzen hat: wenn er auf etwas »stieß«, was ich »vorhatte«, und er entscheiden sollte, ob dieses »Vorhaben« noch als Gedanke existierte oder bereits von mir in die Tat umgesetzt worden war.
Zum Beispiel: Am 6. November stellte ich fest, daß ich sehr viel mehr Bargeld benötigen würde, als ich bei mir hatte. Es war vereinbart worden, das für meine Mitarbeiter bestimmte Geld direkt auf deren Bankkonten zu überweisen. Wir hatten aber nicht mit einer so langen Verzögerung unseres Aufbruchs in den Norden gerechnet, und einige meiner Leute baten mich jetzt, einen Teil ihres Gehalts schon in Winnipeg auszuzahlen. Das war natürlich möglich, aber es bedeutete, daß ich meiner Bank schreiben und die bisherigen Anweisungen ändern mußte. Es bedeutete auch, daß ich in Winnipeg einen Bankdirektor finden mußte, der einen persönlichen Scheck von mir einlöste.
Da ich angeborene Hemmungen habe, um solche Gefälligkeiten zu bitten, und da es ein Sonnabend war, an dem mich meine Mitarbeiter um Geld baten, schlug ich ihnen vor, bis Dienstag zu warten, damit die Bank in Winnipeg sich in New York erkundigen konnte, ob mein Scheck gedeckt sei.
Meine Leute waren damit einverstanden, aber als ich zur Bank kam, um das Nötige zu veranlassen, bestand der Di-

rektor aus spontanem Vertrauen und Wohlwollen auf sofortiger Honorierung meines Schecks. Ich konnte also die erbetenen Summen schon am Sonnabend auszahlen.

Der Gedanke an den Empfang des Geldes am *Dienstag, den 9.* beschäftigte mich lebhaft, und es ist interessant, wenn auch vielleicht nicht von grundsätzlicher Bedeutung, daß Sherman in seinem Bericht vom 9. November schreibt: »*Sie empfingen heute einiges Geld – ich sehe Sie Geld entgegennehmen – Sie sind in einer Bank.*« Am 6. November hatte ich Geld erhalten, das ich am 9. erwartet hatte. Es war das einzige Mal während all der Monate unserer Arbeit im Norden, daß ich Geld von einer Bank holen mußte. Und es war auch das einzige Mal, daß Sherman in seinen Berichten das Thema »Bank« und »Zahlungen« berührte.

War es möglich, daß mein Unterbewußtsein am 9. November, in Zusammenhang mit etwas, das ich *für den 9. beabsichtigt hatte,* einen Impuls weitergab, obwohl ich meine Absicht unvermutet schon am 6. verwirklichen konnte? Oder war es so, daß Shermans Bewußtsein am 9. von einem Impuls getroffen wurde, den ich am 6. ausgesandt hatte?

Am 9. November fuhren einige meiner Kameraden von Winnipeg nach Edmonton mit dem Zug, während Kenyon, Dyne und ich noch einen Tag in Winnipeg bleiben und am 10. nach Edmonton fliegen wollten. Am folgenden Tag war aber das Wetter so schlecht, daß wir unseren Flug bis zum Morgen des 11. November verschoben. Diese Verzögerung führte zu einer Reihe ungewöhnlicher und unerwarteter Ereignisse.

Einige bemerkenswerte telepathische »Treffer«

Man hatte uns in Winnipeg fürstlich bewirtet, aber wir waren bis zum Abreisetag so mit unseren Vorbereitungen beschäftigt gewesen, daß wir uns nicht revanchieren konnten.
Nun, da wir reisefertig waren und der Abflug bis zum 11. verschoben wurde, konnte ich viele meiner Freunde telefonisch zu einem Abschiedsfrühstück einladen, bevor sie uns zum Flugplatz begleiteten.
Es war eine sehr gelungene Veranstaltung mit Menschen gleicher Wellenlänge, und ich hatte das Bedürfnis, eine Rede zu halten. Es war »Waffenstillstandstag«, und da man annahm, daß ich über Flugzeuge und ihren Kriegseinsatz Bescheid wußte – ich hatte 1911 fliegen gelernt und mit dem Australischen Flieger-Corps am Weltkrieg teilgenommen –, sprach ich von dem möglichen Einsatz von Flugzeugen in einem künftigen Krieg zur Vernichtung der Zivilbevölkerung, und wies darauf hin, welche Tragödie es war, daß wir uns nicht entschließen konnten, solche modernen Erfindungen ausschließlich zum Wohl der Menschheit zu verwenden.
Ich sprach von der guten Kameradschaft und Partnerschaft, die ich bei allen Menschen beobachtet hatte, die mit Herz und Seele bei der Fliegerei waren. Ich bedauerte, daß nicht auch zwischen verschiedenen Nationen die gleiche gute Kameradschaft möglich sei wie zwischen Fliegern verschiedener Nationalität – ein Thema, das mir am Herzen lag, das ich aber niemals mit Sherman diskutiert hatte.
Auf Fragen über meine Beziehungen zu den sogenannten »Bolschewiken« erwiderte ich, wenn immer ich oder Bekannte von mir mit Vertretern der Sowjet-Regierung zu tun gehabt hätten, sich diese »Bolschewiken« wie Gentlemen

betragen hätten. Aber, fügte ich hinzu, die Aufgabe, die ich übernommen hätte, und die Arbeit, die vor mir liege, seien eine Selbstverständlichkeit für jeden Flieger, dessen Erfahrungen ihn zu einer solchen Mission – der Suche nach vermißten Kameraden – befähigten, ohne Rücksicht auf seine Nationalität!
Der Bürgermeister von Winnipeg sagte – nach einigen Worten der Erwiderung auf meinen Dank für all seine Freundlichkeiten –, daß er mir die Ehrenmedaille der Stadt Winnipeg verleihen wolle, und daß, da nur eine Dame anwesend sei – die Frau von Captain Innes Taylor – es ihm, dem Bürgermeister, ein Vergnügen sei und sicherlich auch zu meinem Vergnügen beitragen würde, wenn Mrs. Innes Taylor mir die Ehrenmedaille anstecken würde; was auch geschah. Ich sagte, daß ich die Medaille nicht nur als persönliche Auszeichnung betrachte, sondern sie auch im Namen der anderen Teilnehmer an der Suchaktion entgegennähme: Flug-Commodore Herbert Hollick-Kenyon, Alderman Al Cheeseman und die übrigen, deren Mut und deren Kompetenz für die Durchführung dessen, was wir uns vorgenommen hatten, in Kanada wohl bekannt seien.
Wir verließen das Frühstückszimmer, und bei der Autofahrt zum Flugplatz schenkte mir einer meiner Begleiter eine Kiste Zigarren. Die Morgenzeitung brachte einen Bericht über unsere bevorstehende Abreise und illustrierte ihn mit meinem Porträt in Kohle, das Kathleen Shackleton ein paar Tage vorher gezeichnet hatte.
Wir starteten von Winnipeg unter Tausenden von »Good Luck«- und »Bon Voyage«-Rufen. – Das Wetter war nicht sehr verheißungsvoll, und als wir Regina erreicht hatten, braute es sich vor uns bedrohlich zusammen.
Um 11 Uhr vormittags überflogen wir Regina. Unter uns sahen wir eine Prozession feierlich gekleideter Menschen, die Kränze zum Krieger-Ehrenmal trugen. Im Cockpit neben mir lagen viele Blumen, die man uns in Winnipeg zum Abschied geschenkt hatte, und mir fiel ein, es sei vielleicht eine passende Geste, eine Schleife um das Ehrenmal zu fliegen und die Blumen abzuwerfen. Der Gedanke beschäftigte

mich intensiv, aber dann überlegte ich, daß ich kein Kanadier war, keine persönliche Beziehung zu Regina hatte – ich war nie dort gewesen –, und daß es daher ein wenig anmaßend wäre, in so demonstrativer Weise und uneingeladen an der Waffenstillstandsfeier der Stadt teilzunehmen. Wäre diese Feier nicht gerade in vollem Gang gewesen, hätte ich angesichts des schlechten Wetters eine Landung in Regina dem Weiterflug vorgezogen, aber ich wußte, daß mein Auftauchen auf dem Flugplatz das Festprogramm stören würde.

Unsere Vorbereitungen zu der winterlichen Suchexpedition hatten in Kanada einiges Aufsehen erregt, und wo immer wir erschienen, bekundeten uns die offiziellen Stellen und die Öffentlichkeit große Aufmerksamkeit. Wenn wir nun hier überraschend landeten, würde irgendeine bedauernswerte Amtsperson in aller Hast zum Flugplatz geschickt werden, um uns zu begrüßen. Dem Amt des stellvertretenden Gouverneurs, dem Chef der Königlichen Berittenen Grenzpolizei und dem Bürgermeister würden erhebliche Unannehmlichkeiten erwachsen. So entschied ich, den Flug nach Edmonton fortzusetzen.

Wir waren ungefähr 150 Kilometer weit geflogen, als das Wetter sich so verschlechterte, daß eine Umkehr ratsam schien. Es schneite und es bestand die Gefahr der Vereisung. Die Enteisungsvorrichtung an den Propellern funktionierte nicht einwandfrei, und die Motoren, deren Kühlerhauben noch nicht fertigmontiert waren, hatten leichte Untertemperatur.

Ich entschloß mich umzukehren, in Regina zu landen, die Kühlerhauben anbringen zu lassen und, sobald das Wetter es erlaubte, den Flug nach Edmonton fortzusetzen. Um 12.30 Uhr landeten wir in Regina, und die Mechaniker begannen mit der Montage der Kühlerhauben.

Wie zu erwarten, meldete die Flugplatzkontrolle unsere Ankunft, und wenige Minuten später waren der Adjutant des stellvertretenden Gouverneurs, ein Offizier der Berittenen Grenzpolizei und der Bürgermeister zur Stelle. Wir waren also schließlich doch in die Waffenstillstandsfeier hinein-

geplatzt, wenn auch erst nach Abschluß des Vormittagsprogramms.
Die Wetterlage zwischen Regina und Edmonton war nach wie vor schlecht, und so ließen wir uns überreden, in Regina zu übernachten. Das bedeutete: Mittagessen mit dem Bürgermeister, Besuch eines Fußballspiels, Teetrinken mit dem stellvertretenden Gouverneur und am Abend – als Gäste des Chefs der Berittenen Grenzpolizei – Teilnahme an einem Waffenstillstandsball; eine sehr förmliche Veranstaltung und das wichtigste gesellschaftliche Jahresereignis in Regina. Unsere neuen Freunde waren die Liebenswürdigkeit selbst; zugleich aber entdeckte ich bei ihnen eine gewisse Schwäche für Formalitäten. Schließlich war Regina der Amtssitz des stellvertretenden Gouverneurs, Hauptquartier der Berittenen Grenzpolizei und einiger hoher Armeestäbe. Je näher der Abend heranrückte, desto größer wurde mein Unbehagen bei dem Gedanken an den Ball. Natürlich hatte ich für meinen Flug in die Arktis, wo ich aller Voraussicht nach mehrere Monate fern von aller Zivilisation verbringen würde, neben allem für die Suche nach den russischen Fliegern Notwendigen nicht auch noch Abendkleidung eingepackt; aber ganz offensichtlich waren Frack und weiße Weste unerläßliche Voraussetzungen für die Teilnahme an dem Ball.
Ich suchte also nach einer höflichen Ausrede, um dem Ball fernbleiben zu können. Aber einer unserer neuen Freunde hatte ungefähr die gleichen Maße wie ich, und da er selbst Uniform anziehen würde, bestand er darauf, mir seinen Frack zu überlassen.
Es war mir wenig wohl zumute, als ich sein Angebot annahm. Ich hatte noch nie geborgte Kleider getragen. Aber was blieb mir anderes übrig, wenn ich an dem Ball teilnehmen sollte! Unglücklicherweise gab es keinen passenden Frack für meinen Piloten Kenyon. Der arme Kenyon wurde daher in ein Nebenzimmer des Ballsaals verbannt, wo ich und andere Freunde ihn von Zeit zu Zeit besuchten und mit einem Glas Wein trösteten.
Den ganzen Abend hindurch verließ mich nicht das peinliche

Gefühl, in geliehenen Kleidern zu stecken, und ich mußte noch zusätzlich die Entdeckung machen, daß zwar Frack-Jacke und Hose paßten, die weiße Weste aber immer wieder hochrutschte, wobei ein fingerbreites zerknülltes Stück Hemd zum Vorschein kam. Dieser Anlaß meines Unbehagens schwand aber im Lauf des Abends dank meiner Feststellung, daß die Fräcke von neunzig Prozent aller Gäste in meinem Alter an dem gleichen Übel litten. Viele der Festteilnehmer waren Kriegsveteranen, die sich in der kanadischen Provinz niedergelassen hatten, und trugen vielleicht nur einmal im Jahr, eben bei dieser Gelegenheit, ihren alten Frack. Sie hatten inzwischen »Jahresringe« angesetzt, und von dem feierlichen Parademarsch rund um den Saal ist mir nichts so deutlich in Erinnerung geblieben wie faltige Hemdstreifen unter strammen weißen Westen.

Zum Vergleich hierzu Shermans Protokoll von diesem Abend, dem 11. November:

»Während einer Rede denken Sie – vielleicht sprechen Sie es auch aus –, daß Flugzeuge im nächsten Krieg zur Vernichtung der Zivilbevölkerung verwendet werden könnten. Sie plädieren für einen konstruktiven Gebrauch von Flugzeugen und anderen modernen Erfindungen – große Kräfte, die im Dienst für die Menschheit freigesetzt werden könnten – Würdigung der Kameradschaft der Flieger aller Nationen –. Bei Ihrer Expedition zur Rettung der russischen Flieger versuchen Sie zu tun, was, wie sie hoffen, andere in der nördlichen Eiswüste auch für Sie tun würden, auch wenn Sie einer anderen Nation angehörten.« – Das war im wesentlichen, was ich tatsächlich gesagt hatte.

Sherman fuhr fort: *»Sie beklagen den Verlust (Mangel) an Zusammengehörigkeitsgefühl zwischen den Nationen, wo so Großes gemeinsam zu tun wäre.«* Solche Empfindungen hatte ich zum Ausdruck gebracht, und ich hatte zitiert, was Captain Frank Hawks auf einem Mittagessen des New Yorker Bankierclubs zu Ehren der russischen Flieger, die im Juli 1937 von Moskau nach San Jacinto geflogen waren, gesagt hatte. Nach einer einleitenden Bemerkung, wie wichtig es sei, freundschaftliche Beziehungen zwischen den Nationen

zu schaffen, und wie schwer sich Diplomaten im allgemeinen dabei täten, erklärte Hawks wörtlich: »Das Unglück der Diplomaten ist, daß sie eine Bande von Sauertöpfen in steifen Hemden und steifen Hüten sind, denen schon der gegenseitige Anblick die Laune verdirbt. Und so kommen sie erst gar nicht dazu, sich über den Frieden zu unterhalten. Flieger dagegen verstehen sich, sie sprechen dieselbe Sprache. Sie würden sich sogar auf einer Friedenskonferenz vertragen.«
Sherman fuhr fort: »*Jemand scheint etwas an Ihren Rockaufschlag zu stecken oder sonstwie zu befestigen – eine Medaille oder irgendein Abzeichen. Man reicht Ihnen eine Zigarre.*« Der Leser wird sich an die Ehrenmedaille erinnern, die mir der Bürgermeister von Winnipeg verliehen und die Mrs. Innes Taylor mir angesteckt hatte, sowie an das Geschenk einer Kiste Zigarren im Auto.
Noch einmal Sherman: »*Sie sind zufrieden mit Ähnlichkeit der Kohlezeichnung. Ehrung der im Weltkrieg gefallenen Kanadier – Blumen aus dem Flugzeug abgeworfen. Irgend etwas Mechanisches paßt nicht richtig – Enteisung – zusätzliche Ausrüstung. Sie sind in Gesellschaft von Männern in Uniform – einige Damen – Abendkleider – gesellschaftliches Ereignis – wichtige Leute anwesend. Viel Konversation . . .* SIE SCHEINEN SELBST EINEN ABENDANZUG ZU TRAGEN.«
Es ist offensichtlich, daß Sherman in dieser Nacht erstaunlich viele Treffer erzielte, und zwar in bezug auf die unterschiedlichsten Begebenheiten, obschon ihm natürlich in einigen Fällen sein Wissen, daß es Waffenstillstandstag war, zu Hilfe gekommen sein mag. Aber er ließ dieses Wissen bestimmt nicht *bewußt* in seine Protokolle einfließen. Die von ihm verzeichneten Details stimmen so vollkommen mit dem wirklichen Geschehen überein, daß es sehr unwahrscheinlich ist, anzunehmen, Shermans Phantasie habe hier rein zufällig das Richtige getroffen.
Am 15. November wurden die Flugzeugkufen befestigt, und da der Wetterbericht für den nächsten Tag Schnee versprach, hofften wir, unsere Maschine nun endlich mit Kufen testen zu können. Sherman berichtete in dieser Nacht: »*Schneekufen wieder angebracht. Habe Eindruck von drittem Stock, als*

wohnten Sie dort.« – (Mein Hotelzimmer lag im dritten Stock.)
Am 16. November fiel Schnee, und die Aussicht, in ein oder zwei Tagen starten zu können, hob unsere Stimmung. Ich kontrollierte die Ausrüstung unserer Besatzungsmitglieder und fand, daß wir noch einen Taschenkompaß brauchten. Ich beschloß, mich nach einem Prisma-Kompaß umzusehen, der für uns wichtig werden konnte, wenn wir notlanden und zu Fuß unseren Rückweg antreten mußten.
Ich ging in das Hudsonbai-Warenhaus, wo man mir sagte, daß es schwierig sein würde, einen solchen Kompaß in Edmonton aufzutreiben. Man könne einen in Toronto bestellen, das aber, fürchtete ich, würde zu lange dauern. Die Sekretärin telefonierte mit verschiedenen anderen Geschäften, konnte aber das Instrument, das ich suchte, nicht lokalisieren. Schließlich rief sie den Abteilungsleiter an, der zusammen mit einem anderen Herren zu uns eilte. Jeder tat sein Bestes, unserer Expedition zu helfen. Während wir noch diskutierten, erschien ein dritter Herr – ein Kunde –, hörte, worum es ging, und erwähnte, daß er einen gebrauchten Prisma-Kompaß im Schaufenster eines Pfandhauses gesehen habe, und gab mir die Adresse.
Ich folgte diesem Hinweis und kaufte den Kompaß. Er entstammte Armeebeständen und war wahrscheinlich von einem Offizier während des letzten Krieges benutzt worden.
An diesem Abend versprach ich, einen Mann zu treffen, der mich mehrfach telefonisch um eine Zusammenkunft gebeten hatte. Er sagte, er habe einen wichtigen »Plan« für mich, wolle aber am Telefon nicht darüber sprechen. Ich hatte mir die meisten Leute mit »Ideen« für meine Expedition vom Leibe gehalten, aber dieser Mann sagte, er sei Veteran des kanadischen Expeditionskorps in Frankreich, und ich ließ mich schließlich erweichen.
Er kam in Begleitung eines anderen Mannes, und ich bemerkte zu meiner Überraschung, daß mein Besucher blind war. Er hatte im Kriege beide Augen verloren, aber sagte, daß er das nur in Ausnahmefällen erwähne, wenn er sich um ein Interview bemühe. Er vertrat eine Versicherungsgesell-

schaft und erzählte, daß er vom Verkauf von Versicherungspolicen gut leben könne.
Sein Vorschlag war ungewöhnlich, und er meinte, er würde mich interessieren. Er würde mich nichts kosten, erfordere aber meine Zustimmung. Er schlug einen öffentlichen Spendenaufruf vor, um die Kosten einer Lebensversicherung von 250000 Dollar zu decken. Es sollte eine zeitlich begrenzte Lebensversicherung sein, das heißt, begrenzt auf die Zeit meiner Suche nach den russischen Fliegern. Wenn ich lebend zurückkehrte, würden keine Zahlungen geleistet, sollte ich aber nicht zurückkehren oder während der Expedition durch einen Unfall ums Leben kommen, sollte mit der Versicherungssumme eine Wilkins-Stiftung für Polar-Forschung errichtet werden.
Es war eine originelle Geschäftsidee, und, wenn ich auch meine Zweifel hatte, ob der Spendenaufruf Erfolg haben, beziehungsweise, ob die Versicherungsgesellschaft darauf eingehen würde, gab ich meine Zustimmung. Ich überlebte die Expedition und habe daher nie wieder von dieser Sache gehört.
Sherman zeichnete an diesem Abend (dem 16.) auf: »*Sie sind in einem Eisengeschäft aus irgendeinem Grunde – Sie kaufen Drahtstränge – der Laden, in dem Sie sind, scheint längs der Vorderfront eine Veranda oder Säulenhalle zu haben; zwei Reihen von Ladentischen; eine Sekretärin und drei Männer. Künstliche Blumen – können sie von einem blinden Kriegsveteranen gemacht worden sein? Irgend etwas scheint Ihnen von einem Invaliden überreicht worden zu sein.*«
Shermans Beschreibung des Eisengeschäfts der Hudsonbai-Gesellschaft stimmte, und ich verhandelte mit einer Sekretärin und drei Männern über eine Sache, die mich intensiv beschäftigte; aber es erscheint sonderbar, daß Sherman, obwohl er das Geschäft und die Personen beschrieb, nicht den Kompaß erwähnte, dafür aber Drahtstränge. Es ist möglich, daß ich an diesem Tag Draht kaufte, aber ich kann mich daran nicht erinnern. Shermans Erwähnung des blinden Kriegsveteranen war, meine ich, mehr als bloßer Zufall, ungeachtet der Tatsache, daß er von künstlichen Blumen sprach

und nicht von einer Versicherungspolice. Wenn ich es scherzhaft ausdrücken darf, dann waren die künstlichen Blumen aber vielleicht kein schlechtes Symbol für den tatsächlich gemachten Vorschlag.

Obwohl der langersehnte Schnee am 16. und 17. fiel, war die Sicht zu schlecht für einen Start. Ich setzte nun meine Hoffnungen auf den 18. und gab Anweisung, die Flugzeuge vorzuwärmen und alles für einen frühen Start vorzubereiten. Wir hatten nämlich ein zweites Flugzeug gechartert, um zwei unserer Leute, das Funkgerät und andere Ausrüstungsteile nach Aklavik zu fliegen.

Frühmorgens am 18. war das Wetter – so weit ich es von meinem Hotelfenster aus beurteilen konnte – immer noch ungünstig. Der überregionale Wetterbericht versprach jedoch gute Sicht, wenn auch bedeckten Himmel über Fort Resolution. Man sollte also vielleicht versuchen, wenigstens so weit zu kommen. Das Wetter konnte ja besser werden, während wir unterwegs waren, so daß auch ein Flug über Resolution hinaus möglich schien.

Am Morgen des 18. spürte ich eine starke, innere Anspannung. Die Gastfreundschaft der Bürger von Edmonton hatte immer hektischere Formen angenommen. Diese Gastfreundschaft hielt uns Tag und Nacht in Atem. Meine Kameraden und ich spürten nicht nur die Last der langen Wartezeit, sondern auch die Folgen der pausenlosen Geselligkeit. Am 16., dem ersten Schneetag, hatte ich der Besatzung den Besuch aller späten Parties untersagt.

Am 17. gingen die meisten von uns früh zu Bett. Wilson fühlte sich ziemlich elend wegen einer bösen Erkältung. Am 18. früh wollte er dennoch mitfliegen. Wir fuhren zum Flughafen.

Das Wetter war unverkennbar nicht besser geworden, und Kenyon, der viel in dieser Gegend geflogen war, war gegen einen Start. Der Pilot der Chartermaschine meinte jedoch, bis Fort Resolution würden wir schon kommen. Ich entschied mich für den Start mit dem Vorbehalt, bei allzu widrigen Wetterverhältnissen nach Edmonton zurückzukehren. Alles schien mir besser als noch ein Tag des Nichtstuns und der ständigen Flucht vor der Gastfreundschaft und guten Laune unserer Freunde. Nicht, daß wir die Gesellschaft alter und neuer Freunde nicht genossen hätten; aber ihre Häufung kostete dem Körper die Ruhe, die er unbedingt brauchte, um für eine so schwierige Aufgabe in bester Form zu sein.

Der Schnee klebte an den Kufen, und wir waren schon fast am Ende des Flugfeldes, als unsere Maschine abhob. Doch die Electra machte ihre Sache gut, vor allem wenn man bedenkt, daß sie fast fünfzig Prozent mehr Last trug als vom Konstrukteur vorgesehen.

Bald mußte ich einsehen, daß Kenyon recht gehabt hatte. Es würde sehr schwer sein, in diesem Wetter die vorgesehene Route nach Fort Resolution einzuhalten, und es war nicht ratsam, von ihr abzuweichen, denn das hätte den Verzicht auf Zwischenlandeplätze bedeutet. Wir umflogen einige Schneestürme, kehrten um und landeten schließlich wieder in Edmonton. Wenn das Wetter es erlaubte, wollten wir um 9.30 Uhr am nächsten Morgen starten.

Nicht nur der Morgen des 18., sondern auch der Rest des Tages war reich an Ereignissen, auf die ich mit vielen »starken« Gedanken reagierte. Ich dachte viele Male ganz bewußt an Sherman und »telegraphierte« ihm gedankliche Zusammenfassungen der laufenden Ereignisse. Am Abend dieses Tages hatte ich dann praktisch zum erstenmal die Möglichkeit, mich ganz auf den Versuch eines bewußten und ungestörten Kontakts mit Sherman zu der verabredeten Zeit zu konzentrieren.

Obwohl nichts darüber in meinem Tagebuch steht, erinnere ich mich genau, daß die Frau eines unserer Freunde Kenyon und mich zum Abendessen eingeladen hatte. Mit eingeladen war eine Dame, die, wie unsere Gastgeberin sagte, »psychische Kräfte« besaß. Die Dame sprach über ihre »Visionen« und verglich sie mit »einem Blick aus großer Höhe«, wobei sie »wie auf einer Bühne« Dinge sehe, zum Beispiel tödliche Unfälle von Freunden, die sich dann, ebenso, noch einmal in der Wirklichkeit abspielten. So habe sie den Tod ihres Vaters einen Tag vorher erlebt oder »gesehen«. Seitdem sei ihr diese besondere Gabe unheimlich geworden, und sie habe versucht, ihre »Visionen« zu ignorieren, aber ohne Erfolg. Sie erwähnte die Vision der bevorstehenden Augenverletzung eines gemeinsamen Bekannten. (Als ich zwei Jahre später wieder einmal in Edmonton war, erfuhr ich, daß unserem Bekannten wirklich etwas Derartiges zugestoßen war. Ich stellte aber keine weiteren Nachforschungen an, so daß ich nicht nachprüfen konnte, wie weit Voraussage und Ereignis übereinstimmten.)

Ich saß mit der Dame etwas abseits von der übrigen Gesellschaft und überdachte den Tageslauf in aller Ruhe für Sherman. Danach diskutierten wir, zu zweit, meine Chancen, die russischen Flieger zu finden.

Die »besonderen Gaben« meiner Gesprächspartnerin förderten aber nichts zutage, was auch nur im geringsten mit den russischen Fliegern zu tun gehabt hätte.

Sehen wir uns aber jetzt an, was Sherman in dieser Nacht notierte: *»Ich spüre, Sie denken sehr intensiv an Ihr Flugzeug. Sie sind entweder schon nach Norden gestartet oder werden sehr bald starten. Schnee im Norden – mehr in Aussicht – Wind. Kein besonders günstiges Flugwetter, obwohl Bodenverhältnisse besser. Ein Mann Ihrer Expedition offenbar krank. Ist es Wilson? Edmontons Gastfreundschaft überwältigt Sie. Sie versuchen sich ihr, so oft es geht, zu entziehen. Für den nächsten Morgen, 9.30 Uhr, haben Sie einen festen Entschluß gefaßt, vielleicht, den Flug fortzusetzen . . . Etwas Wichtiges soll zu diesem Zeitpunkt geschehen. Die Frau eines Freundes hat Sie zum Abendessen eingeladen – Sie zeigen einer kleinen, halb-privaten Gruppe, wo Sie nach den russischen Fliegern suchen wollen. Mein nach Winnipeg adressierter Brief an Sie hat Sie in Edmonton erreicht.* (Das hatte er.) *Ihr gegenwärtiger Zustand ist der einer Ortsveränderung. Es ist, als hörte ich die Worte: ›Unterwegs . . . Aufbrechen‹, sah plötzlich Ihr Gesicht aus dem Dunkel auftauchen – erschrak fast. Sie schienen mir fest in die Augen zu sehen.«*

Als Sherman dies notierte, war ich tatsächlich ganz auf ihn eingestellt und dachte lebhaft daran, wie er da saß und auf Mitteilungen von mir wartete. Kaum ein einziges Mal seit

unserer Verabredung in New York hatte ich so ruhig dasitzen und die Ereignisse des Tages an mir vorüberziehen lassen können.
Sherman verzeichnete keinen »Empfang« zwischen dem 18. und dem Abend des 22., eine Zeit, in der ich viele und wichtige Dinge tat. Wie es jetzt schon meine Gewohnheit geworden war, machte ich mir unmittelbar im Anschluß an jedes wichtige Ereignis meine Gedanken – für Sherman.
Wir starteten am 19. (wie Sherman gespürt hatte) kurz vor 9.30 Uhr. Alle Besatzungsmitglieder waren pünktlich zur Stelle, einige sogar vor der Zeit, nachdem ich tags zuvor einigen von ihnen wegen Verspätung die Leviten gelesen hatte. Wir flogen nach Fort Resolution – meist durch miserables Wetter – und landeten schließlich ohne Unfall. Das verdankten wir hauptsächlich den Flugkünsten Kenyons, der im Tiefflug dem Lauf der vereisten Flüsse folgte, was ihn immer wieder zu haarsträubend engen und steilen Kurven zwang. Drei Stunden hatte der Flug nach Resolution gedauert, und da das Wetter nicht besser wurde, blieben wir dort. Einige Stunden später trafen auch unsere zwei Charterflugzeug-Passagiere ein. Das Charterflugzeug hatte wegen des Wetters zwischenlanden müssen.
Während der Nacht verschlechterte sich das Wetter und besserte sich auch nicht am folgenden Tage. Wir mußten also in Fort Resolution bleiben. Nachdem wir auf dem Flug von Edmonton beinahe schon zuviel riskiert hatten, beschloß ich, in dieser Phase der Expedition jedes weitere unnötige Risiko zu meiden. Unter allen Umständen mußten wir zunächst einmal den eigentlichen Schauplatz der Suchaktion erreichen. Sobald wir unsere Flüge über dem Polarmeer begonnen hatten, würde an Gefahren und Risiken ohnedies kein Mangel sein. Einen solchen vernünftigen Entschluß unmittelbar nach einem miserabelen Flugtag zu fassen, war nicht schwer. Doch nach zwei Tagen erzwungener Ruhe in Resolution stand mein Entschluß fest: Wir würden, wenn irgend möglich, am 22. starten.
Frühmorgens am 22. verließen wir Resolution und landeten um 13.30 Uhr in Aklavik. Unterwegs war das Wetter so

schlecht, daß der Pilot mehrfach an Umkehr dachte. Da aber der Wetterbericht für Aklavik gut war, blieben wir auf Kurs. Das zweite Flugzeug mußte nach Resolution zurückkehren.
Endlich hatten wir unsere Operationsbasis mit all unserer Ausrüstung heil und intakt erreicht. Wir mußten jetzt nur noch einen geeigneten Platz für unser Funkpeilgerät finden und es installieren. Dann konnte die Suche nach den vermißten Fliegern beginnen. Aklavik, so schien es uns, war ein angenehmer und für unsere Zwecke sehr gut geeigneter Platz.
Kenyon nahm die Einladung seines alten Freundes, des Regierungsarztes von Aklavik, an und wohnte bei ihm. Wir übrigen, ich selbst eingeschlossen, machten es uns in einer »Herberge« bequem. Sie gehörte einer Mrs. Kost, einer Verteranin der Arktis, die ihre eigene Schute »bemannt«, sie mit allem Nötigen zur Erföffnung eines Gasthauses beladen hatte und damit den Mackenzie-Fluß herab bis Aklavik geschifft war. Zwei in Kanada geborene Mädchen russischer Abstammung waren ihre Gehilfinnen. Mrs. Kost tat alles für unser Wohlbefinden und versorgte uns mit ausgezeichneten Mahlzeiten.
Ich genoß mein eigenes Zimmer und die Ruhe nach dem Überangebot von Gastlichkeit in den südlichen Städten des Landes. Dabei waren wir auch in Aklavik nicht von jedem geselligen Umgang ausgeschlossen; denn es lebten dort der Doktor und die Schwestern des Krankenhauses, ein Inspektor der Berittenen Grenzpolizei mit seiner charmanten Frau, verschiedene Polizeibeamte, katholische und presbyterianische Missionare, ein Pfarrer der englischen Staatskirche, Mitglieder einer Abteilung des kanadischen Heeres-Nachrichtendienstes, ein Vertreter der Hudsonbai-Gesellschaft und andere Geschäftsleute. Dazu eine Anzahl Eskimos und Indianer, die sich hier in diesem nördlichen Außenposten der Zivilisation so eng vermischen wie sonst fast nirgendwo. Eskimos und Indianer haben ethnisch wenig gemein, sie gehen sich in der Regel aus dem Wege und leben fast nie am gleichen Ort.
Ich war sicher, in Aklavik würde ich, wenn nicht gerade ein Flug oder eine Rettungsaktion für die Russen dazwischen-

kam, meine Verabredungen mit Sherman einigermaßen regelmäßig einhalten können. Doch der Abend des 22. brachte wieder eine Störung. Ein Grenzpolizist kam mit einer Nachricht für mich und konnte sich nicht entschließen, die Unterhaltung mit mir zu beenden, bevor die Zeit für den Kontakt mit Sherman fast vorbei war. Ich hatte jedoch, in der Zeit zwischen dem Abend des 18. und des 22., alle wichtigen Episoden, jedesmal anschließend, rekapituliert und »gesendet«.

In Shermans Bericht vom 22. ist zu lesen: »*Sie fliegen entlang dem Mackenzie-Fluß – Wetter, Nebel, Schnee – noch ein Aufenthalt – Landung bei Stadt mit altem Stein-Fort – Aklavik Ziel. Radio nicht ganz zufriedenstellend.* (Dies traf zu. Wir hatten Ärger mit unserem Funkgerät.) *Ein zweites Flugzeug folgt, es hat weitere Vorräte an Bord. Jetzt scheinen Sie einen Augenblick bewußt und intensiv an mich zu denken – zehn Minuten vor Mitternacht. Sicherheitsfaktor – keine unnötigen Risiken eingehen, nichts auf's Spiel setzen, wenn nicht in direktem Zusammenhang mit der Suche nach den russischen Fliegern –, fühle sich anbahnende starke Aktivität nach Verzögerung oder nach Zwischenlandung auf dem Flug nördlich Edmonton. Französisch-Kanadier oder Mann mit französischer Abstammung redet eifrig auf Sie ein. Sie essen mit diesem Mann – man bewirtet Sie mit Delikatessen. Farbe, weiße Blitze, danach blau. Irgend etwas von blauer Farbe hat an diesem Tag Bedeutung für Sie.*« (In Fort Resolution empfing mich der Doktor – ein Franzose, der mich überredete, bei ihm zu nächtigen. Er hatte in Paris studiert und war ganz aufgeregt, als er hörte, daß ich vor nicht langer Zeit in Paris gewesen war. Seine Frau setzte uns ein vorzügliches Essen vor, und wir feierten unsere Bekanntschaft mit Wein und französischen Delikatessen. Ich trug einen neuen, leuchtendblauen Anorak, der mir gefiel, ohne daß ich ihm bewußt viel Aufmerksamkeit schenkte.)

Sherman konnte nichts von dem Aufenthalt oder der Zwischenlandung in Fort Resolution wissen. Es war geplant, und er mußte annehmen, daß wir direkt ohne Unterbrechung nach Aklavik fliegen würden. Er hatte viele »Treffer« erzielt, und die Präzision seiner Treffer war verblüffend. Sein Eindruck, daß ich zehn Minuten vor Mitternacht »stark« an ihn dachte, war vielleicht das Echo auf meine Gedanken in dem Augenblick, in dem der Grenzpolizist mein Zimmer verließ. Man kann hieraus schließen, daß die bewußte Zusammenarbeit zuweilen funktioniert, daß Sherman aber auch Dinge auffing, an die ich zwar während der Verabredung nicht gedacht, wohl aber sie in der Pause zwischen unseren Sitzungen reflektiert und »gesendet« hatte.

Mit unserem Kurzwellensender und -empfänger eine Verbindung mit der Außenwelt herzustellen, gelang uns weit seltener als erhofft und erwartet. Während früherer Aufenthalte in der Arktis – an anderen Orten als Aklavik – hatte ich ohne Schwierigkeiten mit der *New York Times* oder der Radiozentrale des Hearst-Verlages in der Nähe von New York über Kurzwelle verkehren können. Im Winter 1937/38 gab es jedoch in der ganzen Welt Störungen der Kurzwellen-Telegraphie. Infolge von Sonnenflecken hatten auch die großen internationalen Telegraphengesellschaften erhebliche Ausfälle.

Am 23. November erwähnte Sherman gleich zu Beginn seiner Sitzung: »*Zum erstenmal – ich glaube nicht, es ist Einbildung – ein starkes, zwingendes Gefühl, das von Ihnen auszugehen scheint – ich meine deutlich zu spüren, daß Sie ein paar Minuten vor unserem Kommunikations-Versuch lebhaft an mich denken – daß Sie die Zeitdifferenz bedenken und sich überlegen, welche Gedanken Sie mir senden sollen. Sie sind in Aklavik seit mehr als 24 Stunden. Etwas Vibrierendes ist in der Luft – andere Gemütsverfassung – etwas Vitales, Zielbewußtes geht von Ihnen aus, das Gefühl die Dinge in der Hand zu haben – seit vielen Wochen war Ihnen nicht so leicht ums Herz. Sie scheinen sich in einem dreistöckigen Haus aufzuhalten. Im Herrenzimmer unten – Kälte und etwa zwanzig Zentimeter Schnee. Sie schaffen Aklavik in zwei Etappen. In der Nähe der Landebahn ein langgestreckter Hügel und darauf oder an seinem Fuß mehrere kleine Häuser. Große Aufregung und starkes Interesse für Sie und Ihr Flugzeug seitens der Menschen in Aklavik. Einige offizielle Persönlichkeiten*

hatten Sie zum Essen eingeladen, Herren, Damen, auch einige Kinder, Teenager sind dabei.«
Und die Fakten?
Es war die erste Nacht, in der ich absolut allein war, vollkommen entspannt und ganz auf unsere Sitzung und unser Experiment eingestellt.
Ich hatte früh zu Abend gegessen mit dem Doktor, seiner Frau und einigen Krankenschwestern. Die Tochter des Doktors und ihr Freund, ein gleichaltriger Eskimo, waren aus ihrem Zimmer gekommen, um mich zu begrüßen. Um meine Verabredung mit Sherman nicht zu versäumen, entschuldigte ich mich und ging auf mein Zimmer. Ich kontrollierte die Zeit und wartete auf den Beginn unserer »Sitzung«.
Ich schrieb mir nicht auf, was ich Sherman mitteilen wollte. Hätte ich damals gewußt, wie viele Treffer er bereits erzielt hatte, hätte ich vielleicht Papier und Bleistift zur Hand genommen. So aber begnügte ich mich damit, mir meine Situation deutlich vorzustellen, und obwohl ich das Abendessen nicht bewußt dazu rechnete, war es natürlich frisch in meiner Erinnerung.
Das Haus hatte in Wahrheit nur zwei Stockwerke, aber ein ausgebautes Dachgeschoß mit Fenstern ließ es dreistöckig erscheinen.
Wir hatten Aklavik in zwei Etappen erreicht. Das Dorf liegt am Abhang eines langen, niedrigen Hügels oder einer Bodenwelle, die den Mackenzie-Fluß begrenzt. Der jetzt fest zugefrorene Fluß vor dem Hügel und den Häusern diente uns als Landebahn. Eskimos, unter ihnen alte Bekannte von meiner Zeit in der Arktis mit der Stefansson-Expedition, ließen es sich nicht nehmen, mich zu begrüßen und das Flugzeug zu besichtigen. Sie brachten viele ihrer Freunde und Verwandten mit. – Inzwischen waren beide Flugzeug entladen. Meine Haupttätigkeit bestand jetzt darin, die Bedingungen für die Aufstellung unseres Funkpeilgeräts in Aklavik zu erkunden und mit den Bedingungen auf der Baillie-Insel zu vergleichen, wo es weniger Störungen gab, aber auch weniger Annehmlichkeiten für den Funker.

Sherman hatte von all diesen auffallenden Tatsachen Kunde erhalten und eine gute Beschreibung von Aklavik gegeben.
Am 24. und 25. war das Wetter dunstig und zuweilen nebelig, so daß ich nicht, wie beabsichtigt, nach der Baillie-Insel fliegen konnte, um mich zu überzeugen, wie die Lebensbedingungen dort waren, und ob es ratsam war, unsere Funkpeilstation dort zu errichten. Diese Verzögerung ging mir sehr gegen den Strich – und ich hatte »stark« an dieses Unternehmen gedacht. Ich war eifrig dabei, das neue Zelt zu nähen, plante Flüge auf der Karte und löste theoretische Navigationsprobleme, um für den wirklichen Flug Zeit zu sparen.
Am 24. hatte ich drei katholische Priester bei mir zum Abendessen. Sie sagten, sie machten sich Sorgen wegen unserer bevorstehenden Mondscheinsuche. Mrs. Kost hatte uns eine Festmahlzeit vorgesetzt, dazu gab es von den russischen Mädchen zubereitete Süßigkeiten. Am 25. ereignete sich nichts, was mich besonders beeindruckt hätte. Mein Kopf war voll von Überlegungen, was wir tun würden, sobald das Wetter sich besserte. Ich ging mit ein paar Freunden auswärts essen und hatte keine Gelegenheit, mich auf Sherman zu konzentrieren.
Doch in der Nacht des 25. November schrieb Sherman ein ziemlich langes, interessantes Potpourri. Hier eine Probe:
»Aklavik – Schnee – Nebel in gewissen Regionen, schlechtes Flugwetter – Sie sind heute noch nicht ganz bereit für die Suche aus der Luft – studieren Karten. Das Vorratsflugzeug – fliegt es zu anderen Plätzen, um dort die Vorbereitungen zu kontrollieren? – auftanken.«
(Das Vorratsflugzeug, vom Wetter festgehalten wie wir, wartete auf den Start und sollte auf dem Rückweg feststellen, ob es möglich war, uns Brennstoff zur Ergänzung unserer Vorräte zu schicken oder selbst nach Aklavik zu bringen.)
»Ich spüre irgendeine Flugtätigkeit, die nichts mit dem eigentlichen Suchvorhaben zu tun hat – als Vorbereitung dazu, aber nicht in dem für die Suche bestimmten Flugzeug.«
(Es stimmte, daß ich an diesem Tag mit dem Piloten des

Vorratsflugzeugs darüber gesprochen hatte, ob es möglich sei, mit seiner Maschine zur Baillie-Insel zu fliegen und von dort vielleicht weiter zur Banks-Insel, wenn die Bedingungen auf der Baillie-Insel nicht günstig wären.)

»Froh, wenn ich endgültig weiß, daß Sie in der Lage sind, bewußt mitzuziehen – fühle Sie stark von Zeit zu Zeit, aber nicht stetig.«

Der Eindruck unterschied sich von den beiden vorhergehenden »Sitzungen«, wo ich das eine Mal ein paar Minuten lang voll mitarbeiten und das andere Mal mich in Ruhe vorbereiten konnte, und wo Sherman in beiden Fällen berichtete, er habe gefühlt, wie ich ihm bewußt meine Aufmerksamkeit gewidmet hatte. Gedankenbotschaften zwischen zwei Sitzungen waren offenbar bis zu einem gewissen Grade von Nutzen; aber gleichgültig, ob ich ihm half oder nicht, schien Sherman etwas von den Ereignissen des Tages aufzufangen.

Am Freitag, dem 26. November, war das Wetter einigermaßen klar, und die Temperatur 17 Grad unter Null. Ich hatte so früh wie möglich starten wollen, aber die Mechaniker kämpften mit den Schwierigkeiten, die sich fast immer einstellen, wenn man das erste Mal bei wirklich kaltem Wetter starten will. Sie machten sich um 8.30 Uhr an die Arbeit, und nachdem sie die Motoren eine Stunde lang mit einem Ofen angewärmt hatten, sprang der eine an. Der andere streikte – eine Ölleitung war noch immer gefroren. Als dieser Motor angewärmt war, hatte der andere sich wieder abgekühlt, so daß das Öl aus beiden Motoren abgelassen und erneut angewärmt werden mußte.

Erst um 13 Uhr liefen beide Motoren gleichzeitig. Inzwischen waren die Stunden vorher vom Schnee befreiten Kufen wieder festgefroren. Die Motoren mußten zum Stehen gebracht und die Kufen noch einmal freigeschaufelt werden. Als wir endlich starten konnten, lag Dunst in der Luft und die Bodensicht war schlecht. Wir flogen über dem Delta des Mackenzie-Flusses. Wie ein Streifenmuster lag die Landschaft unter uns, an einigen Stellen mit Adern und Linien offenen Wassers.

Das Wetter wurde schlechter und die Dämmerung setzte ein. Die Tage zwischen dem 70. und 72. Breitengrad sind reichlich kurz zu dieser Zeit des Jahres; daher beschloß ich, in der Nähe der Hudsonbai-Niederlassung von Tuktoyaktok – auf halbem Weg zwischen Aklavik und der Baillie-Insel zu landen. Obwohl wir angespannt Ausschau hielten, sahen wir keine Spur der kleinen Handelsstation. Als wir merkten, daß wir sie passiert haben mußten, drehten wir auf Südkurs und konnten jetzt, da wir gegen die untergehende Sonne flogen, die Landschaft besser erkennen.

Wir sahen auch bald die Handelsniederlassung und landeten in ihrer Nachbarschaft. Wir blieben die Nacht und flogen am nächsten Tag weiter nach der Baillie-Insel. Für die Errichtung einer Funkpeilstation waren die Bedingungen dort nicht ideal. Die metallenen Gebäude der Hudsonbai-Handelsgesellschaft und des Polizeipostens würden sich als Störfaktoren erweisen. Daher kehrten wir nach Aklavik zurück und beschlossen, die Peilstation auf dem Flußeis gegenüber unserer Herberge zu errichten. Das würde unserem Funker das Leben sehr erleichtern, und, da es von hier nur ein kurzes Stück Wegs zur Station des kanadischen Heeres-Nachrichten-Korps war, konnten wir, wenn nötig, auch dessen Anlagen benutzen.

Am 28. November gingen wir daran, die beiden Zelte für die Funkstation aufzustellen. Tags darauf zogen wir die Antennen hoch und schlossen sie an. Eine Maschine der Canadian Airways war während unserer Abwesenheit in Aklavik gelandet und hatte Post aus Edmonton mitgebracht. Darunter auch einen Brief von Sherman.

Am Abend des 29. konnte ich meine »Verabredung« mit Sherman wahrnehmen, und er notierte:

»Sie haben meinen aus Edmonton nachgeschickten Brief erhalten – und antworten.«

(Ich hatte ihn beantwortet, und meinen Brief dem Piloten der Canadian Airways mitgegeben.)

»Hatte ein Gefühl des Fliegens – kann nicht fühlen, ob schon Such-Flug oder andere Flugaktivität. Sturmzone – Kälte und Schnee – Wind – beißend kalt – irgendeine Aufregung – Um-

drehen der Motoren – Mannschaft an der Arbeit – Flug über Wasser und kleine Inseln oder Delta – wie Streifen von Land – Sie kommen von dem Flug zurück und entnehmen dem Flugzeug etwas zur Reparation. Ein Pater oder Priester besucht Sie. Ich sehe Sie an einem Ort mit einer Petroleumlampe. Sie wird getragen und wirft einen Schatten, während Sie hinter oder neben der Person gehen, die sie trägt. Die Stimmung der Mannschaft gut – obwohl ein Mann – ich kann nicht fühlen, ob er krank ist oder unbeschäftigt, weil seine Arbeit vorerst getan ist – untätig dabei sitzt und zusieht.«

Sherman konnte durch keinen normalen Verbindungsweg erfahren haben, daß ich seinen Brief bekommen und beantwortet hatte; und er hatte keinen Grund, darüber zu spekulieren. Die Ankunft des kanadischen Flugzeugs mit Post für mich war gänzlich unerwartet; denn der Flug war außerplanmäßig. Sherman schien zu fühlen (ein Eindruck, den ich ihm zu vermitteln suchte), daß wir beim Start der Maschine Schwierigkeiten hatten, und daß wir uns in »beißend kalter« Luft aufhielten, die Wangen und Nasen blau frieren ließ. Anschaulich und genau hatte er die Landschaft, über die wir flogen, beschrieben: »Wasser und kleine Inseln oder Delta – wie Streifen von Land.« Vielleicht hatte er auch einen Eindruck vom Entfernen eines Instruments. Ich bin dessen nicht sicher. Ein Priester, der vor kurzem von einer langen Schlittenreise längs der Küste zurückgekehrt war, hatte mich besucht.

Was mich sehr beeindruckte, war die Gewohnheit von Mrs. Kost, der Eigentümerin der Herberge, mich fast an jedem Abend an der Tür mit einer Petroleumlampe zu erwarten und darauf zu bestehen, sie die Treppe herauf und bis zu meiner Zimmertür vor mir herzutragen, um mir zu leuchten. Es war ein Höchstmaß von Freundlichkeit, Aufmerksamkeit und Höflichkeit. An *diesem* Abend war es Mrs. Kost jedoch gelungen, eine Petroleumgaslampe für mich zu beschaffen, die weißes Licht ausstrahlte und die ich den gewöhnlichen Petroleumlampen vorzog.

Es gehört zu meinen Grundsätzen, auf einer Expedition dem Chefpiloten keine anderen Aufgaben zu übertragen, als die

Maschine zu fliegen. Er setzt sich ans Steuer, nachdem der Mechaniker die Motoren hat warmlaufen lassen, und steigt aus, sobald die Maschine ausgerollt ist. So hielten wir es auch in Aklavik, und gelegentlich ging die Untätigkeit des Piloten den anderen Besatzungsmitgliedern auf die Nerven. Angesichts des großen Arbeitspensums des nächsten Tages dachte ich an eine Änderung meiner Anordnung.
Am 30. November errichteten wir hohe Antennen für unser Funkpeilgerät. Sie mußten genau nord-südlich stehen. Ich bestimmte ihre Position mit Hilfe des Nordsterns, der in der Abenddämmerung von Zeit zu Zeit zwischen den Wolken zu sehen war. Die Mechaniker bauten eine Hütte auf dem Eis für ihr Werkzeug und für einen Ofen zum Anwärmen des Motoröls. Bretter und Balken waren knapp in Aklavik. Es erwies sich als notwendig, den ganzen Ort zu durchsuchen, hier ein paar, dort ein paar Stück auf einen Schlitten zu laden und zum Bauplatz zu bringen. Der Schlitten wurde von einem stämmigen kastanienbraunen Pferd gezogen. Ich hatte das Pferd schon im Sommer, während meiner ersten Suchexpedition gesehen. Aber, ihm jetzt hier, in dieser eisigen Winterluft wieder zu begegnen, schien zu absurd, um wahr zu sein! Es war übrigens fast das einzige Mal während unserer Expedition, daß wir Schlitten benutzten. Wir arbeiteten bis spät in die Nacht hinein beim Schein von Petroleumgaslampen, denn wir hofften am kommenden Abend unsere erste Funkverbindung mit Iversen von der *New York Times* herstellen zu können.
Anschließend waren wir zu einer geselligen Veranstaltung im Krankenhaus eingeladen, wo uns die Oberschwester und die anderen Krankenschwestern empfingen. Unsere Einladungskarten waren mit Zeichnungen geschmückt, und diese Karten dienten zum Sammeln von Autogrammen. Das war für mich eine neue Idee, und sie interessierte mich besonders, weil ich oft nach einem Vortrag von Autogrammjägern bestürmt worden war, die mich baten, meinen Namen auf alle möglichen Arten von Papier zu schreiben -- einschließlich Bankschecks, wenn nichts anderes aufzutreiben war. (Verständlicherweise machten mich solche Erlebnisse etwas

mißtrauisch.) Eine steife Karte in der Hand jedes Vortragsbesuchers schien mir eine ideale Lösung des Problems. Wer meinen Namenszug nicht haben wollte oder sonst mit einem Vortrag unzufrieden war, konnte das »mit Karten sagen«. Auf jeden Fall dachte ich ausgiebig an Karten und Autogramme.

Cheeseman und Dyne gingen in den Turnsaal im Erdgeschoß und spielten Tischtennis mit den Krankenschwestern. Es gab dort zwei Pingpongtische neben anderem Sportgerät. Der Abend verlief sehr angenehm, und wir gingen spät zu Bett.

Sherman wußte in dieser Nacht nicht, was er mit dem Aufblitzen des Eindrucks *»Pingpong«* anfangen sollte. Er hielt ihn für einen Irrläufer aus seiner Erinnerung an das Flugzeug von Merrill – nicht unser Flugzeug –, das bei einem Atlantikflug Pingpongbälle in den Tragflächen hatte. Er konnte schwerlich erraten, daß wir in der Arktis Pingpong spielen würden.

Anschließend an seinen »Pingpongblitz« fragte Sherman: *»Gibt es einen Tisch in der Stadt, an dem Menschen spielen?«* Er fuhr fort: *»Etwas wird auf einen Schlitten geladen und zu einem Schuppen oder Gebäude in der Nähe gebracht – vom Flugzeug kommen und gehen Arbeiter . . . machen sich an etwas zu schaffen – Orientierung an einem Stern. Blicken Sie zum Himmel empor? Scheinwerfer – um in der arktischen Einöde etwas zu sehen, wenn Sie fliegen und Geländepunkte in der Nacht ausmachen wollen – vielleicht Hinweis auf russisches Flugzeug.«*

Dies war offenbar ein Fall (einer der ganz wenigen, auf die ich beim Lesen von Shermans Protokollen gestoßen bin), wo sein Bewußtsein ihm eine logische und wahrscheinliche Erklärung für die empfangenen Eindrücke suggerierte. Er wußte, daß Merrill in seiner Lockheed Pingpongbälle hatte, und die Verbindung »Licht – Scheinwerfer« war logisch.

Ich hatte in der Tat »stark« an Lichter gedacht, denn unsere an Pfosten aufgehängten Petroleumgaslampen warfen ein so helles Licht auf die Schneedecke, daß ich unwillkürlich an Scheinwerfer denken mußte. Ich überlegte, ob es nicht

ratsam sei, die Scheinwerfer unseres Flugzeugs während des ganzen Fluges bei Mondlicht über dem Polareis eingeschaltet zu lassen. Zwar würden sie die Eisdecke unter uns nicht beleuchten können. Dazu flogen wir zu hoch. Aber sie würden leicht wahrzunehmen und vielleicht schon lange, bevor man die Motoren hören konnte, zu sehen sein. Darum, glaube ich, war Shermans »Treffer« diesmal wirklich ein Meisterschuß. Natürlich gab es in Shermans Protokollen auch vieles, was in meinem Erleben, jedenfalls soweit meine bewußte Erinnerung reichte, keinen Platz hatte. So vermerkte er zum Beispiel an diesem selben Abend: »Sie dachten heute an Weihnachten – Ihre Frau kam Ihnen in den Sinn – Grüße an einige Freunde.«
Möglicherweise war das so. Aber solche Gedanken hatte ich nicht in meinem Tagebuch vermerkt und konnte mich später, als ich Shermans Berichte las, nicht mehr erinnern, ob sie mir damals durch den Kopf gingen oder nicht. Da ich leider nicht über alles Tagebuch führte, hat Sherman in Wahrheit vielleicht weit mehr Treffer erzielt, als ich ihm auf Grund meiner Unterlagen bescheinigen konnte. Es bleiben aber auch so noch so viele Treffer übrig, daß ich mich hier auf die Fälle beschränken will, in denen alle Zweifel ausgeschlossen werden können.
In dem selben Bericht (30. November) schreibt Sherman: *»Fühle immer noch eine besondere Aktivität für Mittwoch (morgen). Weitere Arbeit an der Funkstation und Erprobung der Station. Erprobung wird intensiviert – das ist jetzt eine Ihrer Hauptsorgen.«*
In dieser Nacht dachte ich lebhaft an die für den nächsten Tag geplanten Probesendungen mit unserer eigenen Bodenstation. Wir hatten noch keine direkte Verbindung mit New York herstellen können, und ich hatte den dringenden Wunsch, der Sowjetischen Botschaft mitzuteilen, daß unsere Station in Betrieb war und daß wir jetzt mit der Suche bei Mondlicht beginnen konnten.
Am Mittwoch, dem 1. Dezember, schrieb ich in mein Tagebuch: »Wir hatten einen arbeitsreichen Tag. Die Antennen für Sendung und Empfang sind aufgestellt. Heute montieren

wir den Motor und den Generator für den großen Sender. Zum erstenmal konnte Wilson eine zweiseitige Verbindung mit verschiedenen Stationen in Kanada und Alaska herstellen, und am Abend um 19.30 Uhr hatten wir zum erstenmal Kontakt mit Iversen in New York.«

Ich hatte gehofft, Sherman an diesem Abend einen »normalen« Funkspruch schicken zu können, aber atmosphärische Störungen verzögerten die Durchgabe meiner Mitteilung an die Sowjetische Botschaft und eines langen Artikels für die *New York Times* so sehr, daß ich auf das Funktelegramm an Sherman verzichtete. Statt dessen meldete ich mich bei ihm zur verabredeten Zeit per »Gedankentelegraph« und informierte ihn auf diesem Wege über die Tagesereignisse.

Sherman fing davon auf: »*Wirkliche Aktion jetzt eingeleitet – Funkexperimente so gut wie abgeschlossen. Erste Suchflüge für Sonntag oder Montag geplant.*«

(Ich hatte daran gedacht, nach Point Barrow zu fliegen, sobald unsere Funkstation in Betrieb war – Sonntag oder Montag, je nachdem.)

»*Ihr Funker übt heute Empfang und Sendung – Sie empfangen Signale von verschiedenen entfernten Plätzen – setzen sich in Verbindung mit den sowjetischen Behörden. Der Name Wilson taucht auf . . . er ist über irgend etwas verstimmt . . . scheinbar das Funkgerät.*«

An diesem Tag, dem 1. Dezember, konnten wir von unserer Bodenstation erstmals senden und empfangen. An die Sowjetische Botschaft funkten wir an diesem Abend: »Ihre Station RUPULA in Betrieb. Sowjetflagge gehißt.«

Ich weiß nicht, ob Sherman den Namen unseres Funkers (Wilson) kannte, wahrscheinlich nicht. Ich dachte lebhaft an Wilson, und in meinem Tagebuch findet sich an diesem Tage die Eintragung: (Radio-)»Station in Rekordzeit fertig. Wilson macht seine Sache gut. Er ist geschickt und ausdauernd; scheut keine Überstunden.«

Vom 2. bis 5. Dezember setzten wir unsere Tests mit dem Funkpeilgerät fort. Viele unserer Berechnungen der Position von Funkstationen im Umkreis von bis zu 1500 Kilometern erwiesen sich als mehr oder weniger korrekt. Ein

Funkpeilgerät genügte, um festzustellen, aus welcher Richtung die Signale kamen. Aber um eine Sendestelle exakt lokalisieren zu können, brauchten wir ein zweites Gerät an einem möglichst weit entfernten Ort. Erst durch die Projektion der von beiden Geräten ausgesandten Signale bis zu dem Punkt, auf dem sie sich auf der Landkarte schnitten, ließ sich der betreffende Sender genau orten.

Feuer in Point Barrow

Frühmorgens am Sonntag, dem 6. Dezember, funktionierten unsere beiden Funkpeilgeräte einwandfrei, und so entschieden wir uns für einen Langstrecken-Testflug.
Mit Cheeseman am Steuer starteten wir von Aklavik um 10 Uhr vormittags, und obwohl Nebel herrschte und die Küstenlinie kaum zu sehen war, konnten wir verschiedene Kurse nach Kompaß erproben, prüften dabei unsere Instrumente und erreichten nach fünf Stunden Point Barrow. Wir landeten auf einer Lagune zwischen den beiden Dorfhälften. Unser Funker – Mr. Cooke – hatte sich bestens eingerichtet und eingelebt. Der Aufsichtsbeamte, Stabsfeldwebel Morgan, hatte jede denkbare Hilfe geleistet, und alles in Point Barrow war so, wie wir es uns nur wünschen konnten. Die Generatoranlage war noch nicht eingetroffen, aber in der Zwischenzeit versorgte die Station der Nachrichtentruppe unseren Sender mit Strom.
Point Barrow liegt an beiden Ufern einer Salzwasserlagune. Ein kurzes Stück Fluß verbindet sie mit dem Meer. Im Dezember sind sowohl die Lagune wie der Fluß zugefroren. Das Eis auf der Lagune war uneben, aber Cooke und Morgan hatten es für unsere Landung brauchbar gemacht.
Am Südufer der Lagune, nahe ihrem Ende, lag eine Eskimosiedlung mit Hütten und Zelten eng beieinander. Ein Stück weiter, auf derselben Seite, war die Funkstation, die Kirche und die Schule. Dahinter dehnte sich endlos und öde die schneebedeckte arktische Tundra – flach und eben bis zur Linie, wo sich Himmel und Horizont begegneten, unterbrochen nur von spärlichen hügeligen Punkten, den sogenannten *Nunataks*.

Auf der anderen Seite der Lagune – im Norden – auf einer steil ansteigenden Anhöhe stand die Handelsstation, einige Warenhäuser und die Häuser verschiedener Angehöriger der Familie Brower, der die Handelsstation gehört.
Charlie Brower war vor rund fünfzig Jahren nach Point Barrow gekommen und hieß bald allgemein der »König von Alaska«, ein Titel, den er sich als Bevollmächtigter der Regierung, als Oberpostmeister und Oberinspektor für alle offiziellen und inoffiziellen Angelegenheiten der arktischen Küste Alaskas redlich verdient hatte. Unter seiner Beratung und Obhut hatten sich auch die Beziehungen zu den örtlichen Eskimos besonders erfreulich entwickelt.
Wir hatten Schlafsäcke, die mit Eiderdaunen gestopft waren, mitgebracht, hofften aber, daß uns die Eskimofrauen in Point Barrow Schlafsäcke und Kleider aus Rentierfellen nähen würden. Weil das nicht im Handumdrehen zu machen war, sah ich mich sogleich nach Rentierfellen um und sprach mit Eskimofrauen, die bereit waren, diese Arbeit zu übernehmen.
Man vergleiche damit Shermans Notizen vom Abend des 6. Dezember: *»Habe das Gefühl, mit Ihnen auf dem Eis zu sein – Probeflug mit Funk-Tests während des Fluges. Sie fliegen etwa 150 Kilometer und kehren zu Ihrer Operationsbasis in Aklavik zurück.«*
(Möglicherweise war dies Ergebnis ein Produkt der Einbildung. Sherman wußte natürlich, daß mit Probeflügen zu rechnen war, und er hatte schon vorher registriert, daß wir wahrscheinlich am Sonntag oder Montag einen Flug unternehmen würden. Er irrte sich hinsichtlich unserer Rückkehr nach Aklavik, aber die Umstände, die er beschrieb, paßten zu Point Barrow, wohin wir tatsächlich geflogen waren.)
»Sehe eine Bahn im Schnee für einen Flugzeugstart vorbereitet. Lager auf dem Eis sehr kalt. – Ich habe das Gefühl, ein gutes Stück weg vom Ufer, wo sich das Flugzeug befindet, zu einer kleinen Siedlung auf dem Eis zu gehen – eine Gruppe von Hütten und Zelten – mit etwa acht Fuß Abstand, die Zelte, und, aus meiner Blickrichtung, von Süden wie mir scheint, sieht man niedriges, ödes, schneebedecktes Land – kleine Hü-

gel wie Flecken . . . steil ansteigende Anhöhe auf der Seite von Aklavik und darauf Schuppen und Häuser und Warenlager.«

(In Wahrheit das Zentrum des Dorfes Point Barrow – nicht Aklavik.)
»Sehe ich Schlafsäcke – irgend etwas sehr Warmes – um in der Nacht hineinzuschlüpfen?«
Man erkennt deutlich, daß Shermans Beschreibung des Dorfes mit den Tatsachen und Zuständen übereinstimmt. Das Flugzeug war etwa 200 Meter von den Hütten und Zelten auf der einen Seite der Lagune entfernt, dahinter dehnte sich in nördlicher Richtung flaches, schneebedecktes Land – und auf der gegenüberliegenden Seite sah man Schuppen, Häuser, Warenlager. (Es waren tatsächlich Lagerschuppen, obwohl ich sie bei der Ankunft für Warenhäuser und eine Handelsstation gehalten hatte.)
Seit unserer Ankunft in der Arktis hatten wir Schlafsäcke benutzt – Schlafsäcke aus Eiderdaunen, die nicht besonders warm waren – aber in der Nacht, auf die sich Sherman bezieht, war mein Kopf voller Gedanken an *Fell*-Schlafsäcke, die »sehr warm« sind. Es wäre absurd, wegen einiger kleiner Unstimmigkeiten alle von Sherman in dieser Nacht registrierten Eindrücke in das Reich des Zufalls und der Phantasie zu verweisen.
Am 7. Dezember waren Shermans »Treffer« wirklich erstaunlich, abgesehen von seinen fortgesetzten Hinweisen auf Aklavik anstelle von Point Barrow:
»Ich sehe etwas wie ein knisterndes Feuer das nächtliche Aklavik erhellen; habe den entschiedenen Eindruck von brennenden Häusern – Sie können es von Ihrem Standort aus sehen. Ich dachte erst, das Feuer sei auf dem Eise in der Nähe des von einem Mann Ihrer Besatzung gebauten Zelts – das kann auch stimmen – aber der Eindruck bleibt, daß das brennende Haus weiß ist, und daß sich recht viele Menschen davor versammelt haben – Leute laufen oder gehen eilig auf die Flammen zu – bittere Kälte – es bläst ein kräftiger Wind – die Flammen schlagen hoch empor und werfen ihren Schein auf Schnee und Eis.«

Es war eine feuchtkalte, unter die Haut gehende windige Nacht; eine Nacht, in der sich selbst bei Temperaturen unter dem Gefrierpunkt Rauhreif bildet. Ich befand mich in der Radiostation von Point Barrow, als der Feueralarm ertönte, genau zu der Zeit, in der Sherman in seinem Zimmer in New York auf meine Gedankenbotschaften wartete. Aber natürlich wußte ich das nicht mit Sicherheit, denn ich hatte keine Ahnung, daß er unsere Verabredungen mit solcher Präzision und Gewissenhaftigkeit einhalten würde. Ich selbst hatte es damit nicht allzu genau genommen, und auch in dieser Nacht war ich nicht wirklich auf Sherman und unser Rendezvous eingestellt. Statt dessen war ich mit der Absendung einiger Telegramme nach New York und Aklavik beschäftigt.

Der Feueralarm war ein extra langes Telefonsignal. Es gab nur vier Häuser mit Telefon in Point Barrow, und mir war zunächst nicht klar, daß das lange Signal »Feuer« bedeutete. Aber Morgan rief »Feuer!« – und wir gingen beide zum Fenster und sahen auf das Dorf hinaus. Ein Eskimohaus brannte. Die Flammen schlugen aus dem Schornstein empor, und vor unseren Augen griffen sie auf die Stellen des Dachs über, die frei von Schnee waren. Männer und Frauen liefen herbei, versehen mit Äxten und Schaufeln. Es gab natürlich kein Wasser zum Löschen. Die Männer schaufelten Schnee auf das Feuer und schlugen mit den Äxten brennende Stücke los. Sie hatten das Feuer bald unter Kontrolle. Ich sprach mit Morgan über die Häufigkeit solcher Brände, und er sagte, sie seien in den siebzehn Jahren, die er hier gewesen sei, sehr selten gewesen. Es hatte nur einmal ein Großfeuer gegeben, und das vor einigen Monaten, als das Krankenhaus und die Wohnung des Doktors abbrannten.

Wir fuhren fort mit unserer Arbeit an dem Radiosender. Ich hatte zu viel zu tun, um mich während der ganzen, für unseren Kontakt vorgesehenen Zeit mit Sherman zu beschäftigen, aber ich entsinne mich, daß ich mich, obwohl äußerlich mit meinen Funktelegrammen beschäftigt, fragte, ob Sherman wohl einen Eindruck von dem Feuer empfangen würde.

Er hatte ihn empfangen.
Zufall scheint unwahrscheinlich. Sein Bericht von dieser Nacht enthielt nicht nur eine gute Beschreibung des Feuers, sondern gab auch ein vollständiges Bild unseres Flugzeugs, das er nie gesehen hatte. Ich bezweifele auch, daß er es von Abbildungen her kannte oder sonst über seine Konstruktion Bescheid wußte. Er begann mit den Worten: *»Ihr Flugzeug gleicht einem silbernen Geist im Mondlicht«*, und endete: *»Flugzeug noch nicht mit allem ausgerüstet oder beladen, was für die großen Ausflüge nötig ist.«*
Das stimmte. Ich hatte mir über das Flugzeug und seine Last viele Gedanken gemacht. Gerade in dieser Nacht hatte ich es mir genau angesehen, denn es war zum erstenmal über und über mit Frost und Rauhreif bedeckt. Tragflächen, Fahrgestell und Motoren waren vollkommen vereist und gaben dem Flugzeug gegen die schmutziggraue Eisfläche ein gespenstisch-unwirkliches Aussehen.
Ich hatte daran gedacht, einen Spezialschlitten eigener Konstruktion mit an Bord zu nehmen; einen Schlitten, den man auseinandernehmen und, wenn nötig, auf dem Eis wieder zusammensetzen konnte. Am nächsten Morgen wollte ich Dave Brower fragen, ob er in seinem Lager das Material hatte, aus dem ich den Schlitten machen konnte.
In Shermans Bericht heißt es weiter: *»Ich habe einen kurzen Eindruck von einer Beerdigung . . . seltsames Gefühl in diesem Zusammenhang . . . der Doktor als Leichenbestatter – oder irgendwie beteiligt.«*
Es gibt keinen Leichenbestatter in Point Barrow; der Doktor ist zugleich Leichenbeschauer und erledigt alle Formalitäten in Zusammenhang mit einem Todesfall, mit Ausnahme der eigentlichen Beerdigung.
Sie ist Sache der Eskimos.
An diesem Abend hatte mir der Doktor gesagt, daß ein Baby gestorben sei und daß man es am selben Tage beerdigt habe. Wir hatten eine ganze Weile über die vielen Todesfälle in den letzten Jahren unter den Eskimos gesprochen, verursacht meist – durch Tuberkulose.
Wir hatten uns das Geburts- und Sterberegister von Point

Barrow angesehen und viele merkwürdige Eintragungen entdeckt. Der Doktor machte eine Abschrift des Sterberegisters und wies darauf hin, wie oft die Eintragung »Tod durch Erfrieren« vorkam. Damit, so sagte er, seien die Fälle gemeint, in denen jemand draußen in einem Zeltlager fern vom Dorf gestorben und zur Beerdigung nach Point Barrow gebracht worden sei. Der Arzt in Point Barrow, ohne eigene Kenntnis der Todesursache und ohne Verpflichtung, sie nachträglich zu ermitteln, begnügte sich mit dem Vermerk »Tod durch Erfrieren« und schloß damit die Akten des Falles. Das Ergebnis dieser Praxis war allerdings eine irreführende Statistik, da die Betreffenden wahrscheinlich an irgendeiner Krankheit gestorben waren.

Sherman fuhr fort: *»Ich denke an Tanz und Geselligkeit im Erdgeschoß oder im ersten Stock einer Kirche oder eines Gemeindehauses – da ist ein weißer Turm, davor ein Platz. Ich würde sagen, es ist ein zweieinhalbstöckiges Haus. Sie und die Besatzung, oder einige davon, kamen vorbei und schauten zu.«*

All das stimmte. Die Eskimos hatten eine Zusammenkunft in der Kirche, und wir hatten ein paar Minuten lang zugesehen.

Sehe Fischfang an Eislöchern.

Auch das traf zu; denn *an diesem Tage* hatten die Frauen durch Löcher in dem Eis vor dem Dorf Fische gefangen, die man hier »Tom-Cod« nennt, eine Art Kabeljau. Sie fischen oft – wenn auch nicht jeden Tag – auf dem Eis bei Point Barrow, aber ich bezweifle, daß Sherman darüber irgendwo oder irgendwann etwas gelesen oder gehört hatte.

Er schrieb: *»Verkrüppelte Bäume ... mehrere kleine Docks.«*

So etwas gibt es nicht in Point Barrow, aber Sherman fuhr fort: *»Einige alte Boote im Eis eingefroren ... Lichter in der Stadt auf hohen dünnen Pfosten ... ein Weg, der in kurzem Abstand vom Ufer dem Fluß folgt, eine Kurve um eine Halbinsel beschreibt, während der Fluß sich zu einer ansehnlichen Bucht verbreitert ... die meisten Häuser und Wirtschaftsgebäude von Bedeutung liegen an diesem Weg.«*

Das ist ein ziemlich exaktes Bild von Point Barrow und seiner Lage – von einem Ort, den Sherman weder in Wirklichkeit noch auf einer Fotografie je gesehen hatte.
Am 8. und 9. Dezember waren wir viel mit Details der Expedition beschäftigt, und an diesem Tage wurden wir wieder einmal ausgiebig bewirtet.
In meinem Tagebuch finde ich unter dem 8. Dezember die Notiz: »Barrow macht der Tradition der Gastfreundschaft im Norden alle Ehre. Wir sind in dieser Woche jeden Abend zum Essen eingeladen. Erst waren wir bei den Morgans, dann bei Dr. George und seiner Familie und heute bei Pastor Klerekuper und Frau. Die Klerekupers sind die Missionare.«
Mit Pastor Klerekuper sprach ich über Stefanssons Buch *Mein Leben mit den Eskimos,* worin Stefansson schreibt, er hätte auf seiner ersten Expedition nie die Gelegenheit gehabt, viele Monate als einziger weißer Mann mit den Eskimos zu verbringen, wenn er, statt dem Lauf des Mackenzie-Flusses zu folgen, mit dem Expeditions-Schiff den Seeweg längs der Küste benutzt hätte.
Ohne diesen täglichen, unmittelbaren Kontakt hätte er über Eskimos nicht mehr erfahren als ein durchschnittlicher Missionar oder Händler. Klerekuper sagte, bevor er selbst die Eskimos kennengelernt habe, habe ihm diese Bemerkung Stefanssons mißfallen, weil sie ihm eine Kritik an den Missionaren zu enthalten schien. Aber seit er hier im Norden unter den Eingeborenen in ihrer festen Siedlung Point Barrow lebte, sei ihm klargeworden, daß Stefansson nicht die Missionare kritisieren, sondern nur einen Tatbestand zum Ausdruck bringen wollte. Klerekuper sagte, bei seiner Arbeit als Missionar habe er es schwer gefunden, dem Geheimnis der Eskimoseele wirklich auf die Spur zu kommen, ja auch nur die ursprünglichen Sitten und Gebräuche der Eskimos kennenzulernen. Er hatte sich darüber aber nicht sehr lange den Kopf zerbrochen, denn er hielt es für seine Aufgabe, den Eskimos neue Dinge und neue Gedanken nahezubringen, und es ihnen zu überlassen, sie zu übernehmen, wenn ihnen danach der Sinn stand.

Sowohl Mr. und Mrs. Klerekuper wie auch die ganze übrige weiße Bevölkerung von Point Barrow erwiesen sich als charmante Gastgeber und äußerst liebenswürdige Menschen. Ich besuchte die Schule und hielt eine Rede vor den Eskimokindern – und auch vor einigen Erwachsenen, darunter mehreren meiner alten Gefährten von der Stefansson-Expedition.

Die Eskimos sind sehr geschickt im Interpretieren von Bildern und Karten. Auf der Tafel zeichnete ich ihnen ein Bild von meinem Unterseeboot und von dem Gebiet, in dem wir es bei unseren Forschungen in der Nähe des Nordpols benutzt hatten. Ich deutete auch an, wo ich nach den russischen Fliegern suchen würde. Die Eskimos waren sehr interessiert, machten sich aber Sorgen wegen des Risikos, das ich einging, denn sie hatten schon so viele Tragödien erlebt, wenn Menschen sich zu weit weg von der Küste auf das Eis hinausgewagt hatten.

Ich notierte an diesem Tage in meinem Tagebuch, daß Kenyon und ich im oberen Stock unseres Hauses jeder in seinem Feldbett schliefen, Cheeseman und Dyne dagegen in ihren Schlafsäcken auf einem großen Bett in einem Zimmer zur ebenen Erde. Ich kann mich nicht erinnern, diese Information Sherman »gesendet« zu haben, aber in seinem Bericht von der Nacht des 9. Dezember lese ich:

»In Point Barrow schlafen Sie in einem Zimmer mit mehreren Betten. Sie und die Besatzung schauen in Point Barrow zu bei einer Art von Bankett, in einer Kirche. Frauen tragen Speisen auf – Reden? Ein Geistlicher. Vielleicht sind meine Eindrücke gefärbt – aber ich sehe Sie in Verbindung mit einer Schule vor einer Tafel . . . Kreide in der Hand – Sie halten eine kurze Ansprache, Zeichnung zur Erläuterung Ihrer Worte.«

Sherman beschreibt auch die Handelsstation richtig: *»Die Handelsstation ist weiß, fast so breit wie lang, rotes Dach. Regale in guter Ordnung, Konservendosen; Ofen – nein scheinbar zwei Öfen . . . der Handelsstation gegenüber etwas wie eine Kombination von Schankstube und Restaurant.«*

Gegenüber dem Warenhaus lag das Restaurant, wo wir und andere Durchreisende ihre Mahlzeiten einnahmen; eine

Schankstube gibt es nicht in Point Barrow. Offiziell herrscht Alkoholverbot in der ganzen Gegend.
Vieles stimmte nicht ganz in Shermans Bericht an diesem Abend. Es ist möglich, daß seine Kenntnis gewisser Fakten seinen »Empfang« färbte – zum Beispiel, wenn er schrieb: *»Flugzeug gestartet, um Radiosender zu testen – Eindruck von Probeflug in der Nähe von Point Barrow, heute in der Frühe. Verbindung mit Iversen und Aklavik – Zweiweg-Unterhaltung – höre Stimmen – kommt mir vor, als sagten Sie, ›Hallo Iversen, hier Wilkins, sprechen Sie . . . Ja, gut so . . . Ich kann Sie gut hören . . . rufen Sie die Nummer SN 2147.‹ – Iversen, New York ruft Aklavik. Zwei Funker – einer ist bei Ihnen. Wilson, scheint mir.«*

Mein Flugzeug hatte tatsächlich die Nummer »N-214«, aber Shermans Bewußtsein hatte offenbar etwas »Farbe« beigesteuert und ein »S« und eine »7« hinzugefügt.
Eine Zweiweg-Unterhaltung hatte ich mit Fairbanks in Alaska gehabt. Ich sprach dort mit einigen Flugkontroll-Offizieren. Unser Funker Wilson war in Aklavik, und *er* hatte möglicherweise in dieser Nacht mit Iversen Kontakt gehabt. Ich glaube aber nicht, wenn ich es auch nicht mit Sicherheit verneinen kann, daß Wilson *Sprech*verbindung mit New York hatte.
In der Zeit zwischen dem 9. und dem 13. Dezember gab es einige aufregende Unterbrechungen. Wir verbrachten die Zeit entweder als Gäste verschiedener Einwohner von Point Barrow, Weißen und Eskimos, oder mit dem Bau der Fundamente für unsere Generatoranlage, die wir mit Luftfracht von Fairbanks erwarteten. Ich besuchte Werkstätten, wo die Eskimos Spielzeug und bestimmte Modelle herstellten, oder auch Souvenirs, teils, um sie an Freunde zu schicken, teils zum Verkauf – und ich übte mich am Funkgerät.
Am Abend des 11. Dezember hörte Kenyon, der eine Verbindung mit einem Amateursender herstellen wollte, zu seiner Überraschung die Stimme des Piloten Gillam, der in einem Frachtflugzeug mit unserer Sendeanlage unterwegs war. Gillam sagte (über Radio), er habe bei Cape Halkett

– etwa 130 Kilometer von Point Barrow – notlanden müssen. Sein Flugzeug sei beschädigt, aber er hoffe, es selbst reparieren und herfliegen zu können. Er brauche Material für die Reparatur. Er sagte, er würde einen Teil der Fracht zurücklassen müssen, und riet uns dringend von einem Versuch ab, mit unserer großen Maschine in seiner Nähe zu landen, weil der Boden zu uneben sei.

Ich wollte die Ausrüstung so bald wie möglich in Point Barrow haben und schickte einen Eskimo mit einem Hundeschlitten, um sie zu holen. Ich kannte die Umgebung von Cape Halkett gut und glaubte, ich würde schon einen Landeplatz finden können, von dem aus man den Platz, wo Gillam gelandet war, zu Fuß erreichen konnte.

Die Sicht war sehr schlecht, kaum mehr als ein Kilometer. Aber da das Wetter bei Cape Halkett häufig besser war als in Point Barrow, beschloß ich, hinzufliegen. Mit Kenyon und Dyne starteten wir von der Lagune und flogen in nur 30 Meter Höhe, der Küste folgend, in Richtung Cape Halkett. Wir stellten bald fest, daß jede Orientierung unmöglich war; Nebel und Dunst machten den Boden unsichtbar. Wir mußten umkehren und hatten erhebliche Schwierigkeiten, um nach Point Barrow zurückzufinden – hier machten wir eine gewagte, aber sichere Landung.

Stabsfeldwebel Morgan hatte einen alten Ford-Motorschlitten in seinem Schuppen. Er war in seine Teile zerlegt und seit vielen Monaten nicht benutzt worden; aber Morgan, voller Energie und voller Eifer, uns zu helfen, ging sofort daran, den Schlitten, zusammen mit unseren Mechanikern, startklar zu machen. Er meinte, er würde es schaffen, trotz des dicken Nebels der Küstenlinie zu folgen: eine schwierige Sache an der Nordküste von Alaska – wo die Tundra sich kaum über den Meeresspiegel erhebt, und wo es im Winter kaum möglich ist, Meer und Land zu unterscheiden.

Um zehn Uhr abends am Montag, dem 13., ließ sich der Motor des Schlittens zum erstenmal mit einigen gedämpften Hust-Lauten vernehmen und begann sich zu drehen. Zwei Stunden nach Mitternacht brachen Morgan, Ned – ein Eskimo – und Mr. Smirnow nach Halkett auf. Smirnow, ein junger russischer Radiomechaniker, erwies sich als wertvolle Hilfe.

Die drei kehrten am folgenden Abend um zehn Uhr nach Point Barrow zurück. Genauer gesagt, bis beinahe nach Point Barrow, denn einige hundert Meter vor dem Ziel gab der Motorschlitten seinen Geist auf und verweigerte definitiv jeden weiteren Dienst. Er hatte schon unterwegs ständig Schwierigkeiten gemacht, der Kühler war leck, und es haperte auch an anderen Stellen. Die ganze Reise war für die drei Männer mehr oder weniger ein Alptraum gewesen, es herrschte ständig Dunkelheit und dichter Nebel.

Sie hatten festgestellt, daß es unmöglich war, der Küstenlinie zu folgen, und waren auf das Meereseis hinausgefahren bis zu der sogenannten Gezeitenspalte, wo das bewegte Meereseis und das feste Landeis aufeinanderstoßen. Gewöhnlich durch einen Streifen offenen Wassers markiert, würde diese Spalte als dunkler Strich den Reisenden helfen, sich zu orientieren. Als sie neben der Gezeitenspalte herfuhren, waren sie auf Neueis geraten und fühlten, wie der Motorschlitten unter ihnen zu sinken begann. Morgan hatte das schon einmal erlebt, und er war mit dem ganzen Schlitten eingebrochen. Diesmal wußte er, was zu tun war, er gab Vollgas und raste mit Höchstgeschwindigkeit weiter, bis er festeres Eis erreicht hatte.

Er schaffte es, aber es war ein großes Wagnis. Hätte er angehalten, wären sie eingebrochen und wahrscheinlich sofort gesunken. Die Weiterfahrt mit Höchstgeschwindigkeit hätte in einer offenen Wasserstelle enden können; aber sie hatten Glück und fanden dickeres Eis.

Schließlich machten sie Gillam und sein Flugzeug ausfindig. Sie halfen ihm mit den Reparaturen, beluden den Schlitten mit der für uns gedachten Fracht und traten den Rückweg an.

Von der Hundeschlittenexpedition, die ich ausgesandt hatte, sahen sie keine Spur. Sie traf erst zwei Tage später ein. Obwohl der sie anführende Eskimo die Küste leidlich gut kannte, verirrte er sich im Nebel und wanderte drei Tage lang in der Tundra umher, bevor er den Rückweg nach Point

Barrow fand. Als er dort eintraf, waren seine Hunde und er selbst ebenso erschöpft wie der Motorschlitten.
Morgan und sein Motorschlitten hatten es geschafft. Wir trugen die Generatorausrüstung die letzten paar hundert Meter zu dem vorbereiteten Platz und begannen mit der Installation.
Nach einem Flug durch den Nebel landete am nächsten Tag auch Gillam mit seiner angeschlagenen Maschine in Point Barrow. Einer der Stoßdämpfer war außer Funktion, aber Gillam hatte ihn mit einer Eisenstange und einigen Holzklötzen so geschickt geschient, daß er mit diesem Provisorium sicher starten und landen konnte.
Es ist erstaunlich, was diese sogenannten »Urwaldpiloten« von Alaska und Kanada zuwege bringen. Sie fliegen über Tausende von Kilometern »weißer Flecken« auf der Landkarte, oft allein und in jedem Wetter, wenn jemand aus der Wildnis gerettet oder ein Schwerkranker in ein Hospital gebracht werden muß. Manchmal machen sie eine Bruchlandung und verlassen ihre Maschine ohne fremde Hilfe. Oft landen sie an den unglaublichsten Stellen und unter den unmöglichsten Bedingungen. *Ihre* Heldentaten bleiben meist unbekannt und unbesungen. Die Geschichte ihrer mit Mut, Todesverachtung und Geschicklichkeit bestandenen Abenteuer würde eine spannende Lektüre abgeben.
Was berichtete Sherman über all diese Ereignisse?
In der Nacht des 13. Dezember schrieb er: »*Aktion – scheinbar sind Sie in der Luft – mehr Schnee – bittere Kälte – sieht so aus, als ob etwas gelötet werden muß – löste sich oder brach ab oder bekam einen Riß – Schwierigkeit mit einer der Schneekufen nach einer harten Landung wegen des Zustandes der Landebahn und des schlechten Flugwetters – Notlandung, entweder beim Rückflug oder bei Probeflügen längs der Küste – oder draußen auf dem Polareis – Sicht durch Dunst behindert – viel Funkverkehr – Spannung in der Luft. ›Suche aufgeben‹ kommt mir in den Sinn.*«
Nicht all das war mir selbst oder meinem Flugzeug widerfahren, aber alles, was Sherman erwähnte, hatte meine Gedanken sehr stark bewegt. Shermans Bericht entsprach in er-

staunlichem Maße den wirklichen Umständen. Aber auch diesmal machten sich Tendenzen der »Färbung« und der Assoziation mit bekannten Tatsachen geltend und störten den einwandfreien Empfang.
Weiter heißt es bei Sherman: »*In einem Kopf oder in mehreren Köpfen findet der Gedanke Eingang, daß eine weitere Suche nutzlos sei. Gewisse amtliche Stellen halten die russischen Flieger für tot – meinen, weitere Anstrengungen, sie zu finden, hätten keine Erfolgschancen und gefährdeten nur das Leben anderer – fühle, daß Ihnen solche Gedanken vertraut sind und Sie beunruhigen – andere russische Suchexpeditionen sind schon oder werden bald eingestellt.*«
Die großen Sorgen, die uns Gillams Unfall bereitet hatten, und die Eindrücke von unserem eigenen Flug im Nebel hatten vielleicht auch anderen Personen das große Risiko, das wir eingingen, bewußt gemacht. Das galt fraglos für einige unserer Bekannten in Point Barrow, die von Anfang an die Meinung vertraten, daß wir mit unserer Winterexpedition weit mehr riskierten als vernünftig war. Wenn Sherman tatsächlich Bruchstücke meiner Gedanken auffing, konnte er vielleicht auch fremde Gedanken wahrnehmen, die sich auf den gleichen Gegenstand bezogen.
Auch einer anderen ungewöhnlichen und mich stark beschäftigenden Tatsache war er auf die Spur gekommen: Da unsere Landebahn auf der Lagune nicht ideal war, wollte ich die Beschaffenheit einer anderen, größeren Lagune, weiter im Norden, untersuchen. Bei relativ gutem Wetter hatte ich mich von einem Eskimo in dessen Hundeschlitten einige Kilometer weit längs der Küste zu dieser Lagune fahren lassen. Sherman schrieb: »*Habe den Eindruck, ein Mann mit Hundegespann bringt Sie irgendwohin auf einem Schlitten.*«
Am 14., 15. und 16. Dezember wurden wir fertig mit der Installation und Montage des Generators für unsere Sendestation. Wir fühlten uns erleichtert bei dem Gedanken, daß nun die nötigen Vorbereitungen für alle erdenklichen Situationen und Notfälle getroffen waren. Sollte die leichte Wetterbesserung bis in die Vollmondperiode hinein andauern, würden wir schon bald unseren ersten Mondscheinflug un-

ternehmen können. Bisher waren wir in Point Barrow, was das Wetter betrifft, von Pech verfolgt gewesen.
Ursprünglich hatte ich von Aklavik starten wollen, da aber die verspätete Ankunft des Generators uns schon viel Zeit gekostet hatte und das Wetter nirgends über der Arktis günstig war, beschloß ich, in Point Barrow zu bleiben und unseren Flug von dort zu beginnen; entweder als Hin- und Rückflug über dem Polarmeer oder als Flug im Dreieck mit dem Endziel Aklavik.
Die Meteorologen in Fairbanks sagten nach genauer Prüfung der Wetterlage, möglicherweise werde das Wetter am 16. und 17. gut sein. Am 15. klarte es ein wenig auf, und da ich keine Chance verpassen wollte, war ich schon halb zum Start entschlossen, ließ mich aber von Kenyon überzeugen, daß es sich nicht lohne, dieses zusätzliche Risiko einzugehen, wenn – nach dem Wetterbericht – die beiden folgenden Tage bessere Bedingungen versprächen. Wir warteten also.
Das Wetter am 16. war für die Wetterpropheten so enttäuschend wie für uns: es wurde plötzlich schlechter statt besser, und an einen Flug war nicht mehr zu denken. Das bekümmerte mich sehr, denn ich hatte mich ganz auf einen Flug im Dezembervollmond eingestellt. Aber so konnte ich wenigstens meine Verabredung mit Sherman einhalten. Es gab wenig Aufregendes zu melden, bis auf Gillams glückliche Landung in seiner geflickten Maschine; die Tatsache, daß wir lahmgelegt waren und daß ein Postflugzeug aus Fairbanks einige Briefe für mich mitgebracht hatte.
Shermans Bericht vom Abend des 16. Dezember enthielt unter anderem: »*Obwohl dies der Tag ist, an dem Sie starten wollten, habe ich nicht das Gefühl, daß Sie jetzt in der Luft sind; Sie sind bereit und warten – habe den Eindruck, Sie machen sich Sorgen wegen der Zeit, in der der Mond günstig ist – entschiedenes »Festgehalten«-Gefühl – zeitweiser Stillstand, nichts, was Sie dagegen tun können. Ein anderer Flugzeugführer, nicht von Ihrer Expedition . . . kann es der Pilot des Postflugzeugs sein? Sie lesen einen Haufen Briefe. – Dreieckseindruck – werden Sie von einem Platz oder Stützpunkt aus starten, der die Spitze eines Dreiecks bildet, dann entweder*

nach rechts oder links abbiegen und zu Ihrem Startort zurückkehren? Ich sehe solche Linien auf einer Karte eingezeichnet . . . bei dem darauffolgenden Flug wollen Sie das Dreieck umkehren, so daß Ihr Startort auf der Basis liegt und Ihr Zielpunkt die Spitze bildet. Sie haben sich viel mit dieser Frage befaßt.«

Ich hatte Sherman nichts über die Flugrichtung auf dem Gedankenwege übermitteln *wollen.* Ich bemühte mich in der Regel, nur das zu übermitteln, was schon geschehen war. Dennoch, im Zusammenhang mit den beiden »starken« Gedanken – »am Boden festgehalten« und »ein anderer Flugzeugführer« – hatte Sherman das aufgefangen, was mir an diesem Tage tatsächlich am meisten Kofpzerbrechen gemacht hatte. Genau wie er es beschrieb, überlegte ich, ob es ratsam sei, von Point Barrow aus einen Dreieckskurs zu fliegen, der uns zum Startplatz zurückbringen würde, oder ein anderes Dreieck mit Start in Point Barrow und Landung in Aklavik zu fliegen. Ich hatte beide Routen auf meiner Karte eingezeichnet und war entschlossen, es vom Wetter auf dem Fluge und von den Wetterberichten aus Point Barrow und Aklavik abhängig zu machen (sobald wir am fernsten Punkt angelangt wären), welchen Rückweg wir einschlagen würden.

Das alles konnte *offensichtlich* nicht auf irgendeinem mechanischen Weg zu Sherman nach New York gelangt sein. Nur in meinem Kopf, nirgendwo anders, waren diese Probleme aufgetaucht, und ich war in Point Barrow, mehr als 5000 Kilometer von Sherman in New York entfernt.

Vom 16. bis zum 21. Dezember – der ganzen Vollmondphase – war das Wetter so schlecht, daß ein Flug über dem Eis nicht in Frage kam. Die Verzögerung war, milde gesagt, mehr als ärgerlich.

Sherman notierte am 20. die Symptome des »Ärgers« und eine Anzahl von tatsächlichen Vorkommnissen. Zum Beispiel: *»Dyne gewinnt beim Kartenspiel . . . und Sie trinken einen seltenen Wein.«* Die Besatzung spielte gelegentlich Karten, und in den Häusern, in denen wir verkehrten, wurde uns hin und wieder Wein kredenzt. An dem fraglichen

Abend hatten wir hausgemachten Blaubeerwein getrunken, der uns sehr gut schmeckte.
Ich war sehr ungehalten und enttäuscht, weil wir in der Dezember-Vollmondphase nicht fliegen konnten, und es gab wenig, was mir »wichtig« genug schien, um Sherman zu beeindrucken. Dennoch hatte er das Kartenspiel und den Blaubeerwein mitbekommen.
In unserem Haus war eine Ofenverkleidung so niedrig angebracht, daß Kenyon, Cheeseman, Dyne und ich viele Male mit dem Kopf dagegengestoßen waren. (Die Hausbewohner und die Eskimos hatten keine solchen Probleme, denn sie waren von kleinerer Statur als wir.) Obwohl die Zusammenstöße hart und schmerzhaft waren – Cheeseman war einmal fast ohnmächtig –, dauerte es lange, bis wir den Reflex entwickelten, uns rechtzeitig zu ducken.
Es war sehr deprimierend zu wissen, daß drei Wochen bis zu unserer nächsten Chance, zu einem Flug übers Eis zu starten, vergehen würden. Bis dahin war nicht viel mehr zu tun als zu warten.
Es gab also kaum etwas, was ich Sherman »senden« konnte, dennoch notierte er: »*Gefühl der Niedergeschlagenheit – kann Stimmung nicht los werden – sie ist zu stark – etwas besonders Enttäuschendes ist passiert. Fühle plötzlich heftigen Schmerz – rechts am Kopf. Eine Anzahl Gedankenbilder wollen Gestalt annehmen – keins setzt sich genügend durch, um es festhalten zu können. Ich saß bis lange nach Mitternacht und versuchte, den Zustand der Depression abzuschütteln und die Gedankennebel zu vertreiben.*« Ich war sicherlich »niedergeschlagen« und hatte auch keine starken Emotionen, abgesehen von dem Schlag mit dem Kopf gegen die Ofenverkleidung.
Natürlich konnte ich damals nicht, und kann auch heute nicht, mit Gewißheit sagen, daß meine Anstrengungen, Sherman meine Gedanken zu »senden«, irgend etwas mit seinem »Empfang« von Dingen, die sich in Wirklichkeit abspielten, zu tun hatten. (Vielleicht wäre seine Ausbeute an »Treffern« ebenso groß gewesen, wenn er unabhängig und ohne meine Kenntnis gearbeitet hätte.)

Aber wer diese Berichte mit Interesse liest, wird, glaube ich, und das war auch tatsächlich die Reaktion vieler Leser, zu dem Schluß kommen, daß zwischen meinen Gedanken in Augenblicken emotionaler Spannung und der Stimulierung geistiger Prozesse bei Sherman irgendeine Beziehung bestanden haben muß, zumal, wenn diese geistigen Prozesse sich zu Worten verdichteten, die das, was sich wirklich ereignete, hundertprozentig korrekt wiedergaben.
Zwischen dem 21. und 23. (unserem nächsten abendlichen Termin) geschah nichts von Bedeutung. Meine Stimmung litt immer noch darunter, daß das schlechte Wetter meinen Plan, während der Vollmondphase zu starten, vereitelt hatte. Es blieb uns nichts anderes übrig, als bis Mitte Januar zu warten, und das konnten wir ebensogut in Point Barrow, wo der Aufenthalt angenehmer war als in Aklavik.
In der Nacht des 23. Dezember sah ich zu, wie der dörfliche Weihnachtsbaum (von einem Versandhaus geliefert) geschmückt und alles für die Feier am Weihnachtsabend vorbereitet wurde. In Point Barrow ist es üblich, daß jedermann oder zum mindesten jede Familie etwas zu dem Weihnachtsfest beisteuert. Das ist kein Zwang, und es gibt kein Stirnrunzeln, wenn jemand mit leeren Händen kommt: man nimmt an, daß er nichts hat, und beruhigt sich bei dem Gedanken, daß für jeden genug da sein wird.
Ich ging zu einem Nebengebäude der Kirche und sah mir die Vorbereitungen an. Viele der Delikatessen für die Festmahlzeit waren schon angekommen und einige – stanken zum Himmel: ranziges Walfett, zum Beispiel, ist umwerfend! Eskimomänner schabten emsig Streifen von *muktuk*, wie die Walfischseiten genannt werden, um an die unteren, saubereren und frischeren Fettschichten heranzukommen.
Als ich an diesem Abend an Sherman dachte, fragte ich mich, ob wohl sein Geruchssinn so empfänglich sei wie sein Bewußtsein. In diesem Fall stand ihm wirklich etwas bevor! Aber offenbar blieben ihm Geruchserlebnisse erspart, denn obwohl er von »Depression« spricht und vom »Weihnachtsbaum« und »draußen vor der Tür – rot, blau und weiß«, macht er keine Anspielung auf irgendeine Ausdünstung.

Es war ein gelungenes, wenn auch nicht gerade strahlendes Weihnachtsfest. Draußen tobte ein Schneesturm. Zum Weihnachtsessen waren wir bei den Morgans. Es gab Geschenke für alle, auch für unangemeldete Gäste. Ich bekam ein Paar prächtige *mukluks* (Eskimostiefel aus Fell), genau das, was ich für den Flug brauchte. Eine alte Frau brachte mir zwei gefrorene Fische. Sie kannte mich von der Stefansson-Expedition. Wir hatten keinen Weihnachtsbaum, um die Geschenke darunter zu legen, so türmten sich die Gaben auf einem Tisch. Ich bedauerte, daß ich nicht einen richtigen Tannenbaum aus Aklavik mitgebracht hatte.
In Aklavik gibt es *richtige* Weihnachtsbäume, so viele und so schöne, wie man sich wünschen kann. Es wäre eine nette Geste für die Morgans und ein großes Erlebnis für die Eskimos gewesen, von denen viele niemals einen Baum überhaupt gesehen hatten. Rings um Point Barrow wachsen keine Bäume – nicht einmal im Hinterland. Das Baumähnlichste, was ein Point Barrow-Eskimo kennt, ist eine verkümmerte Weide, die zwei bis drei Fuß hoch wird, aber auch nur in einigen Flußtälern im Inland vorkommt.
Sherman erwähnt in seinem Bericht vom 27. Dezember unsere Weihnachtsfeier und die Geschenke und notierte ausdrücklich *»kein Baum«*. Er vermerkte auch: *»Rotes Licht heute nacht, als ob einem Ihrer Leute etwas zugestoßen sei . . . (hoffe, dies ist kein wahrer Eindruck . . . er streifte mein Bewußtsein flüchtig, aber ich erwähne ihn, getreu meinem Vorsatz, alles wiederzugeben, was mir während einer Sitzung in den Sinn kommt).«*
Der rote Lichtstrahl, den Sherman sah, eröffnet möglicherweise eine interessante Perspektive. Einer der Funker in Point Barrow war ernstlich erkrankt, und ich machte mir Sorgen um ihn. Seine Krankheit war für mich ein großes Problem; denn wenn er nicht rechtzeitig zur nächsten Vollmondperiode wieder auf den Beinen war, würden wir auf die Vorteile der Funkpeilung verzichten müssen.
Mein Tagebuch enthält keinen Hinweis auf ein für Sherman bestimmtes »rotes Signal«, obwohl ich mich jetzt regelmäßig zur vereinbarten Zeit mit Sherman »traf«. – Während ich

dies schreibe, habe ich keine Erinnerung an eine von mir ausgesandte »Rot«-Botschaft. Aber wir hatten ja in New York verabredet, daß ich, im Fall einer Krankheit oder einer Verletzung während der Expedition, ein rotes Alarmzeichen senden würde. War es möglich, daß Shermanns und mein Bewußtsein, gesteuert durch unsere feste Vereinbarung, automatisch das verabredete »Rot-Signal« auslösten? War es möglich, daß ein wenig erforschter und selten benutzter seelischer Mechanismus Gedanken in einer Weise »übertragen« konnte, daß sie so reagierten, wie das wache Bewußtsein es vorprogrammiert hatte?
Einige der interessantesten Stunden in Point Barrow verbrachte ich im Gespräch mit Dr. Levine. Er war von dem Gesundheitsdienst der USA beauftragt worden, die Eingeborenen medizinisch zu betreuen, die bei ihnen am häufigsten auftretenden Krankheiten zu studieren, sowie den Vitamingehalt und Nährwert ihrer Nahrung zu untersuchen. Wir sprachen vor allem über den großen Unterschied im Verhalten der »zivilisierten« und der von der weißen Zivilisation noch nicht berührten Eskimos.
Als ich mit Stefansson in der Arktis war, verbrachte ich viel Zeit mit Eskimos, die vor unserer Ankunft nur selten oder noch nie einen weißen Mann gesehen hatten. Sie lebten in ihrem primitiven Urzustand und waren frei von all den Beschwerden und Leiden der seit vielen Generationen »zivilisierten« Eskimos in Point Barrow.
Sherman berichtete in der Nacht des 27.: *»Ja, ich sehe Sie in Point Barrow im Gespräch mit einem Arzt, mit dem Sie sich recht gut verstehen – er scheint schlank, groß und etwa fünfzig Jahre alt zu sein.«*
Diese Personalbeschreibung paßte weniger gut auf Dr. Levine, jedoch um so besser auf Dr. George, den Chefarzt des Missions-Krankenhauses. Auch er war ein Mann von großer Bildung und für mich ein interessanter Gesprächspartner. Ich dachte häufig an ihn. Dr. George war nach vielen Jahren anstrengender Praxis in den Vereinigten Staaten zu einer kurzen Erholung in den Norden gekommen. Die Arbeit in Point Barrow fand er interessant und – ziemlich schwierig,

da das Krankenhaus kurz vor seiner Ankunft niedergebrannt war und die Patienten ohne Rücksicht auf die Schwere ihrer Krankheit extern, das heißt zu Hause behandelt werden mußten. Viele litten an einer unter den Eskimos häufigen Form von Tuberkulose, die, wie es heißt, durch Rentiere übertragen werden kann.

Am 27. Dezember berichtete Sherman auch folgendes: *»Sie haben beim Eisfischen zugesehen – nein . . . Sie haben auch selbst gefischt.«*

An diesem Tage war ich ein Stück über das Meereseis gegangen, um einen Landeplatz zu suchen, der besser war als unsere Lagune. Dabei hatte ich drei alte Frauen entdeckt, die an der Gezeitenspalte fischten. Ich setzte mich eine Weile zu ihnen, half ihnen, die Fische vom Haken zu nehmen, hielt aber nicht selbst die Angelschnur. Ich hatte mich hieran erinnert, als ich am Abend an Sherman dachte.

Die Tage verliefen jetzt so eintönig, daß ich bis zum 8. Januar nicht die Kraft aufbrachte, etwas in mein Tagebuch zu schreiben. Das Warten auf den Vollmond war ermüdend, und auch das Einhalten meiner Verabredungen mit Sherman fand ich etwas anstrengend. Weder er noch ich hatten ja bisher irgendeine Möglichkeit gehabt, zu erfahren, was der andere tat oder »auffing«. Ich fand unsere »Sitzungen« offen gestanden allmählich monoton. Zu meiner Schande muß ich gestehen, daß ich in gewisser Weise schlappmachte, während Sherman in seiner Treue zur Sache niemals wankend wurde.

Silvesterabend hatte ich energisch versucht, zu Sherman »durchzukommen«, wir waren im Dorf zu einer Gesellschaft eingeladen, und ich wußte, es würde spät werden. Am frühen Abend Point Barrower und etwa Mitternacht New Yorker Zeit war ich allein in unserem Haus. Ich »telegraphierte« Neujahrsgrüße an Sherman und außerdem an eine Reihe naher Freunde – wobei ich jeden beim Namen nannte. Solche telepathischen Grüße am Silvesterabend an meine Freunde zu schicken, habe ich mir seit vielen Jahren angewöhnt, ohne jemals feststellen zu können, ob meine Grüße meine Freunde auch erreichten; ausgenommen Sherman. Von seiner »Sitzung« in dieser Nacht berichtet er:

»Spüre, daß Sie sagen: ›Gutes Neues Jahr, Sherman!‹«
Sicher konnte Sherman erwarten, daß ich irgend etwas Derartiges in dieser Nacht sagen würde, und sein »Empfang« kann ein Phantasieprodukt sein; andererseits, Sherman ahnte nichts von meiner jahrelangen Gepflogenheit, solche Tele-Grüße zu verschicken.
Während all der Sitzungen am Anfang des Neuen Jahres – genauer gesagt *seiner* Sitzungen, denn ich war häufig treulos – zeichnete Sherman vieles auf, was vielleicht und sogar sehr wahrscheinlich durch meinen Kopf ging. Er beschrieb auch, was sich sehr wohl in Beziehung zu mir oder in meiner Umgebung abgespielt haben kann, obwohl ich es nicht schriftlich belegen kann und auch nicht versuchen möchte – so lange danach –, mein Gedächtnis zu Hilfe zu rufen, nur weil diese Tatsachen *wahrscheinlich* stimmten.
Einiges in Shermans Protokollen konnte unmöglich stimmen, zum Beispiel: *»Sehe plötzlich kastanienfarbenes Pferd einen Schlitten ziehen (mein Bewußtsein versucht diesen Eindruck zu verhindern, weil es bezweifelt, daß es so hoch im Norden Pferde geben kann), es scheint ein großer Schlitten zu sein, mit Material und Vorräten beladen.«*
In Point Barrow gab es kein Pferd, wohl aber in Aklavik, wo es uns geholfen hatte, Lasten zu befördern, als wir am 20. November unsere Funkstation aufbauten. Es wäre interessant herauszufinden, warum Sherman gerade am 4. Januar diesen Eindruck hatte. (Es kann sein, daß dieses Erlebnis mir am 4. Januar beziehungsweise kurz davor wieder in den Sinn kam, aber ich habe nichts darüber aufgezeichnet und kann mich auch nicht daran erinnern. Wenn dem so war, nahm Sherman sehr wahrscheinlich an, daß dieses »Bild« nach Point Barrow gehörte, wo ich damals war, und nicht nach Aklavik, wo ich gewesen war.)
Zwei Ereignisse, die Sherman am 6. Januar registrierte, sind interessant, weil sie sich auf Tatsachen beziehen, die schwerlich seiner Einbildungskraft entstammen konnten. Er schrieb: *»Sie sind in Gesellschaft eines jungen Mannes – Werkstatt-Hintergrund –, interessieren sich für Naturschätze, vor allem Öl. Zu Ihrer Unterhaltung werden Grammophon-*

platten gespielt, die Erinnerungen an alte Zeiten wecken.« Das war tatsächlich so. Ich sprach mit Morgan über die Ölvorkommen an der arktischen Küste, während sein kleiner Sohn einige alte Melodien auf einem Kindergrammophon spielte.
Vor dem 9. Januar hatte es drei Tage lang gestürmt und geschneit. Die Windrichtung änderte sich viele Male, und auf der Lagune bildeten sich bizarre, zickzackförmige Schneeverwehungen. Wenn sie festfroren, konnte kein schwer beladenes Flugzeug diese Landebahn mehr benutzen. Dies war ärgerlich, denn unter solchen Bedingungen konnten wir Point Barrow nicht als Operationsbasis benutzen, es sei denn, es fiel noch mehr Schnee und glich die Unebenheiten wieder aus.
Ich beschloß also, den größten Teil des Brennstoffs aus den Tanks abzulassen, mit dem so erleichterten Flugzeug zu starten und nach Aklavik zurückzufliegen, wo weiche, ebene, windgeschützte Flußläufe die Landung problemlos machen würden. Dort konnte der Wind den Schnee nicht vor sich hertreiben und zu Dünen türmen. Die Motoren wurden vorgewärmt, um zehn Uhr waren wir startbereit, als aus Aklavik extrem schlechtes Wetter gemeldet wurde, so daß wir noch einen Tag in Point Barrow verbringen mußten.
Am 11. waren die ersten Wetterberichte aus Aklavik nach wie vor schlecht, und ich war unentschlossen, ob ich mit den Startvorbereitungen beginnen sollte oder nicht.
Schließlich überwog der Gedanke, daß es weise sei, in der Hoffnung auf besseres Wetter die Motoren auf alle Fälle startbereit zu machen. Als günstigere Berichte eintrafen, ließen wir die Motoren anlaufen. Der eine machte anfangs Schwierigkeiten. Mr. Klerekuper wollte unseren Start filmen und beleuchtete die Szene mit starken Magnesiumfackeln.
Wir starteten langsam – ihm zuliebe –, und nach wenigen Metern blieben die Kufen im Schnee stecken, und wir mußten sie ausgraben. Während der langen Ruhepause auf dem leicht salzigen Eis waren die metallenen Gleitfächen der Kufen oxydiert. Mit Hilfe der Eskimos – die an den Tragflächen schoben – glitten wir im Kreise, um die Kufen blankzuscheu-

ern, bevor wir erneut zum Start ansetzten. Einige Eskimos waren eifrig dabei, kleine Schneehügel einzuebnen. Wir starteten schließlich ohne weitere Schwierigkeiten, aber mit den Filmaufnahmen, den Magnesiumfackeln und dem Gleiten im Kreise vor dem Start hatte es viel Aufregung gegeben.
Ich fand, daß Sherman während seiner Sitzungen am 10. und 11. von der Tatsache, daß wir zu einem Flug gestartet und an einem anderen Ort gelandet waren, keinen deutlichen Eindruck bekommen hatte, dennoch gibt er eine vollständige Beschreibung der Ereignisse in Point Barrow.
Er schrieb: »*Sie kontrollieren die Bedingungen – höre Motoren anspringen – sehe deutlich, wie Sie und die Mannschaft über ein Schneefeld laufen; Lichter auf dem Feld – Menschen versammelt – letzte Wetterberichte günstiger – Stimmung der Menschen heute abend: fühle sie als Gruppe agieren. Viele Menschen in Bewegung – ungewöhnliche Aktivität in Point Barrow. Eskimo, Männer und Frauen, schwer bepelzt, schauen zu – ein Motor springt an – braucht lange, um auf Touren zu kommen – habe den Eindruck, Flugzeug bewegt sich längs der Piste auf Schneekufen, während Leute helfen, Rückkehr zum Startplatz nach einigen Schwierigkeiten – Motor angelassen – Vorwärtsgleiten-Kontrolle der Zugkraft und des Zustandes der Startbahn – Planieren von Unebenheiten, Abtragen von Schneehügeln und Ausfüllen von Löchern – deutliche Vorbereitungen auf einen Start.*«
Bis zu diesem Punkt ist Shermans »Aufzeichnung« eine exakte und beinahe vollständige Beschreibung des wirklichen Geschehens; aber er folgerte: »*Sie werden vielleicht wirklich starten.*« Wir waren schon gestartet und in Aklavik gelandet, als Sherman seine »Sitzung« hatte.
Gerade solche Versager machen das Studium geistiger Phänomene so kompliziert und die Erklärung unserer Beobachtungen so schwierig. Ich bin mehr und mehr geneigt zu glauben, daß es die stark gefühlsbetonten und erregenden Gedanken sind, die am ehesten »durchkommen« und von einem anderen Ich aufgefangen werden.
In diesem Fall galt meine Hauptsorge dem Wetter. Ich hatte

die Mannschaft ermahnt, die Vorbereitungen zu beschleunigen, als wir feststellten, daß die Maschine über und über mit Eis und Rauhreif bedeckt war. Das war lästig und unerwartet, denn wir hatten die Maschine erst am Tage zuvor gründlich enteist.
Mr. Klerekuper hatte Lampen aufgebaut und blendend helle Magnesiumfackeln bereitgestellt, um unseren Start filmen zu können; ein Motor streikte zunächst; die Kufen blieben stecken, und die Leute halfen uns, sie zu säubern, indem sie das Flugzeug schoben, während die Motoren es langsam zogen – all das war außergewöhnlich und bisher noch nicht vorgekommen. Ich hatte es aufregend gefunden, und Sherman hatte es »empfangen«.
Aber der Start selbst war nicht aufregend, ebensowenig wie der Flug. Das waren *für mich gewohnte* Dinge, und obwohl sich Sherman alles andere einprägte, spürte er nichts von dem, was für mich Routine war. Hätte er *geraten*, wären ihm der Start und der Flug vermutlich als die wichtigsten Dinge erschienen.
Auf unserem Flug von Point Barrow nach Aklavik machte uns der Frost auf unseren Windschutzscheiben erheblich zu schaffen – obwohl wir die beste Entfrosteranlage eingebaut hatten, die damals zu haben war, dieselbe, die auch die meisten kanadischen Piloten bei ihren Winterflügen benutzten. Ich entschied mich daher für ein anderes Modell, das ich mit Hilfe von Wilson und Dyne installierte.
Am 13. hatte ich Ruhe, um an Sherman zu denken, aber das einzige Anzeichen dafür, daß er meine »Eindrücke« wahrnahm, war ein Passus in seinem Bericht, worin es hieß: *»Schwierigkeiten mit Funksendungen. Irgend etwas hat sich als unpraktisch erwiesen und wird ausgetauscht – Sie überwachen die Arbeit. Habe starken Eindruck, 15. Januar könnte Ihr Starttag sein.«*
Wir hatten – ebenso wie Radiotechniker in der ganzen Welt – große Schwierigkeiten mit unseren Funkverbindungen. Das war auch der Grund, warum ich Sherman keine Funktelegramme mit Berichten über unser Experiment schickte. Ich hoffte in der Tat, am 15. starten zu können, und hatte meine

Navigationsdaten für eine bestimmte Startzeit an diesem Tage vorausberechnet.

Am 14. klarte es auf, und die Wettervorschau besagte, daß die »Nacht« des 14. und der ganze 15. voraussichtlich für einen Flug günstig sein würden. Ich hatte unsere Maschine mit allem beladen, was wir brauchen würden, fand aber beim Prüfen der Instrumente, daß unser Bordfunkgerät nicht einwandfrei arbeitete. Wilson brachte es, nach vielen Stunden Arbeit in Eiseskälte und unter schwierigen Bedingungen, in Ordnung.

Um 17.50 Uhr, am 14. Januar, glitten wir den Fluß hinab und waren um 18 Uhr in der Luft. Unsere Mondscheinsuche nach den russischen Fliegern konnte beginnen. Der Mond stand groß und hell am wolkenlosen Himmel, doch machte uns immer noch das Eis auf unserer Windschutzscheibe zu schaffen. Mit einer Rasierklinge, die an einem Stiel befestigt war, mußten wir es immer wieder abschaben. Um einen unbehinderten Blick aus dem Flugzeug zu haben, mußten wir die Scheibe öffnen und uns den eisigen Wind ins Gesicht blasen lassen.

Wir stießen bald auf vereinzelte Wolken, unter denen wir hinwegflogen. Im Wolkenschatten war die Eisoberfläche nicht klar, und es war nicht leicht, die unebenen Stellen von den ebenen zu unterscheiden; aber im Mondlicht hatten die unebenen Stellen harte Konturen, und die Schneewehen waren deutlich zu erkennen. Es wäre möglich gewesen, aus 1500 Meter (das war unsere Flughöhe) sich *bewegende* Menschen auf dem Eis zu sehen, auch wenn sie ein bis zwei Kilometer entfernt waren. Standen sie dagegen still, hätten ihre Schatten und Formen keinen deutlichen Kontrast zu den Schatten von Eisblöcken gebildet, und es wäre nicht möglich gewesen, sie zu erkennen.

Bei Sonnenlicht wäre es nicht viel anders gewesen. Wir fühlten uns also durch die Tatsache, daß wir bei Mondlicht suchten, nicht wesentlich benachteiligt. Andererseits wäre bei Sonnenlicht unser Gesichtsfeld größer gewesen und damit auch das Suchergebnis des Fluges in Quadratkilometern gemessen.

Nach vier Stunden Flug in nördlicher Richtung nahm die Bewölkung zu, und wir gingen auf 600 Meter Höhe herunter. Da wir aber hier keine bessere Bodensicht hatten als aus größerer Höhe, stiegen wir wieder und waren bald eingehüllt in dichte Schneewolken. Der Fahrtwind trieb mir die harten Schneekristalle ins Gesicht, bis meine Haut rauh wie ein Reibeisen und blau gefroren war. Es war zwecklos, in solchem Wetter weiterzufliegen, und so beschloß ich um 22.45 Uhr den Rückflug.
Auf unserem Weg zurück fanden wir jedoch andere Wetterbedingungen vor als auf dem Hinflug. Ein starker Wind hatte sich erhoben, und rings um uns schloß sich die Wolkendecke. Weder Mond noch Sterne waren mehr zu sehen. Dennoch erwies sich unsere Navigation, mit Hilfe der Driftberechnung und der Beobachtung der schwarzen Streifen offenen Wassers zwischen den Eisschollen, als hinreichend zuverlässig. Um 3.30 Uhr morgens landeten wir sicher in Aklavik.
Wir waren neuneinhalb Stunden in der Luft gewesen und bis zu einem Punkt 77.30° nördlicher Breite und 137° westlicher Länge vorgedrungen. Unsere Flugstrecke, Hinflug und Rückflug, betrug rund 2300 Kilometer. Wir hatten umkehren müssen, bevor wir das Gebiet, in dem die Russen – vermutlich – notgelandet waren, erreicht hatten. Da aber sechs Monate seit ihrem Verschwinden verstrichen waren, konnten sie ebensogut dorthin gedriftet sein, wo wir gewesen waren, als in irgendeinem anderen Teil des Polarmeeres. Ich hatte die Eisoberfläche sehr aufmerksam beobachtet, bis Dunst und Schnee sie verdeckten. Nirgends hatte ich etwas gesehen, das einem Flugzeug ähnelte oder einem Lager, oder einem Lichtsignal von Menschen, die versuchten, uns auf sich aufmerksam zu machen.
Wir tankten die Maschine sofort wieder auf, um für einen neuen Versuch bereit zu sein, aber das Wetter war immer noch trübe. Es blieb wolkig und unerfreulich am ganzen 15., und am 16. schlossen die Wetterbedingungen – soweit wir sie selbst beurteilen konnten und auch laut Wettervoraussagen der Experten in Fairbanks – (die ihre Berichte von allen

Seiten des Nördlichen Eismeers erhielten) eine erfolgreiche Suche aus. Auch am 17. war, laut Wetterbericht, mit niedrigen Wolken über dem Eismeer und mit Nebel längs der Küste zu rechnen. Das bedeutete, die Sichtverhältnisse würden so schlecht sein, daß ein Flug zwecklos war.
Was hatte Sherman von unserer Suche über dem Eis und den Wetterbedingungen aufgefangen? Der Zufall wollte es, daß unser Flug in eine Zeit zwischen zwei »Sitzungen« fiel und daß Sherman in dieser Zeit meinen Bericht über den Flug und eine ausführliche Beschreibung der Begleitumstände in der Zeitung gelesen hatte. Aus diesem Grunde war es ihm nicht möglich, unvoreingenommen und unbeeinflußt das wiederzugeben, was ich erlebt und gedacht hatte.
Am 17. notierte er: »*Natürlich habe ich Kenntnis von Ihrem Flug am 15. Januar. Sie haben Ihre Maschine überholt und denken lebhaft daran, morgen einen neuen Versuch zu machen.*« (Das zu vermuten, lag natürlich nahe, aber Sherman konnte unmöglich wissen, ob wir nicht, wie beabsichtigt und erwartet, tatsächlich zu einem neuen Versuch gestartet waren.) »*Sie haben ein wenig mit ESP-Karten experimentiert.*«
Mit der Post, die ich bei meiner Rückkehr nach Aklavik vorgefunden hatte, war auch ein Satz sogenannter ESP-Karten gekommen, wie Dr. Rhine sie bei seinen Experimenten mit »außersinnlicher Wahrnehmung« benutzt hatte. Ich war auf Experimente mit diesen Karten nicht sonderlich erpicht; denn meiner Meinung nach konnte man sich kaum einen komplizierteren Weg vorstellen, um die Möglichkeit von Gedankenübertragung zu beweisen, als mit diesen Symbol-Karten.
Ich fand, daß es mir nicht möglich war, eine Karte zu nehmen, einige Sekunden – oder Minuten – lang intensiv an sie zu denken, und dann, beim Betrachten der nächsten Karte mit einem anderen Symbol, den Eindruck der vorhergehenden Karte und ihres Symbols vollständig aus meinem Gedächtnis zu streichen. Das intensive Anschauen einer Karte bewegte mich weder emotional noch gab es mir sonst ein Gefühl der Befriedigung. Und schon die Tatsache, daß man sich fest vorgenommen hatte, die erste Karte zu vergessen

und nur an die zweite zu denken, führte, meiner Meinung nach, dazu, daß beide Karten im Gedächtnis haftenblieben. Daher würde jeder, der es unternahm, meine Gedanken zu lesen, ein sehr verworrenes Bild bekommen, und würde blitzschnell raten müssen, woran ich nun wirklich dachte. Ich hatte zu dieser Zeit noch keinen Kartenversuch mit Sherman gemacht.
Am 18. schien das Wetter in Aklavik für einen neuen Flug nicht ungünstig, aber die Meteorologen meldeten unverändert schlechtes Wetter über dem Eismeer. Damit näherten wir uns dem Ende der Januar-Vollmondzeit, und wir waren bekümmert bei dem Gedanken, noch einmal eine lange Weile warten zu müssen, bevor ein neuer Versuch ratsam schien.
In Shermans Bericht an diesem Abend heißt es: »*Sie hatten geglaubt, zu einem neuen Versuch starten zu können . . . gaben aber dann diesen Gedanken auf – nächster Flug möglicherweise erst nächsten Monat.*«
Zwischen dem 18. und dem 24. geschah wenig von Bedeutung mit Ausnahme einer beunruhigenden Entdeckung: Als wir die Schutzüberzüge, die wir gleich nach unserer Landung am 15. Januar in der Dunkelheit an Motoren und Propellern angebracht hatten, abnahmen, entdeckten wir, daß die Spitze eines Propellerflügels einen scharfen Knick hatte. Der Propeller mußte beim Start einen harten Gegenstand getroffen haben. Das aber konnte bedeuten, daß auch der Motor auf dem langen Flug ernstlich Schaden gelitten hatte.
Es fiel mir jetzt ein, daß ich während des Starts auf dem Flußeis einen lauten Knall gehört und Kenyon gefragt hatte: ›Was war das?‹ Er antwortete: ›Sicher eine Fehlzündung.‹ Während des ganzen Fluges waren Gaszufuhr und Umdrehungszahl nicht voll synchronisiert, was ich aber auf die außergewöhnliche Kälte oder eine nicht ganz einwandfreie Regulierung des Motors zurückführte. Die angebliche Fehlzündung bestärkte mich in diesem Glauben. Damit ließ ich die Sache auf sich beruhen und hatte sie, als wir zu unserer Basis zurückkehrten, vollständig vergessen. Wir hatten,

während wir flogen, kein Vibrieren des Motors bemerkt, aber nachdem wir den Propellerschaden entdeckt hatten, befürchteten wir, die Lager des Motors könnten gelitten haben. Dyne bog den Propeller gerade und startete den Motor. Er schien einwandfrei zu laufen, und wir hielten den Fall damit für erledigt.

Vom 24. Januar berichtet mein Tagebuch: »Heute morgen etwas Sonne. Klarer Himmel. Temperatur 40° minus, leichter Nordwind.« Auch am 23. war das Wetter klar gewesen; aber da die Sonne in den höheren Breiten immer noch unter dem Horizont blieb und der Mond nicht schien, hätte eine Suchexpedition über dem Eis wenig Zweck gehabt.

Ich machte einen Spaziergang am Fluß entlang. Die Sonne war untergegangen, die Sterne strahlten am Himmel, und während ich sie betrachtete, dachte ich an Sherman.

Sherman wußte an diesem Abend – dem 24. Januar – folgendes zu berichten: »*Zur Abwechslung scheint der Himmel heute abend klar zu sein, aber es ist jetzt zu spät für eine Suchexpedition. Sie müssen damit bis nächsten Monat warten. Ihre Gedanken beschäftigen sich mit dem Himmelsgewölbe und dem Mysterium des Weltraums. Sie blicken auf zum Firmament und denken an mich? Ich habe jedenfalls dieses Gefühl.*«

In meinem Tagebuch steht: »Ging am Flußufer entlang, sah Spuren von Schneehühnern und von einem Lemming – sonst nichts Lebendiges – denke an Sherman.«

Sherman fährt fort: »*Gedanken wandern zum gestirnten Himmel, und ich spüre Ihre für mich bestimmten Gedanken deutlicher – Sie scheinen in warmen Kleidern zu stecken – sehe deutlich Ihre Gesichtszüge – Mantel mit Kapuze – pelzgesäumt rings um Ihr Gesicht – dick gefütterte Kopfbekleidung – Wind- und Wetterkleidung – dicker, halblanger Mantel – dicke weite Hosen, die nach unten spitz zulaufen – schwere Stiefel – Kombination von Mokassins und Galoschen (schwer zu beschreibendes Modell). Sie sind irgendwo im Freien. Sehe deutlich ein Flugzeug – nicht Ihr Flugzeug. Sie sprechen mit dem Piloten des Postflugzeugs.*«

Der Pilot des Postflugzeugs war an diesem Tage nach Edmonton zurückgeflogen. Ich war dabei, als er startete. Die Beschreibung meiner Kleidung war richtig und vollständig. Das Modell meiner Stiefel war bekannt unter dem Namen *Arctics*: weiche Gummisohlen und hohe Pelzschäfte.

Am 27. Januar meldete Sherman unter anderem: *»Ein Hund scheint verletzt worden zu sein und mußte erschossen werden – ziemlich starkes Gefühl.«*

In meinem Tagebuch steht nichts hierüber, und ich kann nicht beschwören, an welchem Tag es war. Ich erinnere mich aber genau, daß ich ungefähr zu dieser Zeit, bei einem Spaziergang längs dem Flußufer, einen toten Hund fand. Er hatte eine Schußwunde im Kopf, und ich mußte eine Zeitlang an diesen Hund denken und fragte mich, warum man ihn wohl getötet hatte.

In Shermans Bericht vom 31. Januar finde ich: *»Sie scheinen einen Haufen Post für die Staaten fertig zu haben. Höre Sie zu jemand sagen: ›Wenn die Funkverbindungen so schlecht bleiben, werde ich die telepathische Verbindung mit Sherman forcieren müssen, um überhaupt durchzukommen.‹«*

Mein Tagebuch meldet am 30. Januar: »Beantworte Briefe, denke an Sherman.«

Am 31. Januar versuchten wir verzweifelt mit Iversen in New York eine Kurzwellenverbindung herzustellen. Wir konnten ihn gerade eben hören und hofften, auch er könne uns hören. Wir gaben eine Meldung durch, bekamen aber keine Bestätigung und danach auch keine Verbindung mehr mit ihm. Mir lag an diesem Abend viel daran, mit meinem Telegramm durchzukommen, und ich sagte zu Wilson fast genau die Worte, die Sherman aufgezeichnet hatte: ». . . *Wenn die Funkverbindungen . . . usw.«* Von den Telegrammen, die ich abschicken wollte, war eins für Mr. Oumansky von der Sowjet-Botschaft in Washington bestimmt.

Er hatte mir telegraphiert, daß der Sohn von Mr. Smirnow, der die sowjetischen Interessen in Point Barrow wahrnahm, gestorben sei. Smirnows Frau war schwer krank, tief bekümmert und wünschte sich dringend, ihren Mann bei sich zu haben. (Er hatte Moskau bald nach der Hochzeit verlassen und seinen Sohn nie gesehen.) Um ihm die Heimkehr zu seiner

Frau zu ermöglichen, wollte die Sowjet-Botschaft Smirnow von seinem Posten ablösen, falls ich ohne ihn auskommen könne. In diesem Fall sollte er mit einer Sondermaschine von Point Barrow nach New York und von dort mit dem ersten erreichbaren Schiff nach Europa reisen. Diese Fürsorge der sowjetischen Behörden beeindruckte mich sehr. Ich wußte natürlich, daß Russen nicht anders beschaffen sind als andere Menschen, und daß sie nicht weniger menschliches Gefühl besitzen als Angehörige anderer Nationen, aber es war mir doch zweifelhaft, ob die Regierung eines beliebigen, anderen Landes einen wichtigen Mann so rasch von seinen Pflichten befreit, ihm für die erste Hälfte seiner 8000 Kilometer langen Reise ein Sonderflugzeug gemietet und für die zweite Hälfte die schnellste Schiffsverbindung gebucht hätte, damit er seiner Frau in schwerer seelischer und körperlicher Not beistehen könne. So wichtig Smirnow für mich auch war, war ich selbstverständlich unter diesen Umständen bereit, auf seine Dienste zu verzichten, und wollte dies dem sowjetischen Geschäftsträger in Washington so schnell wie möglich mitteilen. Extrem schlechte Funkverbindungen standen dem im Wege.

Am 1. Februar versuchten wir, Iversen zu erreichen, und konnten manchmal, ganz schwach, seine Stimme hören. Wir wußten, auch Iversen würde sein möglichstes tun, denn er hatte unsere Meldung vom Abend davor nicht empfangen. Doch wir erhielten aus New York nichts, was wir entziffern konnten. – Ich ging mit meiner Filmkamera nach draußen, um einige Aufnahmen zu machen. Ich filmte ein Hundegespann, das eine lange Reise hinter sich hatte, einige Kinder mit ihren Schlitten, schneebedeckte Bäume und so weiter.

Sherman notierte in dieser Nacht: *»Bedarf für eine bestimmte Art von Röhre kommt mir in den Sinn.«*

An diesem Tage hatte ich mich wieder einmal, nach vielen vergeblichen Versuchen, das Richtige zu finden, nach einer bestimmten Sorte Stahlrohr umgesehen, um daraus ein Werkzeug zum Kämmen von Fellen zu machen. Ich hatte das Rohrstück gefunden und das Werkzeug zu meinem Gepäck getan. Wir würden es brauchen, um unsere Fellkleidung in Ordnung zu halten, falls wir, nach einer Notlandung, zu Fuß den Heimweg antreten mußten.

Sherman fuhr fort: »*Sehe ein Hundegespann und einen Mann auf Schneeschuhen – sieht aus, als trüge er eine dicke schwarze Strumpfmütze, darüber mit einem Band befestigte Ohrenklappen . . . struppiger Bartwuchs . . . Sie sprechen mit solch einem Mann . . . Hunde zusammengerollt rings um den Schlitten . . . scheint mit Pelzen und Fellen beladen – leichter Schneefall. Kälte.*«

Das war eine sehr treffende Beschreibung des Mannes, den ich gefilmt hatte. Was mir besonders an ihm aufgefallen war, war seine strumpfähnliche Kopfbedeckung, über der er eine Mütze üblichen arktischen Schnitts trug mit hochgeklappten und zusammengebundenen Ohrenschützern. Ich kann mich nicht entsinnen, während der »Sitzung« mit Sherman an das Aussehen dieses Mannes gedacht zu haben, wohl aber dachte ich an meine Filmaufnahmen. Man könnte sagen (falls man überhaupt akzeptiert, daß zwischen meinen Eindrücken und den Eindrücken Shermans eine reale Verbindung bestand), daß Sherman mehr das erfaßte, was in meinen Gedanken »nebenher lief«, als ich mit dem Mann sprach, und weniger die »kalten« Eindrücke, die ich während unserer Verabredung zu übertragen versuchte.

Am 3. Februar erhielt ich die Nachricht, daß der Pilot Gillam (den wir aus Point Barrow kannten) wieder Hilfe benötigte. Er befand sich in der Nähe der Mündung des Chipp-Flusses und hatte kein Benzin. Sein Flugzeug war unbeschädigt, aber er hatte sich im Nebel verflogen und mußte landen, als sein Brennstoff verbraucht war. Ich telegraphierte dem sowjetischen Vertreter in Fairbanks, Mr. Beliakov, ich würde früh am nächsten Morgen starten, für Gillam am Chipp-Fluß Brennstoff abwerfen, dann den Flug fortsetzen und über dem Endicott-Gebirge nach den russischen Fliegern suchen.

Es gab eine Theorie, wonach Levanevskys Maschine die Küste von Alaska erreicht hatte, aber dann gegen einen Berggipfel geprallt und zerschellt war. Der Chipp-Fluß liegt in ei-

nem Gebiet, das noch nicht gründlich durchsucht worden war.
An diesem Tage hatte ich ein Telegramm von Oumansky erhalten, in dem er mich bat, einen zur drahtlosen Übermittlung nach Rußland bestimmten Artikel zu schreiben. Ich sollte darin meine Meinung zu der sowjetischen Nordpol-Expedition sagen, die in Schwierigkeiten geraten war, nachdem die Eisscholle, die ihr Lager trug, geborsten war.
Obwohl Sherman in sein Protokoll eintrug: »*Schicksal der russischen Pol-Expedition wird aufmerksam beobachtet*«, schienen ihm meine Vorbereitungen für den Flug zu Gillam entgangen zu sein. Er registrierte jedoch dies: »*Sie überlegen anhand der Karte den Kurs für eine geplante Such-Expedition und besprechen diese Pläne ausführlich mit Ihrer Mannschaft. Ihr nächster Flug scheint auf eine Distanz von 1600 bis 2000 Kilometer angelegt zu sein, hin und zurück, alternativ denken Sie an eine Strecke von 1200 Kilometern.*«
Man kann daraus schließen, daß Sherman nur einen nebelhaften Eindruck von dem bekam, was in meinem Kopf vorging. Unser Flug zu Gillam und längs der Endicott-Bergkette würde uns über nicht mehr als 2000 Kilometer führen, weil wir nur in der relativ kurzen Zeit des Tageslichts etwas ausrichten konnten. Alle Flüge über dem Polarmeer mußten länger sein als 3000 Kilometer, wenn wir dorthin gelangen wollten, wo Levanevsky sich zum letztenmal gemeldet hatte. Ich hatte mit Kenyon den Flug zur Hilfeleistung für Gillam besprochen und auch die anschließende Suche nach den Russen über den Bergen. Bei einem Ozeanflug hätte ich das nicht getan, denn in diesem Fall hätte sich der Kurs, den wir tatsächlich fliegen würden, nicht vorausplanen lassen, sondern wäre von den Berichten über mögliche Löcher in der Wolkendecke abhängig gewesen, mit denen unsere Meteorologen uns versorgen würden.
Das läßt wohl den Schluß zu, daß Sherman zwar keine genaue Vorstellung von meinen Überlegungen hatte, aber doch irgendwie auf das reagierte, womit ich mich an diesem Tage beschäftigt hatte.
Am Freitag, dem 4. Februar, stand ich früh auf, um mich

über das Wetter zu informieren. Ich hoffte, wir würden starten und den Brennstoff für Gillam abwerfen können. In Aklavik blies ein kräftiger Wind und trieb den Schnee auf dem vereisten Fluß vor sich hin. Auch die Funkverbindungen waren schlecht. Wir kamen nicht vor 8.10 Uhr nach Point Barrow durch, statt wie abgemacht um 7.30 Uhr. Auch dann waren die Signale jedoch so undeutlich, daß wir nichts mit dem, was Barrow uns mitteilen wollte, anfangen konnten.
Der Wind nahm an Stärke zu. Ich ging zum Flugzeug, um zu sagen, daß die Motoren nicht angelassen werden sollten. Ein Motor lief schon, als ich kam, aber das Wetter war jetzt so schlecht, daß ein Start sich nicht gelohnt hätte. Um 9.30 Uhr meldete sich Point Barrow über Fort Norman: Gillam hatte einen Landeplatz für uns angelegt, und der ihm zu Hilfe geschickte Hundeschlitten war nicht angekommen. Wir konnten aber an diesem Tag nichts mehr für Gillam tun. Das Wetter verbot es uns. Am Abend wollten wir uns noch einmal um Verbindung mit Barrow bemühen.Um 23 Uhr meldete sich Barrow. Die Verständigung war schlecht, aber wir erfuhren, daß Gillam einige Stunden früher eine Nachricht durchgegeben hatte. Der Hundeschlittentransport mit Benzin hatte ihn erreicht, und er rechnete damit, am nächsten Morgen nach Barrow fliegen zu können. Damit war unser Rettungsflug überflüssig geworden.
In dieser Nacht versuchte ich zum erstenmal während einer Verabredung mit Sherman, mich auf ESP-Karten zu konzentrieren. Ich blätterte die Karten auf in dieser Reihenfolge: Stern, Kreuz, Kreis, Quadrat, Welle. Ich merkte, daß es mir sehr schwer fiel, beim Betrachten der zweiten, dritten Karte und so weiter das Erinnerungsbild der vorhergehenden Karte aus meinem Gedächtnis zu löschen. Ich dachte beim Umdrehen der Karten, daß es mich sehr wundern würde, wenn Sherman die von mir bestimmte Reihenfolge der Karten auch nur annähernd richtig »lesen« könnte. Sherman »las«: »*Kreis, Stern, Kreuz, Kreis, Welle.*« Er hatte die Stern-Kreuz-Kreis-Folge richtig erfaßt, aber das Quadrat beim ersten Versuch überhaupt verfehlt. Kurz danach »sah« er offenbar eine andere Sequenz: Kreuz-Kreis-Qua-

drat, die auch meiner Reihenfolge entsprach. Doch, zieht man die Bilanz dieses Experiments, war das Ergebnis alles andere als sensationell.

Sherman notierte aber auch: »*Eindruck von Start-Absicht für morgen früh ... um Gillam beizustehen ... ziemlich windig.*« Sherman wußte aus den Zeitungen, daß ich Gillam zu Hilfe kommen wollte, und er konnte raten, daß es bald sein würde. Darüber hinaus wußte er nichts von unseren Plänen.

Er fuhr fort: »*Sie scheinen während des Experiments mit den Karten schwere Kleidung zu tragen ... jetzt gehen Sie hinaus ... zu irgendeiner Arbeit im Freien.*« Ich verließ die »Sitzung« mit Sherman und ging zu der Hütte auf dem Flußeis, in der unser Funkgerät stand. Erst zwei Stunden nach dem Kontakt mit Sherman erfuhr ich, daß Gillam unsere Hilfe nicht mehr brauchte.

Andererseits rechnete ich immer noch mit der Möglichkeit, am nächsten Morgen über den Bergen von Alaska nach den verschollenen Fliegern suchen zu können. Aber an diesem Tag, einem Sonnabend, war wiederum kein Flugwetter.

Sherman berichtet über den Abend des 7. Februar: »*Konnte sie am Sonnabend nicht in der Luft spüren, habe das Gefühl, daß Gillam ohne Ihre Hilfe Barrow erreicht hat ... Das Rumpfende des Flugzeugs ... etwas mit dem Steuerruder ... Funkverkehr – eine Hand drückt die Taste, sendet Nachricht. Spüre, Sie haben Kontakt mit Iversen heute abend ... irgend etwas wurde heute mit einer Art Leiter befestigt ... sehe einen von Ihren Leuten etwas hinaufreichen ...*« Sherman hatte recht, sowohl, was Gillam betraf, als auch in anderer Hinsicht. Ich hatte mir an diesem Tage Höhenruder und Seitenflossen unserer Maschine genau daraufhin angesehen, ob man aus ihnen einen Schlitten machen könne, falls wir notlanden und uns zu Fuß auf den Weg machen müßten. Ich entschied, daß dies möglich sei und wir daher den in Point Barrow für uns angefertigten Holzschlitten zurücklassen und so Gewicht und Laderaum sparen konnten.

Sherman hatte auch mit seinem Hinweis auf das Funkgerät einen Treffer erzielt: »*Eine Hand drückt die Taste ...*«

Denn ich finde einen Beleg, daß ich selbst, und zwar zum erstenmal seit unserer Ankunft in Aklavik, an diesem Abend ein Telegramm an Iversen gefunkt hatte. Es kam selten vor, daß ich das Funkgerät bediente, und meine Konzentration darauf muß wohl einige diesbezügliche Gedanken freigesetzt haben, obwohl ich mich nicht entsinnen kann, sie Sherman bewußt »gesendet« zu haben.
Die Sache mit der Leiter war ebenfalls ein Treffer. Meine Leute bauten einen Verschlag über einem der Motoren, und ich machte mir Gedanken über die Verläßlichkeit der Leiter, die sie dabei benutzten. Ich habe so etwas wie einen Leiter-Komplex, nachdem ich mehrfach mit oder von Leitern gefallen und mir dabei dreimal das Handgelenk verstaucht habe.
Sherman hatte auch notiert: *»Flugzeug verläßt Aklavik mit Post.«* Das stimmte, und ich war selbst an Bord dieses Flugzeugs! Dieser Umstand war Sherman entgangen, wie auch einige andere wichtige Ereignisse.
Am 6. Februar waren wir bereit, zum Flug über die Berge von Alaska zu starten. Die Motoren waren vorgewärmt und drehten sich im Leerlauf. Kenyon und ich kletterten in die Kanzel. Plötzlich machte einer der Motoren nicht mehr mit. Er drehte sich immer langsamer und stand dann still. Die Mechaniker konstatierten, daß die Lager ausgeschlagen waren. Es konnten die Lager der Kurbelwelle sein oder auch die der Pleuelstangen. Dyne hatte die ganze Zeit den Öldruck kontrolliert und festgestellt, daß er normal war. Für das Festfressen der Lager gab es daher seiner Meinung nach nur eine Erklärung, nämlich, daß der Motor während des Fluges über dem Eismeer Schaden gelitten hatte.
Wie erwähnt, waren wir mit einem leicht verbogenen Propellerblatt geflogen. Wir hatten den Schaden beseitigt und den Motor eine Stunde lang laufen lassen, um eventuelle Motorschäden, verursacht durch den langen Flug mit dem defekten Propeller, feststellen zu können. Während dieses Tests hatte der Motor einwandfrei gearbeitet. Es war unser Glück gewesen, daß wir den Motor so lange auf dem Boden ausprobiert hatten. Nur diesem langen Test war es zu ver-

danken, daß der Motor wenige Minuten vor unserem Start zusammenbrach. Hätten die Lager während des Starts gefressen, wäre eine Katastrophe unvermeidlich gewesen. Auch die Ankunft des Postflugzeugs aus Edmonton an diesem Tage war ein Glücksfall: Nach Rücksprache mit der Sowjet-Botschaft bestieg ich das Flugzeug, um einen Ersatzmotor zu beschaffen. Unser defekter Motor mußte in die Fabrik geschickt und gründlich überholt werden, bevor wir einen Langstreckenflug über dem Polarmeer mit ihm riskieren konnten.

Am Montag, dem 7. Februar, startete ich also mit Pilot McMullen im Postflugzeug nach Edmonton. McMullen hatte Schwierigkeiten mit seinem Motor, irgendein Fehler an der Ölleitung. Aber wir kamen um die Notlandung herum und erreichten einen regulären Flugplatz, wo die Mechaniker den Schaden rasch behoben. Es war der Flugplatz von Fort Simpson. Wir blieben dort bis zum nächsten Morgen.

Es war eisig kalt an diesem 8. Februar, und die Stoßdämpfer von McMullens Maschine waren festgefroren, einer am oberen, einer am unteren Ende. Beim Anwärmen des Motors entstand ein Ölbrand, der aber bald gelöscht wurde und keinen weiteren Schaden verursachte. Ein Stoßdämpfer blieb aber defekt, und McMullen startete die nach einer Seite durchhängende Maschine mit großem Geschick. Wir flogen weiter nach Fort McMurray. Gegen Ende dieses Fluges wurde das Wetter immer schlechter, und da auch aus Edmonton keine besseren Wettermeldungen vorlagen, übernachteten wir in Fort McMurray.

Um 10 Uhr landeten wir am Tage darauf in Edmonton. Ich setzte mich sogleich mit Lee Brintnell von der Mackenzie-Fluggesellschaft wegen eines Ersatzmotors in Verbindung. Unser erster Gedanke galt einem von der Mackenzie-Fluggesellschaft bestellten und zum Einbau in eine der Maschinen dieser Gesellschaft bestimmten fabriküberholten Austausch-Motor. Als es sich aber herausstellte, daß die kanadische Fabrik von Pratt & Whitney mir fast ebenso schnell einen neuen Motor liefern konnte, entschied ich mich für diese Lösung.

Am Donnerstag, dem 10. Februar, erledigte ich die letzten Formalitäten in Zusammenhang mit dem Kauf eines neuen Motors, komplett mit Propeller. Mit der Mackenzie-Fluggesellschaft vereinbarte ich, sobald Motor und Propeller von der Fabrik geliefert wurden, sie mit Luftfracht nach Aklavik zu befördern. Obwohl die Such-Expedition die Sowjet-Regierung schon viel Geld gekostet hatte, zögerte sie keinen Augenblick mit ihrer Entscheidung, daß sie es vorzöge, mich mit einem fabrikneuen, statt mit einem gebrauchten Motor auszustatten.
Sherman hielt sich auch jetzt, wie stets, an unsere Verabredung, aber zum erstenmal seit Beginn unseres Experiments gelang es ihm in diesen Tagen nicht, seine Berichte mit der Wirklichkeit auch nur annähernd in Einklang zu bringen. Er »traf« nur einige wenige Details. So zum Beispiel am 8.: *»Sehe Sie heute nacht im Freien mit irgend etwas beschäftigt – im Licht von Petroleumlampen und Laternen.«*
Es war die Nacht, in der ich in Fort McMurray dem Piloten McMullen bei der Arbeit an den Kufen und Stoßdämpfern seiner Maschine half. Wir arbeiteten im Licht von Petroleumlampen und Laternen. Sherman: *»Sehe Sie im Gespräch mit einer kleinen, rundlichen Frau unter einem Torbogen.«* Eine Frau, auf die diese Beschreibung paßte, hatte mich im Torbogen des Hoteleingangs angesprochen und mich gebeten, meinen Namen in mehrere Autogrammhefte zu schreiben.
Sherman: *»Einige Geologen und kommerziell interessierte Leute haben Sie gebeten, Ihre Augen offenzuhalten, damit Sie sich einen Überblick über in den von Ihnen überflogenen Gebieten eventuell anzutreffende Naturschätze bilden können – Mineralien und dergleichen.«* In Fort McMurray hatten einige Personen ihr Interesse für die arktischen Inseln Kanadas und die dortigen Möglichkeiten bekundet. Da sie daran dächten, mich zu einem späteren Zeitpunkt um eine gründlichere Erforschung dieser Inseln zu bitten, möchte ich doch schon jetzt mein Augenmerk auf solche Möglichkeiten richten, falls meine Suche in der Arktis bis zum Frühjahr andauern sollte. Aber Sherman vermutete mich immer noch in

Aklavik und schrieb über Dinge, die sich dort hätten zutragen können. So berichtete er am 10.: *»Eindruck von unvorhergesehener Entwicklung – mechanisches Mißgeschick diesmal – wird weitere Verzögerung erzwingen.«* – Das war ein mageres Ergebnis, wenn man bedenkt, daß wir den mechanischen Fehler am 6. entdeckt, daß die Mechaniker den schadhaften Motor am 10. abmontiert hatten und daß ich in Edmonton war, um einen neuen Motor zu besorgen.
Um Sherman und unserem Experiment Gerechtigkeit widerfahren zu lassen, muß ich betonen, daß Sherman zu dieser Zeit recht müde und enttäuscht gewesen sein muß, weil ich keine Möglichkeit gehabt hatte, ihm mitzuteilen, wie oft er das Richtige getroffen hatte. Die saisonbedingten Störungen bei Radioverbindungen im Kurzwellen-Bereich hatten mir die Möglichkeit genommen, ihm über seine Erfolge zu berichten. Ohne Frage machte er sich Gedanken, welche Ergebnisse er denn nun tatsächlich erzielt hatte; und ich war damals und bin noch heute voller Bewunderung, wenn ich daran denke, wie gewissenhaft er sein Versprechen, bezüglich der drei Sitzungen in der Woche, einhielt. Am 14. Februar erhielt er endlich meinen Bericht über seine Bemühungen in der Zeit zwischen dem 15. November und 27. Januar, in der ihm, wie wir gesehen haben, einige erstaunliche »Treffer« gelungen waren.
Am 14. war Sherman wieder ganz in Form. Er meldete: *»Eindruck, Sie sprachen dreimal zu verschiedenen interessierten Gremien seit Ihrer Ankunft in Edmonton – das erste Mal zu einem Lunch-Club, wie den Rotariern – Sie haben einen Motor gefunden – sie wollen morgen oder Mittwoch damit starten, wenn das Wetter es zuläßt. Sie essen zu Abend mit drei Männern und ihren Frauen . . . einer der reichsten und prominentesten Bürger Edmontons hat Sie eingeladen und trägt irgendwie zu Ihrer Expedition bei – das Wort Mackenzie taucht auf – gibt es eine Gesellschaft dieses Namens, die Ihnen ein Flugzeug zur Verfügung stellt? Scheine Sie als Gast der Kirchenbrüderschaft zu sehen . . . Sonntagsveranstaltung – Sie sind eingeladen, um zu sprechen – Sie haben eine Verabredung mit zwei Männern, die Sie zu einer Fabrik oder zu ei-*

nem Platz bringen wollen, wo Sie das Packen der Ausrüstung überwachen können.« All das war zwischen dem 10. und dem 14. Februar tatsächlich passiert.

Am 10. sprach ich vor dem Rotary Club von Edmonton und der Molkereigenossenschaft von Alberta. Ich hatte den neuen Motor gefunden und hatte den Dienstag als möglichen Reisetermin bestimmt – und wenn nicht Dienstag, dann auf jeden Fall Mittwoch. Der Expreßzug hatte Verspätung, und so reiste ich tatsächlich erst Mittwoch. Am Sonnabend war ich zum Abendessen im Hause von Captain Stevens zusammen mit seiner Frau und zwei anderen Paaren – sie gingen später zum Kavallerieball und ich zurück ins Hotel. Am Sonntag, dem 13., hatte mich Reverend McDonald, Pfarrer der Knox-Kirche, eingeladen. Ich sprach von seiner Kanzel nach dem Gottesdienst zu der Gemeinschaft der Kirchenbrüder. Am Montag hatte mich Mr. Pike von der Bank of Montreal zum Mittagessen eingeladen, zusammen mit zwei seiner Freunde, Julian Garrett, Präsident der Northwest Utilities, und Lee Brintnell, Manager der Mackenzie Fluggesellschaft.

Die Mackenzie Fluggesellschaft stellte das Flugzeug bereit, das den neuen Motor nach Aklavik fliegen würde. Mit Mr. Brintnell und seinem Werkstattleiter wollte ich dabeisein, wie der Motor und die anderen Teile verpackt und für den Lufttransport vorbereitet wurden.

All das hatte sich ereignet und all das hatte Sherman registriert; und obwohl an und für sich nicht sonderlich wichtig oder bedeutungsvoll, hatten alle diese Vorkommnisse mich in Gedanken stark beschäftigt. Sie waren auch nicht so beschaffen, daß sie Shermans Phantasie entsprungen sein konnten, selbst wenn er seiner Phantasie freien Lauf gelassen hätte.

Am 15. ging ich mit Mr. Brintnell zur Verladestelle und sah zu, wie der neue Motor ausgepackt und für den Lufttransport vorbereitet wurde. Ich entdeckte, daß ich vergessen hatte, neue Dichtungsringe für die Wärmemesser an den Zylinderköpfen zu bestellen, die mit den Ersatzteilen gekommen waren, und es kostete Mr. Brintnell einige Mühe,

mir diese Teile aus seinem Lager zu besorgen. Sherman hielt an diesem Abend fest: »*Intensive Vorbereitungen auf Abreise von Edmonton nach Aklavik – frühmorgens Mittwoch vorgesehener Termin – Sie kaufen eine Handvoll von etwas, was wie Dichtungen oder Ringe aussieht . . . sehe Farbe, kupfern mit gelblichem Glanz – frage mich, ob diese Farbe zum Motor gehört – sonderbarer Eindruck, auf jeden Fall.*« Der Motor und alle Ersatzteile waren in gelbem, wasserdichtem Material verpackt – das zum Vorschein kam, als der Motor aus der Verladekiste herausgenommen wurde. Ich hätte das kaum einer Gedankenbotschaft für Sherman wert erachtet, aber die gelbe Farbe muß mir aufgefallen sein, und der Eindruck »gelb« war deutlich in meinem Bewußtsein.
In der Frühe des 16. verließen wir Edmonton und flogen nach Fort Simpson, wo wir übernachteten.

Besondere emotionale Augenblicke

Am Donnerstag flogen wir nach Aklavik, gerieten gegen Ende des Fluges in schlechtes Wetter, erreichten aber, nach Umfliegen einiger Sturmtiefs, sicher unser Ziel. Die Mannschaft lud den Motor aus und begann sogleich mit der Montage. Über den zusammen mit dem Motor gelieferten neuen Propeller waren unsere technischen Experten geteilter Meinung. Länge und Steigung (Neigungswinkel) der Propellerflügel waren nicht völlig mit denen des anderen Propellers identisch, was eine sehr sorgfältige Regulierung des Motors erforderte, um die beiden Propeller im Flug zu synchronisieren. Dies Problem wurde zwischen mir und unseren Technikern lange diskutiert.
Sherman, der von Aerodynamik, Neigungswinkeln und dergleichen keine Ahnung hatte, konnte schwerlich erraten, was eine »Steigung« war und was sie für uns bedeutete. Dennoch notierte er am 17. Februar: *»Rückflug nach Aklavik ohne Zwischenfall beendet – neuer Propeller für den neuen Motor – scheine ihn zu sehen – irgend etwas mit der Steigung des neuen Propellers – offenbar muß Steigung bei beiden Propellern übereinstimmen . . . habe keine technischen Kenntnisse und verstehe nicht, was das bedeutet.«*
Dies ist einer der Fälle, einer der auffallendsten während der Dauer unseres Experiments, in dem Sherman offenbar *direkt* auf meine Gedanken reagierte – ohne Vermittlung seiner eigenen Psyche und ihrer »Fernmelde«-Funktion. Er sah »im Geiste« Propeller – und das war erstaunlich genug. Was er nicht sehen konnte, war der Unterschied der Propellersteigungen. Mit bloßem Auge war dieser Unterschied überhaupt nicht wahrnehmbar. Er ließ sich nur mit einem Präzi-

sionsinstrument messen oder den sehr feinen Markierungen auf dem Propeller entnehmen, die aber von der Propellernabe verdeckt waren. Meine Sorgen und meine Diskussion über die »Steigung« konnte Sherman also nur direkt meinen Gedanken entnommen haben oder auch den zwischen mir und den Technikern gewechselten Worten.
Vom 18. bis zum 22. waren wir alle vollauf mit der Motormontage beschäftigt. Eine Kältewelle mit Wind erschwerte uns die Arbeit erheblich. Dyne und Cheeseman hatten aufgesprungene und blaugefrorene Finger. Jede Berührung des unterkühlten Motors verursachte Frostblasen und Abschürfungen. Aber die Montage erforderte zuweilen Millimeterarbeit, die nicht mit Handschuhen oder Fäustlingen möglich war. Um die Arbeitsbedingungen etwas bequemer zu gestalten, stellten wir in dem über den Motor gespannten Zelt einen Holzofen auf. Aber auch das hatte seine Nachteile. Es bildete sich Rauhfrost, und die warme Luft, die aus dem Zelt strömte, hing bei Windstille über dem Motor wie ein dichter Schleier oder bildete bei Wind eine lange, sich ringelnde Fahne. Unter diesen Umständen gestalteten sich die Montagearbeiten äußerst schwierig, aber Dyne und Cheeseman machten ihre Sache ausgezeichnet und obendrein in erstaunlich kurzer Zeit. Der neue Motor war, in Teile zerlegt, geliefert worden, und wir beschlossen, einige Teile des alten Motors weiter zu verwenden. Das war praktischer und auch ökonomischer als der Austausch aller alten Teile gegen neue.
Am 22. abends war die Arbeit an dem Motor beendet, aber wir beschlossen, mit Anwärmen und Probelauf bis zum nächsten Morgen zu warten.
Am Abend vorher war »Sherman-Termin«. Ich konnte mich in meinem Zimmer auf die Tagesereignisse konzentrieren. Shermans Ausbeute an diesem Tage war: *»Motor heute fertigmontiert und getestet.«* (Der Einbau des Motors in das Flugzeug war abgeschlossen, und einige Teile waren getestet, der Motor selbst aber noch nicht angelassen worden.) *»Sehr schwieriger Job – fühle, das Wetter verzögerte Ihre Arbeit um einen Tag – jemand hat abgeschürfte Hände und Fin-*

ger . . . sehe große Wolke von Rauch oder Dampf über dem Flugzeug . . . Teile des alten Motors werden verwendet. Auf dem Rückflug nach Aklavik hatten Sie einige Kisten Zigarren bei sich – jemand von Ihren Leuten bat Sie darum, ihm etwas mitzubringen – kann nicht erkennen, was – jemand hat Zahnschmerzen oder eine wunde Stelle im Mund.«

Sherman hatte nicht nur viele meiner Gedanken aufgefangen – über den Motor und über die Verhältnisse im allgemeinen – sondern auch noch manches hinzugefügt, woran ich zwar intensiv dachte, aber ohne jede Absicht, es ihm mitzuteilen. Zum Beispiel: In Edmonton hatte ich mir eine Zahnfüllung machen lassen, und der behandelte Zahn verursachte mir immer noch Beschwerden. Mein Mund schmerzte, und der Zahn »hüpfte« bei jedem festen Auftreten oder überhaupt bei jeder Erschütterung. Es stimmte, daß mich der Zahn den ganzen Tag lang irritiert hatte. Ich hatte aus Edmonton eine bestimmte Sorte Zigarren für Wilson mitgebracht, eine Kiste für mich selbst und eine für die übrige Mannschaft.

Was Sherman offenbar meinte, als er notierte: *»Jemand von Ihren Leuten bat Sie darum, ihm etwas mitzubringen«*, war ein Radiogerät, das Iversen – durch meine Vermittlung – für ein Mitglied unserer Expedition besorgen sollte. Mir war wenig wohl bei dem Gedanken, diese Bitte zu erfüllen, weil Iversen sich bei den Herstellern von Funkgeräten so erfolgreich für uns eingesetzt hatte, daß sie uns die Rundfunkausrüstung für unsere Expedition zu einem weit unter den Herstellungskosten liegenden Vorzugspreis überlassen hatten. Diese Großzügigkeit der Hersteller war sehr anerkennenswert. Ich sah darin eine Anerkennung meiner Bemühungen im Dienst der Wissenschaft und zur Rettung von Menschenleben, aber ich fühlte mich nicht berechtigt, sie zu meinem eigenen privaten Vorteil oder auch dem eines meiner Besatzungsmitglieder in Anspruch zu nehmen.

Sherman notierte nicht nur: *»Jemand von Ihren Leuten bat Sie darum, ihm etwas mitzubringen«*, sondern ergänzte das mit dem Zusatz: *»Sie würden gerne Iversen etwas mittei-*

len . . . frage mich, ob dieser Gedanke Sie jetzt während unseres Kontakts beschäftigt?« Sherman hatte während seiner Sitzung am 14. Februar – dem gleichen Abend, an dem ich Iversen wegen des Rundfunkgeräts telegraphiert hatte – die Bemerkung gemacht: »*Sie bevollmächtigen . . . Iversen gewisse Ausrüstungsteile zu beschaffen und sie Ihnen für eine Reparaturarbeit am Motor so schnell wie möglich zu schicken – auch in Zusammenhang mit Funkgerät . . .*« Mir scheint, man kann ohne Zweifel davon ausgehen, daß Sherman in diesem Fall, wie in vielen anderen, auf das reagierte, was ich dachte oder tat, und nicht auf die Einflüsterungen seiner Phantasie.

Am 22. berichtete Sherman: »*Etwas in Zusammenhang mit der Brennstoffversorgung . . . einige Kanister Öl scheinen in das Flugzeug geschüttet worden zu sein . . . höre Motorengeräusch und sehe Sie aufmerksam zusehen und zuhören. Kontrolle gemeinsam mit Dyne, der neben dem neuen Motor steht – er scheint damit beschäftigt, irgend etwas zu regulieren – mit den beiden Motoren – sie zu synchronisieren, ist keine leichte Aufgabe – höre ihn schließlich sagen: ›Scheint mir jetzt okay zu sein.‹ Die letzten paar Tage waren anstrengend – jemand holt eine Flasche hervor nach der Arbeit, und jeder trinkt einen Schluck.*«

Alle diese Eindrücke bezogen sich auf die Ereignisse dieses Tages. Am 20. wurde mir mitgeteilt, daß Mr. Beliakov, der sowjetische Vertreter in Fairbanks, den Lufttransport von Benzin aus einem Depot in Old Crow – einem Polizeiposten einige hundert Kilometer von Aklavik – veranlaßt hatte. Wir hatten den ersten Teil dieses Benzinnachschubs am 22. erwartet. Daraus wurde nichts an diesem Tage, weil das Transportflugzeug verspätet war, und ich machte mir darüber Gedanken. An diesem Tage war der neue Motor vollständig fertig und konnte in einem langen Lauf erprobt werden. Das Motoröl wurde eingefüllt und der Motor gestartet. Wir ließen ihn erst auf niedrigen Touren laufen, dann auf Höchstleistung und stellten fest, daß seine Maximalleistung 150 Umdrehungen unter der des alten Motors lag. Das bedeutete, daß noch weitere Regulierungsarbeiten notwendig wa-

ren, nicht nur an dem neuen, sondern auch an dem alten Motor.
Dyne führte diese Arbeiten aus, und am Abend liefen beide Motoren zu unserer Zufriedenheit. Das war für mich ein Anlaß, eine »Flasche hervorzuholen« (die ich aus Edmonton mitgebracht hatte) und die vorzügliche Leistung Dynes und Cheesemans zu feiern.
Sherman berichtete an diesem Abend noch über verschiedene Dinge, bei denen sich schwer sagen läßt, ob sie von mir kamen oder nicht. Zum Beispiel: »*Kanadische Münze – König Georgs Porträt – datiert 1903 – Münze in Ihrer Hand – Sie essen an diesem Abend mit Genuß ein Steak und so weiter.*« So etwas pflegte ich nicht in mein Tagebuch aufzunehmen, aber es konnte trotzdem wahr sein. Sherman berichtete dagegen nichts über ein Ereignis dieses Tages, das »emotional« war oder doch zeitweise meine ganze Aufmerksamkeit in Anspruch nahm. Mein Tagebuch vermerkt am 22.: »Schritt beide Landebahnen ab – mehr als zwanzig Kilometer – Blasen an beiden Füßen.« Beim Betreten und Verlassen des Schuppens, in dem wir das Öl anwärmten, waren meine Stiefel naß geworden. Bei meinem Gang längs der Landebahnen froren sie zu Eis. Mit erfrorenen Zehen und zerschundenen Füßen kam ich nach Hause. Die Verletzungen waren nicht ernsthaft, aber doch schmerzhaft genug. Man hätte erwarten können, daß Sherman, ebenso wie wenige Tage zuvor von meinen Zahnschmerzen, nun auch von meinen schmerzenden Füßen Notiz nehmen würde.
Während ich dies schreibe, fällt mir ein, daß ich nach meinem Zwanzig-Kilometer-Marsch und nach dem stundenlangen Testen des Motors sehr wahrscheinlich mein Steak – oder was immer es war – »mit Genuß verzehrte«.
Sherman berichtete auch: »*Morgans Name taucht bei mir auf – Sie hatten heute direkte Verbindung mit ihm.*« Das traf zu. Gewöhnlich war es Wilson, der sich um die Verbindung mit Morgan kümmerte und die Telegramme an ihn absetzte. Aber an diesem Abend hatte ich die Funktaste persönlich betätigt und Morgans Antwort entgegengenommen.
In der Nacht des 24. Februar bot sich uns die Gelegenheit

zu einem Experiment mit ESP-Karten nach allen Regeln der Kunst. Ich sah aber so viele Hindernisse vor mir, innere und äußere, daß ich kaum an mehr als mittelmäßige Ergebnisse glaubte. Überprüfe ich jetzt die Ergebnisse (was wir damals wegen der schlechten Funkverbindungen nicht konnten), fällt mir folgendes auf: Während ich die Karten mischte, zehn Karten aufdeckte und jede einzelne eine Minute lang betrachtete und dann mit den gleichen zehn Karten ein zweites und ein drittes Mal in der gleichen Reihenfolge genauso verfuhr, registrierte Sherman für jede Zehnerreihe ein anderes Ergebnis. In der ersten Reihe hatte er einen Treffer, Nr. 5, eine Welle; in der zweiten Reihe drei Treffer, die Nummern 1, 4 und 6, Welle, Kreuz und Kreis; und in der dritten Serie ebenfalls drei Treffer: die Nummern 5, 8 und 9 – Welle, Kreis und Stern. Aber drei Treffer von zehn möglichen in zwei aufeinanderfolgenden Serien ist kein sehr eindrucksvolles Ergebnis.

Am Rande des Kartenversuchs vermerkte Sherman in dieser Nacht: *»Wilkins scheint die von ihm gewählten Karten oder Symbole in einem anderen Buch aufgezeichnet zu haben.«* Ich hatte die Symbole in mein Tagebuch eingetragen. Um genau zu sein, ich hatte mein Tagebuch während des Versuchs vor mir liegen, und als ich die erste Karte aufdeckte, versuchte ich, unter Ausschaltung aller anderen Gedanken, an diese Karte zu denken und außerdem in meinem Tagebuch festzuhalten: »Nr. 1, eine Welle, Nr. 2, ein Kreuz« und so weiter. Das nächste Mal, als ich dieselben Karten in derselben Reihenfolge aufdeckte, schrieb ich nicht nur die Worte »Welle«, »Kreuz« und so weiter, sondern zeichnete über die Worte kleine Symbole, eine Welle, ein Kreuz, einen Kreis, ein Quadrat und so weiter, in der Hoffnung, daß diese Zeichnungen und die geschriebenen Worte mir helfen würden, mich zu konzentrieren.

Aber ich sah immer *alle* Karten vor mir, obwohl neun von zehn Karten mit der Rückseite nach oben lagen. Ich konnte nicht bewußt die gerade zugedeckte Karte vergessen, während ich meinen Blick auf die gerade aufgedeckte fixierte. Es war mir nicht möglich, in der kurzen Zeit die vorhergehende

Karte oder irgendeine der anderen Karten restlos aus meinem Gedächtnis zu verbannen. Als ich die zehn Karten zum zweitenmal umgedreht hatte, kannte ich ihre Reihenfolge auswendig und konnte sie psychisch nicht voneinander trennen, bis ich »physisch« eine Karte aussuchte und mich in sie vertiefte. Aber selbst dann waren mir die anderen Karten immer noch gegenwärtig, tauchten auf und verschwanden, wie in einem Karussell. Wie sollte Sherman es anstellen, diesen Kapriolen meiner Gedanken zu folgen? Offenbar gelang es ihm nicht, und wenn, dann nur mit geringem Erfolg.
Unsere Maschine war nun wieder startbereit; aber bevor wir sie testeten, wollten wir wirklich gutes Wetter abwarten. Am Abend des 25. machte ich noch einen Kartenversuch mit Sherman. Diesmal sollte ich zehn Karten im Abstand von drei Minuten aufdecken und betrachten. Ich tat das und half meiner Konzentration dadurch nach, daß ich die angeschaute Karte in meinem Tagebuch nachzeichnete: Ein großes Quadrat voller kleiner Quadrate, einen großen Kreis voller kleiner Kreise und so weiter.
Wenn ich jetzt meine Liste mit der Liste Shermans vergleiche, finde ich, daß Sherman auf drei verschiedene Weisen versuchte, meinen Kartengedanken auf die Spur zu kommen. Auf die erste Weise erzielte er zwei Treffer: die Nummern 3 und 6, die Symbole Kreuz und Welle. Auf die zweite Weise brachte er es auf drei Treffer: die Nummern 1, 7 und 8: Kreuz, Kreis und Quadrat, und auf die dritte Weise hatte er wiederum zwei Treffer: die Nummern 1 und 8. Außerdem hatte er mit der zweiten und dritten Methode in zwei Fällen die richtige Reihenfolge getroffen. Ich weiß nicht, ob dies besser ist als die Zufallserwartung oder besser als der Durchschnitt der von Dr. Rhine erzielten Ergebnisse.
Auch beim drei Minuten langen »Festhalten« eines Symbols fand ich es schwer, wirklich nur an dieses eine Symbol und an kein anderes zu denken. Der Anblick eines schwarzen Symbols auf einer weißen Karte hatte für mich keinerlei emotionale Resonanz. Ein solches Kartenbild fesselte meine Aufmerksamkeit nicht genügend, wenn ich gleichzeitig daran denken mußte, daß in genau drei Minuten die nächste

Karte und das nächste Symbol fällig war – eins von 25. Ich wußte, daß in diesem Stoß von 25 Karten fünf mit Quadraten lagen, fünf mit Kreisen und so weiter. Und vor mir auf dem Tisch lag meine Uhr, mit Ziffern für jede fünfte Minute einer Stunde . . . Die Gedanken flogen vorbei und ließen sich nicht einfangen. Welchen meiner Gedanken sollte Sherman auswählen und aufzeichnen, falls überhaupt einer von ihnen bis zu ihm gelangte?

Am 26. entschieden wir uns für einen Flug über den Bergen von Alaska (ein Plan, mit dem ich mich schon einige Tage trug), damit der neue Motor sich erst einmal gründlich einlaufen konnte, bevor wir uns mit ihm auf das Eis hinauswagten. Wir hatten nur wenig Benzin im Tank, weil ich in Old Crow landen und aus dem dortigen Brennstoffdepot nachtanken wollte, um unsere Vorräte in Aklavik zu schonen. Auf dem Rückweg wollte ich noch einmal Old Crow anfliegen und weiteren Brennstoff zur Ergänzung unseres Vorrats in Aklavik an Bord nehmen. Alle Vorbereitungen waren getroffen, aber wieder einmal machte uns an diesem Tage – Sonntag, dem 27. Februar -- das Wetter einen Strich durch die Rechnung. Wir mußten uns mit diesem neuen Aufschub wohl oder übel abfinden.

Auch am Montag war das Wetter über den Bergen von Alaska schlecht, und unsere Ungeduld wuchs. Doch es gab keine andere Wahl als zu warten. In dieser Nacht experimentierte ich noch einmal mit ESP-Karten. Diesmal sollte ich den ganzen Packen von 25 Karten nehmen, alle Karten der Reihe nach aufdecken und an jede eine Minute lang denken. Zur verabredeten Stunde verfuhr ich entsprechend mit den Karten und schrieb gleichzeitig Nummer und Aussehen jeder Karte in mein Tagebuch mit einer Zeichnung des dazugehörigen Symbols: Kreuz, Quadrat, Welle und so weiter.

In 7 von 25 Fällen tippte Sherman richtig. Interessant war auch, daß bei vier Karten die Reihenfolge stimmte, wenn auch – verglichen mit meiner Liste – um eine Karte »verspätet«. Hier kann man, muß aber nicht, eine Zeitdifferenz zwischen Empfang und Sendung vermuten, oder auch die Er-

klärung dafür in meinem Gedankenwirrwarr suchen. Ich war nicht sehr beeindruckt von diesem Experimentieren mit Karten und dachte dabei ohne Frage viel intensiver an den geplanten Flug über den Bergen und die Möglichkeit, eine Spur der verschollenen russischen Flieger zu finden. Ich hatte leise gehofft, daß der nächste Tag, ein Dienstag, uns besseres Wetter bescheren würde, aber wenn die Wettervoraussagen stimmten, war an einen Flug nicht vor Mittwoch zu denken.
Ich versprach mir sehr viel von diesem Flug, besonders nach gewissen Berichten jüngeren Datums, Eskimos an der arktischen Küste hätten an dem Tage, an dem Levanevsky die Küste erreicht haben konnte, Motorengeräusch gehört. Es war nicht auszuschließen, daß er nach Überfliegen der Küste im Endicott-Gebirge abgestürzt war. Ich wollte dies Gebiet daher gründlich absuchen. Bei früheren Expeditionen hatte ich diese Bergkette beim Hin- und Rückflug von Fairbanks nach Point Barrow schon mehrfach überquert, aber jetzt würden wir dem Gebirgskamm in der Längsrichtung folgen. Dieser Flug über schwindelnde Abgründe und zerklüftete Täler, über Hunderte von Kilometern ohne jede Landemöglichkeit würde interessant, wenn auch nicht gerade angenehm sein. Wir würden tief fliegen müssen, um in jede Krümmung und Ecke hineinsehen zu können, und dabei von den Gebirgsböen gepackt und geschüttelt werden. An diesem Abend berichtete Sherman: »*Sie haben sich in Gedanken auf einen unmittelbar, also morgen, bevorstehenden Flug vorbereitet, vorausgesetzt, daß das Wetter es erlaubt – eine Suchexpedition über den Bergen – habe Eindruck von Flugtätigkeit Montag oder Dienstag dieser Woche, obwohl ich weiß, daß es für einen Flug in richtigem Mondlicht und wirklich guten Bedingungen zu früh ist. Immer noch kein gutes Flugwetter, aber Sie rechnen mit Wetterbesserung am Mittwoch – habe bestimmtes Gefühl, daß dies ein Tag der Aktion ist – es kommt mir vor, als flögen Sie an diesem Tage über Berge. Sie können es ein Vorgefühl nennen, aber mir ist, als erlebte ich einen Flug durch Böen und Luftlöcher – unter mir tiefe Bergklüfte oder Täler bedeckt mit Schnee und Eis – ge-*

fährlicher Flug – einige Gebirgszüge sind voller Tücken – schlecht im Falle einer Notlandung – Sie möchten diese Suche gern bald hinter sich bringen – Sie möchten verlorene Zeit aufholen, um im März ganz für Ihre Hauptaufgabe bereit zu sein. Habe Gefühl, Gebirgsflug trotz gewisser Risiken beschlossene Sache: eine Art Generalprobe für die späteren, viel längeren Flüge über dem Eismeer im März.«

All das hatte sich deutlicher und tiefer in mein Bewußtsein eingeprägt als die Experimente mit den ESP-Karten. Ich war daher nicht überrascht, daß Sherman bei Dingen, die mit der Expedition zusammenhingen, viel mehr »Treffer« erzielte als bei den Karten, obwohl auch seine Kartenergebnisse – wie man mir später sagte – über dem Durchschnitt lagen.

Am 1. März waren wir früh aufgestanden – für den Fall, daß das Wetter uns positiv überraschen sollte. Aber die ungünstigen Voraussagen stimmten leider. Über den Bergen blies ein kräftiger Wind und fegte den Schnee vor sich her. Das Wetter in Aklavik war gut genug für den Start, aber die Schneedrift im Gebirge hätte unsere Sicht behindert. So konnte ich mich an diesem Abend noch einmal mit Sherman – gedanklich – in Verbindung setzen.

Wir verzichteten diesmal auf Kartenversuche, dafür empfing Sherman so gut wie alles, was mich intensiv beschäftigt hatte, und beschrieb, was ich erlebt hatte: »*Morgen soll es nun ernst werden – ein Flug von 600 bis 1000 Kilometern – ein Beobachtungsflug über Berge* (ich hatte vor, 1000 Kilometer hin und 1000 Kilometer zurück zu fliegen.) –, *um Gerüchten, die von den Eskimos stammen, nachzugehen – ich fühle, diese Gerüchte sind das Motiv für Ihre Suche in dieser Gegend – habe mir in meinem Bewußtsein die Frage gestellt, warum Sie in dieser Gegend suchen wollen – dies scheint mir eine einleuchtende Erklärung für Ihren Flug über dem Gebirge zu sein – wenn das russische Flugzeug gesichtet ist, wollen Sie die Stelle markieren und sich später zu Fuß den Weg dorthin bahnen – es scheint mir, daß Sie heute unmittelbar vor dem Start stehen – sehe mehrere Menschen mit dem Flugzeug beschäftigt – Wolken über den Bergen verzögern den Flug – Sie wür-*

den nicht sehr weit kommen – aber morgen. Mittwoch verspricht ein Tag der Aktion zu werden – aufklarendes Wetter – es gibt da offenbar einen Berggipfel, den Sie umfliegen wollen – in dessen Nähe Sie die Russen vermuten – Spirituosen – spüre kommerzielles Interesse in diesem Zusammenhang, als wolle eine Firma Ihre Zustimmung zu etwas einholen. Sie sind nicht abgeneigt, wenn man Ihnen genug Geld bietet. – Fühle die Notwendigkeit, noch vorsichtiger zu sein – hoffe, daß nichts Sie zu einer Notlandung zwingen wird – schlage vor, Sie kontrollieren die Öl- und Benzinzuleitungen zum Motor als denkbare Störungsquellen – etwas scheint verstopft oder blockiert zu sein – wahrscheinlich in Zusammenhang mit der Außenatmosphäre oder der Temperatur.«

Sherman hatte die wichtigsten Ereignisse und meine wichtigsten Gedanken an diesem Tage empfangen, einen Umstand, den ich ihm gar nicht »senden« wollte, mit inbegriffen. Ich hatte ein Telegramm der Firma Hiram Walker erhalten mit der Frage, ob ich bereit sei, meinen Namen zur Verfügung zu stellen, um für eine bestimmte Whisky-Marke zu werben. Ich hatte nichts gegen einen kleinen Extraverdienst, aber die gebotene Summe war zu niedrig, um mich zu locken. Ich war entschlossen, wenn man mir nicht mehr bieten würde, den Vorschlag abzulehnen. Es war dies der einzige Tag in einem ganzen Jahr, an dem eine Spirituosenfirma mir einen solchen Vorschlag machte, und ich glaube, dies ist Beweis genug, daß Shermans Aufzeichnungen Dinge enthielten, die man mit »Phantasie« allein nicht erklären kann.

Interessant ist auch Shermans Rat, *»Öl- und Benzinzuleitungen zu kontrollieren«*, und sein Hinweis, daß *»etwas verstopft oder blockiert zu sein«* scheine. Wir hatten festgestellt, daß bei dem Ersatzmotor der automatische Geschwindigkeitsregulator nicht so geschmeidig und ruhig arbeitete wie vorher bei dem ausgetauschten Motor. Ich machte mir darüber Gedanken, aber Dyne, der Mechaniker, schien überzeugt, der Regulator würde uns keinen Kummer mehr bereiten, sobald er richtig eingelaufen war. Sherman konnte meine diesbezüglichen Gedanken aufgefangen haben, ob-

wohl sie mich nur flüchtig beschäftigten. Er konnte aber auch etwas von dem *vorausgesehen* haben, was sich am nächsten Tage ereignete. Das wäre dann so etwas wie ein Blick in die Zukunft gewesen. Denn in der Tat kam es am nächsten Tage während des Fluges wirklich zu einer Verstopfung der Ölleitung zu dem Regulator, verursacht wahrscheinlich durch die extreme Kälte und den Umstand, daß der neu montierte Propeller nicht ganz einwandfrei arbeitete. Ich bin Laie auf dem Gebiet des Hellsehens oder Vorausschauens und neige daher mehr zu der Ansicht, daß Sherman auf meine *vorausgehende* Diskussion mit Dyne reagiert und diese Eindrücke aufgezeichnet hat.
Was Sherman über meine verschiedenen Flugpläne sagte, stimmte völlig mit den Tatsachen überein. Und das gilt auch für seinen Hinweis auf meine Absicht, einen Berggipfel oder ein Bergmassiv zum umfliegen, da die Eskimos, mit denen ich gesprochen hatte, und die am Tage der letzten Nachricht von Levanevsky Motorgeräusch gehört haben wollten, meinten, das Geräusch habe sich in der Richtung auf einen markanten Berggipfel südlich der Barter-Insel hin bewegt. Darum hatte ich mir vorgenommen, gerade hier gründlich zu suchen.
Am Mittwoch, dem 2. März, waren wir um 9 Uhr morgens in der Luft. Weil wir so viel Zeit mit Warten auf besseres Wetter verloren hatten und weil es ein besonders schöner, sonniger Tag war, hatte ich beschlossen, mehr Benzin zu tanken und auf dem Hinflug nicht in Old Crow zu landen. Ich wollte sogleich mit der Suche beginnen und erst auf dem Rückflug Old Crow anfliegen. Wir flogen 2000 Kilometer über den Bergen von Alaska in klarstem Sonnenschein und bei bester Bodensicht, aber von Levanevskys Maschine entdeckten wir keine Spur. Wir flogen westwärts weit über den vermuteten Kurs von Levanevsky und auch über die von den Eskimos bezeichnete Gegend hinaus. Wir gingen auf Gegenkurs, Richtung Aklavik, und flogen noch einmal nach Westen über eine andere Gegend. Wir brachen die Suche erst ab, als es zu dunkeln begann.
Kenyon und Cheeseman waren allein in der Kanzel, denn ich

wollte an diesem Tag in der Heck-Kabine bleiben, die größere Bequemlichkeit zum Beobachten und Fotografieren bot. Gegen Abend meldete Kenyon, daß der neue Motor, wahrscheinlich infolge eines Fehlers am Geschwindigkeits-Regulator, nicht einwandfrei arbeitete, und Cheeseman konstatierte, daß die Öltemperatur auf die Verstopfung einer Leitung schließen lasse. Es war, wie gesagt, meine Absicht gewesen, an diesem Abend in Old Crow zu landen; angesichts der besseren Inspektions- und Wartungsmöglichkeiten in Aklavik beschloß ich jedoch, direkt zu unserer Basis zurückzufliegen. Wir erreichten Aklavik bald nach Einbruch der Dunkelheit.

Wir waren enttäuscht, nichts, was auf die vermißten Flieger hinwies, gefunden zu haben, aber wir hatten immerhin dem schon durchsuchten Gebiet viele hundert Quadratkilometer hinzugefügt. Andererseits war da noch ein großes Stück noch nicht überflogenes Bergland, und ich hoffte auf einen neuen Flug am nächsten Tag.

Am 3. März starteten wir um 8 Uhr morgens und landeten in Old Crow um 9.15 Uhr. Wir wollten aus dem dortigen Brennstoffvorrat auftanken, kannten aber nicht seine genaue Lage. Wir landeten daher vor dem Dorf, das nahe am Ufer des Crow-Flusses liegt, einem Nebenfluß des Yukon. Wir erfuhren, daß das Benzindepot 800 Meter weiter flußaufwärts lag, und glitten nun dorthin mit Propellerkraft.

Als wir uns dem Platz, an dem das Benzin verwahrt war, näherten, stießen wir gegen eine Klippe im Flußbett, die nur dünn mit Schnee und Eis bedeckt war. Kufen und Heckstütze sanken durch den Schnee und schrammten hart gegen den darunter liegenden, eisüberzogenen Felsen. Es sah nach einer Katastrophe aus, aber der Schaden war geringer, als wir ursprünglich befürchtet hatten. Ohne allzu viel Mühe bockten wir das Flugzeug auf, glätteten die Unterflächen der Kufen, schaufelten Schnee unter sie und auf die Felsen und brachten die Maschine glücklich zurück auf das schneebedeckte Flußeis.

Wir füllten unsere Tanks und starteten zu unserer zweiten Suche über der Berglandschaft von Nordalaska. 2800 Kilo-

meter lang kurvten wir die Endicott-Gebirgskette entlang, in jede Schlucht und jedes Bergtal spähend, wie ein Falke auf der Jagd. Unsere Jagd galt dem Wrack des russischen Flugzeugs, beziehungsweise Spuren von Menschen, die den Absturz überlebt haben konnten und Hilfe brauchten. Aber weder für das eine noch für das andere fanden wir auch nur die geringsten Anzeichen. Wir hatten ideales Wetter an beiden Tagen unserer Suche und waren insgesamt 4800 Kilometer weit geflogen. Es schien uns ausgeschlossen, daß wir dabei ein in den Bergen unter uns abgestürztes Flugzeug übersehen haben könnten. Wir suchten weiter bis es dunkelte und nahmen dann Kurs auf Old Crow. Mit dem Fluß, einem breiten weißen Band, umsäumt von weidenbestandenen, dunkleren Ufern, als Wegweiser, erreichten wir Old Crow und fanden unsere Landebahn mit Hilfe von Fackeln, die Korporal Kirk von der Berittenen Grenzpolizei für uns hatte aufstellen lassen. Der Korporal war uns eine große Hilfe gewesen. Er hatte uns mit seinem Kurzwellensender Wetterberichte gefunkt und uns ermöglicht, unseren Brennstoffvorrat zu ergänzen. Zusammen mit einigen seiner Kameraden bewirtete er uns fürstlich an diesem Abend, und wir genossen die bequemen Betten der Polizeistation.
In der Nacht des 3. März berichtete Sherman: »*Hatte mehrfach das eigentümliche Gefühl, mit Ihnen in der Luft zu sein – ziemlich tiefer Flug über kantige, weiße Gipfel mit harten Schatten – unter mir leuchtendweiße Streifen, scharf abgesetzt von den Stellen, die kein Sonnenstrahl erreicht – manchmal gleitet der Schatten des Flugzeugs über den Schnee – Besatzung macht Sie auf Herden wilder Tiere aufmerksam – Schwärme von Vögeln werden von dem Flugzeug aufgescheucht – Sie halten die Karte auf den Knien oder irgendeinen Plan, den sie genau betrachten und mit Eintragungen versehen – Sie sind heute wieder einmal zum Abendessen eingeladen – dabei sprechen Sie über ihre Beobachtungen an Plätzen, wo Goldsucher ihre Hütten gebaut haben.*«
All das hätte sich jeder, der die Landschaft kannte und der wußte, daß wir über das Endicott-Gebirge fliegen würden, natürlich auch ausdenken können. Aber Sherman wußte

nicht, daß wir an diesem Tage über dies Gebirge geflogen waren, und er hatte von den Bedingungen, die hier herrschten, nie etwas gesehen oder gehört.

Er beschreibt genau die Umstände des Fluges und vieles von dem, was ich dachte, sah oder tat. So zum Beispiel, daß ich eine Karte auf meinen Knien hielt, in die ich sorgfältig unseren Kurs eintrug, um, für den Fall, daß wir das vermißte Flugzeug sichteten, den Ort so genau bezeichnen zu können, daß eine Expedition zu Fuß keine Schwierigkeiten haben würde, es zu finden. Er erwähnte die Herden wilder Rentiere und die Hütten der Goldsucher. Tatsächlich gingen wir einmal in steilen Kurven in einem Tal bis fast auf die Höhe einer solchen Hütte herunter, um zu sehen, ob sie bewohnt war. Aber nichts rührte sich im Inneren oder in der Nähe der Hütte. Auch ringsum im Schnee sahen wir keine menschlichen Spuren. Die Hütte wurde wahrscheinlich nur im Sommer benutzt.

Ein Detail in diesem Protokoll entstammt möglicherweise Shermans Phantasie: *»Schwärme von Vögeln werden von dem Flugzeug aufgescheucht . . .«* – Die einzigen Vögel, die wir hätten aufscheuchen können, waren Schneehühner. Aber Schneehühner drücken sich, so lange sie können, am Boden, besonders im Winter. Möglicherweise flogen wir über Völkerscharen von Schneehühnern, aber ich kann mich nicht entsinnen, während des Fluges auch nur ein einziges Schneehuhn gesehen zu haben. Aber selbst wenn Sherman in diesem Fall seiner Phantasie freien Lauf gelassen haben sollte, ist seine Fehlleistung von Interesse, beweist sie doch, daß Shermans übrige Aussagen über die Umstände des Fluges über einem arktischen Gebirge nicht aus Büchern stammen konnten. Er war nie in dieser Gegend gewesen und hatte wahrscheinlich auch sehr wenig über sie gelesen. Hätte er sein Wissen Büchern entnommen, um einen anschaulichen Bericht zu schreiben, hätte er gewußt, daß wir unmöglich Vogelschwärme aufscheuchen konnten.

Ich selbst kenne Sherman gut genug, um zu wissen, daß es ihm nie in den Sinn gekommen wäre, die örtlichen Verhältnisse zu studieren, um bei der Übertragung meiner Gedanken bessere Ergebnisse zu erzielen. Seine Ehrlichkeit und seine durch und durch wissenschaftliche Einstellung zu dem grundsätzlichen Problem der Gedankenübertragung und zur Erforschung ihrer Phänomene sind für mich über jeden Zweifel erhaben. Ich erwähnte die »Vogelschwärme« vor allem, um eventuelle Zweifel an der Integrität Shermans zu zerstreuen. Ich muß aber noch erwähnen, daß ich in meinem Tagebuch an jenem Tage notierte, daß ich das erste Schneehuhn des Jahres gesehen hätte, und zwar in Old Crow an der Stelle, an dem wir unser Flugzeug auftankten. Am selben Abend sprach ich dann mit einem Offizier der Polizeistation über das Vogelleben in der Arktis. Diese beiden Episoden erzeugten bei Sherman möglicherweise den »Vogelschwarm«-Eindruck.

Am Freitag, dem 4. März, flogen wir nach Aklavik zurück. Es würde nun nicht mehr lange dauern, bis uns die nächste Vollmondperiode zustatten kommen würde. Wir füllten die Vorräte in dem Laderaum der Maschine und machten sie fit für einen Fernflug über dem Eismeer.

Am 6. März waren wir schon um 3.30 Uhr morgens auf und bereiteten uns auf einen Start vor. Wieder einmal hing alles vom Wetter ab. Das Wetter in Aklavik war schlecht. Der Nebel hing tief über dem Fluß, die Sicht war nicht mehr als 800 Meter. Dennoch wollten wir starten, wenn draußen über dem Eismeer besseres Wetter herrschte, ungeachtet der Gefahren, die mit einem Start im Nebel verbunden waren, und trotz der Schwierigkeit, unter solchen Bedingungen unseren Weg zurück nach Aklavik und zu unserem Landeplatz zu finden.

Es war daher eine große Erleichterung, dem Wetterbericht aus Fairbanks zu entnehmen, daß wir über dem Zentrum des Nördlichen Eismeers eine niedrige Wolkendecke und viel Nebel vorfinden würden. Aklavik blieb den ganzen Tag lang in Nebel eingehüllt, so daß auch das Postflugzeug der Canadian Airways nicht starten konnte. Am nächsten Morgen waren wir wieder um 3.30 Uhr auf, und wieder machten wir unsere Maschine startbereit; aber es herrschte immer noch dickes Nebelwetter bis zum späten Nachmittag. Meine Ungeduld war groß, und ich war schon fast entschlossen zu starten, sobald der Nebel gewichen war. Da aber für das ganze Gebiet nördlich des 80. Breitengrads schlechtes Wetter vorausgesagt war und wir bis zum 87. Breitengrad fliegen sollten – mehr als 600 Kilometer durch schlechtes Wetter –, beherrschte ich mich und setzte meine Hoffnung, wieder einmal, auf den nächsten Tag. Aber ich wurde noch einmal enttäuscht. Aus den Wettervoraussagen ging hervor, daß die Sichtverhältnisse jede Beobachtung der Eisoberfläche unmöglich machen würden. Zähneknirschend mußten wir uns eingestehen, daß wir wieder einmal am Boden festgehalten waren.

Inzwischen hatte Sherman, bei den »Sitzungen« am 7. und 8. März, mehrmals das Richtige getroffen und auch mehrfach erkennen lassen, daß er, wenn auch nicht alle meine Gedanken, so doch Eindrücke von Dingen erhielt, die mir ernstlich zu schaffen machten. Während der durch das Wetter erzwungenen Ruhepausen entwarf ich Navigationspläne für den jeweils folgenden Tag und für die einzelnen Tageszeiten. Je nachdem, wann wir starteten, änderten sich die Berechnungen und die Formeln, die ich für die Ortsbestimmung während des Fluges brauchte, erheblich.

Ich plante unseren Kurs so genau wie möglich, um die Sonne oder den Mond in einem zum Beobachten günstigen Winkel zu haben, sobald wir dorthin kamen, wo wir glaubten, die verschollenen Flieger finden zu können. Bei unserem ersten für den März geplanten Flug hatte ich gehofft, den 87. oder 88. Breitengrad erreichen zu können – 200 bis 300 Kilometer vom Nordpol entfernt – um von dort in einem west-östlichen Zickzack-Kurs über viele hundert Quadratkilometer den Rückflug anzutreten, der uns über Gebiete führen sollte, die wir auf dem Hinflug nicht berührt hatten. Um das zu schaffen, würden wir 4000 Kilometer über dem Nördlichen Eismeer fliegen müssen, und es bedurfte einer ziemlich exakten Kursberechnung, um unseren Heimathafen ohne Schwierigkeiten wiederzufinden.

Ich hatte mit niemandem über meine hypothetischen Flugpläne gesprochen, weil es sinnlos gewesen wäre, Pläne und

Routen zu diskutieren, die durch den nächsten Wetterbericht gegenstandslos werden konnten. Aber Sherman hatte offenbar auch Zugang zu diesen meinen Plänen und Hoffnungen, denn er notierte: »*Ihr nächster Flug soll Ihr bisher längster werden – 2000 Kilometer hin und 2000 Kilometer zurück – fühle, sie wollen sich dem Pol auf 200 bis 300 Kilometer nähern.*«

Sherman fuhr fort: »*Es scheint Post gekommen zu sein – wurde die Schwanzflosse des Flugzeugs bei einer holprigen Landung während des Ausflugs zu den Gebirgen von Alaska leicht beschädigt? Kommt mir vor, als sähe ich, daß an dem Heck des Flugzeugs gearbeitet wurde.*« Beides war richtig. Mit der Maschine der Canadian Airways war Post gekommen, und die Mechaniker reparierten den bei der Landung in Old Crow entstandenen Schaden an der Gleitstütze der Schwanzflosse.

Sherman notierte außerdem in der Nacht des 7. März: »*Sehe ›Rot‹ aufleuchten – hatte seit langem keinen solchen Eindruck.*« Wie man sich erinnert, hatte ich mit Sherman verabredet, daß ich ihm eine Krankheit oder einen Unfall eines Besatzungsmitglieds durch ein »Rot-Signal« mitteilen würde. Keiner von uns war krank, und ich kann mich nicht entsinnen, Sherman ein »Rot-Signal« gesendet zu haben. Aber der Rot-Eindruck Shermans war möglicherweise darauf zurückzuführen, daß zu jener Zeit (ohne daß Sherman darauf eingegangen wäre) ein Frachtflugzeug Benzin aus Old Crow zu unserer Basis brachte. Die Kanister waren *leuchtend rot* angemalt und bildeten einen auffallenden, roten Turm neben unserem silberfarbenen Flugzeug. Ich mußte immer intensiv an das Rot denken, wenn ich an unserer Maschine vorbeiging.

Sherman hatte an diesem Tage noch etwas registriert: »*Zusage für irgendein Reklameerzeugnis – meine eine Spirituosenflasche zu sehen, wie man sie von Ihnen verlangt hat. Glaube, Sie erwägen ernsthaft, das Angebot anzunehmen – wollen sich heute entscheiden.*« Am 1. März hatte ich die Anfrage bekommen, ob ich, für eine bestimmte Summe, meinen Namen für eine Whisky-Marke zur Verfügung stellen

würde. Meine Antwort war, daß die gebotene Summe zu niedrig sei. Am 7. März erreichte mich ein höheres Angebot; und, obwohl die Kosten für mein neues Unterseeboot noch nicht gedeckt waren, entsprach auch dieser neue Vorschlag nicht meinen Vorstellungen. So sagte ich denn endgültig nein zur Idee einer Whiskyreklame mit meinem Namen.
Ich hatte mir die Sache reiflich überlegt und war nahe daran gewesen, meine Zustimmung zu geben. Sein Wissen hierüber konnte Sherman aus keiner anderen Quelle bezogen haben als aus meinen Gedanken; und es war sicher kein Thema, auf das er durch Spekulation gekommen wäre, falls er versucht hätte, sich Stoff für seine Berichte auszudenken.
Am 8. März schrieb Sherman: »*Flüchtige Vision Ihres Gesichts – ziemlich angespannt, starker Eindruck der Konzentration auf Flugunternehmen – etwas verlief nicht, wie geplant – Schnee- oder Hagel-Wetter in einigen Regionen – sehe Sie neben dem Flugzeug nach oben- und umherblickend – etwas wie ein Grat oder ein Abhang vor Ihnen – von Schnee und Eis – in bandähnlichen Konturen.*«
In meinem Tagebuch steht unter diesem Datum: »Mache mir Sorgen, weil wir heute nicht starten können – gutes Wetter hier (in Aklavik), aber niedrige Wolken über Old Crow.« Nachdem ich dem Wetterbericht entnommen hatte, daß, wie ich in meinem Tagebuch vermerkte, »jeder Flug über der Arktis zwecklos wäre«, stand ich neben den beiden Flugzeugen, dem Frachtflugzeug der Mackenzie Fluggesellschaft und unserem, und prüfte die Wetterbedingungen in Richtung Old Crow. In schneller Folge fegten Schneestürme über die Berge, die das Tal des Mackenzie-Flusses säumten. Längs dem Berghang bildete der frisch gefallene Schnee auf den von der Natur geschaffenen Flächen ein Muster, das die ganze Landschaft wie mit Bändern zu überziehen schien. Ich hatte dieses Schauspiel schon öfter beobachtet und darauf, wohl auch schon viele Male »gedanklich« reagiert. An diesem Tage aber schenkte ich ihm besondere Aufmerksamkeit, weil die Schneestürme in dieser Himmelsrichtung unseren Flug vereitelten. Viele Stunden lang blickten der Pilot des Frachtflugzeugs und ich in diese Richtung und beob-

achteten das Wetter. Dem Piloten lag daran, so bald wie möglich zur nächsten Etappe seines Flugs zu starten. Er war um 7 Uhr morgens startbereit, aber erst um 11 Uhr war er mit dem Wetter über den »bandähnlichen« Bergen zufrieden.

Sherman erwähnt an diesem Tage: *»Funktätigkeit«,* und ich finde in meinem Tagebuch eine Notiz, aus der hervorgeht, daß die Funkverbindungen einigermaßen funktionierten und daß ich lange Telegramme an Stefansson, Oumansky und Beliakov geschickt hatte. Sherman hätte das auch erraten können, aber, wie erinnerlich, waren lange Funktelegramme wegen der allgemein ungünstigen atmosphärischen Verhältnisse in all diesen Monaten kein alltägliches Ereignis. Shermans Erwähnung der Funktätigkeit kann man daher ebenso gut auf Gedankenübertragung wie auf Zufall zurückführen.

Am 9. gab es Anzeichen einer Wetterbesserung, und wir sahen voller Hoffnung einem Flug am 10. entgegen. Am frühen Morgen, als es noch nicht hell genug war, um den Himmel in Horizontnähe deutlich zu sehen, schien das Wetter in Aklavik vielversprechend. Ich weckte die Mannschaft, damit sie die nötigen Vorbereitungen treffen konnte. Nach den Voraussagen waren die Wetterbedingungen über dem Eismeer bis zum 80. Breitengrad günstig, aber weiter nördlich würde die Sicht durch Dunst und Schneetreiben behindert sein. Trotzdem beschloß ich zu starten, und um 7 Uhr früh waren wir in der Luft.

Bald nachdem wir das Delta des Mackenzie-Flusses hinter uns gelassen hatten, sahen wir unter uns eine weite Fläche offenen Wassers, die sich von der Baillie-Insel bis kurz vor die Herschel-Insel erstreckte. Von hier an und weiter nördlich war das Eis von Rissen durchzogen. Auch südwestlich der Banks-Insel sahen wir viel offenes Wasser. Eigentümliche, sichelförmige Wasseradern, parallel zur Küste, eine hinter der anderen beobachteten wir jenseits der Meerenge von McClure – die von der Banks- und der Prince Patrick-Insel gebildet wird. In einigem Abstand von der Küste der Prince Patrick-Insel lag ein breiter Gürtel Packeis mit wild

zerklüfteten, aufeinandergetürmten Schollen und dahinter, bis weit nach Nordwesten, wiederum offenes Wasser. Solange wir unter guten Sichtverhältnissen weiter nach Norden flogen, sahen wir immer wieder Wasseradern zwischen den Eisschollen; und zwischen dem 79. und 80. Breitengrad waren diese Adern breit und lang. Wir flogen im Sog des Sturmtiefs, das sich nordostwärts bewegte. Am 80. Breitengrad stießen wir – genau wie in den Wetterberichten vorausgesagt – auf eine Zone mit schlechter Sicht und bald darauf auf Wolken und Schnee. Wir hatten den Sturm eingeholt und drehten jetzt nach Osten ab, um ihm auszuweichen. Aber so weit wir nach Norden blicken konnten, war das Wetter schlecht.
Wir gingen bis auf 70 Meter herunter, aber als wir feststellen mußten, daß es nicht möglich war, auch in nur geringem Abstand beiderseits des Flugzeugs irgend etwas unter uns deutlich zu erkennen, gab ich widerstrebend die Anweisung umzukehren.
Unsere beiden Funker, Wilson in Aklavik und Cooke in Barrow, hatten sich mehrfach mit Kenyon verständigt und meldeten uns ihre Peilungen unserer Position, die mit meinen Positions-Schätzungen gut übereinstimmten. Das war für uns ein gewisser Trost, weil sich damit die Hoffnungen, die wir in unsere Funkpeilanlage gesetzt hatten, zu erfüllen schienen. Zwei Faktoren, die Radiostrahlen ablenken und die Genauigkeit der Funkpeilung beeinträchtigen können, sind der »Nachteffekt« und die Nähe von Gebirgen. An diesem Tage aber operierten wir mitten am Tage und weit weg von Gebirgen.
Auf Grund der Wetterberichte und unserer eigenen Beobachtung der Wetterbedingungen glaubte ich in größerer Höhe mit Rückenwind auf unserem Rückflug rechnen zu können. Wir stiegen auf 4000 und manchmal 5000 Meter und flogen heimwärts mit einer Durchschnittsgeschwindigkeit von 330 Stundenkilometern. Nachdem wir elf Stunden in der Luft gewesen waren, landeten wir ohne weiteren Zwischenfall in Aklavik. Bis 80° Nord war die Sicht gut gewesen, und ich glaube, wir hätten ein Flugzeug oder ein Lager auf

dem Eis in einem Abstand von acht Kilometern beiderseits unseres Kurses nicht übersehen können. Wir vermuteten die vermißten Flieger jedoch nördlich des 80. Breitengrads, obwohl niemand hierüber etwas Bestimmtes sagen konnte. Es war möglich, daß sie noch weiter nach Süden geflogen – oder auf dem Eis gedriftet waren – nachdem sie sich zuletzt von einer Position etwa 300 Kilometer südlich des Pols gemeldet hatten.

Am Morgen des 11. März meldeten die Wetterstationen ungefähr die gleichen Verhältnisse wie am Vortage: gute Sicht bis zu 80° Nord, aber bedeckten Himmel weiter nördlich. Um 4 Uhr morgens war der Himmel über Aklavik wolkenlos. Ich ließ die Maschine vorwärmen, obwohl eine bedrohliche dunkle Wolkenwand von Süden heraufzog. Ich hoffte starten zu können, bevor sie Aklavik erreichte. Aber um 7 Uhr, als die Motoren warmgelaufen und wir startbereit waren, war der Himmel über uns schon bedeckt. Ich hoffte, wir würden unter den Wolken hinweg bis zu dem Gut-Wetter-Gebiet im Norden fliegen können, und obwohl der Pilot dem Frieden nicht recht traute, entschied ich mich für den Start.

Wir waren weniger als eine halbe Stunde geflogen, als vor uns eine dichte Wolkenbank auftauchte, die sich über dem Mackenzie-Delta gebildet hatte. Nach wenigen Minuten begannen unsere Tragflächen zu vereisen. Es war einer der seltenen Fälle, in denen uns dies in der Arktis passierte, und es schien ein Ding der Unmöglichkeit, die Wolkendecke nach oben zu durchstoßen, ohne daß sich noch mehr Eis auf den Tragflächen bildete. Weiterzufliegen war zu gefährlich, aber es war beinahe ebenso gefährlich, umzukehren und mit der 50 Prozent über normal belasteten Maschine zu landen. Voll beladen war die Maschine nicht einmal bei gutem Wetter und unter normalen Bedingungen landetauglich. Unsere Zusatzbrennstofftanks hatten zwar Notventile, um in einem solchen Fall Benzin ablassen zu können, aber die Öffnung dieser Ventile und das Ablassen des Benzins waren auch eine schlimme Sache. Das Benzin in unseren Tanks war nach Old Crow und von dort zu unserer Basis geflogen worden.

Bis es in unsere Tanks gelangte, hatte jeder Liter die Sowjet-Regierung sieben Mark gekostet. Alles sträubte sich in mir gegen den Gedanken, 2000 bis 3000 Liter, etwa die Hälfte des mitgeführten Benzins, in die arktische Tundra zu schütten. Kenyon, der Pilot, war meiner Meinung, aber was war zu tun?

Es lag auf der Hand, daß wir bald landen mußten, um nicht durch die Vereisung zu Boden gezwungen zu werden. Es konnte sogar sein, daß uns vor einer Notlandung gar keine Zeit mehr blieb, die Notventile an den Brennstofftanks zu öffnen. So machte Kenyon freiwillig den kühnen Vorschlag, das Flugzeug mit voller Ladung auf dem weichen Schnee eines der kleinen Nebenflüsse des Mackenzie-Stroms zu landen. Hier konnten wir mit tiefem Pulverschnee rechnen, der das Aufsetzen der schweren Maschine bremsen würde. Dazu aber mußten wir ein Stück Flußlauf finden, das lang und gerade genug war für ein solches Manöver. Glücklicherweise sahen wir ein solches Stück nicht weit von uns. Mit großem Geschick und stählernen Nerven drückte Kenyon die Maschine bei voller Fahrtgeschwindigkeit tiefer und tiefer – niedriger als die Bäume am Flußufer. Dann, als die Kufen den pulvrigen Schnee berührten, nahm er das Gas langsam weg und ließ die Maschine allmählich ausgleiten. Es war eine großartige, mutige Leistung, die der Fliegerkunst Kenyons alle Ehre machte. Soviel ich weiß, wurde noch nie eine derart überlastete Maschine so sicher gelandet.

Wir waren höchst erfreut über das Gelingen dieses Wagnisses. Aber, wenn Hochmut nicht vor dem Fall kommt, so kommt doch der Fall in der Regel, wenn man ihn am wenigsten erwartet. Wir hatten die Maschine in dem ziemlich engen Flußarm, in dem wir gelandet waren, gedreht und bewegten uns nun zurück zum Hauptarm des Flusses, an dessen Ufer sich auch unser Vorratslager und unser Werkschuppen zum Aufwärmen der Motoren befanden. Wir hatten das Lager schon fast erreicht und kamen zu einer Stelle, wo der Fluß die Eisdecke überflutet und ein Band von nacktem, hartem Eis gebildet hatte. Die Heck-Kufe stieß gegen eine scharfe Eiskante und brach unter dem Gewicht der überladenen Maschine ab, so daß die Schwanzflosse direkt über das Eis schrammte. Die Motoren wurden angehalten. Es sah zunächst aus wie ein schwerer Unfall. Eine genaue Untersuchung ergab jedoch, daß der Schaden mit dem Material, das wir zur Hand hatten, behoben werden konnte. Ich machte mich also eilig auf den Weg zu Dyne und Cheeseman, damit sie bei den Reparaturarbeiten helfen konnten. Nach einem Tag und einer Nacht intensiver Arbeit aller unserer Leute war die Maschine wieder startklar, da aber das Wetter am nächsten und auch den beiden folgenden Tagen schlecht war, waren wir wieder einmal zum Warten verurteilt.

Ich war zu müde und zu sehr mit dem Abendessen beschäftigt, um meine an diesem Abend fällige Verabredung mit Sherman einzuhalten. Aber was hatte Sherman empfangen und aufgezeichnet? Zum erstenmal seit Beginn unseres Experiments war von meinen stark gefühlsbetonten Gedanken während unseres nahezu 4000 Kilometer langen Fluges offenbar kein einziger von ihm empfangen worden.

In der Nacht des 10. berichtete Sherman: »*Sie scheinen im Begriff zu sein, einen der längsten je unternommenen Rettungsflüge im Norden zu unternehmen – einen Flug, der sowohl Sonnen- wie Mondlicht erfordern wird.*« Hierzu machte Sherman jedoch die Anmerkung, daß er nahe daran gewesen sei, zu notieren: »*Sie sind gerade dabei, den längsten Rettungsflug zu beenden . . .*«, aber der Eindruck von etwas in der Zukunft Liegendem schien stärker, und darum schrieb er: »*Sie scheinen im Begriff . . .*« Davon abgesehen hatte Sherman in dieser Nacht jedoch mehrere »Treffer«. Er hatte geschrieben: »*Point Barrow kommt mir deutlich in den Sinn.*« Ich hatte viel an Point Barrow gedacht an diesem Tage, denn von dort kamen die Meldungen, die wir für die Funkpeilung brauchten. Sherman fährt fort: »*Flugzeugwartung, belebte Szene.*« Das entsprach auch den Tatsachen, denn die Mechaniker füllten die Tanks und kontrollierten die Motoren. Er »empfing« auch eine andere ungewöhnliche, wenn auch nicht gefühlsbetonte Episode an diesem Abend: Beim Abendessen hatte ich meinen Tischnachbarn etwas über meine Erlebnisse in den Diamantfeldern Südafrikas erzählt, und erwähnte, daß man mir ein Stück des seltenen, diamanthaltigen Minerals »Framesite« gegeben habe, mit vielen kleinen, aneinanderhaftenden schwarzen und weißen Diamanten. Befreit man dies Mineral von seiner Kruste, bietet die blanke Oberfläche einen Anblick von außerordentlicher Schönheit. Ich erzählte auch, daß man mir in einer Diamantgrube einen Beutel mit diamanthaltiger Erde als geologische Probe gegeben, mir aber dabei das Versprechen abgenommen habe, diese Probe vor Ablauf von 20 Jahren weder genau zu untersuchen noch zu sieben. Erst 1942 würde ich von diesem Gelübde befreit sein. Sherman berichtete: »*Diamantgrube – warum ich daran denke, ist mir ein Rätsel – eine Absurdität – aber ich notiere es auf alle Fälle.*« Dann schrieb er: »*Haben Sie eine kleine Narbe auf der linken Gesichtshälfte in der Nähe des Mundwinkels?*« Ich habe eine solche Narbe, die aber nur bei kaltem Wetter auffällt. Sie rührt von einer MG-Kugel her, die mich während des Ersten Weltkriegs streifte. Aber warum sich Sherman in dieser Nacht mit ihr beschäftigte, weiß ich nicht. Ich glaube nicht, daß er diese Narbe bei irgendeiner der Gelegenheiten, bei denen wir uns »leibhaftig« gegenübersaßen, bemerkt hat.

Über unseren Flug am 10. berichtete die *New York Times* am 11., und über unseren Start am 11. – die Umkehr und die abenteuerliche Notlandung – enthielt das gleiche Blatt einen Bericht am 12. Shermans nächste Sitzung, nach dem 10., war am 14., so daß er über unsere gefährliche Landung und unseren Unfall mit der Heck-Kufe nichts durch Gedankenübertragung erfahren konnte, was nicht schon vorher in der Zeitung stand. Geht man seine Berichte durch, stößt man jedoch auf eine recht verblüffende Tatsache.

Shermans Bericht vom 8. März beginnt mit einer im Lichte späterer Ereignisse erstaunlichen Feststellung: »*Die heutige Sitzung kam mir vor wie eine Mischung von Hellsehen und Telepathie. Die wortgetreue Wiedergabe der Eindrücke des heutigen Abends lautet: Leichter Riß in den Wolken hoch am Himmel, aber Sturmwolken verdunkeln den Horizont – es ist, als sei das Flugzeug gestartet, aber dann an einem bestimmten Punkt zu Boden gegangen oder umgekehrt – Flugzeug ohne Bewegung. Irgend etwas verlief heute nicht so wie geplant. Streckenweise Schnee- und Hagelschauer – scheinen gegen das Flugzeug zu prasseln. Ich sehe Sie neben dem Flugzeug stehen, den Horizont und den Himmel mit Ihren Blicken musternd. Rege Tätigkeit bei einem Zelt nicht weit davon – flüchtiger Eindruck von Ihrem Gesicht, mit sichtlichen Zeichen der Anstrengung und der Konzentration auf ein fliegerisches Problem – seltsames Gefühl in Magengrube oder Solarplexus – als ob ich gerade noch einmal davongekommen wäre oder eine akute Gefahr überstanden hätte – Sie machen sich Sorgen in Zusammenhang mit der Beförderung von Lasten.«*

Diese, von Sherman am 8. März registrierten Eindrücke beschreiben genau, was sich tatsächlich am 11. März ereignete: Die dunklen Sturmwolken am Horizont – die mich mit dem Start zögern ließen und Kenyon besorgt machten. Und dann waren wir gestartet, waren umgekehrt und zurückgekommen wegen der Schnee- und Hagelschauer und so weiter.

In diesem Fall und in einigen anderen Fällen, an die ich mich jetzt erinnere, können Shermans Aufzeichnungen als Vorahnung oder Hellsehen gedeutet werden. Ich hatte ihnen keine Aufmerksamkeit geschenkt, weil ich persönlich an moderner Prophetie oder Hellseherei nicht sonderlich interessiert bin. Nach meiner Meinung müssen diese Phänomene noch für viele Jahre, ja vielleicht für immer, in das Gebiet der Spekulation verwiesen werden – welchen Gesetzen sie auch unterliegen mögen. Ich beschränke mich daher bewußt auf die Übertragung von Gedanken in bezug auf schon Geschehenes. Solche Gedankenübertragung auf anderen Wegen als denen unserer wohlbekannten fünf Sinne ist vielleicht kein größerer Schritt als der zwischen Kabeltelegraphie und drahtloser Telegraphie. Ganz anders aber, glaube ich, steht es mit der Möglichkeit einer zuverlässigen Weissagung.

Andererseits stellt das Hellsehen unseren Denkapparat vor neue Aufgaben in bezug auf die zeitliche Reihenfolge von

Ereignissen. Die anderen von mir erwähnten Fälle von »Hellsehen« in Shermans Bericht mögen dafür als Beispiel dienen: Am 28. Dezember schrieb er: *»Der 15. Januar kommt mir in den Sinn als der Tag, an dem Sie tatsächlich zum Flug in die nördlichen Regionen aufbrechen werden – obwohl Sie im Augenblick hoffen, einige Tage früher starten zu können – auch dieser Eindruck ist mit dem Gefühl der Vorahnung verbunden – als eilten die Gedanken der Gegenwart voraus.«*
Und am 13. Januar schreibt Sherman: *»Habe wieder das Gefühl, daß der 15. Januar Ihr voraussichtlicher Starttag ist – daß die Wetterbedingungen einen früheren Versuch nicht erlauben, trotz Ihrer gegenwärtigen Startbereitschaft.«*
Wir wären gern am 13. gestartet, aber das Wetter war schlecht, und wir hatten Ärger mit unserem Funkgerät. Wir starteten tatsächlich am 14. um Mitternacht New Yorker Zeit und kehrten am 15. zurück.
Am 27. Januar schrieb Sherman: *»Habe den Eindruck eines Startversuchs um den 11. Februar herum – durchkreuzt durch einen Zwischenfall, der eine weitere Verzögerung verursachen wird – wiederum schreibe ich dies unter einer Art Zwang und mit dem Gefühl, künftige Ereignisse vorwegzunehmen. Das Kurbelgehäuse des Flugzeugs kommt mir plötzlich in den Sinn – war da irgendeine Panne, verursacht durch die Kälte?«*
Am 6. Februar war tatsächlich etwas passiert, das unseren Start am 11. Februar in der Vollmondperiode vereitelte. Das Hauptlager der Kurbelwelle war zu Pulver zermahlen – zweifellos eine Folge der Beschädigung der Propellerspitze am 15. Januar, was aber keiner von uns *wußte*, bevor wir die Motoren am 6. Februar probelaufen ließen!

Während unsere Mechaniker die Kufe unter der Schwanzflosse, die am 11. März zu Schaden gekommen war, reparierten, entdeckten sie einen Riß in einer der Verstrebungen des Fahrgestells. Sie mußten ein Metallstück passend zuschneiden und den Riß damit schienen. Das machte an und für sich nicht so viel Arbeit, aber um an die schadhafte Stelle zu gelangen, mußten Teile der Schwanzflosse und des Leitwerks demontiert werden. Es war eine kalte, unangenehme Arbeit und nahm mehr Zeit in Anspruch als erwartet. Als das Wetter sich gebessert hatte, war die Maschine flugbereit und die reparierte Heckpartie robuster als vorher.

Am 14. März waren die Wettervoraussagen für das Nördliche Eismeer günstig bis zum 80. Breitengrad. Nördlich davon seien vereinzelte Wolken und Schneedrift auf dem Eis zu erwarten. Die Aussichten für einen Vorstoß weit nach Norden schienen günstig, und wir verbrachten die ganze Nacht mit unseren Vorbereitungen. Das Flugzeug stand noch ein Stück flußabwärts, wo die Reparaturen ausgeführt worden waren, und das bedeutete einen fünf Kilometer langen Marsch von unseren Nachtquartieren. Aber um 7.30 Uhr hatten wir die Motoren warmlaufen lassen und starteten mit bis zur vollen Kapazität gefüllten Tanks.

Über die Sichtverhältnisse nördlich des 80. Breitengrads wußten wir nichts Bestimmtes, dennoch wollte ich versuchen, an diesem Tage so weit wie möglich zu kommen. Gutes Wetter auf den ersten 400–500 Kilometern versetzten uns in gute Stimmung.

Bei 80° Nord fanden wir den Himmel, wie vorausgesagt, mit einigen Wolken bedeckt, aber sie waren hoch, und wir konnten sie unterfliegen. Der Wind war nicht sehr stark, und wir stellten fest, daß viele von den Wasseradern, die wir am 10. März gesehen hatten, sich geschlossen hatten oder zugefroren waren.

Als wir uns dem 81. Breitengrad näherten, wurde das Wetter zunehmend besser und der Himmel klarer. Unter uns konnten wir deutlich eine Wasserrinne erkennen, die etwa die gleiche Richtung hatte wie der von mir errechnete Kurs. 230 Kilometer lang folgten wir diesem erstaunlichen Band offenen Wassers inmitten der Eiswüste. Dieser Fluß durch das Eis war 50 Meter bis zu einem halben Kilometer breit und nirgends, solange wir seinem Lauf folgten, auch nur von einer einzigen Eisbrücke unterbrochen. Es gab viele andere offene Stellen beiderseits dieses Flusses; aber noch auf keinem meiner 50000 Kilometer langen Flüge kreuz und quer über dem Nördlichen Eismeer hatte ich eine so lange, ununterbrochene Wasserader gesehen. Die jetzige Beobachtung war für mich deshalb von besonderem Interesse, weil es bei meinen früheren Expeditionen unsere Gewohnheit war, bei Fußwanderungen über das Eis an einer Eisrinne, die unseren Weg kreuzte, entlang zu gehen, weil wir gewöhnlich nach ein paar Kilometern auf eine Eisbrücke stießen. Ich stellte mir die Schwierigkeiten vor, wenn wir bei einer Fußwanderung diese Rinne vorgefunden und versucht hätten, sie zu umgehen!

Es mag in diesem Zusammenhang von Interesse sein – obwohl ich es damals, als ich mir im Flugzeug diese Gedanken machte, nicht wußte –, daß Dr. Frederick Cook, der den Nordpol zu Fuß erreichen wollte und behauptet, ihn auch erreicht zu haben, in seinem Buch (und auch bei den beiden Gelegenheiten unserer persönlichen Begegnung) von einer solchen Eisrinne in diesen Breiten, wenn auch weiter östlich, gesprochen hat. Er schildert, wie er dieser Rinne 150 Kilometer lang gefolgt sei. Ebenfalls in dieser Breite, aber östlich von unserem Kurs, will Dr. Cook auch Inseln gesehen und fotografiert haben. Er nannte sie »Bradley Land«. Zwischen unserem Kurs und dem angeblichen Weg von Cook liegen 160 Kilometer. Von uns aus hätten die Inseln im Osten, von Cook aus im Westen liegen müssen. In der von uns beobachteten Wasserader kann man allenfalls ein Indiz, sicher aber keinen Beweis dafür sehen, daß die Inseln, die Dr. Cook auf die Landkarte eintrug, auch tatsächlich existieren.

Am Ende des Laufs unseres »Flusses im Eis« und nicht mehr weit vom 84. Breitengrad verweigerte unser magnetischer Kompaß den Dienst. Ich hatte Kenyon gesagt, er solle dem Lauf der Eisrinne folgen, alle ihre Biegungen und Wendungen mitmachen, statt einen normalen geraden Kurs zu fliegen. Meine Überlegung dabei war folgende: Falls die Russen in der Nähe der Rinne notgelandet waren, war es wahrscheinlich, daß sie sich nahe ihrer Kante aufhalten würden, wo sie gute Chancen hatten, Seehunde zu erbeuten und so ihre Rationen zu verlängern. Aber nirgends war von den vermißten Fliegern auch nur die geringste Spur zu entdekken. Dagegen begann jetzt unser Magnetkompaß, ohne Frage wegen der ständigen Kursänderungen, sich wild im Kreise zu drehen. An und für sich eine recht ernste Sache, obwohl ich unseren Kurs, wenn auch mit einiger Mühe, an Hand der Richtung der aus unserer Höhe recht gut erkennbaren Schneeverwehungen auf dem Eis bestimmen konnte. Bisher waren wir in etwa 2500 Meter Höhe geflogen. Aber bei 85° Nord stießen wir auf niedrige Wolken und mußten tiefer und tiefer gehen bis nahe an die Eisfläche. Da unser Auge uns sagte, daß wir der Eisoberfläche schon ziemlich nahe gekommen waren, ohne daß die Instrumente Null-Höhe anzeigten, beschloß ich, eine Weile dicht über dem Eis zu fliegen, um unsere Höhenmesser zu kontrollieren. Bei einem von uns geschätzten Abstand vom Meereseis von nur 150 Metern zeigte der Höhenmesser 500 Meter über dem Meeresspiegel. Zum Glück konnten wir die Eisdecke sehen. Denn wären wir allein auf unsere Instrumente angewiesen gewesen, hätten wir, mit einem Kompaß, dessen Nadel wie irr hin- und hertanzte, und einem 350 Meter zu viel anzeigenden Höhenmesser bei schlechter Sicht direkt gegen das Eis fliegen können. Dies war also sicher nicht der rechte Ort für Blindflugexperimente. Doch das Wetter weiter nördlich war immer noch vielverheißend, obwohl wir uns einer Dunstzone näherten, die die Eisoberfläche mehr und mehr unseren Blicken entzog. Das aber bedeutete in jedem Fall Wind in den unteren Luftschichten und, nach all unseren Erfahrungen, auch in größerer Höhe. Aber wir flogen noch ein Stück weiter bis zu einem Punkt nahe dem 88. Breitengrad und, nach meiner Schätzung, 250 Kilometer vom Pol entfernt. Wir waren jetzt ungefähr neun Stunden in der Luft, und da wir für rund zwanzig Stunden Brennstoff getankt hatten, wäre es nicht weise gewesen, den Flug nach Norden fortzusetzen. Eine Strecke weit flogen wir im Zickzack-Kurs, um auch die letzten Beobachtungsmöglichkeiten in diesem polnahen Gebiet wahrzunehmen. Schließlich gingen wir so tief herunter, daß wir die Schneewehen erkennen und mit ihnen als Wegweiser einen geraden Kurs steuern konnten. Wir wollten so lange geradeaus fliegen, bis unser Magnet-

kompaß sich beruhigt hatte. Unser Kreiselkompaß machte uns keinen Kummer; und nach einigen Minuten funktionierte auch der Magnetkompaß einwandfrei. Wir stiegen wieder in größere Höhe und begannen den Heimflug.
Wir hatten über Funk häufig Verbindung mit Aklavik und zuweilen auch mit Point Barrow. Die Radiotechniker hatten unsere Position mit ihren Funkpeilgeräten bestimmt und meldeten uns, daß wir uns einmal auf der einen, einmal auf der anderen Seite des von mir geschätzten Kurses befänden. Irgend etwas stimmte offenbar nicht. Natürlich konnte ich mich bei meinen Berechnungen geirrt haben, aber kaum so sehr, um eine so starke Abweichung zuerst nach rechts und dann ebensoweit nach links zu erklären. Ja, wir konnten gar nicht in einem Schlangenlinienkurs so schnell so weit geflogen sein, um jedesmal dort zu sein, wo die Funkpeiler uns geortet hatten. Darum beschloß ich, meinem eigenen Glück und Urteil zu vertrauen und mich auf meine eigene Navigation zu verlassen. Auf jeden Fall würden mir dadurch ständige Kursänderungen mit dem Risiko völliger Desorientierung beim Versuch, den Funkpeildirektiven zu folgen, erspart bleiben.
In Aklavik, wohin wir zurückkehren wollten, hatte sich das Wetter im Lauf des Tages ständig verschlechtert und war, als wir den Rückflug antraten, denkbar ungünstig. Niedrige Wolken und Nebel beschränkten die Sicht auf weniger als 800 Meter. Vom Licht des schon abnehmenden Mondes abgesehen, würde unser Stützpunkt zur Zeit unserer Rückkehr in völlige Dunkelheit gehüllt sein – vorausgesetzt, daß wir ihn überhaupt wiederfanden! Ich ging daher mit mir zu Rate, ob eine Notlandung auf dem Eis nicht einer »schmutzigen« Landung im Nebel in der baumreichen Umgebung Aklaviks vorzuziehen sei. Es wäre nicht meine erste Landung auf arktischem Eis gewesen und auch nicht mein erster Versuch, auf einem Notlandeplatz besseres Wetter abzuwarten oder auch, nachdem ich durch Benzinmangel zur Landung gezwungen worden war, die Maschine zu verlassen und den Rückweg zu Fuß anzutreten. Aber Kenyon hatte keine solche Erfahrungen und konnte sich nicht recht mit diesem Ge-

danken befreunden. Was mich betraf, so schreckte mich die Vorstellung, zu landen und auf besseres Wetter zu warten weniger als die einer Fortsetzung des Fluges bis uns der Brennstoff ausging, während wir vielleicht immer noch in dichten Wolken oder im Nebel flogen. Dem wollte ich mich, solange es irgendeine andere Lösung gab, nicht aussetzen.
Aber bald türmten sich die Wolken vor uns höher und höher. Aus der Form der Wolkenkämme konnte ich den Schluß ziehen, daß in dieser Wolkenschicht ein starker Wind herrschte, was aber noch nichts über die Windverhältnisse in den höheren Luftschichten besagte. Hier konnte ich nur raten. Unsere Abdrift hatte beim letztenmal, als ich sie messen konnte, fünf Grad betragen. Das half uns aber sehr wenig, wenn es darum ging, Windgeschwindigkeit und Windrichtung in der Umgebung unseres Stützpunkts zu bestimmen. Die Radiotechniker in den Funkpeilstationen gaben sich weiterhin Mühe mit ihren Beobachtungen, aber da wir uns der Zeit des Tages näherten, in der die Genauigkeit ihrer Beobachtungen unter dem »Nachteffekt« leiden würde, konnten wir von ihnen nicht mehr viel Hilfe erwarten.
In der Nähe des 75. Breitengrades – rund 500 Kilometer nördlich von unserem Stützpunkt – gerieten wir in wirklich schlechtes Wetter. Wir mußten auf fast 5000 Meter steigen, um nicht in Wolken hineinzufliegen, in denen Vereisung zu befürchten war. Sobald wir uns der Küste genügend genähert hätten, hoffte ich, daß es möglich sein würde, die Wolkendecke noch über dem Meereseis zu durchstoßen. Wir versuchten herunterzugehen, und es gelang uns auch, kurvend und kreisend zwischen den wogenden Wolkenbergen, denen das Mondlicht ein gespenstisches Aussehen gab, die oberste Wolkenschicht zu durchstoßen, doch nur, um darunter eine neue Schicht zu entdecken. Die untere Schicht war dick und fest gepackt. Die Chancen, sie zu durchfliegen, schienen gleich Null; es zu versuchen, wäre, da wir wußten, daß in Aklavik Bodennebel herrschte, und wir uns auf unseren Höhenmesser nicht verlassen konnten, der Gipfel des Leichtsinns gewesen.
Es gab keine andere Wahl, als oberhalb der Wolkenschicht

zu bleiben. Es war auch jetzt zu spät, auf meinen Plan einer Notlandung auf dem Eis, bis das Wetter sich bessern würde, zurückzukommen. Wir mußten weiterfliegen oder umkehren, bis wir irgendwo im Norden, wir wußten nicht wo, einen wolkenfreien Himmel finden würden. Da wir nicht mehr genug Benzin hatten, um sehr weit nach Norden zu fliegen, waren wir ganz schön in der Klemme.

Wir flogen zwischen zwei Wolkenschichten in einer Höhe von 1600 Metern. Die Berge in der Umgebung von Aklavik und westlich davon waren weit über 2000 Meter hoch. Und wir wußten, daß die Wolken so hoch hinauf reichten. Es blieb uns nichts anderes übrig, als die obere Wolkenschicht noch einmal zu durchfliegen, wobei wir nicht wußten, ob wir das schaffen würden, ohne zu vereisen. Und wenn wir es geschafft hätten und nach vielen Kurven und Spiralen endlich wieder in klarer Luft wären, was würde dann unsere Position sein? Wir hatten uns bei hoher Geschwindigkeit durch die obere Wolkenbank hindurchgeschlängelt, und wir würden das noch einmal tun müssen, um wieder freie Sicht zu haben. Endlich flogen wir in klarer Luft über der Wolkendecke. Die Maschine hatte etwas Eis angesetzt, aber nicht so viel, daß es uns Sorgen gemacht hätte.

Ich gab Kenyon einen Kurs und machte mich daran, die vielen Kurven und Wendungen zu rekonstruieren, um eine Idee von unserer Position zu bekommen. Dann, nach einer halben Stunde etwa, merkte ich, daß Kenyon meine Kursangaben mißverstanden hatte und in einer Richtung flog, die 90° von dem Kurs abwich, den ich fliegen wollte. Eine halbe Flugstunde in dieser Richtung bedeutete, daß wir uns 150 Kilometer westlich der von mir geplanten Route befanden und nicht *einen* Kilometer weiter südlich. Wir waren also fast 150 Kilometer weiter weg von Aklavik, unserem Ziel. Wir hatten nicht mehr allzuviel Brennstoff, und in Aklavik herrschte – nach den letzten Wetterberichten – immer noch Bodennebel.

Mir kam der Gedanke, daß ich wieder einmal vor Schwierigkeiten stand, die so groß waren, daß ich eigentlich keinen Grund hatte zu hoffen, ich könnte mit ihnen fertig werden.

Vor uns eine Gebirgslandschaft – dahinter riesige Wälder, und alles eingehüllt in Nebel. Hinter uns und zu beiden Seiten lag zerklüftetes arktisches Packeis mit einigen Rinnen offenen Wassers. Es gab da wenig zu wählen vom Standpunkt des Risikos. Ich dachte an meinen Flug mit Carl Ben Eielson über das Packeis nordwestlich von Point Barrow im Jahre 1927. Unser Benzin ging zur Neige, und es war zu befürchten, daß wir wegen des Sturms, in den wir geraten waren, unseren Landeplatz bei Point Barrow nicht mehr erreichen würden. Wir konnten nur gegen den Sturm und gegen alle Hoffnung in der Richtung unseres Stützpunktes weiterfliegen. Wir nahmen an, daß, wenn unser Benzin verbraucht sei, dies das Ende unseres Fluges und auch unser Ende bedeuten würde.
Damals wurden wir wie durch ein Wunder gerettet. Als das Benzin zu Ende war, gingen wir im Gleitflug nieder, im Sturm und dickem Schneetreiben – völlig blind, was die Welt außerhalb unserer Führerkabine betraf. Draußen war pechschwarze Nacht, und die Fenster waren bedeckt mit einer dicken Eis- und Schneeschicht. Den Rücken fest gegen die leeren Benzinbehälter gepreßt, warteten wir, was die nächsten Minuten bringen würden. Weder Eielson noch ich konnten vernünftigerweise annehmen, daß wir dieses Abenteuer lebend überstehen würden. Das Schicksal hatte zu entscheiden – wie immer es entschied, wir konnten nichts weiter tun, als die Maschine im Gleichgewicht zu halten und auf den Aufprall zu warten. Ob wir auf zerklüftetem Eis, auf Wasser oder auf Land aufschlagen würden, wußten wir nicht. Wir spürten, daß das Flugzeug sich dem Untergrund näherte – es würde jetzt nur noch einige Augenblicke dauern, dann würde alles zu Ende sein, vielleicht. Wir hatten resigniert und waren, wie ich mich genau erinnere, nicht im geringsten aufgeregt. Wir hatten Zeit gehabt, unsere Nerven unter Kontrolle zu bringen und dem Unvermeidlichen ins Auge zu sehen. Und das Unvermeidliche kam! Gerade als wir im Begriff waren, gegen eine hohe Barriere von Eisblöcken zu prallen, stieß unser Flugzeug mit der Spitze der einen Tragfläche gegen eine Eiszacke, wurde fast im rechten Winkel

herumgerissen und kam auf diese Weise auf dem einzigen Fleck ebenen Eises, im Umkreis von mehreren hundert Metern Packeis, zum Stehen. Das alles wurde uns allerdings erst klar, als der Tag anbrach und der Schneesturm vorübergehend nachließ. Aber hier waren wir nun, heil, ohne eine Schramme. Unser Landeplatz auf dem Eis war, wie ich später feststellen konnte, 100 Kilometer von unserem Stützpunkt entfernt. Wir konnten diese Strecke zu Fuß zurücklegen – was wir auch taten.

Aber jetzt in der Electra mit Kenyon konnte ich nicht recht daran glauben, daß mir noch einmal ein solches Glück oder eine solche göttliche Vorsehung beschieden sein würde. Diesmal würden wir wohl daran glauben müssen, aber es lohnte sich nicht, solchen Gedanken nachzuhängen, und außerdem hatten wir ja auch noch einigen Brennstoff im Tank. Plötzlich sah ich durch die Wolkenschwaden die Gipfel einer Gebirgskette im Mondlicht auftauchen. Die Wolken waren hier niedriger, und endlich konnten wir jetzt unsere Position bestimmen. Ich wußte, daß wir längs der Bergkette bis zu ihrem Ende nach Osten fliegen mußten, und daß wir dann fast bis auf Meereshöhe heruntergehen konnten – selbst durch die Wolken – ohne Gefahr. Denn östlich der Berge war das Fluß-Delta, und da gab es keine höheren Berge. Ein großer Teil des Deltas war mit niedrigem, dunklem Wald bedeckt, den wir, zum mindesten einige Meter vor einem Zusammenstoß unserer Maschine mit den Baumwipfeln sehen würden. Indem wir uns dem Boden in einem langen Gleitflug näherten, war es möglich, die Maschine sicher zu landen – ein Manöver, das in den Bergen oder auf dem Meereseis undurchführbar gewesen wäre. In den Bergen wären wir gegen einen Hang geprallt, bevor wir wußten, wo wir waren, und über dem Meer hätte uns, infolge des Nebels, der weißen, konturenlosen Eisfläche und des fehlerhaften Höhenmessers, nichts davor bewahrt, auf dem Eis aufzuprallen, bevor wir die Maschine zur Landung hochziehen konnten.

Kenyon war jetzt völlig übermüdet, ja nahezu am Ende seiner Kräfte. Er hatte rasende Kopfschmerzen; das Empfangen von Funksignalen war ihm kaum noch möglich. Er beschloß daher, das Gerät, das ihm nichts mehr nützte, abzuschalten.

Auch ich glaubte – während wir weiter nach Osten flogen –, daß es besser sei, uns auf unsere eigenen Möglichkeiten, unseren Stützpunkt wiederzufinden, zu verlassen. Die Berge waren fast ganz hinter den Wolken verborgen, aber hin und wieder waren sie einen Augenblick lang zu sehen; und als wir uns ihrem östlichen Ende näherten, war die obere Wolkenschicht etwas niedriger, dafür aber schien sie dick und lückenlos bis zum Boden. Doch wir konnten es jetzt riskieren, auf Instrumentflug zu schalten und auf diese Weise Kenyon ein paar Minuten Ruhe zu verschaffen, bevor er sich an die schwierige und gefährliche Aufgabe machte, durch die Wolken bis zu den Baumwipfeln herabzugleiten.

Ich nahm die Hörer des Funkgeräts und hörte den Bericht von Aklavik. Er lautete: »Immer noch dichter Nebel – Sicht weniger als 800 Meter.« Wir waren jetzt neunzehn Stunden unterwegs. Seit mehr als 30 Stunden waren wir auf den Beinen, und wir hatten noch Benzin für 45 Minuten.

Es war Zeit für uns, zu landen oder notzulanden. Wir nahmen Kurs auf die Flußmündung, wo die Bäume niedrig waren und wo wir – wenn wir Bodenkontakt bekamen und in westlicher Richtung flogen – eine Chance hatten, das sich durch den dunklen Wald windende, breite weiße Band des Flusses zu finden.

Langsam sanken wir in die weiche, flaumige Wolkenmasse, ich, krampfhaft nach den Bäumen Ausschau haltend, Kenyons Blick starr auf dem Geschwindigkeitsmesser, Variometer und Höhenmesser gerichtet. Mit bis zur untersten Fluggeschwindigkeit gedrosseltem Motor und in denkbar flachem Winkel glitten wir durch den Nebel. Dennoch war es wie ein Schlag ins Gesicht, als die schwärzlichen Weidenbäume uns plötzlich aus der nebligen Weiße entgegensprangen. Ich gab Kenyon das Signal; sanft und mit großem Fingerspitzengefühl richtete er die Maschine auf, so daß wir über die Baumkronen dahinglitten. Jetzt mußten wir so tief wie möglich fliegen, bis zum Flußufer – oder bis zu einem Berg, falls wir schon über den Fluß herüber waren! Auch das war möglich, obwohl ich eigentlich überzeugt war, daß wir uns noch weit genug im Osten befanden. Fast im gleichen Augenblick sahen wir eine breite, weiße Masse zwischen den Bäumen – es *war* der Fluß, und Kenyon schwenkte die Maschine in einer raschen, scharfen Kurve sogleich in Flußrichtung.

Mit drei breiten Armen mündet der Mackenzie-Fluß in das Meer. Waren wir über dem Arm, an dem Aklavik lag? Wir wußte es nicht, aber wir wußten – und das war für uns das wichtigste –, daß wir, wenn nötig, gefahrlos auf dem Flußeis landen konnten – auch wenn es der falsche Flußarm war. Es war fast wie eine Begnadigung nach einem Todesurteil. Während Kenyon dicht über dem Eis dahinflog, mit schnellen, steilen Kurven, wenn immer der Fluß eine Biegung machte, versuchte ich die Schrift dieser Kurven zu lesen und mit den Flußläufen auf unserer Karte zu vergleichen. Kaum hatte ich die Vermutung geäußert, daß wir offenbar auf dem richtigen Weg waren, als der Schein der Fackeln, die unsere Leute auf dem Eis aufgestellt hatten, unsere Herzen höher schlagen ließ.

Mit Vollgas zog Kenyon die Electra über den Fackeln hoch, ging in eine steile Kurve und setzte in weichem Gleitflug neben den improvisierten Landelichtern auf. Bald waren wir von unseren Freunden umringt. Wir waren fast zwanzig Stunden in der Luft gewesen, waren 4100 Kilometer über dem Nördlichen Eismeer und insgesamt mehr als 4700 Kilometer geflogen. Als wir am nächsten Morgen unsere Brennstofftanks untersuchten, stellten wir fest, daß sie nur noch Benzin für 50 Flugkilometer enthielten.

Shermans telepathisches Protokoll

Wenn uns unser langer Flug am 14. März auch über einen großen Teil des uns zur Suche nach den russischen Fliegern zugewiesenen Gebiets geführt hatte, so lag mir doch viel an einem Flug längs der Küsten der nordkanadischen Inseln, und zwar aus zwei Gründen. Es war nicht undenkbar, daß Levanevsky, wenn er noch lebte, mit seinen Gefährten eine dieser Inseln zu Fuß erreicht hatte und daß man ihn dort, in der Nähe der Küste, finden könnte. Dann aber hatte mich auch Shermans Fähigkeit, Dinge, die mir zugestoßen waren, zu spüren oder zu »sehen«, so stark beeindruckt, daß ich, soweit es irgendwie mit meinem Auftrag in Einklang zu bringen war, meine Suche auf eine Meerenge zwischen zwei Inseln ausdehnen wollte, wo drei Personen, unabhängig voneinander, Levanevskys Flugzeug »gesehen« hatten. Ich muß betonen, daß ich weder damals noch heute die Verläßlichkeit des von mir und Sherman studierten Phänomens der Gedankenübertragung so hoch einschätzte, daß ich jemand den Rat gegeben hätte, sich dadurch in seinen Beschlüssen beeinflussen zu lassen; und so hätten mich auch die medialen Botschaften allein nicht bewogen, in jener Gegend zu suchen. Aber solange ich nach den vermißten Fliegern forschte, und nachdem ich schon andere in Frage kommenden Gebiete ohne befriedigendes Ergebnis abgesucht hatte, spürte ich ein Bedürfnis, mich auch dort noch einmal umzusehen, wo die telepathischen Medien Levanevsky »gespürt« hatten.

Unsere Leute machten unsere Maschine in aller Eile für einen neuen langen Flug fertig und hatten sie startklar, als die nächsten Berichte über die Wetterbedingungen im hohen

Norden eintrafen. Sie besagten jedoch, daß das Wetter über dem ganzen Polarmeer schlecht war und sich auch in den nächsten Tagen nicht bessern würde. Wir waren alle sehr enttäuscht; am meisten Cheeseman, der sich besonders darauf gefreut hatte, bei dem nächsten Langstreckenflug selbst im Cockpit zu sitzen.

Am 15. März erhielt ich folgendes Telegramm:

»Im Auftrag meiner Regierung möchte ich Ihnen, Flugkommodore Hollick-Kenyon und Ihren anderen Kollegen für Ihre großherzigen Bemühungen, Ihre Opfer an Zeit und Ihren persönlichen Einsatz bei der Suche nach den vermißten sowjetischen Fliegern aufrichtig danken. Ich bin beauftragt, Ihnen mitzuteilen, daß meine Regierung beschlossen hat, alle Suchaktionen auf der amerikanisch-kanadischen Seite einzustellen. Bitte unterrichten Sie mich über ihre Pläne für den Abschluß der Expedition.« Das Telegramm war unterzeichnet: Botschafter Trojanovsky, Sowjetische Botschaft, Washington.

Diese Mitteilung beendete also unsere Suche nach Levanevsky. – Aber wie stand es mit Sherman? Welche Eindrücke hatte er von der letzten Phase unserer Expedition erhalten?

Am 14. März, als wir noch in der Luft waren und ich auf dem Rückflug Zeit hatte, an ihn zu denken, notierte Sherman: *»Sie sind heute geflogen, aber morgen, Mittwoch, wird einer der größten Tage in Ihrer Fliegerlaufbahn werden.* (Es war Mittwoch, als wir in Aklavik landeten.) *Ich glaube, Sie haben einen Riß in einer Strebe am Heck des Fahrgestells entdeckt, der repariert werden muß.* (Auch das war richtig.) *Es sieht aus, als bedienten Sie irgendeine Handpumpe während des Fluges – einer der Motoren stößt schwarzen Rauch aus – laute Explosionen, der Motor stottert und hustet – als ob etwas mit dem Vergaser nicht stimmt – oder mit der Benzinleitung.«* Sherman hatte recht. Mehrere Male hatten wir, wenn ein Tank leer war, einen neuen anschließen müssen. Das war im allgemeinen Kenyons Aufgabe. Er sorgte für den nötigen Druck im Tank mit einer Handpumpe. Aber einmal auf dem Heimflug war Kenyon müde und gerade mit etwas anderem beschäftigt, als der Tank leerlief – ein rotes Licht am Armaturenbrett zeigte das an –, ich verspätete mich etwas mit dem Einschalten des nächsten Tanks und mußte wie rasend pumpen, um für genügend Druck zu sorgen, damit die Motoren nicht stehenblieben. Die Motoren reagierten mit Fehlzündungen, Husten und unebenem Lauf, bis sie wieder die normale Drehgeschwindigkeit erreicht hatten. Es war ein aufregender Augenblick; und einige Sekunden lang überlegte ich, ob ich auch den richtigen Tank eingeschaltet hatte. Wenn nicht, würden die Motoren aussetzen, bevor ich sie mit Brennstoff versorgen konnte. Die ganze Episode dauerte nur einige Minuten, hatte aber meine Aufmerksamkeit während dieser Zeit nicht weniger intensiv in Anspruch genommen als irgendein anderer Zwischenfall an diesem ereignisreichen Tag. Ich vergaß sie aber ziemlich bald, und ich glaube nicht, daß sie zu den Gedanken gehörte, die ich bewußt Sherman sendete. Ich dachte mehr daran, daß es uns gelungen war, so weit nach Norden zu fliegen und so viel von dem Gebiet abzusuchen, das uns zugewiesen worden war. Es sei daran erinnert, daß Sherman seine Sitzung abhielt, als das Abenteuer des Flugs durch Wolken und Nebel und der Landung im Fackelschein noch vor uns lag. Das alles geschah drei Stunden nachdem Sherman seinen Empfang und seine Aufzeichnungen an diesem Abend beendet hatte.

Sherman fuhr fort: »*Eis am Flugzeug – dünne Schicht, auf die Sie genau achten – sehe das Flugzeug niedrig über einem gewissen Gebiet kreisen – riesige, eisbedeckte Fläche mit einigen offenen Stellen – habe den Eindruck, Ihre Position ist 86° Nord 115° West.*« Das war tatsächlich unsere Position, als wir ganz niedrig über dem Eis flogen, um unseren Höhenmesser zu testen. Sherman berichtete weiter: »*Eigentümliches Gefühl, daß augenblickliche, vergangene und künftige Ereignisse sich den Platz streitig machen, heute nacht – schwer, sie auseinanderzuhalten. Sehe einen anderen Flug, der aufgegeben werden muß, weil das Wetter sich gegen Sie wendet – und angestrengte Bemühungen, Ihren Stützpunkt zu erreichen, bevor Schnee und Hagel Ihnen die Sicht nehmen.*« Ohne Frage machte ich mir, während der Verabredung mit

Sherman, große Sorgen wegen der Schnee-, Eis- und Nebelverhältnisse, die aus Aklavik gemeldet wurden. Sherman notiert: *»Ölflecken an der Windschutzscheibe«*, und ich erinnere mich, daß ich während unseres langen Flugs über dem Eismeer mehrfach Ölflecken auf der Windschutzscheibe vor mir abwischen mußte.

Sherman nahm auch die Verabredung in der Nacht des 15. März wahr. An diesem Abend war ich verärgert, weil die Wettervoraussagen so schlecht waren, daß ich den Gedanken, an diesem oder einem der nächstfolgenden Tage wieder auf das Meer hinauszufliegen, aufgeben mußte. Das Telegramm des sowjetischen Botschafters mit der Mitteilung, daß ich keine weiteren Flüge über dem Polarmeer unternehmen solle, hatte ich noch nicht erhalten. Sherman berichtete: *»Irgend etwas verdirbt Ihnen die Laune – Eindruck von starkem Wind – kann sein, die Tatsache, daß das Wetter über dem Polarmeer Sie an einem geplanten Flug über eine weite Strecke hindert – unbehagliches Gefühl – irgendeine Störung – kann heute keinen Flug spüren – Gefühl eines Stopps – ein Schuster wäre nötig – Reparatur von Stiefeln, wie man sie in der Arktis braucht – sehe jemanden an solchen Stiefeln arbeiten.«* All das traf zu – sogar die Sache mit den Stiefeln –, denn ich hatte ein paar Stiefel aus dem Warenhaus geholt für Cheeseman, der den nächsten Flug mit mir machen sollte und ein Paar Reservestiefel brauchte.

Sherman notierte eine Reihe von anderen Dingen, wie zum Beispiel: *»Sie haben jemandem den Auftrag gegeben, Geld auszuzahlen.«* Und: *»Spüre, daß aus irgendeinem Grunde ein Arzt gerufen wurde.«* Es ist möglich, daß dem so war; aber in meinem Tagebuch steht davon nichts, und ich kann mich auch heute nicht mehr daran erinnern.

Am 16. hoffte ich noch, den Flug längs der Küste der kanadischen Inseln machen zu können. Ich hatte das dem sowjetischen Botschafter vorgeschlagen und ging daran, die bei einem solchen Flug auftauchenden Navigationsprobleme zu lösen. Erst am Nachmittag des 17. erhielt ich die Antwort des Botschafters, und sie besagte, daß die ursprüngliche Anweisung, *alle* Flüge über dem Eismeer einzustellen, aufrechterhalten werden müsse. Alle Flüge und alle Flugtätigkeit in Zusammenhang mit der Suche nach den vermißten Fliegern seien zu beenden, sowohl auf der amerikanischen wie auf der russischen Seite des Eismeers. Ich begann daher sogleich mit den Vorbereitungen für den Aufbruch von Aklavik. Einerseits war ich enttäuscht, auf den Flug längs den kanadischen Inseln verzichten zu müssen, andererseits war ich froh, daß ich – nachdem die Sowjet-Regierung die Einstellung aller Flüge beschlossen hatte – jetzt die Heimreise antreten konnte. Auf diese Weise würde ich auch das Versprechen einhalten können, daß ich Lincoln Ellsworth gegeben hatte, am 25. März wieder in New York zu sein. Als ich ihm im Oktober dies Versprechen gab, ahnte ich nicht, daß ich genau *an diesem* Tag, nicht früher und nicht später, in New York eintreffen würde.

Sobald ich die endgültige Anweisung, Aklavik zu verlassen, in Händen hatte, beauftragte ich alle unsere Leute, sofort mit dem Einpacken zu beginnen. Ich ging von einer Handelsstation zur anderen, um meine Rechnungen zu bezahlen, und war dann zu einem Abschiedsabendessen bei meinen alten Freunden, dem Polizeiinspektor Curleigh und seiner Frau, eingeladen. Alle unsere Freunde in Aklavik hatten sich während des Abenteuers unseres letzten Marathonfluges große Sorgen um uns gemacht und waren jetzt überglücklich, daß wir nicht noch einmal unser Leben über dem Polarmeer riskieren würden. Wir konnten ihnen da schwerlich widersprechen, denn es traf zu, daß ich so riskante Flüge wie bei dieser Suchexpedition bisher noch nie unternommen hatte oder in Zukunft unternehmen wollte.

Sherman mußte jedoch annehmen, daß ich noch immer mit der Suche nach den Fliegern beschäftigt war. Von den Weisungen, die mir die Sowjetische Botschaft erteilt hatte, konnte er nichts wissen; und hätte daher, ebenso gut wie über irgend etwas anderes, über meine Vorbereitungen auf einen neuen Flug in den Norden berichten können. Er bekam keine Eindrücke von mir, daß ich beim Einpacken war und die Reise nach dem Süden vorbereitete, aber in einem langen Bericht erzielte er eine Anzahl von Treffern und

Beinahe-Treffern. Er schrieb: »*Aus Gründen, für die ich im Augenblick keine Erklärung habe, scheint ein Gefühl tiefer Befriedigung von Ihnen auszugehen, ich spüre das sehr stark während dieser Sitzung – ein Eindruck, daß Sie über irgend etwas besonders froh sind – eine erwartungsvolle und lebhafte Atmosphäre – anderen Mitgliedern Ihres Teams scheint es ähnlich zu gehen – fühle, Sie haben die letzte Etappe einer Fluganstrengung erreicht – verbunden mit mehreren unerwarteten und spektakulären Ereignissen. Es ist nicht leicht, zwischen durchgeführten und geplanten Flügen zu unterscheiden, weil beides Sie stark beschäftigt.*« Daran anschließend gab Sherman so etwas wie eine Zusammenfassung des ganzen Fluges, wie wir ihn in der Nacht vom 14. zum 15. März erlebt hatten.

Ich frage mich, ob er dies tat, weil ich, während er seine Sitzung hielt und ich eigentlich mit ihm »verabredet« war, mit den Curleighs zu Abend aß und ihnen dabei von den Erlebnissen unseres letzten Fluges erzählte. Sie hatten sich besonders große Sorgen um uns gemacht und waren, in Erwartung unserer Heimkehr, fast die ganze Nacht aufgeblieben. Es war meine erste Gelegenheit, ihnen alles über den Flug zu erzählen. Sherman registrierte vieles von dem, was mich besonders lebhaft beeindruckt hatte: »*Flug durch Dunst – Kompaß und Funkpeiler gänzlich durchgedreht – Blindflug – sehe Fackeln auf dem Eis – beleuchten die Landebahn und so weiter.*«

Am 18. März waren wir früh auf und legten letzte Hand an das Einpacken und Verstauen der Ausrüstung, die wir einstweilen in Aklavik zurückließen. Sie sollte im Sommer mit Seefracht befördert werden.

Um 7.40 Uhr liefen unsere Motoren, und, obwohl auf einem Stück unserer Route nach Edmonton mit einem Sturm von 70 Kilometer Stundengeschwindigkeit zu rechnen war, wollten wir Edmonton womöglich noch am selben Tag erreichen. Im Süden herrschte schon Frühlingswetter, und auf dem Flugplatz von Edmonton lag kein Schnee mehr. Wir würden daher mit unseren Schneekufen auf dem porösen Eis eines Sees, 30 Kilometer von der Stadt entfernt, landen müssen.

Obwohl wir viele Schlecht-Wetter-Zonen passierten und weite Strecken blind und mit Instrumenten fliegen mußten, war doch unser Heimflug ein Kinderspiel verglichen mit unseren Flügen über dem kartographischen Niemandsland des Nördlichen Eismeers.

Kapitän May von der Canadian Airways und einige seiner Bekannten empfingen uns auf dem See. Bald hatten wir die Electra von dem schwammigen Eis herunter auf eine feste Unterlage gebracht, wo wir die Kufen abmontieren und Räder anbringen konnten. In dieser Nacht schliefen wir luxuriös in bequemen Hotelbetten und wurden uns jetzt erst richtig der Tatsache bewußt, daß unsere Suche nach Levanevsky beendet war. Wir hatten nichts entdecken können, was Licht in das Schicksal der verschollenen Flieger bringen konnte, aber wir hatten – durch unsere Flüge während des ganzen Herbstes und Winters mit dem Abfliegen einer Strecke über dem nördlichen Eismeer, die nahezu fünfzehn transarktischen Flügen entsprach – bewiesen, daß Flüge über den Pol möglich waren und daß die Unfallrate nicht höher zu sein brauchte als bei anderen Langstreckenflügen.

Bisher waren nur drei transarktische Flüge unternommen worden. Mein Flug mit Carl Ben Eielson 1928 und die beiden russichen Flüge 1937. Aber nach den vielen Versuchen sowjetischer Piloten, ihre vermißten Kameraden zu finden, und nach all unseren Flügen konnte man ohne Übertreibung sagen, daß der Transarktisflug seine Bewährungsprobe bestanden hatte.

Es ist richtig, daß wir an vielen Tagen, wegen der Wetterbedingungen, auf einen Flug verzichteten, aber man darf nicht vergessen, daß diese Wetterbedingungen »schlecht« waren, weil sie uns nicht erlaubten, die Eisoberfläche sorgfältig abzusuchen. Sie waren nicht notwendig schlecht für einen transarktischen Flug in großer Höhe ohne Rücksicht auf die Bodensicht. Es wurde endgültig bewiesen, daß im Falle eines Bedarfs für solche Flüge die Route über den Nordpol keine größeren Schwierigkeiten bereiten würde als irgendeine andere Route dieser Länge. Vorläufig, aber nicht notwendigerweise für immer werden diejenigen natürlichen Risiken zu berücksichtigen bleiben, die mit Flügen über andere Ozeane verknüpft sind. Andererseits entfallen einige von den Gefahren der Ozeanüberquerung bei Flügen über die Arktis. Wenn wir auch während der Suche nach Levanevsky keinen Anlaß gehabt hatten zu landen, so war ich doch bei früheren Expeditionen wegen Motorschadens auf dem Polareis gelandet und nach Hause gegangen – ein Kunststück, daß ich kaum bei einer Notlandung auf einem anderen Ozean fertiggebracht hätte.

Nachdem unsere Suche abgeschlossen war, blieb uns nichts mehr zu tun, als unsere Electra mit Rädern zu versehen, nach New York zu fliegen und den sowjetischen Vertretern zu übergeben, zum Weitertransport in die Sowjetunion.

Mit unseren beiden Maschinen hatten wir, trotz der harten Flugbedingungen, wenig Kummer gehabt. Der einzige, wirkliche Schaden war dadurch entstanden, daß der Propeller der Electra einen Stock traf. Den Stock hatte ein Eskimo versehentlich im Schnee der Landebahn stecken lassen. Er war gekommen, um sich den Start anzusehen, und war über die Landebahn gelaufen, nachdem wir sie inspiziert hatten. Der Schaden an der Heck-Kufe, beim Gleiten mit extrem hohem Übergewicht, wäre bei normaler Landung nicht aufgetreten. Wir hatten, ohne Frage, gezeigt, daß die Arktis an sich dem transarktischen Lufttransport keine unüberwindlichen Hindernisse entgegensetzt.

Einige Mitglieder der Expedition erhielten ihre Entlohnung in Edmonton und benutzten die Eisenbahn für die Heimreise. Kenyon und ich flogen die Maschine nach Winnipeg und von dort in einem Tage nach New York mit einer Zwischenlandung zum Auftanken in Minneapolis. Wir landeten in New York am Abend des 25. März.

Unsere Instruktionen, die Suche und die Expedition zu beenden, waren so überraschend gekommen, und wir hatten so wenig Zeit zum Packen unserer Sachen und dem Rückflug nach New York gehabt, daß Sherman, nicht wissend, daß wir Aklavik verlassen hatten, mit seinen Sitzungen fortfuhr.

Am 21., als wir schon in Edmonton waren, berichtete er: *»Das Wetter war wenig günstig in der letzten Zeit – Wolken und Dunst und Wind – Sie denken daran, Schluß zu machen und aufzubrechen – unbestimmtes Gefühl die ganzen letzten Tage – Aufbrechen oder Zerbröckeln von Eis bei Aklavik – Austausch von Ausrüstung – Änderungen vorgenommen.«* Mit seinem *bewußten* Denken immer noch im Glauben, wir seien in Aklavik, schien Sherman eine verworrene Zusammenfassung vieler Dinge, die sich seit seiner letzten Sitzung ereignet hatten, zu erhalten. Vieles davon kann er unmittelbar meiner Rekapitulation der vorhergehenden Ereignisse entnommen haben, denn seit meiner Rückkehr nach Edmonton war ich mit der Abfassung eines vollständigen Expeditionsberichts für die sowjetische Regierung beschäftigt. Ich hatte wieder einmal zu viel zu tun, um eine Verabredung mit Sherman einzuhalten, und in seinen Aufzeichnungen fehlen Hinweise auf jede gezielte Kommunikation zwischen uns. Am 22. berichtete Sherman – immer noch unter dem Eindruck, wir seien in Aklavik, obwohl wir schon am 18. in Edmonton eingetroffen waren –: *»Es wird gepackt – etwas scheint darauf hinzudeuten – Gegenstände der Ausrüstung, die Sie nicht mehr brauchen – es werden Anstalten getroffen für den Heimtransport von Vorräten in einem Frachtflugzeug, sobald der Expeditionsauftrag erfüllt ist.«*
Es stimmte, daß die Sowjet-Regierung uns angeboten hatte, ein Frachtflugzeug zu chartern und nach Aklavik zu schicken, um uns die Heimreise zu erleichtern. Ich hatte ihr jedoch erwidert, daß ein solcher Extraaufwand nicht nötig sei. Alle Expeditionsmitglieder konnten wir in unserem einen Flugzeug mitnehmen, und die Vorräte konnten im Sommer von einem Schiff abgeholt werden.
Ich schrieb, wie gesagt, am 22. und 23. meinen Bericht für die Sowjet-Regierung und dachte natürlich dabei an alles, was sich während der Expedition ereignet hatte, und ganz besonders intensiv an die Geschehnisse der jüngst vergangenen Tage. So war zum Beispiel die Enttäuschung, daß ich den Plan eines Fluges über den kanadischen Inseln hatte aufgeben müssen, immer noch lebendig in mir. Als ich Shermans

Übersicht über diese beiden Tage zum erstenmal las, hatte ich den Eindruck, daß er mehr als sonst auf eigenes bewußtes Wissen reagiert hatte – oder auch, daß er sich von seiner Einbildungskraft beeinflussen ließ. Nach eingehenderer Prüfung seiner Notizen kam ich jedoch zu dem Schluß, daß Sherman in vielen Fällen auf Gedanken reagiert haben mußte, die mich bei der Abfassung meines Expeditionsberichts besonders stark bewegten.

Sherman meldete: *»Ihre Mannschaft wird über den ungefähren Zeitpunkt des von Ihnen geplanten Endes der Expedition informiert – einen ganz speziellen Flug wollen Sie noch machen – Eindruck von Rädern – Auswechseln von Kufen gegen Räder – für den Rückflug – und Rückgabe an die russische Regierung und so weiter.«* All das war mir gegenwärtig, und Sherman konnte kaum rein zufällig darauf kommen, statt auf die vielen anderen Dinge, die an sich näher gelegen hätten.

Am 23. schrieb dann Sherman: *»Wilkins ist über irgend etwas höchst erfreut – dies Gefühl teilt sich der ganzen Mannschaft mit. Würde mich nicht überraschen, zu hören, daß sie alle in Edmonton sind – ja, daß sie sich da schon seit einigen Tagen befinden – vielleicht seit letzten Freitag.* (Am Freitag waren wir in Edmonton angekommen.) *Ich empfinde Erleichterung bei diesem Eindruck – als ob ich endlich das in den Griff bekommen hätte, was Sie mir telepathisch senden wollen – fühle, daß Sie ins Hotel zurückgekommen sind – stürmische Reise.* (Dabei mußte ich an den 70-Stundenkilometer-Sturm auf dem Flug von Aklavik nach Edmonton denken.) *Räder am Flugzeug – glaube, Sie haben sie jetzt angebracht – sind Sie nach Winnipeg geflogen – fühle Flugtätigkeit – so als seien Sie unterwegs nach New York – haben Sie 30000 Kilometer bei Ihrer Suche nach den russischen Fliegern zurückgelegt – fühle, Sie sind nicht ganz zufrieden – eine Suchexpedition, die Sie gerne noch gemacht hätten – Aufbrechen von Eis – Frühlingseindruck – Gefühl der seelischen und körperlichen Erleichterung ist enorm – fühle sehr viel weniger innere Spannung in Ihnen – sie war ungeheur stark in den letzten paar Wochen – kann nicht erklären wieso, aber bin sicher, daß*

Sie nicht mehr in Aklavik sind – sehe Ihren Stützpunkt dort verlassen – Ihr Mann in Point Barrow bereitet sich auch auf seinen Abflug vor – man hat Sie mit Speisen und Getränken bewirtet und Sie haben dabei über Ihre Flugerlebnisse gesprochen. Sie haben in den letzten Tagen mehr entspannt an mich gedacht und in einer anderen Gefühlslage – in Ihrer Erinnerung haben Sie sich mit einer Reihe der von mir aus Edmonton aufgefangenen Eindrücken beschäftigt – würde nicht überrascht sein, Sie schon so bald wie am Sonnabend in New York zu sehen – fühle, daß Sie sich schon eifrig mit anderen Dingen beschäftigen – dem neuen Unterseeboot und so weiter.«

Jede dieser Aussagen kann man als »Volltreffer« betrachten, Volltreffer, die Sherman ohne Vorkenntnis der tatsächlichen und ohne mehr als eine vage Ahnung der möglichen Ereignisse erzielte.

Er wußte nicht, was wir mit dem Flugzeug tun würden – ob ich es in Kanada verkaufen würde, wie einmal zur Debatte stand, oder ob ich es nach New York zurückfliegen und der russischen Regierung übergeben würde.

Sehr gut kann ich Shermans Gefühl der Erleichterung verstehen – gleichviel, ob von mir auf ihn übertragen oder als sein eigenes persönliches Erlebnis. Er war krank gewesen, und wenn er – dies war sein Eindruck ebenso wie meiner – irgendwie unter dem gefühlsmäßigen Einfluß meiner Gedanken und meiner Erlebnisse stand, so reagierte er nicht nur auf seine eigene Krankheit, sondern auch auf meine Sorgen und Leiden. Dann wäre es also, als lebte er die Leben von zwei Individuen und trage die geistigen und körperlichen Beschwernisse von beiden. Ich war nicht körperlich krank, aber seelisch sehr stark belastet gewesen, sowohl wegen des herannahenden Endes der Jahreszeit, in der Suchflüge möglich waren, als auch wegen der zunehmenden Gewißheit, daß wir die verschollenen Flieger nicht finden würden. Nachdem aber die Entscheidung, die Suche zu beenden, einmal gefallen war, verspürte ich in der Tat eine große Erleichterung.

Ich wollte auch rechtzeitig zurück sein, um meine nächste

Expedition in die Antarktis organisieren zu können, die noch im gleichen Jahr beginnen sollte.
Wir verließen Edmonton am 24. und flogen nach Winnipeg. Ich hatte Vorkehrungen getroffen, dort zu übernachten, um den vielen Personen, die uns bei der Durchführung unserer Arktisexpedition so großzügig unterstützt hatten, persönlich danken zu können. Ein allgemeines Treffen unserer Freunde und Gönner wurde arrangiert, bei dem ich über unser Unternehmen sprach und betonte, daß es ohne die Hilfe vieler Privatpersonen und vieler Regierungen nicht hätte durchgeführt werden können. Ich sagte, die Tatsache, daß wir die vermißten Männer nicht gefunden hätten, sei kein schlüssiger Beweis, daß sie nicht mehr am Leben seien – sie könnten auf einer Eiswanderung zu einer der kanadischen Inseln oder längs deren Küste begriffen sein. Aber auch wenn sie jetzt noch lebten, sei es nicht sicher, daß sie lebend eine zivilisierte Gegend erreichen würden. Die Leute der Franklin-Expedition waren Hungers gestorben, während sie längs der Küste der kanadischen Inseln nach Süden wanderten, weil sie nicht die Geschicklichkeit und die technischen Kenntnisse hatten, um unter solchen Bedingungen überleben zu können. Stefansson wußte, wie man von dem leben kann, was das Land bot, und ich glaubte dank meiner Erfahrungen es auch zu können. Ich war aber nicht sicher, daß die russischen Flieger über die praktischen Erfahrungen verfügten, um sich auf dem Meereseis oder auf dem Land durchzuschlagen, und es konnte daher Monate, wenn nicht Jahre dauern, bis man etwas über ihr Schicksal erfahren würde.
All das empfing Sherman in seiner Sitzung in der Nacht des 24. Sein Bericht beginnt: »*Fühle, daß Sie Aklavik vor einigen Tagen verlassen haben – erst flogen Sie nach Edmonton, wo Sie Kufen gegen Räder austauschten – jetzt sind Sie in Winnipeg – Fort Garry Hotel – Sie halten eine Dankesrede – Dank für die Zusammenarbeit verschiedener Länder. Sagten Sie in Ihrer Rede, daß die russischen Flieger möglicherweise noch lebten und versuchen würden, über treibende Eisschollen festes Land zu erreichen – obwohl sehr viel dafür spräche, daß*

sie den Strapazen erlegen seien – der Bürgermeister von Winnipeg begrüßt Sie auf dem Flugfeld – Sie haben Verbindung mit Point Barrow – gibt es irgendein Schiff, das Ihre Ausrüstung später abholen wird – fühle, Abflug von Winnipeg steht unmittelbar bevor – vielleicht starten Sie schon morgen.«

Aus dem kurz vorher Gesagten geht hervor, daß ich all das, was Sherman erwähnt, wirklich getan und gesagt hatte – einschließlich der Verbindung mit Point Barrow und der Absprache, daß die Ausrüstung im Sommer verschifft werden sollte. Überdies hatte ich in Edmonton einen Stapel von Shermans Berichten erhalten und daraufhin wieder damit begonnen, Gedanken, während sie mir kamen, bewußt an ihn zu »senden«.

Ob es an diesem bewußten »Senden« oder intensiven Denken lag, daß Sherman am 23. und 24. eine viel höhere Trefferzahl erreichte als am 17., 21. und 22., kann ich nicht sagen, obwohl vieles dafür spricht. Ganz ohne Frage hatte ich vorher in meinen Bemühungen nachgelassen. Weil die Suche abgeschlossen war und ich unser Experiment nicht mehr für den Fall einer Notlandung auf dem Eis brauchte, aber auch wegen der Hast unseres Aufbruchs von Aklavik – bedingt durch die Gefahr, daß das Eis auf dem See bei Edmonton schmelzen würde –, hatte ich meinen Teil des Experiments vernachlässigt.

Es kann sein, daß wir den letzten Beweis schuldig geblieben sind, daß ein vereinbarter telepathischer Kontakt zwischen zwei Menschen über eine große Entfernung hinweg möglich ist, aber ich bin froh, daß ich an diesem Experiment teilgenommen habe, und ich meine, wir haben gezeigt, daß dieses Thema der ernsthaftesten Beachtung würdig ist.

Für Harold Sherman, der sich in diesem Zusammenhang der größten Mühen unterzog, für seine redliche, streng wissenschaftliche Einstellung zu einer Sache, die ihm große seelische Belastungen und nicht geringe materielle Einbußen kostete, empfinde ich die größte Hochachtung und die tiefste Dankbarkeit.

Zweiter Teil

Meine Geschichte als Empfänger

von Harold Sherman

Wie es mir erging

Wie bei vielen Menschen, so war auch in meinem Fall die erste Erfahrung, die mir die Möglichkeit der Gedankenkommunikation zum Bewußtsein brachte, dramatischer Natur.
Ich hatte Hunderte von Malen den Schalter für die Beleuchtung in meinem Zimmer bedient. Es gab also keinerlei ersichtlichen Grund, warum sich meiner an einem späten Nachmittag im Frühjahr 1915 eine Art Vorahnung bemächtigte, als ich meine Hand nach der Lampe ausstreckte.
»Schalte das Licht nicht ein!« schien eine Stimme in meinem Inneren zu sagen.
Ich stand einen Augenblick unschlüssig mit dem Finger am Schalter. Ich hatte an meinem Schreibmaschinenpult gesessen und getippt, und die Sonne war hinter dem westlichen Horizont verschwunden. Die Abenddämmerung warf ihre Schatten über die Landschaft.
»Nun gut«, entschied ich und wunderte mich, warum ich der Einflüsterung nachgab, »ich werde das Licht noch nicht einschalten, ich kann ja noch sehen.«
Ich setzte mich wieder und fuhr fort mit dem Schreiben. Aber bald konnte ich die Tasten nicht mehr gut unterscheiden. Ich stand wieder auf und griff nach dem Schalter.
»Schalte das Licht nicht ein!«
Der Impuls war diesmal noch stärker, eine regelrechte Warnung! Instinktiv ließ ich meine Hand sinken. Ich hatte noch niemals so etwas erlebt – es war, als hätte ein unsichtbares Etwas zu mir gesprochen, nicht mit einer vernehmbaren Stimme, aber mit Worten, die in meinem Bewußtsein widerhallten.
Ich fand es absurd, daß ich mich von einem unerklärlichen

Trieb zur Untätigkeit zwingen ließ. Und doch konnte ich mich nicht dazu aufraffen, gegen diesen Trieb zu handeln. Statt dessen zog ich das Schreibmaschinenpult näher an das Fenster und stellte es so, daß das letzte Tageslicht auf die Tasten fiel. Das ermöglichte es mir, noch etwa fünf Minuten mit dem Schreiben fortzufahren.

Dann aber *mußte* das Licht ganz einfach angeknipst werden. Ich war nicht gewillt, diese sonderbare Laune meines Geistes länger zu dulden.

Meine Hand berührte den Schalter über der Lampe, als ich auf den Stufen vor unserer Haustür schwere, eilige Schritte hörte. Außer mir war niemand zu Hause. Eine Faust hämmerte aufgeregt an die Haustür, und die Türglocke läutete gellend.

Ich eilte die Stufen herab und öffnete die Tür. Ein Mann vom Elektrizitätswerk stürzte herein.

»Schalten Sie das Licht nicht ein!« keuchte er. »Ein Hochspannungsdraht da draußen ist über Ihre Leitung gefallen . . . und niemand kann sagen, was passiert, wenn . . .!«

Später sagte man mir, daß wahrscheinlich sehr wenig oder gar nichts passiert wäre. Aber dieser junge Mann vom Elektrizitätswerk wollte es nicht darauf ankommen lassen. Nach einem Anruf der Störungsstelle hatte er die Leitung untersucht und festgestellt, was geschehen war. Daraufhin lief er zu den drei Häusern, auf deren Leitungen der Hochspannungsdraht gefallen war. Unser Haus war das letzte, das er erreicht hatte, und allen Hausbewohnern hatte er zugerufen: »Schalten Sie das Licht nicht ein!«

Als ich nachträglich meine eigenen Reaktionen prüfte, stellte ich mir die Frage: Hatte ich auf irgendeine unerklärliche Weise die aufgeregten Gedanken des Elektrikers aufgefangen? Hatte mein Bewußtsein, im Augenblick, in dem es sich dem elektrischen Licht zuwandte, auf Empfang seiner »Gedankenwarnung« geschaltet?

Die Tatsachen schienen keine andere Erklärung zu erlauben, und das Geschehene ließ sich kaum als rein zufälliges Zusammentreffen zweier Ereignisse abtun. Ich war genötigt zu folgern, daß es sich – wenn unter gewissen Bedingungen

Gedanken die Raumbarriere überspringen konnten – hier um einen klaren Fall von Gedankenübertragung gehandelt haben mußte.
Von diesem Augenblick an war in mir der nie mehr versiegende Wunsch lebendig, mehr über die inneren Kräfte des Geistes zu erfahren; zu lernen, was zu lernen war durch Experimente und Untersuchungen im Rahmen meiner eigenen Möglichkeiten mit meinem eigenen Bewußtsein als Experimentierfeld, und dieses bescheidene Wissen durch Studien und durch den Kontakt mit Forschern auf dem Gebiet sogenannter übernatürlicher geistiger Fähigkeiten zu erweitern.
Ich ging daran, Verbindung zu Personen aufzunehmen, die im Ruf standen, ungewöhnliche geistige Kräfte zu besitzen, um herauszufinden, falls das möglich war, wie die Gesetze des Geistes beschaffen waren, nach denen diese Personen, mehr oder weniger nach Belieben, Eindrücke aus dem Bewußtsein anderer Personen empfangen konnten.
Meine Entdeckungsfahrt brachte mich in Berührung mit vielen Personen, die sich schwindlerischer Methoden bedienten – sei es, um Geld zu verdienen, sei es, um sich wichtig zu machen. Aber in einigen wenigen, bemerkenswerten Fällen stieß ich auf Leute, die das eine oder andere echte Phänomen demonstrieren konnten.
Einer davon war Jacques Romano.
Ich lernte von ihm, daß wir alle ständig mit den Gedanken fremder Personen bombardiert werden, daß aber die meisten von uns diese Gedanken von sich abwehren oder ihnen keine Beachtung schenken, oder aber sie als Phantasiegebilde einstufen. Ich stellte fest, daß Romano diesen Strom der Eindrücke stimmlich wiedergeben konnte und daß er durch lange Übung gelernt hatte, in einem großen Prozentsatz von Fällen zwischen echten Eindrücken und Phantasiegebilden zu unterscheiden.
»*Wenn* diese Eindrücke Sie erreichen«, fragte ich, »was spüren Sie dabei in Ihrem Bewußtsein?«
»Es ist, als ob mir jemand irgendeine Geschichte vor langer Zeit erzählt hätte«, antwortete Romano, »und ich versuche,

mich dieser Erzählung zu erinnern. Wenn diese Geschichte oder dies Ereignis in dem Leben des Betreffenden einen wichtigen Platz einnahm, scheint mir die Erinnerung leichter zu fallen. Oft antwortet dabei auch mein eigenes Empfinden auf die Gefühle des Betreffenden bei der Gelegenheit, auf die sich die Erinnerung bezieht . . . ich fasse dann einfach, was ich fühle, in Worte, während ich den Vorfall schildere. Natürlich sehe ich eine Reihe von Bildern vor meinem geistigen Auge . . . oft nicht in der richtigen Reihenfolge . . . alle zusammengepackt . . . die ich trennen und zueinander in Beziehung bringen muß, so wie viele Menschen, die ein Ereignis in ihr Gedächtnis zurückrufen, das hinter den Schleiern der Vergangenheit verborgen ist.«

Romano hat mir bei vielen Gelegenheiten versichert, daß alles, was uns widerfährt, in unserem Bewußtsein aufgezeichnet wird, und daß, ebenso wie ein perfektes Gedächtnis solche Aufzeichnungen abrufen kann, auch ein Bewußtsein, das die Kunst beherrscht, »sich in eine fremde Gedankenwelt einzuschalten«, den Strom solcher Erinnerungen anzapfen kann.

Häufig kann Romano, wenn er einen Eindruck empfängt, das Jahr, den Monat, ja sogar den Tag nennen, an dem sich das zutrug, wovon sein Eindruck Kunde gibt!

»Ich lese nicht Ihre Gedanken«, pflegte er zu der Versuchsperson zu sagen, »denn Sie haben an dies Ereignis jahrelang nicht mehr gedacht. Aber alles, was Sie erlebt haben, *koexistiert* in Ihrem Bewußtsein . . . und ich spüre diese Zustände und Ereignisse, wenn ich mich ›einschalte‹, geradeso, als ob Sie sich selbst an sie erinnern würden.«

Als ich ihn drängte, mir so genau wie möglich zu beschreiben, wie er den Zeitfaktor zu bestimmen vermöge, erwiderte Romano:

»Spezialisten für geistige Phänomene wundern sich oft, daß ich die Zeit, aus der meine Eindrücke stammen, so genau bestimmen kann. Wie ich das mache, ist schwer zu erklären. Vielleicht kann ich es Ihnen auf diese Weise verständlich machen: Wenn ich einen Zustand zu spüren beginne, habe ich das Gefühl, geistig in die Zeit zu reisen. Ich beginne eine

Reise, zurück, zurück . . . in die Vergangenheit . . . bis irgend etwas in mir ›Halt!‹ sagt . . . dann halte ich bei dem Jahr an, daß mir in diesem Augenblick in den Sinn kommt. Wenn ich, innerlich, nicht ganz mit dem Ergebnis zufrieden bin, gehe ich noch etwas weiter zurück, und gewöhnlich bekomme ich ein positives Signal, daß ich ungefähr bei dem Zeitpunkt angelangt bin, zu dem sich das Ereignis zutrug. Gelegentlich schieße ich über das Ziel hinaus . . . und muß dann wieder vordatieren. Aber dies Hinundherpendeln in der Zeit dauert nur einige Sekunden, bis ich mir darüber klarwerde, wo ich das fragliche Ereignis zeitlich einordnen soll. Gewöhnlich bin ich meiner Sache sicher, was das Jahr betrifft, und nenne auch das Alter der Person zu jener Zeit. Woher dieser ›Zeitsinn‹ kommt, oder was ihn ermöglicht, kann ich nicht erklären.«

Auch niemand anders kann dafür bisher eine befriedigende Erklärung geben.

Ich bemerkte, daß Romano häufig keine annehmbare wissenschaftliche Erklärung für die geistigen Kräfte geben konnte, über die er ohne Zweifel verfügte. Ich war also auf meine eigenen Beobachtungen und Schlußfolgerungen angewiesen. Ich war seit Jahren überzeugt, daß diese geistigen Fähigkeiten – falls sie existierten – von jedem durchschnittlich begabten Menschen, der genügend Zeit und Energie darauf verwendete, diese schlummernden Energien zu entwickeln, mehr oder weniger erfolgreich demonstriert werden konnten.

Um mich selbst zu überzeugen, daß Romanos Kräfte echt waren, machte ich schon bald nach Beginn unserer Zusammenarbeit den Versuch, ihm – wenigstens teilweise – nachzueifern.

Ohne daß er es wußte, bemühte ich mich viele Male, während er Eindrücke von einer Person registrierte und ich im gleichen Zimmer saß, mich auf die gleiche Person einzustimmen und dann meine Eindrücke mit den Kommentaren Romanos zu vergleichen.

Nicht oft, aber doch gelegentlich geschah es schon in der ersten Zeit zu meiner großen Überraschung, daß ich Romano irgendein ungewöhnliches und dem Bewußtsein der Versuchsperson offenbar tief eingeprägtes Ereignis beschreiben hörte, auf das ich mich auch eingestimmt hatte. Ich pflegte darüber nicht zu sprechen, denn ich machte diese Experimente zu meiner eigenen inneren Befriedigung und Weiterbildung. Aber es war ermutigend, ein erstes Gefühl dafür zu bekommen, wie man eine solche Empfänglichkeit des Geistes stimulieren konnte . . . und was man empfand, wenn man sich bewußt und absichtlich in ein fremdes Bewußtsein »einschaltete«.

Eine reiche Welt von Erfahrungen öffnete sich mir, nachdem ich einmal die »Technik« der geistigen Tätigkeit zur Ausübung der uns allen angeborenen Fähigkeit außersinnlicher Wahrnehmung kennengelernt hatte. Aber, wenn die Erfahrungen auch für mich signifikant waren, bedeuteten sie nichts für Außenstehende; denn meine Eindrücke waren nicht unter wissenschaftlicher Kontrolle zustande gekommen.

Darum begrüßte ich die Gelegenheit, diese Kräfte des Geistes mit Sir Hubert Wilkins' Hilfe einer Prüfung zu unterziehen. Experimente mit Telepathie auf weite Entfernungen, wie wir sie im Auge hatten, konnten unter wissenschaftlicher Kontrolle durchgeführt werden. Es würden zudem 5000 Kilometer zwischen Wilkins und mir liegen, mit Kurzwellenradio und Luftpost als den einzigen *physischen* Verständigungsmitteln.

Die Versuchsbedingungen konnten nicht besser sein. Sie gaben mir die Möglichkeit, die Protokolle jeder abendlichen Sitzung unmittelbar nach ihrer Niederschrift kompetenten, wissenschaftlich geschulten Zeugen zu übergeben, während es Tage, wenn nicht Wochen dauern würde, bis es möglich war, einen physischen Kontakt mit Sir Hubert im fernen Norden herzustellen und meine Protokolle mit seinem Logbuch und Tagebuch bezüglich der Geschehnisse und Schicksale der Suchexpedition an dem betreffenden Tage zu vergleichen.

Der Leiter der Abteilung für Parapsychologie an der Columbia University, Dr. Gardner Murphy, erklärte sich freundlicherweise bereit, als Beobachter mitzuwirken, nach-

dem das Experiment etwa einen Monat lang gedauert hatte. Wir vereinbarten, daß ich ihm jeden Abend eine Kopie meiner Aufzeichnungen unmittelbar nach dem Empfang meiner Eindrücke schicken würde. Der Poststempel wäre dann der Beweis, daß die Protokolle schon am Morgen darauf in Murphys und nicht mehr in meiner Hand waren.
Zwei andere Wissenschaftler interessierten sich von Anfang an für dieses Experiment, Dr. A. E. Strath-Gordon und Dr. Henry S. W. Hardwicke. Sie beobachteten und kontrollierten sorgfältig den ganzen Gang der Ereignisse. Außerdem hatten Wilkins und ich einen gemeinsamen Freund und eingefleischten Skeptiker in der Person von Samuel Emery, ständiges Mitglied des *City Club* von New York, dem ich vollständige Kopien aller Protokolle unter denselben Bedingungen schickte wie Dr. Murphy.
Sobald Wilkins von New York nach dem fernen Norden aufgebrochen war und auf den ersten leichten Etappen seiner Expedition in Kanada seine Mannschaft und seine Ausrüstung vervollständigte, begann ich mit meinen Sitzungen zur verabredeten Zeit. Ich wollte mein möglichstes tun, um herauszufinden, ob der Grad der Richtigkeit meiner Eindrücke signifikant war, solange man sie mühelos nachprüfen konnte und bevor Wilkins die Grenzen der Zivilisation hinter sich ließ und der gefährliche und abenteuerliche Teil seiner Expedition begann.
Am ersten Abend, am 25. Oktober 1937, wußte ich, daß Wilkins irgendwo in Kanada war. Aber ich war in keiner Weise vertraut mit den Bedingungen im kanadischen Nordwesten. Ich war nie dort gewesen. Ich war auch nicht gewohnt, in Längen- und Breitengraden zu denken. Die Technik eines Flugzeugs und seine Konstruktion waren mir fremd, obwohl mich die Romantik und Dramatik des Fliegens stark beeindruckte. Ich war dankbar für diese Unwissenheit, denn ich hatte mich überzeugt, daß Jacques Romano recht hatte, wenn er sagte: »Je mehr jemand über Menschen und ihre Umgebung bewußt weiß oder zu wissen meint, desto mehr werden seine eigenen Gedanken seine Eindrücke von den Gedanken anderer färben.«

Wäre ich zum Beispiel jemals in einem Land im hohen Norden gewesen, hätte das auf meine Einbildungskraft abgefärbt und sie veranlaßt, in vielen Fällen die von mir aufgefangenen Gedankenbilder auszuschmücken und mit Zügen zu versehen, die mit dem ursprünglichen Eindruck nichts mehr zu tun hatten. Dies Verhalten, bei dem ein echter telepathischer Eindruck verfremdet wird, nennt man »Färbung«.

Romano hatte in den meisten Fällen seine größten Erfolge mit Menschen, die er zum erstenmal traf. Traf er sie häufiger, hatte er das Gefühl, zu viel über sie zu wissen, um ihnen etwas Beweiskräftiges zu sagen, das nicht von vorher erworbenem Wissen gefärbt war.

Was Wilkins und seine Expedition betraf, so tappte ich glücklicherweise vollkommen im dunkeln, sowohl im Hinblick auf die Besonderheiten der Landschaft, in der er sich bewegte, als auch auf seine täglichen Verrichtungen. Dies half mir, einen Zustand geistiger Entspanntheit zu erreichen und beizubehalten, frei von der Sorge und der Pflicht, ständig »färbende« Gedanken ausmerzen zu müssen. Mein eigenes Bewußtsein, das aus keiner früheren Erfahrung und keiner Kenntnis des Tuns und Lassens von Wilkins gespeist war, konnte mir daher wenig oder gar nichts suggerieren.

Unter diesen Umständen vertraute ich darauf, daß von mir in diesem Geisteszustand empfangene Gedanken, geistige Bilder oder stark gefühlsbetonte Eindrücke, welcher Art auch immer, nicht Erzeugnisse meines Bewußtseins waren, sondern tatsächlich von außen kamen.

Und schon in der ersten Nacht hatte ich das prickelnde Gefühl, daß ein Stromkreis zwischen Sir Hubert Wilkins und mir geschlossen worden war.

Es ist ein Gefühl, das jeder, der diese Phänomene erforschen will, selbst empfinden muß, denn ich könnte es, auch wenn ich es versuchte, nicht beschreiben. Mein waches Bewußtsein, stets zum Widerspruch geneigt, versuchte mich zu überzeugen, daß dies Gefühl nur Einbildung sei, ein Spiegel meiner eigenen Empfindungen. Aber es war ein völlig neues Gefühl, und gleichzeitig überschwemmte mich eine Flut von

Eindrücken, die ich in dem bereitgelegten Notizbuch festzuhalten suchte.
Was ich schrieb, kam mir selbst unglaublich vor, denn ein Eindruck löste den anderen ab, fast ohne Unterbrechung ... so als säße ich in einer Telegraphenzentrale und hätte die Depeschen einer weit entfernten Sendestation eine nach der anderen mitzuschreiben.
Statt der erwarteten Schwierigkeiten beim Empfang von Zahlen, um Wilkins Aufenthaltsort zu ermitteln, stellte sich eine Fülle bildhafter Wiedergaben von Ereignissen und Zuständen ein, die sich alle auf ihn zu beziehen schienen. Es war ein Labyrinth oder Kaleidoskop ständig wechselnder Szenen, das in meinem inneren Bewußtsein vor dem, was ich meine »geistige Kinoleinwand« zu nennen pflege, vorüberzog.
Es kam mir vor, als stünde ich irgendwie in Verbindung mit Wilkins Unterbewußtsein und als seien diese Szenen die Wiedergabe von Aufzeichnungen auf einem geistigen Ton- und Bildband aus seinem ganzen Leben!
Wie würde ich je lernen können, die richtige Auswahl zu treffen, angesichts dieses sich mir aufdrängenden Wirbels von Gefühlen und Geistesbildern? Wie konnte ich Wilkins *frühere* Erlebnisse ausschalten und mein Bewußtsein ganz auf den Empfang seiner Gedanken *zum jetzigen Zeitpunkt* einstellen? Auf den Empfang von Gedanken, die er mir zu senden versuchte ... oder von Dingen, die ihm *an diesem speziellen Tage*, und nicht an irgendeinem anderen Tage und bei anderen Gelegenheiten widerfahren waren?
Dann kam mir der Gedanke, daß das menschliche Gehirn etwa nach demselben Prinzip funktionieren muß wie ein Radiogerät. Es muß eine Möglichkeit geben, Sendeprogramme voneinander zu trennen. Warum konnte ich nicht mein inneres Bewußtsein durch die Kraft der Suggestion dazu veranlassen, zu meiner Information das herauszusuchen, was Sir Hubert Wilkins am *heutigen* Tage oder gerade *jetzt* erlebte!
Sobald ich fest entschlossen war, diesen Gedanken zu denken, verschwand zu meiner großen Überraschung und Erleichterung der wirre Tanz von Bildern und Gefühlen aus

meinem Bewußtsein. Es war, als suchte ich auf der Skala meines Radioapparats eine bestimmte Station und hörte im Hintergrund eine Anzahl anderer Stationen; betätigte dann die Feineinstellung, bis ich nur noch die eine gesuchte Station hörte und alle anderen Geräusche verebbten!

Nach Abschluß der Aufzeichnung meiner Eindrücke von meiner ersten abendlichen Sitzung zog mein waches Bewußtsein – jetzt wieder als Kontrollinstanz tätig – das ganze Verfahren in Zweifel: »Es ist ein phantastischer Gedanke, daß diese Eindrücke, die du notiert hast, tatsächlich aus dem Bewußtsein von Wilkins stammen«, sagte mein Bewußtsein. »Du wirst sicherlich feststellen, daß sie alle falsch waren. Denn – so viele Eindrücke so leicht und so schnell aufzufangen, ist undenkbar. Deine Gefühle sind mit dir durchgegangen. Dein Wunsch, deine Bemühungen von Erfolg gekrönt zu sehen, hat deine Einbildungskraft angespornt und dir vorgespiegelt, daß diese Eindrücke von außen kamen!«

Unser Bewußtsein spricht immer diese Sprache, denn man hat es dazu erzogen, einzig und allein dem Zeugnis unserer fünf Sinne zu vertrauen, und sich nur auf das zu verlassen, was es vom Standpunkt vergangener Lernprozesse und Erfahrungen zu wissen glaubt. Das kritische Bewußtsein zu neutralisieren oder während eines telepathischen Experiments ganz auszuschalten, ist schwierig, weil es immer wieder bestrebt ist, sich Gehör zu verschaffen.

Ich war mir von Anfang an darüber im klaren, daß die von Sir Hubert Wilkins und mir verabredeten Versuche mit Telepathie die Grenzen des gesicherten Wissens überschreiten würden. Soviel ich wußte, hatten noch niemals zuvor zwei Menschen einen solchen Versuch regelmäßig, Woche für Woche, über eine solche Entfernung unternommen. Ich konnte und wollte mir darüber aber nicht zu viele Gedanken machen, weil die sich daraus ergebende Verantwortung eine der Gedankenübertragung abträgliche innere Spannung erzeugen würde.

Wilkins hatte mich mit dem Chef der Radioabteilung der *New York Times*, Reginald Iversen, bekannt gemacht, weil er glaubte, daß unser Experiment davon profitieren würde, wenn ich Iversen Aufzeichnungen von besonders wichtigen telepathischen Eindrücken geben und ihn bitten würde, sie über Kurzwelle ihm, Wilkins, zugänglich zu machen. Anhand seines Logbuchs und seines Tagebuchs konnte Wilkins dann ihren Realitätsgehalt kontrollieren. Es stellte sich jedoch heraus und wurde von Iversen bestätigt, daß die Störungen durch Erdmagnetismus und Sonnenflecken während der ganzen Fünfmonatsperiode so stark waren, daß die Kurzwellenverbindungen mit Wilkins *nur dreizehnmal* zustande kam, und auch dann nur für kurze Zeit.

Das war, wie sich herausstellte, ein Geschenk des Himmels, jedenfalls im Hinblick auf unser Experiment. Denn, da Wilkins so gut wie vollständig von der zivilisierten Welt isoliert war, konnte kein wissenschaftlicher Kontrollant die Behauptung aufstellen, ich hätte mit Wilkins durch irgendein normales Medium kommuniziert.

Von den maschinengeschriebenen Kopien meiner Sitzungsprotokolle pflegte ich eine sofort mit Luftpost an die letzte mir bekannte Adresse von Wilkins in Kanada oder Alaska oder irgendwo in der Arktis zu schicken. Ich wußte, daß man ihm diese Post irgendwann nachschicken oder daß er sie an irgendeinem Treffpunkt abholen würde, auch wenn sich inzwischen Briefe von vielen Wochen oder Monaten angesammelt haben sollten. Zur gegebenen Zeit würde Wilkins dann Gelegenheit haben, meine Berichte mit seinen Journalen oder erinnerten Erlebnissen zu vergleichen, und mir darüber zu berichten.

Natürlich erwartete ich die erste Nachricht von Wilkins mit beträchtlicher Unruhe. Ich hatte mir fest vorgenommen, alles aufzuzeichnen, was mir bei einer Sitzung in den Sinn kommen würde, ohne Rücksicht darauf, wie lächerlich oder unmöglich es meinem kritischen Bewußtsein vorkommen mochte. Diesem Vorsatz auch dann treu zu bleiben, wenn das kritische Bewußtsein gegen Eindrücke protestierte, die allen bekannten oder voraussehbaren Tatsachen oder Umständen widersprachen, erforderte ein nicht geringes Maß an Standfestigkeit und Willenskraft. Jeder, der sich mit solchen Experimenten beschäftigt, wird diese hemmenden Einflüsse zu spüren bekommen. Aber man muß sich ihnen stellen und sie überwinden, sonst kommt keine echte Übertragung von Gedanken zustande.

Man ist verloren, wenn man versucht, eine Empfindung oder ein Gedankenbild mit dem, was vernünftig oder logisch erscheint, in Einklang zu bringen. Vernunft und Logik gehören zu den Schichten des Geistes, die sich nur mit dem befassen, was von dem Individuum als bekannt vorausgesetzt oder als möglich akzeptiert wird. Ihre Zuständigkeit erstreckt sich dagegen nicht auf Phänomene, die bisher unbekannte Faktoren dem Strom unseres Bewußtseins zuführen.

Nach jeder Sitzung prüfte ich meine Aufzeichnungen und ließ dabei der Vernunft und der Logik freien Lauf. Immer wieder bedrückte mich die Weigerung meines kritischen Verstandes, eine Anzahl von registrierten Eindrücken als möglich oder richtig zu akzeptieren. Solches Unbehagen konnte sich zu regelrechten körperlichen und seelischen Schmerzen steigern. Ich machte mir dann Vorwürfe, diese, angeblich aus dem Bewußtsein von Wilkins stammenden Gedanken oder Ideen oder Bemerkungen über das von ihm Erlebte überhaupt aufgeschrieben zu haben. Mein Kampf mit meinen Zweifeln und inneren Einwänden (vor allem in den ersten Wochen unseres Experiments, bevor ich die ersten Berichte von Wilkins über unsere Arbeit erhalten hatte) machten es für mich zu einer regelrechten Plage, mein Bewußtsein zu den verabredeten Zeiten ganz auf »Empfang« einstellen zu müssen.

Man kann sich daher leicht vorstellen, welche Gefühle mich bewegten, als ich am Mittwoch, dem 10. November, Samuel Emery im *City Club* aufsuchte, um seine Meinung über meine Aufzeichnungen des vorhergehenden Abends zu hören, und im Club einen Brief von Sir Hubert mit den kommentierten Kopien meiner Protokolle der ersten zwei Wochen vorfand, die ich ihm nach Winnipeg geschickt hatte.

Wilkins Brief war datiert: Sonntagabend, 7. November. Es hieß in ihm unter anderem:

»Lieber Sherman!
Der Himmel weiß, wann ich es schaffe, eine Verabredung mit Ihnen einzuhalten. Ich glaube kaum, solange ich hier bin; denn da die Menschen hier so viel für uns tun, fühle ich mich verpflichtet, ihre Einladungen anzunehmen und mit ihnen auszugehen. Das bedeutet: jeden Tag ein Mittagessen, ein Abendessen und eine lange Nacht. Ich halte Reden und beantworte Fragen.
Die Arbeit mit den eigentlich notwendigen Dingen nimmt den ganzen Tag in Anspruch – und so viel davon muß ich selbst erledigen, daß ich einen Privatsekretär, wenn ich einen hätte, nur in der Nacht beschäftigen könnte. Und nachts pflegen Sekretäre nicht zu arbeiten.
Darum wähle ich den kürzeren Weg, die ›Versuche‹ zu kommentieren: Ich mache Notizen auf meiner Kopie. Ich schicke sie Ihnen zurück, so daß Sie sehen können, wie weit sie übereinstimmen, und ich wäre Ihnen dankbar, wenn Sie sie für mich aufbewahren würden, damit ich sie nach meiner Rückkehr in Empfang nehmen kann . . .«

Als ich damals diesen Brief Mr. Emery vorlas und bis zu dieser Stelle gekommen war, fühlte ich mich gedemütigt und niedergeschlagen. Wilkins hatte geschrieben, er habe keine Verabredung mit mir einhalten können, und dennoch hatte ich an den vereinbarten Abenden Eindrücke notiert und die deutliche Empfindung gehabt, mit seinem Bewußtsein in Verbindung zu stehen. Das bedeutete ohne Frage, daß alles, was ich bisher empfangen hatte, nur meiner fruchtbaren Phantasie entsprungen sein konnte. Ich hatte mich von den Launen meines eigenen Bewußtseins täuschen lassen!
Mr. Emery war, bei aller persönlichen Freundschaft, ein hartgesottener Skeptiker, was unsere »telepathischen Experimente« betraf. Seine Einstellung war von Anfang an: »Ich glaube wenig – aber ich leugne nichts.« Jetzt sagte er, was ich mir selbst nicht einzugestehen wagte:
»Nun, ich meine, wenn Wilkins keine Zeit hatte, mit Ihnen zu arbeiten, sind diese aufgezeichneten Eindrücke ohne jeden Wert. Natürlich will ich Ihnen nicht alle Illusionen rau-

ben, aber ich kann mir sowieso nicht vorstellen, daß Sie mit Ihren Versuchen etwas erreichen werden. Es liegt für mich darin kein Sinn.«

Ich war in diesem Augenblick versucht, meinem Freund Emery recht zu geben. Ich hatte mich immer bemüht, mein eigener strengster Kritiker und Zuchtmeister zu sein. Unter keinen Umständen wollte ich mir über die Ergebnisse meiner eigenen Untersuchungen »Illusionen machen«. Ich hatte zu viele Erfahrungen mit Selbsttäuschungen bei anderen Menschen gemacht.

Es kostete mich eine gewisse Überwindung, auf Wilkins Brief zurückzukommen und weiteren unangenehmen Eröffnungen ins Auge zu sehen; der Eröffnung – natürlich –, daß unter diesen Umständen nichts von dem, was ich aufgezeichnet hatte, von Bedeutung war. Doch zu meinem größten Erstaunen fuhr Wilkins fort:

». . . Offenbar haben Sie eine ganze Menge *Gedankenbilder* aufgefangen. Deutlich ausgeprägte Gedanken, die mir im Lauf des Tages kamen, und darunter auch einige, die ich Ihnen, wenn die Zeit es erlaubt hätte, am Abend ›gesendet‹ hätte.

Ich sende diese Gedanken jetzt zu jeder Tageszeit, wenn ich daran denke, denn ich *glaube, daß das Gedankenbild sich nicht notwendigerweise nach der ersten ›Aussendung‹ in Nichts auflöst, sondern weiter in unserer Atmosphäre schwingt, und daß ein empfängliches Bewußtsein es auch noch Stunden, ja sogar Jahre danach auffangen kann.*

Die Eindrücke, die Sie bisher gehabt haben, kamen *der Wahrheit in so vielen Fällen so nahe,* daß es sich nicht gut um bloße Mutmaßungen des kontrollierten Bewußtseins handeln kann. Und ich glaube, daß wir, wenn wir so fortfahren, zu interessanten Ergebnissen kommen werden . . .«

Mittlerweile hatte sich meiner, bis hinein in die Nervenspitzen, ein prickelndes und erregendes Gefühl bemächtigt, wie ich es noch nie gekannt hatte. Ich hatte also doch mit Wilkins' Bewußtsein in Verbindung gestanden – und es spielte dabei keine Rolle, ob er seine Verabredungen mit mir einhielt oder nicht! Auf eine mysteriöse und mir unbekannte Weise

war ein Kontakt zwischen Sir Huberts und meinem Unterbewußtsein zustande gekommen . . . und ich hatte in Erfahrung gebracht, was er dachte und was er erlebt hatte!
Ich studierte jetzt fieberhaft meine Aufzeichnungen und Wilkins Kommentare dazu. Samuel Emery hörte zu, als ich das Ergebnis des Tests der ersten Nacht vorlas.
»Nun, was halten Sie davon?« fragte ich, als ich zu Ende gelesen hatte.
»Sehr interessant!« räumte er ein. »Aber das genügt noch nicht, um die Wissenschaft – oder auch nur, um *mich* zu überzeugen! Sie werden genügend richtige Eindrücke, fortlaufend und lange genug, vorweisen müssen, um die Echtheit dieses geistigen Phänomens über jeden Schatten eines Zweifels hinaus zu beweisen.«
Die Prüfung der folgenden Nächte, zu denen Wilkins sich geäußert hatte, ergab den gleichen, hohen Grad an Übereinstimmung mit der Realität. Mit frischem Mut und neuem Arbeitseifer konnte ich mich jetzt unserem Experiment widmen.
Aber am 11. November, dem Waffenstillstandstag, verließ ich mein Schreibzimmer nach der »Sitzung« und ging mit dem Protokoll meiner Eindrücke zu meiner Frau.
»Martha«, sagte ich, »ich fürchte, heute nacht habe ich völlig die Spur verloren. Ich las am frühen Abend in der Zeitung Berichte über Waffenstillstandsfeiern in Washington und anderen Städten. Mein Bewußtsein muß mir da einen Streich gespielt und meine Eindrücke von Wilkins mit dem Waffenstillstandstag vermischt haben. Jetzt sagt mir mein gesunder Menschenverstand, daß er damit nichts zu tun gehabt haben kann. Er ist viel zu beschäftigt mit seiner Expedition.«
»Kann sein«, sagte Martha, »aber du kannst es nicht ändern. Du hast nur aufgeschrieben, was dir in den Sinn kam – und da schienen dir deine Eindrücke echt zu sein. Ich würde mir also an deiner Stelle keine Gedanken machen. Es hat sich schon früher – nach einer Nachricht von Wilkins – herausgestellt, daß du der Wahrheit viel näher gekommen warst als du dachtest.«
Aber ich war weiterhin unzufrieden mit mir. Ich mußte häu-

fig an diese Nacht denken und nahm mir vor, von jetzt ab noch sorgfältiger darauf zu achten, daß keine äußeren Einflüsse meine Eindrücke »färbten«.

Dann endlich kam ein dicker Briefumschlag von Wilkins mit einem Bündel meiner Aufzeichnungen und seinen üblichen Anmerkungen. Nur wiederstrebend warf ich einen Blick auf die Seiten mit dem Material über den Waffenstillstandstag. Meine Nerven reagierten mit einem Schlag in die Magengrube. Es war etwa die Empfindung, die jeder hat, wenn er »schlechte Nachrichten« erwartet und sich darauf vorbereitet, das »Schlimmste zu ertragen«.

Es lag mir soviel an richtigen Ergebnissen, daß die Ungewißheit schwer zu ertragen war. Die bisherigen Erfolge hatten nur dazu geführt, daß ich die Verantwortung noch stärker spürte und die Anforderungen an mich noch höher schraubte. In dieser Stimmung war ich völlig unvorbereitet auf den Schock der Mitteilung von Wilkins, daß ich am Waffenstillstandstag meine bislang »signifikantesten Treffer« erzielt hatte!

Meine erste Reaktion war ein tiefes Aufatmen. Der starke innere Druck hatte meine Magennerven in Mitleidenschaft gezogen, aber jetzt konnte ich mich entspannen und atmete leichter.

Das Ganze schien mir, wenn ich es recht überlegte, noch erstaunlicher angesichts der Tatsache, daß Wilkins *nicht die Absicht hatte*, an der Feier des Waffenstillstandes teilzunehmen. Nur das schlechte Wetter, das ihn zwang, umzukehren und in Regina zu landen, war schuld daran, daß man ihn, wie ich es in meinen Aufzeichnungen nannte, »eingefangen« hatte, so daß er sich der Teilnahme an den Feierlichkeiten nicht entziehen konnte! Das war keine von Wilkins *vorausgeplante Erfahrung* – nichts, von dem er vorher Kenntnis hatte – und darum ein besonders guter Beweis für die Echtheit des empfangenen Eindrucks.

Als ich an jenem Waffenstillstandstag-Abend, ohne an irgend etwas bewußt zu denken und ganz auf Empfang eingestellt, an meinem Schreibtisch saß, hörte ich mit meinem »inneren Ohr« Wilkins eine Rede halten. Ich notierte so schnell wie möglich, was ich als die Höhepunkte seiner Ansprache empfand, weil ich spürte, daß andere Eindrücke ungeduldig darauf warteten, sich mir bemerkbar zu machen. Zum Schluß schrieb ich: »Diese Gedanken gehen Ihnen durch den Kopf, *wenn Sie sie nicht tatsächlich in Ihrer Waffenstillstands-Ansprache äußerten.«*

Und nun zu denken, daß Wilkins eine solche Rede wirklich gehalten und diese *Gedanken*, in nahezu die *gleichen Worte* gekleidet, bei dem »Abschiedsfrühstück« vor dem Start von Winnipeg wiederholt hatte! Nicht nur das, sondern daß ich auch tele-optisch »gesehen« hatte, was sich abspielte, so deutlich, daß ich das Befestigen einer Medaille auf Wilkins' Rockaufschlag beschreiben konnte!

Und noch mehr verblüffte mich, daß es mir gelungen war, tele-optische Eindrücke von dem Waffenstillstandsball zu empfangen, der zur Zeit meiner Sitzung vielleicht gerade in vollem Gang war! Ich dachte daran, daß ich zu meiner Frau gesagt hatte:

»Stell dir vor, ich schrieb in meinem Bericht, daß Wilkins einen *Frack anhatte*, als er an dieser Veranstaltung teilnahm! Ich bin sicher, daß er bei seiner Abreise in den Norden keinen Frack eingepackt hat. Und doch, so schien es mir, sah ich ihn bei diesem wichtigen Ereignis so gekleidet! Hätte ich mir nicht fest vorgenommen, *jeden* Eindruck im Lauf einer Sitzung aufzuzeichnen, wäre dieser sicher unerwähnt geblieben!«

Und jetzt lag vor mir der Beweis, daß selbst dieser Eindruck verblüffend wahrheitsgetreu war!

»Mein Erscheinen bei dieser Veranstaltung war *durch das Borgen eines Fracks* ermöglicht worden«, schrieb Wilkins und ergänzte das nach seiner Rückkehr nach New York mit der Bemerkung: »Es war das einzige Mal in den fünf Monaten meiner Abwesenheit, daß ich einen Frack anhatte. Ihr Gedankensignal ›Frack‹ bei dieser einzigen Gelegenheit ist in der Tat erstaunlich.«

Ich befand mich in der einzigartigen Lage, einerseits an einem telepathischen Experiment selbst mitzuwirken, andererseits in den Zwischenzeiten die Rolle eines unbeteiligten

Beobachters spielen zu können, der die Vorgänge mit seinem kritischen Verstand analysierte, wie jeder beliebige interessierte Dritte.
Auch heute, nachdem ich Hunderte von mir während der Versuchszeit aufgezeichneten Eindrücke studiert habe, muß ich sagen, daß ich mit die erstaunlichsten Ergebnisse von allen bei der Waffenstillstandsfeier am 11. November 1937 erzielt habe. Und was den Wahrheitsgehalt meiner Eindrücke betrifft, so ist nicht an letzter Stelle die »Ähnlichkeit der Kohlezeichnung« von Sir Hubert Wilkins zu nennen und mein Hinweis auf seine Zufriedenheit beim Anblick dieser Zeichnung.
Als ich versuchte auszurechnen, welche Chance ich hatte, rein zufällig die »Ähnlichkeit der Kohlezeichnung« zu raten, kam ich auf schwindelerregende Zahlen. Daß Wilkins nachweisen konnte, daß eine Kohlezeichnung von ihm *am selben Tag* in kanadischen Zeitungen erschienen war, war eine verblüffende Bestätigung, daß ich tatsächlich seine darauf bezogenen Gedanken aufgefangen hatte.
Als ich mich ein wenig an meinen Arbeitsplan von drei abendlichen Sitzungen in der Woche gewöhnt hatte, fragte mich Dr. Strath-Gordon, ob ich glaube, daß mich die Anwesenheit eines neutralen Zeugen bei meiner Arbeit stören würde. Ich sagte ihm, ich wollte es darauf ankommen lassen, ob mich das befangen machen und dazu verleiten würde, den Empfang von Eindrücken zu forcieren oder nicht. So kam es, daß an zwei verschiedenen Abenden – als zusätzliches Experiment – nicht nur Dr. Strath-Gordon in meinem Zimmer saß, sondern auch seine Frau Erika und meine Frau Martha. Sie alle hatten auf dem Sofa Platz genommen. Ich saß, ihnen den Rücken zuwendend, mit dem Gesicht zur Wand.
Ich hatte herausgefunden, daß Dunkelheit einem guten Empfang dienlich war. Der Grund dafür war, daß die mich umgebenden Gegenstände im Lampenlicht geistige Bilder erzeugten, die sich meinem Gehirn einprägten und mit den Eindrücken von außen, die in meinem Bewußtsein ebenfalls Bildgestalt annahmen, konkurrierten.
Es war möglich, auch bei voller Beleuchtung Eindrücke zu

empfangen, und die Verdunkelung bedeutete keineswegs, daß meine Tätigkeit irgend etwas mit Trance oder Spiritualismus zu tun hatte. Aber da ich optimale Bedingungen für den Empfang schaffen wollte, schaltete ich gewöhnlich das Licht zu Beginn einer Sitzung aus. Ich hatte eine Taschenlampe neben mir liegen, und knipste sie an, wenn immer es einen Eindruck zu notieren gab.

Mir entgingen natürlich eine ganze Anzahl von Eindrücken ganz, und viele andere verfehlte ich teilweise, aber mein Anteil an »Volltreffern« in der ganzen Fünfmonatsperiode war dennoch ungewöhnlich groß.

Am Abend des 7. Dezember 1937 geschah etwas Ungewöhnliches. Ich hatte gerade, zur verabredeten Zeit, meinen Platz in meinem Arbeitszimmer eingenommen und das Licht ausgeschaltet, als ich auf der dunklen Scheibe meines inneren Bewußtseins ein Feuer aufleuchten sah. Meine Nerven vibrierten vor Aufregung, und ich begann zu schreiben:

Ich weiß nicht warum, aber ich sehe etwas wie ein knisterndes Feuer das nächtliche Aklavik erhellen – habe den entschiedenen Eindruck von brennenden Häusern – Sie können es von Ihrem Standort aus sehen. Ich dachte erst, das Feuer sei auf dem Eise in der Nähe des von einem Besatzungsangehörigen gebauten Zeltes – das kann auch stimmen – aber der Eindruck bleibt, daß das brennende Haus weiß ist und daß sich recht viele Menschen davor versammelt haben – Leute laufen oder gehen eilig auf die Flammen zu – bittere Kälte – es bläst ein kräftiger Wind . . .

Erst am 14. Februar 1938 erhielt ich von Wilkins die Bestätigung dieses Eindrucks. Wilkins war die ganze Zeit von jeder Luftpostverbindung abgeschnitten gewesen. Stöße von Briefen mit meinen Protokollen warteten auf ihn in Aklavik.

Ich stellte fest, daß ich den Eindruck von Wilkins Abreise von Aklavik verfehlt hatte und ihn das Feuer dort erleben ließ. In Wahrheit war Wilkins, wie ich jetzt erfuhr, an diesem Abend in Point Barrow.

Die Tatsache, daß ich den Ortswechsel nicht gespürt hatte, interessierte mich. Zeit und Raum existierten offenbar nicht in der telepathischen Kommunikation. Ich konnte Wilkins' Bewußtsein in Point Barrow genauso gut erreichen wie eben noch in Aklavik, aber ich hatte nicht gefühlt, daß er sich inzwischen physisch von einem Ort zum anderen bewegt hatte.

Aber, wie Wilkins mir später erzählte, sah er das Feuer in Point Barrow – umgerechnet in New Yorker Zeit – *zur gleichen Zeit, ja im gleichen Augenblick*, in dem ich meine Schilderung des Feuers in New York City niederschrieb!

Das bedeutete, daß ich in einer bisher nicht zu erklärenden Weise auf Wilkins Bewußtseinsfrequenz eingestellt war, so daß ich gleichzeitig sehen und fühlen konnte, was er sah und fühlte!

Die meisten meiner Eindrücke bei irgendeiner meiner nächtlichen Sitzungen betrafen Dinge, die noch frisch in Wilkins' Gedächtnis waren. Dies war das überzeugendste Beispiel für einen telepathischen Brückenschlag zu dem Bewußtsein von Sir Hubert im gleichen Augenblick, in dem sich die äußeren Ereignisse in diesem Bewußtsein spiegelten.

Je länger unser Experiment dauerte, desto mehr begann Reginald Iversen, der Radiochef der *New York Times*, sich dafür zu interessieren. Schließlich bat er mich, die Kommentare von Wilkins zu meinen Aufzeichnungen von etwa zweieinhalb Monaten sehen zu dürfen. Diese kommentierten Aufzeichnungen waren gerade mit Luftpost aus Aklavik eingetroffen.

»Kommen Sie doch am nächsten Montagabend mit Ihrer Frau zu uns zum Abendessen. Wir können dann das Material gemeinsam durchsehen«, schlug ich vor.

»Sehr gerne«, sagte Iversen, »aber Montag ist einer der Tage für Ihre Sitzungen. Ich würde gerne dabeisein, aber glauben Sie, daß Sie die Verbindung mit Wilkins herstellen können, wenn wir beiden im Zimmer sind?«

»Ich will es gerne versuchen«, versprach ich; und wir einigten uns auf den Abend des 21. Februar 1938.

Sir Hubert Wilkins war Anfang Februar nach Edmonton geflogen, um einen neuen Motor zu beschaffen, anschließend an die Entdeckung des Defekts im Kurbelgehäuse, den ich

vorausgesehen hatte. Wilkins war erst seit wenigen Tagen wieder in Aklavik.
Als ich an diesem Abend mein Bewußtsein auf »Empfang« schaltete, waren Herr und Frau Iversen und meine Frau in meinem Arbeitszimmer. Sie warteten als stumme Zeugen auf dem Sofa, bis die Sitzung beendet war.
Dann wandte ich mich zu ihnen um, den Notizblock in der Hand, und las ihnen vor, was ich gerade empfangen hatte.
Zu meiner Überraschung hatte ich ausgerechnet an diesem Abend das Gefühl gehabt, daß Wilkins sich bemühte, eine Kurzwellen-Verbindung mit Iversen herzustellen. Ich hatte geschrieben:
Glaube, Sie (Wilkins) würden gerne eine Nachricht an Iversen durchgeben, wenn Sie ihn vor Donnerstag erreichen können – überlege, ob dieser Wunsch Sie nicht gerade jetzt, während Sie an mich denken, beschäftigt?
»Nein, das kann nicht stimmen!« sagte Iversen entschieden. Wilkins weiß, daß ich am Dienstag und Mittwoch nicht arbeite. Er weiß, daß meine Dienstzeit in der *Times* am Montag um 19 Uhr endet. Das bedeutet, daß ich vor Donnerstag früh nicht in meinem Büro sein werde. Er versucht niemals, mich außerhalb meiner Dienstzeit zu erreichen.«
»Vielleicht nicht«, sagte ich, »nichtsdestoweniger spüre ich, daß Wilkins einige Mitteilungen für Sie hat, und daß er heute abend versuchte, damit zu Ihnen durchzukommen.«
Iversen lächelte nachsichtig und ungläubig.
»Irgend etwas scheint schon daran zu sein, an dieser sogenannten Telepathie«, gab er zu. »Man kann es nicht einfach abstreiten. Dazu hatten Sie zu viele richtige Eindrücke in dieser ganzen Zeit. Aber das mit Wilkins Versuch, mich heute abend zu erreichen, kann nicht stimmen. Ich vermute, daß meine Gegenwart hier heute abend Sie verleitet hat, das aufzuschreiben.«
Kurz nach 2 Uhr morgens fuhren die Iversens nach Hause in ihre Wohnung in Astoria, Queens, Long Island.
Am nächsten Morgen zwischen 10 und 11 Uhr war ein aufgeregter Iversen am Telefon.
»Hören Sie, ich bin in der *New York Times* – kam hierher,

um zwei Telegramme von Wilkins abzuholen, die unser Funker, der Nachtdienst macht, gestern abend, während ich in Ihrer Wohnung war, entgegengenommen hat. Das ist die verrückteste Geschichte, die ich je gehört habe. Sherman, wie zum Teufel machen Sie das?«

»Ich weiß es selbst nicht so genau«, antwortete ich; »ich weiß nur, wie ich eine Empfangsbereitschaft herstellen kann, und dann nehmen die Dinge ihren Lauf.«

»Das kann man wohl sagen«, platzte Iversen heraus. »Lasen Sie mir nicht auch gestern abend einige Eindrücke über den neuen Flugzeugmotor vor?«

»Ja«, sagte ich. »Warten Sie einen Moment, ich hole meinen Notizblock.« Dann las ich ihm vor, was dort stand: *»Motor heute fertig montiert und getestet.«*

»Stimmt!« rief Iversen aufgeregt. »Hören Sie dieses Funktelegramm: ›Motor wird in Flugzeug eingebaut – wird nicht vor Donnerstag fertig sein‹ . . . Aber das ist nicht alles, Sherman . . . Sie sagten auch, daß Wilkins mir etwas wegen eines Ausrüstungsteils funken wollte. Schauen Sie nach in Ihren Notizen und lesen Sie es mir vor!«

Ich blätterte in meinen Notizen zurück bis zum 14. Februar und las: *»Kenyon braucht offenbar irgendwelches Ersatzmaterial oder Ersatzteile . . . Sie müssen sich an New York wenden, an Iversen, um bestimmte Ausrüstungsstücke zu beschaffen und sie so schnell wie möglich für eine Reparatur am Motor schicken lassen . . . auch in Zusammenhang mit dem Funkgerät . . .«*

»Genau das!« sagte Iversen. »Funkgerät! . . . Hören Sie . . . hier ist das zweite Telegramm, das Wilkins gestern abend schickte: ›Wenn nicht schon bestellt, stoppen Sie alles bezüglich Kenyons Radioempfangsgerät. Er braucht es voraussichtlich nicht vor seiner Rückkehr.‹«

»Warten Sie«, unterbrach ich, »ich bekam dazu eine Fortsetzung gestern abend, und auch ein paar Abende vorher. Erinnern Sie sich an die Stelle, die ich Ihnen vorlas: . . . *einer Ihrer Leute hat Sie gebeten, etwas für ihn zu besorgen . . . kann nicht genau ausmachen, was es ist* . . . Mein Eindruck gestern abend war nicht ganz bestimmt, aber er läßt darauf

schließen, daß ich Wilkins Gedanken über das Radiogerät auf der Spur war.«
»Das wirft mich um«, sagte Iversen. »Nach alldem möcht' ich wetten, daß sich die meisten anderen Eindrücke von gestern abend auch als wahr erweisen werden!«
Iversen vermutete richtig. Die übrigen Eindrücke, bei deren Empfang das Ehepaar Iversen und meine Frau zugegen waren, wurden von Wilkins schließlich voll und ganz bestätigt.
Einer dieser Eindrücke fiel besonders aus dem Rahmen. Ich hatte notiert ... *jemand hat abgeschürfte Hände und Finger* ..., und Wilkins meinte dazu:
»Dynes Hände sind voller Frostwunden und Blasen. Jedesmal, wenn er ein gefrorenes Stück Metall zu lange festhält, friert die Haut fest und hängt in Fetzen herab, wenn er die Hand schnell zurückzieht ...«
Ich hatte das Gefühl, den Zustand seiner Hände regelrecht zu *spüren*, während ich diesen Eindruck notierte.
Der 23. März 1938 sollte der Tag meiner letzten Sitzung werden, und zu diesem Zeitpunkt hatte die seelische und körperliche Last dieser Testserie meine Gesundheit ernsthaft in Mitleidenschaft gezogen. Ich hatte in dieser Zeit meine reguläre, schriftstellerische Arbeit fortgesetzt, mehrere Buchmanuskripte und den Text zu einem Musical geschrieben und daneben eine Anzahl Kurzgeschichten. Zurückblickend kann ich kaum verstehen, wie ich – zusätzlich – dem Umfang und der Schwere der mit den telepathischen Versuchen verbundenen Arbeit gewachsen war, eine Arbeit, die sich als weit umfassender erwies, als ich es mir ursprünglich vorgestellt hatte.
Die unerbittliche Einhaltung des Testschemas erforderte strengste, geistige Disziplin. Und das Gefühl, daß diese Fron – so interessant und spannend diese Zeit auch gewesen sein mochte – nun vorüber war, erfüllte mich mit großer Erleichterung. Es war wundervoll, Urlaub von den seelischen Strapazen nehmen zu können, aber es war leichter gesagt als getan; denn mein Bewußtsein war so hochgradig sensibel geworden, daß es mich unaufgefordert mit Eindrücken und ungewöhnlichen geistigen Momentaufnahmen versorgte.

Zugleich war mir eine neue Überzeugung und Sicherheit zugewachsen. Ich wußte jetzt, jenseits aller Anfechtungen des Zweifels, daß es Telepathie nicht nur gab, sondern daß telepathische Fähigkeiten entwickelt und demonstriert werden konnten.
Ich kannte jetzt auch die Gefahren einer Überbeanspruchung des Bewußtseins und den Preis, den der Körper dafür zahlen muß. Ich würde mich niemals wieder auf einen solchen Test einlassen, ohne mich vorher von allen anderen Verpflichtungen frei zu machen. Und auch dann würde ich sorgfältig darauf achten, mich nicht physisch und geistig zu sehr zu verausgaben.
Viele Nächte ging ich auf und ab mit starken Schmerzen, verursacht durch nervöse Verdauungsstörungen und Magenkrämpfe. Mein Körper rebellierte gegen die abnormen Anforderungen, die ich an ihn stellte, Anforderungen, die mir, wie ich jetzt weiß, das Leben hätten kosten können.

Wie Gedanken empfangen werden

Als die Ergebnisse dieser telepathischen Experimente durch einen Artikel von Inez Haynes Irwin in der Zeitschrift *Cosmopolitan* im März 1939 bekannt wurden, und als Sir Hubert Wilkins und ich am 12. Dezember 1940 in dem Rundfunkprogramm »So sonderbar es auch scheint« auftraten mit einem Interview und einer Hörspielfassung einiger besonders eindrucksvoller Beispiele von Gedankenübertragung, wurden wir mit Tausenden von Briefen überschwemmt. Mehr als 96 Prozent der Briefschreiber wollten wissen: »Wie werden Gedanken übertragen? Wo können wir zusätzliche zuverlässige Informationen darüber erhalten?«

Von der Möglichkeit, Gedanken zu übertragen, haben die Menschen zu allen Zeiten, seit die Welt steht, Gebrauch gemacht.

Wie Wilkins erwähnte, konnte er feststellen, daß gewisse Eingeborenenstämme in seiner australischen Heimat eine Art von Gedankensprache beherrschten.

Alexander Markey berichtet, die Maoris in Neuseeland benutzen noch heute Telepathie als Verständigungsmittel. Bei seinen Wanderungen durch den Urwald von einem Stamm zum anderen stellte er fest, daß die Nachricht von seiner Ankunft ihm vorausgeeilt war, denn wo immer er eintraf, war der ganze Stamm versammelt, um ihn zu begrüßen, obwohl jede physikalisch-technische Kommunikation ausgeschlossen war.

Wir alle kennen mysteriöse und okkulte Geschichten aus Indien – dem Lande der Fakire –, wo Beweise für sogenannte »übernatürliche Fähigkeiten« der Seele oder des Körpers an der Tagesordnung sein sollen.

Ob diese Erscheinungen wirklich so verbreitet sind, wie gewisse Berichte behaupten, scheint mir fraglich, doch verfügen sicher viele Hindus über große geistige Kräfte.
Viele dieser Männer haben sich ihr Leben lang in der Technik der Konzentration geübt. Ich glaube, daß jeder, der bereit ist, so viel Zeit dafür zu opfern, das zuwege bringen könnte, was man heute noch »außerordentliche Fähigkeiten des Geistes« nennt.
Während – wie Wilkins betont – sicherlich einige Individuen durch ihr Temperament und ihre Denkgewohnheiten es von Natur aus leichter haben, einen gewissen Grad von Sensibilität für die Gedanken anderer zu entwickeln, glaube ich doch, daß diese Gabe als Möglichkeit in uns allen vorhanden ist.
Es liegt auf der Hand, daß das, was wir heute Erziehung oder Bildung nennen, nichts mit diesen Fähigkeiten zu tun hat. Sie wirken unabhängig von unseren kulturellen und schulischen Kenntnissen. Ja, es scheint sogar, daß religiöse oder intellektuelle Glaubensformen, die der Existenz solcher Phänomene entgegenstehen, uns der Möglichkeit berauben, Erfahrungen auf diesem Gebiet zu machen.
Ich stellte von Anfang an fest, daß ich davon ausgehen mußte, daß Telepathie funktionieren *kann*, um denjenigen Grad von Empfänglichkeit zu erreichen und beizubehalten, der zum Erzielen von Ergebnissen notwendig war.
Wenn ich Zweifeln Raum gab, schien das bestimmte Kräfte in meinem Bewußtsein zu entmagnetisieren und führte schließlich zu Verwirrung und Nachlassen der Konzentration.
Wer sich ernsthaft für das Gebiet der Telepathie interessiert, sei es, um sein eigenes Bewußtsein zu erweitern, sei es aus wissenschaftlichem Interesse, wird feststellen, daß er durch einen Willensakt Zweifel und Skepsis beiseite schieben muß.
Er wird sich sicher zunächst einmal auf den Standpunkt stellen müssen, daß Telepathie eine wissenschaftlich erwiesene Tatsache ist. Man kann das ruhig einen »Glauben« nennen, aber man kann nicht erwarten, daß Gedankenübertragung

funktioniert, wenn man einerseits alle Anstrengungen macht, telepathische Eindrücke zu empfangen, andererseits aber grübelt und zweifelt, ob so etwas überhaupt möglich ist.
Wer das tut, macht jeden Erfolg unmöglich. Sein Bewußtsein wird alle möglichen Hindernisse konstruieren. Außerdem wird sich die Phantasie einmischen und alle Eindrücke, die das Unterbewußtsein empfangen haben könnte, färben und entstellen.
Soweit man hier überhaupt eine Aussage machen kann, ist Telepathie ein Kontakt zwischen dem Unterbewußtsein des Senders und dem Unterbewußtsein des Empfängers.
Wenn ein Gedanke von dem Sender intensiv erfaßt und projiziert wird, prägt er sich dem Unterbewußtsein des Empfängers so deutlich ein, daß dieses ihn an das wache Bewußtsein weitergibt; und der Empfänger wird auf diese Weise in die Lage versetzt, den Gedanken in seine eigenen Worte zu fassen oder das in seinem Bewußtsein kurz aufleuchtende Bild zu beschreiben.
Im Grunde ist Telepathie ein einfacher Vorgang. Es ist nichts Mystisches dabei, und jeder, der unvoreingenommen und bereit ist, Zeit und Mühe darauf zu verwenden, kann sich von der Existenz dieser Fähigkeit seines eigenen Bewußtseins überzeugen.
Nur ihr nahezu blinder, ausschließlicher Glaube an die Fähigkeiten unserer fünf physischen Sinne hat die große Mehrzahl der Gebildeten unserer Zeit bislang daran gehindert, die höheren geistigen Fähigkeiten des Menschen anzuerkennen, zu entwickeln und zu nutzen.
Telepathie erfordert allerdings – wenn sie funktionieren soll –, daß man alles vergißt, was man über irgend etwas zu wissen *glaubt*! Das innere Bewußtsein muß still und klar sein wie ein See, damit es den leichtesten Schatten widerspiegeln und auch der kleinste in den See geworfene Kieselstein Ringe auf seiner Oberfläche hervorrufen kann.
Wer diesen See mit früheren Gedanken und Überzeugungen anfüllt, trübt den Spiegel und behindert die Sicht. Man darf keinem eigenen Gedanken erlauben, sich in dem See zu

spiegeln, wenn man das getreue Abbild fremder Gedanken darin entdecken will.
Für meine telepathische Arbeit mit Wilkins war es von großem Vorteil, daß ich den ganzen Tag über den Kopf voll anderer Gedanken hatte. Bewußt versagte ich mir jedes Rätselraten und jede Spekulation bezüglich aller Ereignisse, die Wilkins betrafen. Für jede Sitzung wollte ich mir einen vollkommen klaren und frischen Sinn bewahren ohne irgendeine Kenntnis, Ahnung oder Suggestion davon, was Sir Hubert zugestoßen sein könnte.
So kam ich zu jeder unserer Verabredungen mit einem natürlichen Vorrat von Enthusiasmus und ungeduldiger Erwartung, Wilkins »Sendungen« zu empfangen. Diese Stimmung erzeugte offenbar jene Energie, die ich für den Empfang brauchte.
Es war, als müßte ich in mir eine Art von Batterie aufladen; um »Empfangsenergie« zu erzeugen und eine bestimmte, nicht zu beschreibende »innere Sensibilität« oder Vibration. Worte sind gefährlich, wenn man damit Bewußtseinszustände beschreiben will, und wenige Worte sind bisher geprägt worden, die unsere Erfahrungen mit geistigen Phänomenen adäquat zum Ausdruck bringen. Aber ich hatte allmählich gelernt, eine Technik des Empfangs von Eindrükken zu beherrschen, die mir richtig zu sein schien.
Ich begann damit, mein physisches Ich von Kopf bis Fuß völlig zu entspannen und ebenso mein Bewußtsein und meinen Denkapparat. Schon das ist nicht leicht. Nachdem ich auf diese Weise mein bewußtes Ich neutralisiert hatte, wandte ich meinen Blick *nach innen*, wandte ihn, bildlich gesprochen, von der Außenwelt ab und richtete ihn auf das, was ich meine »geistige Kinoleinwand« nenne. Es ist dies eine imaginäre weiße Wand vor dem dunklen Hintergrund meines inneren Bewußtseins, auf der, wie beim Empfang einer Fernsehsendung, die Bilder, die meine geistige Antenne auffängt, vorüberziehen.
Sehr bald nach Erlernen dieser Technik völliger Entspannung – körperlich und geistig und ohne jeden Ehrgeiz und Versuch, etwas zu erzwingen – begann ich Dinge zu sehen

und zu fühlen. Danach mußte ich nur noch diese geistigen Bilder und Empfindungen in Worte kleiden.
Gewöhnlich konnte ich, wenn ich mit Wilkins arbeitete, fühlen, wie mein Ich mit seinem Ich »Kontakt« aufnahm. Ich hatte deutlich das Gefühl einer Kraft, einer Linie, eines Stroms von Energie, die mein Unterbewußtsein mit seinem zu verbinden schien. In den Nächten, in denen dies Gefühl am stärksten war, erzielte ich auch die besten Ergebnisse. Mit der Zeit wurde ich mir dieses Gefühls so sicher, daß ich gelegentlich meinen aufgezeichneten Eindrücken die Bemerkung hinzufügte, ich sei überzeugt, heute abend gute Ergebnisse zu bekommen. Wenn ich dagegen körperlich und geistig müde von der Tagesarbeit zu einer Sitzung kam, brachte ich meine diesbezüglichen Befürchtungen zu Papier.
Ungeachtet meines von Sitzung zu Sitzung schwankenden körperlichen Befindens konnte ich jedoch beobachten – auf Grund einer Überprüfung der Ergebnisse –, daß es mir im allgemeinen gelungen war, tagsüber aufgetretene Gefühle des Unwohlseins oder der Anspannung zu überwinden, und daß die Versuche wenig davon beeinflußt schienen, ob ich mich persönlich wohl fühlte oder nicht.
Solange ich durch einen Willensakt mich »von der äußeren Welt zurückziehen« und auch mein Körpergefühl damit ausschalten konnte, hielt sich der Empfang von Eindrücken auf der gleichen durchschnittlichen Höhe.
Daraus geht deutlich hervor, daß die Ausübung telepathischer Fähigkeiten mehr davon abhängt, ob man den notwendigen Grad geistiger Empfänglichkeit herstellen und aufrechterhalten kann, als von irgendeinem anderen Umstand.
Viele Jahre vor diesem Experiment, zu einer Zeit, als ich noch nicht wußte, wie man den Empfang von Eindrücken bewußt bewirken kann, hatte ich gelegentlich den Eindruck von Gedankenübertragung inmitten meiner täglichen Verrichtungen. Was ich heute Impulse von außen nennen würde, brach gelegentlich mit solcher Kraft in meine Gedankenwelt ein, daß mein Bewußtsein davon Notiz nehmen mußte, ob

es wollte oder nicht. Ich wurde dann dazu »gezwungen«, an eine bestimmte Person zu denken, oder verspürte das dringende Bedürfnis, etwas zu tun oder mich mit jemand in Verbindung zu setzen. Aber der telepathische Ursprung solcher Impulse war selten erkennbar, und ich reagierte, als habe es sich dabei um einen eigenen Gedanken gehandelt.
Es gibt wohl kaum einen Menschen, der nicht ähnliches erlebt hätte: ein Telefonanruf oder einen Brief von jemand, an den man seit Monaten oder Jahren nicht gedacht oder etwas von ihm gehört hat, und dessen wir uns, ohne jeden erkennbaren Grund, unmittelbar vor dem Eintreffen einer Nachricht von ihm, plötzlich erinnerten.
»Merkwürdig, gerade dachte ich an dich!« Diesen Ausruf hat man oft gehört, wenn jemand plötzlich und unerwartet auftauchte.
Aber Vorkommnisse dieser Art werden sofort in die Kategorie »Zufälliges Zusammentreffen« eingereiht, ohne weiteren Versuch einer Erklärung.
Mark Twain hatte im Lauf seines Lebens mehrere Erlebnisse, die er als Beweise für das, was er »Gedankentelegraphie« nannte, verwenden konnte.
Er war schon ein weltbekannter Schriftsteller, als er eines Tages auf die Idee kam, daß sich seine früheren Abenteuer im amerikanischen Westen mit Dan DeQuille, einem alten Freund aus der Goldsucherzeit, der jetzt in Nevada lebte, gut zu einem Buch eignen würden.
Diesem plötzlichen Einfall folgend, schrieb er Dan einen Brief, worin er seinen Plan erläuterte und Dan vorschlug, bei dem Buch mitzuarbeiten. Aus dem reichen Schatz seines Gedächtnisses konnte Dan viele Anekdoten und Episoden aus dieser Zeit beisteuern.
Mark fragte ihn, ob er nicht für einige Monate zu ihm an die Ostküste kommen wolle, damit sie das Buch zusammen schreiben könnten. Er würde alle mit Reise und Aufenthalt verbundenen Kosten tragen.
Aber als der Brief fertig zugeklebt und adressiert war, änderte Mark seine Absicht.
»Was tue ich eigentlich?« fragte er sich. »Ich habe jetzt ja gar

keine Zeit für solch eine Arbeit. Ich warte lieber mit Dans Brief, bis ich mit meinen anderen Arbeiten fertig bin.« Und Mark schob den Brief in ein Fach auf seinem Schreibtisch.

Etwa zehn Tage später hatte Twain einen Freund zu Besuch, als der Briefträger kam und Mark einen Brief gab, dessen Handschrift diesem sonderbar vertraut vorkam. Mark prüfte den Brief, ohne ihn zu öffnen, gab ihn dann dem Freund und sagte:

»Behalte ihn in der Hand – während ich ein Wunder vollbringe!«

Mark erzählte dann seinem Freund, daß der Brief eine Nachricht von seinem alten Reisegefährten Dan DeQuille enthalte, von dem er seit Jahren nichts gehört habe.

»Dan ist auf die Idee gekommen«, sagte Mark, »daß er und ich gemeinsam ein Buch über unsere Goldsuchererlebnisse schreiben sollten. Er hat ein paar Notizen über diese Zeit gemacht, und er möchte nach dem Osten kommen und mich besuchen, wenn ich ihm die Unkosten ersetze, so daß er mir mit seinen Erinnerungen helfen kann. Öffene jetzt den Brief und sieh nach, ob es nicht so ist!«

Mein Freund tat, was ich ihm gesagt hatte, und rief voller Verblüffung:

»Du hast vollkommen recht; aber woher wußtest du das?«

Mark lächelte, griff in das Schreibtischfach und entnahm ihm den Brief, den er an Dan DeQuille geschrieben hatte.

»Weil ich Dan vor fast zwei Wochen genau diesen Vorschlag gemacht habe. Hier ist mein verschlossener, nicht abgeschickter Brief, der es beweist! Öffene ihn und schau selbst nach!«

Der Freund öffnete den Brief, las ihn und stellte fest, daß er in allen wesentlichen Punkten mit Dan DeQuilles Brief an Mark übereinstimmte.

»Wie erklärst du das?« fragte der Freund.

»Es gibt nur eine mögliche Erklärung dafür«, sagte Mark. »Auf irgendeine Weise hat Dan DeQuille meine Gedanken über das Buch, das ich zusammen mit ihm schreiben wollte, gelesen, obwohl ich den Brief nicht abschickte. Aber ihm kam es so vor, als seien diese Gedanken seinem eigenen Kopf entsprungen. Darum setzte er sich hin und schrieb sie mir. Als ich den Brief in der Hand hielt, wurde mir blitzartig klar, was geschehen war, und ich *wußte*, daß meine Gedanken ihn erreicht hatten. Ich halte das für einen eindeutigen Fall von *Gedankenübertragung.*«

Die meisten von uns haben in ihrem täglichen Leben ähnliche telepathische Erfahrungen gemacht, ohne sich dessen bewußt zu werden. Und auch, wenn wir uns ihrer bewußt wurden, gelang es uns nicht, uns ihre Wirkungsweise klarzumachen. Wir erkannten, daß es unmöglich war, solche Erfahrungen »auf Befehl« zu wiederholen. Wir wissen nur, daß sich etwas Ungewöhnliches ereignete, etwas völlig Unbeabsichtigtes und etwas, das offenbar nichts mit unserer normalen Geistestätigkeit zu tun hatte.

Dieses Phänomen tritt gewöhnlich dann auf, wenn bestimmte Situationen unser Denken so in Anspruch nehmen, daß auch unser Gefühlsleben mitbetroffen ist. Unter dem Einfluß solcher heftigen Emotionen entdecken wir manchmal, daß wir uns – unbewußt – auf die Wellenlänge eines anderen, uns nahestehenden Ichs, eingeschaltet haben, und empfangen von dort »unheimliche« Eindrücke von Situationen und Geschehnissen, die unseren normalen fünf Sinnen unerreichbar wären.

Aber in der Regel werden Erlebnisse, wie Mark Twain sie hatte, gar nicht als etwas Außergewöhnliches wahrgenommen. Echte telepathische Eindrücke sind so verwoben mit unseren eigenen Gedanken, daß wir uns nicht darüber Rechenschaft geben, wie sie in unser Bewußtsein gelangt sind.

Unser Wach-Bewußtsein ist der große Filter für den Empfang von Eindrücken. Und das ist gut so; denn wie könnte man sich sonst gegen die Gedanken anderer abschirmen?

Wenn wir schlafen, ist unser Tagesbewußtsein völlig passiv und unbeteiligt. Und während des geheimnisvollen Vorgangs, den wir Schlaf nennen, erleben wir Tausende und Abertausende von echten Gedankenübertragungen.

Jeder hat, in verschiedenen Fassungen, die Geschichte von der Mutter gehört, die aus dem tiefsten Schlaf erwachend aufschrie, sie habe eine Vision gehabt, daß ihr zur See fahrender Sohn ertrunken sei. Die Familie sucht sie zu beruhigen und zu überzeugen, daß sie einen schlechten Traum gehabt habe und daß mit dem Sohn alles in Ordnung sei.
»O nein!« beharrt die Mutter. »Ich weiß, daß John ertrunken ist. Ich sah ihn vor mir, völlig durchnäßt. Ich hörte, wie er sagte: ›Leb wohl, Mutter.‹ Ich hatte den Eindruck, daß er bei einem furchtbaren Sturm über Bord gespült worden war. Ich sage euch, er ist tot. Ich kann nicht erklären, woher ich es weiß – aber ich *weiß* es!«
Und einige Tage später kommt die Nachricht, daß John tatsächlich ertrunken ist, und gewöhnlich stellt sich heraus, daß der Augenblick des Ertrinkens mit dem des sogenannten Traums oder der Vision übereinstimmte.
Alle Voraussetzungen für eine perfekte telepathische Verbindung waren erfüllt.
Den Tod durch Ertrinken vor Augen, erlebt John die größte emotionale Krise seines Lebens. In dieser Situation denkt er an den Menschen, der ihm am nächsten und liebsten ist, seine Mutter. Sein Wunsch, sie wiederzusehen, eine letzte Botschaft an sie zu übermitteln, »elektrisiert« sein ganzes Sein mit einem großen, starken Gedanken. Am Tage, als seine Mutter sich im Hause zu schaffen machte und von ihren Haushaltspflichten in Anspruch genommen war, hätte sie vielleicht die letzte Botschaft nie vernommen. Alles, was sie gespürt hätte, wäre vielleicht ein flüchtiges Gefühl der Beunruhigung Johns wegen gewesen, das ihr Tagesbewußtsein beiseite geschoben hätte.
Ihr Unterbewußtsein würde die von John geschickte Botschaft auf alle Fälle empfangen – aber es hätte große Schwierigkeiten, sich gegen den Widerstand des Tagesbewußtseins durchzusetzen.
Aber im Schlaf war Johns Mutter für Eindrücke von außerhalb ihres Bewußtseins voll und ganz empfänglich.
Johns intensive Gedanken erreichten ihr Unterbewußtsein und hinterließen dort einen so wirklichkeitsnahen und

starken Eindruck, das sie sie beim Erwachen in ihr Tagesbewußtsein mit hinübernahm. Ihr Tagesbewußtsein hatte zu diesem Zeitpunkt noch keinen anderen Inhalt als diese Eindrücke – und die Übertragung von der einen Bewußtseinsschicht auf die andere war augenblicklich und vollständig.

»Ich kann nicht erklären, wie ich es weiß – aber ich weiß es!« sagte die Mutter wieder und wieder.

Und jeder, der eine ähnliche Erfahrung gemacht hat, kann dieses unmißverständliche Gefühl verstehen und bestätigen.

Man weiß nicht, wie man weiß – aber man weiß! Und gegen eine solche Gewißheit ist das Tagesbewußtsein machtlos. Ebenso aussichtslos sind die Überredungsversuche anderer.

Ein prominenter Bürger von Philadelphia kam vor einigen Jahren von einer Auslandsreise zurück. Noch zwei Tage Seereise von New York entfernt, träumte er deutlich, wie sein zwanzigjähriger Sohn bei einem Autounfall ums Leben kam. Er sah, wie sein Auto über eine Mauer kippte und ihn unter sich begrub.

Der Schock dieses Traums war so stark, daß er nicht wieder einschlafen konnte. Beim Frühstück sprach er über das Erlebnis mit einigen Freunden an Bord, die natürlich versuchten, ihm seine Sorgen auszureden.

»Irgend etwas, was Sie gestern abend gegessen haben«, versuchte einer von ihnen zu scherzen. »Träume sind Schäume!«

Aber der Vater war so besorgt, daß er darauf bestand, über Bordradio mit seiner Frau in Philadelphia zu sprechen.

»Wieso? Nein, Darling«, sagte seine Frau. »Wie kommst du nur auf einen solchen Gedanken. Selbstverständlich geht es Richard gut. Schlag dir das alles aus dem Kopf und genieße deine Reise. Ich hole dich am Schiff ab.«

»Gut, sag Richard aber, er soll vorsichtig sein!« drängte der Vater. »Ich kann es nicht verstehen . . . ich werde das Gefühl nicht los. Aber wenn nichts passiert ist, laß ihn das Auto nicht anrühren, bis ich wieder zu Hause bin.«

Von seiner Frau beruhigt, legte der besorgte Vater den Hörer auf und mußte den freundlichen Spott seiner Reisegefährten über sich ergehen lassen.
»Du siehst – es war nichts daran. Aber wenn dir jetzt wohler ist . . .!«
»Nicht wirklich«, sagte der Mann aus Philadelphia. »Sonderbar. Ich hätte schwören können . . . es war so wirklich . . . aber, gut, ihr könnt recht haben . . . vielleicht war tatsächlich nichts daran.«
Aber trotz aller konkreten Gegenbeweise war dem Vater die Freude an der Schiffsreise verdorben. Er konnte den Augenblick der Ankunft und des Anlegens des Schiffs am Quai kaum erwarten.
Sein Blick suchte die Gestalt seiner Frau unter den auf dem Pier Wartenden. Als er sie sah, war er wie versteinert.
»Mein Gott!« rief er aus. »Ich *wußte* es, ich hatte recht!«
Seine Frau war ganz in Schwarz. Sie trug einen Trauerschleier und weinte.
»Oh, Darling!« sagte sie, als er sie in seine Arme nahm. »Es ist wahr und geschah genau, wie du es beschrieben hast . . . aber ich brachte es nicht übers Herz, es dir zu sagen, zwei Tage vor unserem Wiedersehen – ich wußte, wie es dich treffen würde! Es muß gerade zu der Zeit geschehen sein, als du es träumtest!«
Solche Erfahrungen sind zu zahlreich und zu gut bezeugt, als daß man sie ignorieren oder leugnen könnte. Viele, viele Menschen überall in der Welt machen sie täglich. Aber wir hören nur von jenen außergewöhnlichen Fällen, in denen die Bedingungen für das Zustandekommen einer Gedankenübertragung nahezu ideal waren.
Wenn also Gedanken von einzelnen Individuen – vor allem in stark geistig oder emotional geladenen Situationen – ausgesandt und diese selben Gedanken von anderen Individuen in dem rezeptiven Zustand des *Schlafs* empfangen werden können, dann sollte es auch möglich sein, eine Technik zu entwickeln, das Tagesbewußtsein so passiv zu machen, daß es ähnliche Gedanken auch im *wachen* Zustand empfangen kann.

Ich begann meine Forschungen mit dieser Hypothese, für die – in meinen Augen – auch gewisse, von mir als telepathisch empfundenen Eindrücke sprachen, die ich, gewollt und ungewollt, in *wachem* Zustand gehabt hatte.
Was ich suchte, war eine Methode, mich durch Übung in einen Zustand der Entspannung und Empfänglichkeit zu versetzen, ähnlich dem kurz vor dem Einschlafen – einen Zustand, in dem das eigene Bewußtsein bereit und fähig war, fremde Bewußtseinsinhalte zu registrieren.
Mein Vorhaben lief auf den Wunsch hinaus, mein Unterbewußtsein bewußt zu kontrollieren – die Verbindung zu ihm bewußt herzustellen. Gelang mir das, so überlegte ich, dann müßte es möglich sein, mir die von meinem Unterbewußtsein empfangenen Eindrücke bewußt zu machen.
Die Kommunikation zwischen den beiden Bewußtseinsschichten ist in der Regel gering. Unser Bewußtsein fügt sich unserem Willen, ohne Rücksicht auf das Unterbewußtsein. Und doch ist letzteres, so meine ich, der wichtigere Teil unseres geistigen Ichs.
Unser Unterbewußtsein kontrolliert und lenkt nicht nur die Funktion unserer körperlichen Organe, Herz, Lungen, Magen und so weiter, einschließlich unseres vegetativen Nervensystems, es dient auch als Speicher für alle unsere Reaktionen, alles, was wir vom Tage unserer Geburt an erlebt *haben* oder gerade erleben.
Damit nicht genug, unser Unterbewußtsein verfügt offenbar über ungeahnte schöpferische Kräfte zur Verarbeitung aller Wünsche, Bilder und Wunschbilder, die ihm das Bewußtsein liefert.
Was immer wir uns vorstellen, wird – vorausgesetzt, daß unsere Vorstellung lebhaft und ernsthaft genug ist – von dieser schöpferischen Potenz gewissermaßen zu uns herangezogen.
Auf die Frage, wie so etwas möglich ist, gibt es bisher keine wissenschaftliche Antwort. Aber das alte Sprichwort »Wie der Mensch denkt, so *ist* er« enthält eine tiefe Wahrheit.
Und das, was wir jetzt »außersinnliche Wahrnehmung« nennen, ist heute, wie zu allen Zeiten, hinter den Kulissen

am Werke und hilft uns, jeden neuen Abschnitt unseres Lebens zu inszenieren.
Wenn dem so ist, so liegt es in unserem wohlverstandenen Interesse, über die uns verliehenen Geisteskräfte so viel Wissen und so viel Kontrolle wie möglich zu erlangen; Kräfte, die wir jetzt, hauptsächlich infolge von Unwissenheit und Unachtsamkeit, ebenso oft zu unserem Schaden wie zu unserem Nutzen gebrauchen, je nachdem, was und wie wir denken!
Wie oft sagen wir nicht: »Ich fürchtete, daß es so kommen würde.«
Diese Feststellung ist nichts anderes als das Eingeständnis, daß wir uns das befürchtete Ereignis immer wieder in unserer Phantasie ausgemalt haben – bis es – siehe da! – wirklich eintraf!
Das war kein »Zufall«, sondern das Werk unserer eigenen, Tatsachen erzeugenden Kraft, die jene Bedingungen, Umstände und Menschen in unserem äußeren Leben anzog, die nötig waren, um das Ereignis zu produzieren.
Es ist notwendig, einige dieser fundamentalen Gesetze unserer Geistestätigkeit kennenzulernen, wenn wir in das Geheimnis unseres inneren Bewußtseins, unseres wirklichen Ichs eindringen wollen.
Aufgabe unseres Tagesbewußtseins ist die Auseinandersetzung mit unserer jeweiligen Außenwelt. Dazu gehören alle Tätigkeiten unseres urteilenden, ratenden, fragenden, zweifelnden, abwägenden, einordnenden Geistes. Er ist angewiesen – und begrenzt – auf unsere fünf Sinne: Sehen, Hören, Schmecken, Tasten und Riechen.
Die ganze Zeit unseres Wachseins hindurch versorgt unser Tagesbewußtsein unser unteres oder inneres Bewußtsein mit Nachrichten in Gestalt von geistigen Bildern, Gefühlsreaktionen und allen anderen Eindrücken aus der Außenwelt.
Diese Bilder leben in unserem Bewußtsein weiter und liefern unserer schöpferischen Kraft den Impuls, um die Dinge, die wir uns ausgemalt haben, in unserem physischen Dasein zu realisieren.

Unser Unterbewußtsein kann nicht räsonieren. Wenn wir es daher zulassen, daß die geistigen Bilder, die wir ihm schikken, von Furcht und Sorgen und anderen negativen und zerstörerischen Gefühlen beherrscht sind, hält das Unterbewußtsein diese Bilder für unsere Wünsche und führt sie aus, wie ein Baumeister die Pläne eines Architekten mit den gewünschten beziehungsweise gefürchteten Ereignissen als Baumaterial! Wenn wir die Entwürfe in unseren bewußten Gedanken nicht ändern, werden sie früher oder später in unserem Leben die Gestalt von wirklichen Ereignissen annehmen.
Das entdeckte ich während meiner Forschungen und Experimente mit geistigen Phänomenen. Aber es war keine *Erst*entdeckung! Zu allen Zeiten hatten Tausende von Menschen diese geistigen Gesetze und die schöpferische Kraft ihrer Gedanken gekannt und genutzt und die Möglichkeiten der »Einbildungskraft« erweitert und entwickelt.
Diese Gesetze und ihre Anwendung kommen der Antwort auf die Frage, wie man Telepathie praktiziert, schon sehr nahe und führen weiter zu der umfassenderen Frage: Wie erreiche ich, was ich mir im Leben am meisten wünsche?
Wenn der normale Bürger statt über Berichte von höheren geistigen Fähigkeiten zu spotten, sich entschließen könnte, dem Unbekannten gegenüber eine offene, forschende Haltung einzunehmen, würde er bald entdecken, daß diese Fähigkeit auch in ihm selbst vorhanden ist und daß er sie zu seinem eigenen praktischen und alltäglichen Nutzen und Vorteil entwickeln kann.
Ich beschreibe im folgenden die einzelnen Stufen oder Schritte zu einer bewußten und gewollten Kontrolle unseres Innenbewußtseins; oder, anders ausgedrückt, den Umgang mit dem Unterbewußten.
Soweit wir bereit und fähig sind, sorgfältig und gewissenhaft, Zeit und Mühe nicht scheuend, die notwendigen Schritte zu tun und einzuüben – aber auch *nur soweit,* werden wir befriedigende, überzeugende Ergebnisse erzielen.
Geistiges Training hat viel Ähnlichkeit mit körperlichem Training. Wer tagtäglich Arme und Beine in einer bestimm-

ten Weise bewegt, wird feststellen, daß Arm- und Beinmuskeln nach sechs Monaten oder einem Jahr an Umfang und Stärke erheblich zugenommen haben.
Entsprechendes geistiges Training von gleicher Dauer wird im Leben jedes ernsthaft damit befaßten Menschen wahre Wunder bewirken.
Körperliche Entspannung ist der erste Schritt.
Wenige Menschen wissen, wie man sich wirklich entspannt – wie man sich der nervlichen Belastungen des Tages entledigt. Und doch müssen wir dieser motorischen Unruhe vollkommen Herr werden, bevor wir mit der wirklichen Konzentration beginnen können.
Setzen Sie sich so bequem wie möglich in einen Lehnstuhl, oder strecken Sie sich auf einem Sofa aus oder auf einem Bett.
Richten Sie Ihre Aufmerksamkeit auf Ihr rechtes oder linkes Bein. Heben Sie dieses Bein einen Augenblick ausgestreckt an und lassen Sie es dann aus dieser Lage und aus Ihrem Bewußtsein fallen, so, als sei es nicht länger ein Teil Ihres Körpers, ein Teil von Ihnen.
Tun Sie dasselbe mit Ihrem anderen Bein und wenden Sie dabei ebenfalls Ihre bewußte Aufmerksamkeit von ihm ab.
Sehen und fühlen Sie dann mit Ihrem inneren Auge, wie Ihr Bewußtsein in Ihrem Körper aufwärts wandert und dabei einen Teil des Körpers nach dem anderen aus sich entläßt.
Wenn das Bewußtsein Brust und Arme erreicht hat, heben Sie erst den einen, dann den anderen Arm und lassen ihn »von dem Körper abfallen«.
Sie ziehen sich im bildlichen und im wörtlichen Sinne mit Ihrem wachen Bewußtsein ganz von Ihrem Körper zurück, überlassen ihn dem Stuhl, Sofa oder Bett – legen ihn zeitweise beiseite.
Auf diese Weise befreien Sie Ihr Bewußtsein von allen körperlichen Spannungen, lösen alle muskulären und nervlichen Verknüpfungen.
Viele Menschen, die diese Technik zum erstenmal auspro-

bieren, empfinden eine so starke Erleichterung, daß sie einschlafen.
Der Kopf ist die Region, die die wirkliche Einheit unseres Selbst beherbergt. Sobald sich die Aufmerksamkeit Ihres Bewußtseins auf Ihren Kopf konzentriert, wird sich Ihrer ein Gefühl bemächtigen, als existierten Sie nur als Bewußtsein, nicht als Körper.
Der nächste Schritt besteht darin, auch das Bewußtsein in einen Zustand der Passivität zu versetzen. Nachdem Sie Ihren Geist von dem Körperbewußtsein und Körpergefühl befreit haben, öffnet sich Ihnen eine Gedankenlandschaft, in der alle möglichen verformten und entstellten Bilder und Eindrücke wahllos und regellos über die Schwelle Ihres Geistes hin- und herströmen. Das können die hervorstechendsten Befürchtungen und Sorgen des betreffenden Tages oder auch Ihres ganzen Lebens sein, die sich jetzt herandrängen – gerade die Dinge, die Sie gerne vergessen und aus Ihrem Bewußtsein verbannen würden. Aber jetzt, wo Ihr Körper sich selbst überlassen und zeitweilig aus dem Spiel ist, erscheinen diese von Emotionen geprägten gedanklichen Gebilde und bedrängen Sie.
Wie in aller Welt wird man sie los?
Um sie loszuwerden, gibt es ein sehr einfaches Mittel, das kein monatelanges Training in einem Kursus sogenannter okkulter Geistesschulung erfordert.
Richten Sie Ihr inneres Auge auf jene leere, weiße Kinoleinwand, von der ich gesprochen habe. Sehen Sie sie, aufgespannt vor dem dunklen Hintergrund Ihres inneren Bewußtseins und konzentrieren Sie Ihre ganze Aufmerksamkeit auf sie. Was Sie brauchen, um die irrelevanten und verwirrenden Eindrücke auszuschließen, ist ein fester Blickpunkt, und die weiße Leinwand gibt ihn Ihnen.
Sobald die leere, weiße Kinoleinwand fest in Ihrem Bewußtsein verankert ist, stellen Sie sich vor, Sie seien der Projektionsapparat, und es könne, bevor Sie es nicht wollen und dazu bereit sind, *kein Bild auf dem Projektionsschirm erscheinen!*
Nach einiger Übung werden Sie merken, daß Sie diesen

geistigen Projektionsschirm von Bildern freihalten können und daß alle unkontrollierten und unerwünschten Eindrücke verschwunden sind!
Jetzt, nachdem Sie Ihren Körper »entlassen« und Ihr Bewußtsein »stillgelegt« haben, sind Sie bereit für den dritten und letzten Schritt.
Jetzt ist für Sie der Augenblick gekommen, um sich – in Form von Bildern – vorzustellen, was Sie im Leben erreichen möchten.
Machen Sie sich ein Bild von sich, so als hätten Sie schon erreicht, was Sie wollen, was Sie sich aufs innigste wünschen und keine Mühe scheuen, es zu erlangen.
Dieses geistige Bild, auf den Schirm projiziert, ist der »von dem Architekten entworfene Plan«, den Sie dem Baumeister – das heißt der schöpferischen Kraft des Unbewußten – zur Ausführung übergeben.
Ist der Plan perfekt konzipiert und klar und zuversichtlich auf den Schirm projiziert – können Sie sich darauf verlassen, daß Ihre schöpferische Kraft ihn nach den Detailanweisungen Ihres äußeren Lebens reproduzieren wird.
Der dazu erforderliche Zeitaufwand entspricht dem Ernst Ihres Vorsatzes und Ihres tätigen Einsatzes, um das Ausgemalte zu realisieren.
Sie müssen dafür sorgen, daß sich keine Gefühle der Furcht und kein Gedanke an ein mögliches Mißlingen einschleichen und das Bild verändern – sonst werden Fehler in den »Plan« hineinkorrigiert, und diese Fehler werden auch dem fertigen Werk anhaften.
Beachten Sie – Ihr Unterbewußtsein hat kein Wertgefühl! Es fällt Ihnen nicht in den Arm, wenn Sie ein falsches geistiges Bild entwerfen. Es akzeptiert, was immer Sie vor ihm ausbreiten und ihm auftragen, und geht daran – auf uns bisher unbegreifliche Weise –, die Elemente anzuziehen und für Sie bereitzustellen, die nötig sind, um das, was Sie sich ausgemalt haben, Wirklichkeit werden zu lassen.
Die Arbeitsweise dieser inneren schöpferischen Kraft scheint von mathematischer Genauigkeit zu sein.
Eine geistige Einstellung ganz bestimmter Art, eine gewisse

Zeit über beibehalten, hat zu Ergebnissen ganz bestimmter Art geführt.

Auf dem Gebiet geistiger Vorgänge läßt sich nichts »erzwingen«. Jeder Versuch, die Verwirklichung Ihrer geistigen Entwürfe mit Willenskraft herbeizuführen, ist ein Zeichen von Übereifer und Besorgnis, das Gewünschte werde vielleicht doch nicht eintreffen.

Ebensowenig kann man den Erfolg erzwingen, wenn man telepathische Eindrücke zu empfangen versucht. Eine solche geistige Kraftanstrengung wird die Phantasie beflügeln, und sie wird jeden ursprünglich echten Eindruck bis zur Unkenntlichkeit verändern und färben.

Die hier beschriebene Methode oder Regel, das Unterbewußtsein Ihrem Willen zugänglich zu machen – körperliche Entspannung plus Passivität des Bewußtseins plus Konzentration Ihrer Aufmerksamkeit auf das, was Ihnen in Ihrem Leben am wichtigsten ist –, *ist auch bei Experimenten mit außersinnlicher Wahrnehmung anwendbar, denn sie verschafft Ihnen Kontrolle über diese geistigen Fähigkeiten.*

Das Verfahren ändert sich nur insofern, daß man *darauf verzichtet, sich irgend etwas bildhaft vorzustellen,* sobald der Körper entspannt und das Bewußtsein »neutralisiert« ist.

Danach muß man – mit dem leeren, weißen Projektionsschirm vor dem inneren Auge – *die Aufmerksamkeit ganz und gar auf die Person richten, von der man telepathische Eindrücke erwartet.*

Wem es schwerfällt, den »Schirm« in seinem Bewußtsein zu *sehen,* kann zu *denselben* Ergebnissen kommen, wenn er *fühlt,* daß es diesen Schirm gibt. Entscheidend ist, daß es einen solchen Brennpunkt der Aufmerksamkeit gibt, durch den die Eindrücke zu uns gelangen können.

Ihre Einstellung muß unpersönlich sein, und Ihre Gefühle müssen ruhen. Doch einem Gefühl dürfen Sie Raum geben: einem starken Verlangen, die erwarteten Eindrücke zu empfangen. Ihre eigenen Gefühle müssen sich aber ganz aus Ihrem inneren Bewußtsein zurückziehen, damit es für die Gefühle und Stimmungen, die die Gedankenwellen oder

Impulse des sendenden Bewußtseins zu begleiten pflegen, empfänglich wird.
So notierte ich zum Beispiel eines Abends bei meinen Experimenten mit Wilkins (am 21. Februar 1938): *»Jemand hat Zahnschmerzen oder eine wunde Stelle im Mund.«*
In dem auf Empfang eingestellten Zustand meines Bewußtseins hatte ich plötzlich die deutliche Empfindung von Zahnschmerzen, von der ich mit Bestimmtheit sagen konnte, daß sie von außen kam.
Wilkins bestätigte später: »In Edmonton hatte ich mir eine Zahnfüllung machen lassen, und der behandelte Zahn verursachte mir immer noch Beschwerden. Mein Mund schmerzte, und der Zahn ›hüpfte‹ bei jedem festen Auftreten.«
Es war das einzige Mal, daß Wilkins in den fünf Monaten seiner Abwesenheit Ärger mit seinen Zähnen hatte, wodurch dieser Fall von »Schmerzübertragung« die Grenzen aller Zufalls-Wahrscheinlichkeit weit hinter sich läßt.
Gedankenbotschaften erreichen uns in drei verschiedenen Formen oder Variationen aller dieser Formen. Entweder »sehen« oder »fühlen« oder »wissen« wir, worauf der Sender sich eingestellt hat, und wir müssen, von Fall zu Fall, was wir empfinden, in unsere eigene Sprache übersetzen.
Es gibt kein Mittel, um festzustellen oder darauf Einfluß zu nehmen, in welcher der drei Formen ein Eindruck unser Bewußtsein erreicht.
Unsere Fähigkeit, die flüchtigen telepathischen Bilder beim Eintritt in unser Bewußtsein und ihrem augenblicklichen Auftauchen auf der von uns vorgestellten »Leinwand« oder Fläche festzuhalten, hängt von dem Grad der »inneren geistigen Wachsamkeit« ab, den wir erreicht haben und aufrechtzuerhalten imstande sind.
Diese Praxis der Konzentration bewirkt eine erhebliche Steigerung unserer Sensibilität. Die Abschirmung aller bewußten Gedanken von physischen und psychischen Einflüssen und ihre Hinwendung zu den inneren Bereichen unseres Bewußtseins erzeugt eine überraschende Leichtigkeit,

Kenntnisse zu erwerben und sich mit Zuständen vertraut zu machen, die weit außerhalb unserer fünf Sinne liegen.
Die ernsthafte, unvoreingenommene und beharrliche Bemühung um die Entwicklung dieser höheren Kräfte des Geistes, verbunden mit Zuversicht und Geduld auch bei wiederholten, anfänglichen Mißerfolgen und Rückschlägen, wird sich bei jedem – wie schon bei vielen – auszahlen.
Phänomene außersinnlicher Natur existieren und können vorgezeigt werden. Aber ich persönlich interessiere mich nicht im geringsten für das Hervorbringen außersinnlicher Wahrnehmung zu Demonstrationszwecken.
Ziel und Zweck aller meiner Forschungen, früherer und jetziger, ist die Erweiterung unserer Kenntnis der Möglichkeiten, diese höheren geistigen Kräfte zu kontrollieren und anzuwenden, damit sie uns helfen, praktische und alltägliche Probleme zu lösen!
Wer die Existenz dieser Kräfte in seinem eigenen Leben erfahren hat, wird nicht den Wunsch verspüren, daraus ein Gesellschaftsspiel zu machen. Er wird unmittelbar ihre tiefere, persönliche Bedeutung ahnen. In dem Maße, in dem sie sich ihm erschließen, wird er eine völlig neue Welt in sich entdecken – eine Welt voll unermeßlicher Möglichkeiten der Entwicklung und Vervollkommnung.

Die Rolle der Gefühle

Die Wissenschaft hat experimentell nachgewiesen, daß ein Zusammenhang besteht zwischen unserer Intelligenz und elektrischen Strömen in unserem Gehirn. Ein hoch empfindliches Gerät, der Elektroenzephalograph, verstärkt diese Ströme im Verhältnis von eins zu über eine Milliarde und verzeichnet ihre Schwankungen auf einer Kurve, dem Elektroenzephalogramm.

Die von dem Gehirn produzierte elektrische Energie ist unendlich klein.

Die elektrischen Spannungen im Gehirn eines normalen Menschen halten sich in der Größenordnung von einem fünfzigmillionstel Volt. Um eine gewöhnliche Fünf-Watt-Lampe zum Leuchten zu bringen, bedürfte es des Fünffachen der von den Gehirnen der gesamten Erdbevölkerung produzierten elektrischen Energie.

Das mag so sein, aber die elektrische Energie im Gehirn eines einzigen Menschen – vorausgesetzt, elektrische Energie *ist* das transportierende Medium – genügt offenbar, um einen Gedanken von einem Unterbewußtsein zu einem anderen, notfalls um die ganze Welt, zu schicken.

Vielleicht wird die Wissenschaft im Verlauf einer ernsthaften Erforschung der weniger bekannten Funktionen des menschlichen Bewußtseins entdecken, daß die Feinheiten der elektrischen Gehirnenergie zahlreich und ihre Wirkungen erstaunlich sind, und daß jenes Äther genannte Medium, in dem sich die Radiowellen bewegen, ebensogut auch *Gedankenwellen* zu befördern vermag.

Niemand – das muß betont werden – kann bisher mit Sicherheit sagen, daß der sogenannte Äther bei der Gedanken-

übertragung eine Rolle spielt. Aber diese Annahme erleichtert die theoretischen Überlegungen.
Es kann sehr gut sein, daß wir alle in einem riesigen Meer von Bewußtsein leben, und daß einzelne Gedankenpartikel, wenn sie in das richtige Magnetfeld geraten, Figuren und Kraftlinien bilden, die Botschaften von einem Bewußtseinssegment zu einem anderen befördern.
Wir wissen es nicht bestimmt, aber wir können mit einem erheblichen Grad von Gewißheit sagen, daß das menschliche Bewußtsein sich elektrisch manifestiert und daß Gedanken die Art und den Charakter von Schwingungen haben, von einer Stärke und Frequenz, die unseren emotionalen Antworten auf äußere Erlebnisse entsprechen.
Wir wissen, daß alles, was uns von außen widerfährt, unserem Gehirn durch einen oder mehrere unserer fünf Sinne zugeleitet wird.
Wir reagieren auf diese äußeren Eindrücke in Form von gefühlsbetonten, geistigen Bildern, die sich mit *ähnlichen* geistigen Bildern *früherer* Eindrücke, die schon in unserem Bewußtsein gespeichert sind, vereinigen und das herstellen, was wir die Idee oder das Gefühl des Augenblicks nennen.
Diese Idee oder dies Gefühl ist durch eine automatische Entladung elektrischer Energie in unserem Gehirn zustande gekommen, ausgelöst durch den von den Nerven weitergeleiteten Sinneseindruck.
Die durch diese elektrische Entladung entstehenden Gedankenwellen oder Kraftlinien werden, ohne daß wir es gewahr werden, in den Raum ausgestrahlt. Die Sendestärke hängt ganz davon ab, wie gefühlsbetont der betreffende Gedanke war.
Die natürliche Folgerung daraus ist: je intensiver das äußere Erlebnis, desto lebhafter ist auch die gefühlsmäßige Reaktion in Gestalt der von dem Gehirn ausgestrahlten geistigen Bilder. Das wiederum führt zu einer entsprechend heftigen, elektrischen Entladung und Schwingung der Gedankenwellen oder Kraftlinien.
Aus diesem Grunde erreichen außergewöhnliche und tragische Ereignisse im Leben eines Menschen das Bewußtsein

eines nahen Freundes oder Verwandten, auch über viele Kilometer Entfernung, genau, wie die Sendungen einer starken Rundfunkstation auch auf weite Entfernung von vielen Empfängern gehört werden.
Es ergab sich zum Beispiel bei meinen telepathischen Tests mit Sir Hubert Wilkins – wie er selbst bemerkte – folgendes:
»Sie scheinen die meisten, wenn auch nicht alle *sehr starken* Gedanken zu empfangen, die ich im Lauf des Tages hatte, und Sie scheinen die besonders *lebendigen* Erlebnisse zu spüren, wenn ich auch in der Regel nicht dazu komme, mich zu der verabredeten Zeit zu konzentrieren . . .«
Unsere Experimente haben schlüssig gezeigt, daß: *der Grad der Intensität unserer gefühlsmäßigen Reaktionen auf äußere Erfahrungen die Intensität der Gedankenprojektion bestimmt.*
Alles, was Wilkins stark beeindruckte, erreichte mein Bewußtsein sehr viel leichter und lebendiger. Dies erschien uns beiden bedeutungsvoll und brachte uns zu der Überzeugung, daß: *menschliche Emotionen die Batterien sind, die die Energie für die elektrischen Gehirnströme liefern.*
Ich stellte fest, daß ich ankommende Gedanken an zwei Stellen meines Körpers fühlte – im Gehirn und im Solarplexus.
Ich lernte, daß eine Nervenreaktion »in meiner Magengrube« stets einen telepathischen Kontakt ankündigte.
Jeder Experimentator muß diese Erfahrung am eigenen Leibe machen. Sie ähnelt der eines plötzlichen Schocks oder einer uns unerklärlichen Besorgnis oder Furcht vor irgend etwas.
Synchronisiert mit diesem Zustand »innerer nervlicher Erregung« ist die Ankunft von geistigen Bildern oder von Eindrücken im Gehirn; und dieser Zustand hält an, bis man die telepathische Botschaft niedergeschrieben hat. Danach fühlt man sich wie befreit.
Jeder Gedanke scheint die ihm gemäße *Gefühlsschwingung* mit sich zu führen, und unser Körper empfängt diese Schwingungen über seine *Nervenantennen.*

Der Solarplexus ist das große Nervenzentrum des Körpers. Manche Neurologen nennen ihn »das zweite Gehirn«.
Es ist der Sitz unserer Emotionen. Unbehagen in dieser Körperregion bedeutet allgemeines Unbehagen. Man muß lernen, auf der einen Seite den Gefühlen Raum zu geben, auf der anderen die Kontrolle über sie nicht zu verlieren.
Unser Gefühlsleben ist ein wesentlicher Faktor bei der Prästation irgendeiner und aller Arten von außersinnlicher Wahrnehmung. Wer es nicht im Griff hat, bringt nicht nur das Ergebnis seiner Experimente in Gefahr, sondern auch seine Gesundheit.
Dr. J. B. Rhine von der Duke University, der Initiator des ESP-Kartensystems (mit den fünf Symbolen: Kreuz, Kreis, Quadrat, Dreieck, Welle) zur Kontrolle außersinnlicher Wahrnehmung, hat wichtige Pionierarbeit geleistet. Aber er hat versucht, den *emotionalen Faktor* so weit wie möglich *auszuschalten*.
Die Versuchsperson sitzt an einem Tisch, auf Empfang gestimmt, und wird aufgefordert, die bildlichen Vorstellungen oder Eindrücke der Kartensymbole zu registrieren, die ihr von der sendenden Person aus einem Zimmer nebenan, einem anderen Gebäude oder einer anderen Stadt übermittelt werden.
Die Versuchsperson soll sich auf das Paket Karten konzentrieren und versuchen, die Reihenfolge der fünf Symbole zu bestimmen, von der obersten Karte bis zur untersten oder umgekehrt, wie der Versuchsleiter es bestimmt.
Auf diese Weise sollen eventuelle hellseherische Fähigkeiten nachgewiesen und von telepathischen unterschieden werden.
Man kann dies Verfahren in verschiedener Weise variieren. Zum Beispiel so, daß weder der Versuchsleiter noch sonst irgend jemand die Reihenfolge der fünfzig oder hundert Karten in dem gründlich gemischten Paket kennt.
Die von Dr. J. B. Rhine erzielten Ergebnisse sollen die Existenz der außersinnlichen Phänomene wissenschaftlich einwandfrei bewiesen haben; vor allem auch, so erklären seine Anhänger, die Realität und die Funktion der Telepathie.

Auf Grund meiner Erfahrungen möchte ich sagen, daß Dr. Rhine und alle, die sein Forschungsmodell übernommen haben, auf dem denkbar mühsamsten Wege zum Nachweis der Existenz dieser Geisteskräfte gelangt sind.
Auch ich habe mit ESP-Karten gearbeitet und Ergebnisse über die Zufallswahrscheinlichkeit hinaus erzielt. Aber diese Experimente haben mich nicht beeindruckt oder gefesselt.
Wie kann ich mich für fünf Symbole erwärmen, die in keiner Weise mit meinem Gefühlssystem korrespondieren noch mit den Gefühlen des Senders?
Als ich Abend für Abend bei meinen Sitzungen mein Bewußtsein auf Empfang einstellte und den Kontakt zu den Gedanken von Sir Hubert suchte, war immer mit hoch emotionalen, geistigen Bildern von wirklichen Ereignissen zu rechnen.
Ich konnte mich an irgendeinem Punkt in das Ereignis einschalten, mich dann von diesem Kontaktpunkt vorwärts und rückwärts bewegen, bis ich den ganzen Eindruck erfaßt hatte.
Nehmen wir an, Sir Hubert sei nach Edmonton geflogen (was auch einmal der Fall war) und wäre dort beim Verlassen des Bürgersteigs und Überqueren der Straße von einem Auto überfahren worden (was, glücklicherweise!, nicht geschah).
Dieser Unfall hätte sich, weil stark gefühlsbetont, tief in das Bewußtsein von Wilkins eingegraben. Er hätte vielleicht nicht zu der verabredeten Zeit bewußt daran gedacht, aber die durch das Ereignis ausgelösten, heftigen Schwingungen in seinem Bewußtsein hätten es mir sehr wahrscheinlich ermöglicht, Eindrücke davon in mich aufzunehmen.
Ereignisse scheinen, auch wenn sie der Vergangenheit angehören, auf einer *geraden Zeitstrecke* in unserem Bewußtsein weiter zu existieren. Das ist wichtig! Es ist für mich die einzige Möglichkeit, dieses Phänomen mit Worten zu beschreiben. Jede Zeitstrecke oder *Zeitlinie* hat in bezug auf ein Ereignis oder eine menschliche Erfahrung einen *emotionalen Höhepunkt*. Der *emotionale Höhepunkt* in dem hypotheti-

schen Ereignis des Autounfalls von Wilkins wäre der Augenblick, in dem man »einen Stein in einen Teich wirft«. Die Wellen, die er aussendet, sind die Reaktionen auf die erste Ursache, aber sie sind niemals so gewaltsam wie der erste Anstoß. Diese Wellen aber breiten sich von ihrem Ursprungsort nach allen Richtungen aus.

Alle Wellen oder Schwingungen verhalten sich so, ganz gleich, in welchem Medium sie erzeugt wurden oder in welchem sie sich fortpflanzen; und alles im Universum kann auf irgendeine Art und irgendeine Form von Schwingungen zurückgeführt werden.

Was den menschlichen Geist betrifft, so folgen zwar die dort registrierten emotionalen Erfahrungen dem Gesetz der Zeit, ihre *Intensität aber variiert und ist abhängig von der Reaktion auf das ursprüngliche Ereignis.*

Mit meinem auf Empfang gestimmten Bewußtsein war ich in der Lage, mich in den »emotionalen Höhepunkt« auch eines jüngst vergangenen, Wilkins betreffenden und von seinem Bewußtsein registrierten Ereignisses einzuschalten. Es gab genügend Beispiele, daß dies tatsächlich wieder und wieder geschah. Und es gibt überzeugende Gründe – wenn man Telepathie grundsätzlich akzeptiert –, warum dies so und nicht anders sein kann. Denn die stärksten Schwingungen müssen auch am leichtesten aufzufangen sein.

Aber von dieser Regel gibt es Ausnahmen. Mein Bewußtsein hätte in dem obengenannten hypothetischen Beispiel sich längs der »Zeitlinie« bewegen können mit allen den Hergang des Unfalls begleitenden Eindrücken und Bildern bis zu dem Moment, in dem Wilkins den Bürgersteig verließ und sah, daß er überfahren würde. Mein emotionaler Eindruck wäre in diesem Fall nicht ganz so stark.

Dennoch wäre er vielleicht ausreichend, um den Eindruck *festzuhalten* und zu versuchen, ihm nachzugehen. Mein inneres Bewußtsein, einmal auf der Spur, könnte der »Zeitlinie« folgen und dabei den Augenblick, in dem das Auto Wilkins traf, spüren. In diesem Fall würde ich die *verstärkte emotionale Reaktion* synchronisiert mit einem blitzartigen Bild- und Gefühlseindruck des tatsächlichen Unfalls *spüren!* Und wenn es mir gelänge, mich auf den ganzen Ablauf eines solchen Ereignisses »einzustimmen«, könnte ich den ganzen Vorgang genau beschreiben.

Vergleichen wir damit einen ESP-Kartenversuch: Hier gibt es keine »Zeitlinie«, die lang genug ist, damit sich das Bewußtsein »einschalten« könnte. Es muß sich einen exakten Eindruck des Symbols in dem Bewußtsein einer anderen Person verschaffen. Es gibt keine gefühlsbetonte Erfahrung, die mit dem Symbol in Verbindung gebracht werden könnte, um eine Gedankenwelle oder einen Impuls von ausreichender Stärke und Deutlichkeit auszusenden.

Abgesehen davon ist das Bewußtsein des Empfängers belastet durch das Wissen, daß er einen Eindruck von einem von fünf willkürlichen Symbolen bekommen muß. Es wird immer äußerst schwierig sein, unter solchen Bedingungen das Element des Ratens auszuschließen. Und ich behaupte, hohe Trefferzahlen unter solchen Versuchsbedingungen sind eine viel größere Leistung des »Sensiblen« als die Treffer, die beispielsweise ich bei meinen Experimenten mit Wilkins erzielte.

Ich glaube, daß es sich so verhält, weil die völlige Ungewißheit bezüglich der möglicherweise zu erwartenden Eindrücke die völlige körperlich-geistige Entspannung erleichtert und das Vertrauen in den Wahrheitsgehalt der durchkommenden Eindrücke steigert.

Bei der Arbeit mit ESP-Karten wird die Versuchsperson sich ständig kritischer Fragen ihres Bewußtseins erwehren müssen: »Woher weißt du, daß es ein Kreis ist? Es kann auch ein Quadrat, ein Kreuz, ein Dreieck oder eine Welle sein . . .«

Einmal verirrt im Labyrinth von Bewußtsein und Unterbewußtsein, ist der Empfänger sich seiner Eindrücke nicht mehr sicher. Seine Trefferzahlen werden im Bereich der Wahrscheinlichkeit oder sogar darunter liegen.

Das Fehlen eines starken oder auch nur eines normalen emotionalen Faktors ist das größte Handikap. Bei dem Versuch, Eindrücke von ESP-Karten aus dem Bewußtsein eines anderen zu empfangen, ist der Empfänger außerstande, die von ihm registrierten Eindrücke mit der *Wirkung* einer

übermittelten, menschlichen Erfahrung auf sein Gefühlssystem zu vergleichen.
Solch eine Wirkung, im Solarplexus gespürt und von bewußten Eindrücken begleitet, ist von größter Überzeugungskraft und eins der sichersten Zeichen für einen echten Kontakt mit einem Gedanken oder einer Situation.
Für den Sender, der sich anstrengt, geistige Bilder eines Kreuzes, eines Kreises oder eines anderen Symbols zu projizieren, gibt es keine Möglichkeit, sich für diese Symbole genügend zu begeistern, um seine ausgesandten Gedanken mit emotionaler Energie aufzuladen.
Die Ausnutzung des Gefühlssystems als treibende Kraft hinter der Gedankenprojektion erfordert eine lebhafte emotionale Erfahrung vor der Sendung oder gleichzeitig mit der Sendung.
Nichts liegt mir ferner als eine Abwertung der Experimente von Dr. Rhine und seinen Mitarbeitern, aber ich halte es für notwendig zu unterstreichen, welche wichtige Rolle die Gefühle sowohl beim Senden wie beim Empfangen von Gedanken spielen.
Ich bin so fest überzeugt, daß Gefühle auf irgendeine rätselhafte Weise die »Kraftstationen« außersinnlicher Wahrnehmung sind, daß ich folgende Voraussage wage: Würden Universitäten sich der gleichen Methoden bedienen, wie Wilkins und ich sie erprobten, könnten sie ohne Schwierigkeiten die gleichen und mit großer Wahrscheinlichkeit noch sehr viel bessere Ergebnisse erzielen.
Die Geistesgabe der Telepathie ist den oberen Schichten unseres Bewußtseins viel näher und spielt in unserem Leben eine viel größere Rolle, als uns gewöhnlich bewußt ist oder als wir bereit sind zuzugeben.

Unbekannte Geisteskräfte

Wer einmal den Zugang zu den außersinnlichen Fähigkeiten seines Bewußtseins gefunden hat, wird gelegentlich Eindrücke empfangen, die nicht allein und manchmal überhaupt nicht mit Telepathie erklärt werden können.
So erhielt ich auf völlig unerklärliche Weise – Tage bevor sie sich wirklich ereigneten – Eindrücke von den beiden einzigen Flugzeugunfällen, von denen Wilkins während seiner ganzen Zeit im Norden betroffen wurde!
Am 27. Januar 1938 notierte ich:

Das Kurbelgehäuse des Flugzeugs kommt mir plötzlich in den Sinn – war da irgendeine Panne, verursacht durch die Kälte?

Am 14. Februar erhielt ich einen Luftpostbrief von Wilkins mit folgendem Kommentar:

Frage mich, ob dies *Vorausahnung oder Vorauswissen* war, weil erst am *6. Februar ein ernster Schaden im Kurbelgehäuse auftrat – das Hauptlager der Kurbelwelle wurde an diesem Tage zu Pulver zermahlen* . . . seit dem 15. Januar muß da etwas in Unordnung gewesen sein . . .«

Der 15. Januar war das Datum, daß ich am 28. Dezember 1937 als den Tag bezeichnet hatte, an dem Wilkins zu seinem langen Suchflug über dem Polarmeer starten würde.
Am Abend des 28. Dezember hatte ich geschrieben:

Der 15. Januar kommt mir in den Sinn als der Tag, an dem Sie tatsächlich in die nördlichen Regionen aufbrechen werden – *obwohl Sie im Augenblick hoffen, einige Tage früher starten zu können* . . . auch dieser Eindruck ist *mit dem Gefühl der Vorahnung verbunden,* als eilten die Gedanken der Gegenwart voraus, und einen flüchtigen Augenblick lang wird das Künftige zum JETZT . . .

Später, am Abend des 13. Januar, dem Tag nach Vollmond, einem – vom Wetter abgesehen – idealen Zeitpunkt für Wilkins, um nach den vermißten Russen zu suchen, schrieb ich:

. . . habe wieder das Gefühl, daß der *15. Januar* Ihr voraussichtlicher Starttag ist . . . daß die Wetterbedingungen einen früheren Versuch nicht erlauben, trotz Ihrer gegenwärtigen Startbereitschaft . . .

Als sich Wilkins am 14. Februar zu einer ganzen Anzahl meiner Berichte äußerte, schrieb er über meine Eindrücke vom Startdatum:
WIRKLICH ERSTAUNLICH, die Nacht vom 14. zum 15. (der 15. New Yorker Zeit) WAR unser Startdatum, und wir kehrten am 15. (unserer Zeit) zurück. Wir wollten eigentlich am 13. starten, aber das Funkgerät war ausgefallen . . .

Am Abend des 13. hatte ich auch die Schwierigkeiten mit dem Bordfunkgerät, von denen Wilkins spricht, telepathisch aufgefangen, hier der Bericht und Wilkins Kommentar:

Sherman	**Wilkins**
Irgendein wichtiges mechanisches Detail hat sich als unpraktisch erwiesen und wird ausgetauscht . . . ich fühle das sehr deutlich und sehe, wie Sie die Arbeit daran überwachen . . .	Radio

Sie brauchen eigentlich ein Ersatzteil oder etwas Zusätzliches, das Sie nicht bei sich haben ... etwas, das Ihr Mechaniker und Ihr Funker mit großem Geschick in Point Barrow anfertigen ...

Es geht auch um eine Vorrichtung, um den Rauhfrost von den Fenstern zu entfernen – wir arbeiten intensiv daran

Das Beispiel zeigt, daß die meisten »starken« Gedanken von Wilkins empfangen werden konnten.
Wie aber steht es mit der Fähigkeit des Bewußtseins, zu »sehen«, was sich erst in der Zukunft ereignen wird! Wie läßt sich das erklären?
Die rasch aufleuchtenden und verschwindenden Zukunftsbilder drängten sich ganz unerwartet und ungebeten zwischen die Eindrücke von Dingen, die schon geschehen waren. Aber sie hatten einen anderen Gefühlswert: Ich konnte meistens sagen, ob es sich bei den Gedankenbildern um Mitteilungen aus der Vergangenheit oder aus der Zukunft handelte.
Das Gefühl selbst ist schwer zu beschreiben. Es schien etwas mit meinem Atem zu tun zu haben.
Es konnte geschehen, daß ich plötzlich und ohne vorherige Warnung, während ich auf Empfang eingestellt war, die Luft aus meinen Lungen entweichen fühlte – fast so, als würde mir das Bewußtsein aus dem Körper gesogen. Dieses Gefühl war verbunden mit dem sehr lebhaften Eindruck eines Ereignisses. Ich sah, was sich abspielte, wie auf einer Bühne und befand mich in einem *scheintod-ähnlichen* Zustand.
Sobald ich die Szene erfaßt hatte, merkte ich, daß ich wieder atmen konnte und daß mit der Luft in meinen Lungen auch mein Bewußtsein wieder in meinen Körper zurückgekehrt war. All das dauerte nur wenige Sekunden, war aber begleitet von dem Gefühl, in eine andere Zeitdimension versetzt worden zu sein. Eine solche Erfahrung läßt sich – aus verständlichen Gründen – mit Worten nicht beschreiben.

Ihr eigenes Bewußtsein hat Ihnen wahrscheinlich in Gestalt sogenannter »Ahnungen« gelegentlich schon ähnliche Blicke in die Zukunft vermittelt, aber, da Sie nicht in einem sensiblen Zustand waren, gaben Sie sich keine genaue Rechenschaft von den mit diesem Erlebnis verbundenen Gefühlen. Andrerseits haben mir verschiedene Personen berichtet, sie seien »wie versteinert« gewesen, wenn irgendein Eindruck sich unvermittelt und plötzlich ihres Bewußtseins bemächtigte, alles andere darin auslöschte und sie mit der unerklärlichen, aber festen Überzeugung zurückließ, daß irgend etwas geschehen würde.
An den Abenden des 7. und 8. März hatte ich den lebhaften Eindruck eines bevorstehenden Unfalls, der erst am 11. März tatsächlich eintraf. Wilkins funkte der *New York Times* einen Bericht, wie er und die Mannschaft mit knapper Not dem Tod entronnen waren. Die Zeitung veröffentlichte ihn am 12. März.
Meine »Vorahnungen« stimmen genau und in jedem Detail mit dem Zeitungsbericht überein.

Sherman	Wilkins Zeitungsartikel
(7. März, nachts)	(12. März, Morgenausgabe der ***New York Times***)
	Wilkins Flugzeug beschädigt Maschine prallt auf Schneewehe beim Landen, Fahrgestell eingeknickt
Sherman (7. März, nachts) Wurde die Schwanzflosse des Flugzeugs während einer holprigen Landung beschädigt . . . kommt mir vor, als sähe ich, daß an dem Heck des Flugzeugs gearbeitet wird . . .	**Wilkins** (12. März, morgens) Aklavik, N.W.T. 11. März (durch Funk . . .) Eine ungewöhnliche Laune des Wetters führte heute zu dem zweiten Unfall mit unserem Flugzeug, der uns seit Beginn unseres

(8. März, nachts)
Flüchtige Vision Ihres Gesichts – ziemlich angespannt – starker Eindruck der Konzentration auf Flugunternehmen – es ist, als sei das Flugzeug gestartet, aber dann an einem bestimmten Punkt zu Boden gegangen oder umgekehrt – Flugzeug ohne Bewegung. Irgend etwas verlief heute nicht so wie geplant. Streckenweise Schnee- und Hagelschauer scheinen gegen das Flugzeug zu prasseln . . .

Seltsames Gefühl in der Magengrube oder Solarplexus, als ob ich gerade noch einmal davongekommen wäre oder eine akute Gefahr überstanden hätte – Sie machen sich Sorgen über etwas – Leichter Riß in der Wolkendecke hoch am Himmel, aber Sturmwolken verdunkeln den Horizont. »Beförderung von Lasten« – diese Worte kommen mir und das Gefühl, daß irgendwelche Fracht befördert wird . . .

Versuchs, die vermißten russischen Flieger zu finden, zustieß.

Es war hell, und der Himmel war klar bis etwa um 6 Uhr, aber bald nach unserem Start gerieten wir in eine Schnee-Bö, schwarz und plötzlich wie eine Sturmwolke. Da wir dichten, uns die Sicht raubenden Schnee und Eisbildung auf der Maschine fürchteten, mußten wir landen, solange das noch möglich war.

Pilot Herbert Hollick-Kenyon machte eine gute, sichere Landung mit unserer schweren Last von 4800 Litern Benzin und Ausrüstung, aber beim Rück-Gleiten zu unserem Landepunkt prallten wir gegen eine harte, scharfe Eiskante, und die Schwanzkufe wurde vom Fahrgestell losgerissen.

Die Mechaniker A. T. L. Dyne und S. A. Cheeseman fahren in einem selbstgebastelten Motorschlitten eilig hin und her zwischen dem Flugzeug und

unserem Stützpunkt und
reparieren den Schaden so
rasch wie möglich. Sie
nehmen die Nacht zu Hilfe
und hoffen die Maschine
morgen früh vollkommen in
Ordnung und fertig zu
haben.

So unmißverständlich waren diese Eindrücke von dem Unfall vier Tage bevor er sich zutrug, daß ich meinem Bericht vom 8. März noch hinzufügte:

Ich sehe Sie (Wilkins) neben dem Flugzeug nach oben und umherblicken – etwas wie ein Grat oder Abhang vor Ihnen – von Schnee und Eis – in bandähnlichen Konturen – rege Tätigkeit bei einem Zelt nicht weit davon – Menschen gehen hin und her . . .

Was hier beschrieben wird, muß die Tätigkeit von Wilkins gewesen sein, als er aus dem Flugzeug kletterte, um den Schaden an der Heck-Kufe zu untersuchen, der beim Zusammenprall mit der Eiskante, über den er in der *New York Times* berichtete, entstanden war, und den ich, drei Tage zuvor, in meinen Berichten erwähnt hatte.
Ich hatte auch auf die Aktivität von Menschen in der Nähe des Flugzeugs hingewiesen – es waren die von Wilkins erwähnten Mechaniker, die Werkzeug und Ersatzteile aus dem Lager zum Flugzeug brachten und die mir den Eindruck »Beförderung von Lasten« vermittelten.
Wilkins bestätigte nach seiner Rückkehr, einige Wochen später, ich hätte genau beschrieben, was er empfand, als die Maschine mit ihrer vollen Last zu ihrer halsbrecherischen Landung ansetzte.
Konfrontiert mit Beweisen solcher plötzlichen, unerwarteten Einblicke in die Zukunft, mußte ich mir die Frage stellen: »Was *ist* Zeit?«
Waren die von mir vorausgesehenen Dinge vorausbe-

stimmt? Konnte nichts dazwischenkommen, damit sie sich nicht ereigneten? Waren alle sie verursachenden Kräfte am Werke und hatte ich mich nur in diesen, in einer anderen Dimension ablaufenden Prozeß »eingeschaltet«?
Wir wissen, daß die Zukunft für uns in irgendeiner Form existiert – daß eine bestimmte Folge von Ereignissen uns in Mitleidenschaft ziehen wird, von diesem Augenblick an – bis zu unserem Tode – und vielleicht darüber hinaus.
Fraglos gab es eine Kette von Ereignissen, unendlich vielgestaltig, Millionen und Milliarden von Jahren zurückreichend – und in Zahlen nicht zu fassen – von Anbeginn der Welt bis zum Augenblick unserer individuellen Geburt, ein Ereignis, das kein Prophet vorauszusagen sich erkühnt hätte.
Hatte mein Bewußtsein in seinem sensiblen Zustand eine Grenze überschritten und einen flüchtigen Kontakt mit Bereichen aktiver Geistigkeit hergestellt, die uns Menschen zwar ungreifbar, aber dennoch nicht fremd sind?
Hält dieses unsichtbare Universum, das uns umgibt und umfängt, die Antwort bereit auf alle ungelösten Fragen menschlicher Persönlichkeit und Identität – wenn wir einmal den Sprung gewagt haben in die vielleicht furchterregenden und sicherlich ehrfurchtgebietenden Tiefen des eigenen Ich?
Solche Fragen beschäftigten mich, als ich die Pforten meines Geistes öffnete und meinem inneren Bewußtsein erlaubte, Eindrücke von außen zu empfangen.
Nach jahrelangen Experimenten auf der Suche nach einer Erklärung gewisser geistiger Phänomene bin ich überzeugt, daß wir durch die *Richtung und die Art unserer Gedanken ständig unsere Zukunft programmieren.* Mittels Gedankenprojektion schicken wir unser inneres Selbst unserem bewußten äußeren Selbst voraus mit dem Auftrag, uns einen Weg entlang den Ufern des Stroms, den wir *Zeit* nennen, zu bahnen . . . Und wir werden zu diesen künftigen Ereignissen hingeführt, langsam oder schnell, *genau im Verhältnis* zur *Stärke* unserer in diese Richtung weisenden Gedanken.
Unsere Wünsche, unser Ehrgeiz, unsere Befürchtungen oder Sorgen – all unsere emotionalen Antworten aus äußeren Erfahrungen – erzeugen Schwingungen in uns, die imstande

sind, die zur Richtung und Art unserer Gedanken passenden Bedingungen, Umstände und Menschen *gleich einem Magneten anzuziehen.*

Wie unser Unterbewußtsein es fertigbringt, all diese äußeren Umstände zu integrieren, ist nur eins von unzähligen Wundern. Aber meiner Überzeugung nach tut es das und tut es unablässig. *Myriaden von Gedanken* spinnen Fäden zwischen Individuen, denen es bestimmt ist, sich eines Tages zu begegnen – das Gesetz der Anziehung lenkt ihre Bewegungen auf einem Feld *geistiger Aktivität,* von dem wir nur nebelhaft Kenntnis haben und das der *potentiellen Zeitdimension* angehört.

Einige unserer Handlungen und Gedanken ziehen Möglichkeiten an und verwandeln sie in Erlebnisse, die in der »potentiellen Zeitdimension« gespeichert waren, so daß diese potentiellen Erlebnisse – einmal von uns angezogen – fortlaufend zu *tatsächlichen Erlebnissen* werden. Bis dahin haben sie darauf gewartet, von unserer *Sehnsucht, unserem Ehrgeiz, unserer Furcht herbeigerufen* zu werden, um aus »künftigen Möglichkeiten« – »gegenwärtige Tatsachen« zu machen.

Wenn es sich so verhält, läßt es sich erklären, wie ich oder jeder geübte Sensible Zugang zu Ereignissen erlangen kann, die in dem inneren Bewußtsein bereitliegen – allmählich Gestalt annehmen und auf ihren künftigen Auftritt auf der Bühne der Wirklichkeit warten.

Vieles bleibt natürlich unbegreiflich; und kein Wissenschaftler hat bisher jenen Vorgang oder jenen Prozeß erklären können, der sich in unserem »inneren Bewußtsein« vollzieht und der das Programm, das wir »Zukunft« nennen, wohlgeordnet, fortschreitend in Gestalt aufeinanderfolgender »gegenwärtiger Augenblicke« ablaufen läßt.

Bemerkenswert ist auch, daß die Zukunft jedes Menschen sich deutlich von der Zukunft jedes anderen Menschen unterscheidet – wie eng sie auch miteinander verwandt sein mögen. Jeder reagiert anders. Was ihm im einzelnen widerfährt, körperlich und geistig im Lauf einer gewissen Zeit, hat immer einen anderen Inhalt und eine andere Intensität.

All das scheint darauf hinzudeuten, daß der Geist jedes Menschen, auf irgendeine geheimnisvolle Weise, die Bedingungen und Ereignisse herstellt und anzieht, die sich seiner physischen Person während seines irdischen Daseins beim Fortschreiten von der Gegenwart in die Zukunft zugesellen werden.
Wenn dem aber so ist, haben wir allen Grund, diese inneren Kräfte unseres Geistes zu erforschen, um die Gesetze, denen sie gehorchen, kennenzulernen, damit wir uns endlich frei machen können von der falschen Anwendung dieser Gesetze in unserem täglichen Leben.

Erhaltung des geistigen und körperlichen Gleichgewichts

Durch die Entwicklung der Gabe der Telepathie wird die Empfindlichkeit des Nervensystems für äußere wie für innere Einflüsse gesteigert.
Wer nicht über ein gesundes, ausgeglichenes Nervensystem verfügt, sollte keine intensiven Experimente mit außersinnlicher Wahrnehmung unternehmen.
Ich mußte für mein anstrengendes Arbeitsprogramm mit Wilkins körperlich einen hohen Preis bezahlen.
Wäre ich nicht aus materiellen Gründen gezwungen gewesen, meine schriftstellerische Arbeit in den fünf Monaten, die unser Test in Anspruch nahm, fortzusetzen, und hätte ich statt dessen alles, was mich tagsüber physisch und psychisch belastete, vergessen und mich mit Leib und Seele diesem Versuch widmen können, hätte ich mich nicht derart übernommen.
So aber kostete die konzentrierte Anstrengung, an drei Abenden in jeder Woche Gedankeneindrücke von Wilkins entgegenzunehmen, die nötigen Kopien und Protokolle anzufertigen und sie sofort zur Post zu bringen und den ausgewählten Zeugen zu schicken, nicht nur Zeit bis in die frühen Morgenstunden, sondern auch erhebliche Mengen nervlicher Energie.
Trotz einer gut entwickelten Technik, meinem Körper zur Entspannung zu verhelfen, und in wenigen Stunden der Ruhe meinen Vorrat an Energie zu erneuern, stellte ich doch an meinen Geist und Körper nahezu übermenschliche Anforderungen. Dazu fühlte ich, ohne daß ich etwas dagegen tun konnte, mit dem Fortschreiten des Experiments als zusätzliche Last eine ständig wachsende Verantwortung.

Es wurde immer offenkundiger, daß ich einen hohen Prozentsatz »telepathischer Treffer« erzielte, und diese Erkenntnis spornte mich an, den bisher erreichten hohen Durchschnitt beizubehalten oder zu übertreffen, mich vor Einmischungen meines bewußten Verstandes und meiner Phantasie in acht zu nehmen.

Als Schriftsteller kannte ich die von der Einbildungskraft erzeugten »bewußten Gefühle« und merkte gewöhnlich, wenn meine Phantasie sich zu regen begann und meine telepathischen Eindrücke zu »färben« suchte.

Aber einen sensiblen Sinneszustand einzuleiten und beizubehalten, der es ermöglichte, diese Kontrolle bewußt vorzunehmen, ist in sich schon eine Anstrengung und zehrt an den Reserven nervlicher Energie.

Ich mußte die eigene »Gefühlsbewegung zum *Stillstand*« bringen, während ich auf Empfang gestimmt war, so daß mein Nervenzentrum als Antenne für Sendungen von Wilkins dienen konnte, sobald wir den unterbewußten Kontakt miteinander hergestellt hatten.

Bei dem Empfang von »Vorahnungen« von Unfällen, die Wilkins zustoßen würden, fühlte ich mich auch menschlich angesprochen. Ich war mit Wilkins befreundet, und dieses Gefühl äußerte sich in der Sorge, daß Wilkins von einem ernsten körperlichen Schaden, ja vielleicht dem Tod bedroht sei.

Die Folge davon war ein regelrechter innerer Kampf bei jeder neuen Sitzung. Etwas in mir sträubte sich gegen den Gedanken, meine telepathischen Antennen könnten eines Abends den Eindruck empfangen, daß Wilkins von einem tödlichen Absturz bedroht sei. Dieser Widerstand war die natürliche Folge einer starken inneren Überzeugung, das von mir Vorausgesehene werde auch tatsächlich eintreffen. Ich zweifelte nicht, daß es sich wirklich so verhielt. Wenn ich auch nicht den genauen Zeitpunkt angeben konnte, wann das von mir Angekündigte eintreffen würde, fühlte ich doch, daß es nahe bevorstand, daß es schon »in der Luft lag« – und die Ereignisse gaben mir recht.

Für mein Nervensystem war das katastrophal. Bei jeder Sitzung mußte ich meine ganze Willenskraft aufbieten, um meine Gefühle aus dem Spiel zu lassen und »mein Bewußtsein zu entleeren«, so daß ich, »ungefärbt« durch meine Gefühle, Eindrücke der wirklichen Ereignisse empfangen konnte.

Fraglos hätte ein Überhandnehmen meiner Befürchtungen in meinem Bewußtsein jeden echten telepathischen Empfang unmöglich gemacht.

Ich hatte ein beengendes, angespanntes Gefühl in meinem Solarplexus mit gelegentlicher Atemnot, nervöser Verdauungsstörung, begleitet von Magenkrämpfen, ein Zustand, der allen Versuchen, mich von ihm zu befreien, zum Trotz, chronisch wurde.

Ich ging viele Nächte in meinem Zimmer auf und ab mit heftigen Magenschmerzen und Darmbeschwerden, verursacht durch »Gasdruck«, gegen die ich nichts unternehmen konnte. Mein vegetatives und mein zentrales Nervensystem schienen sich in einen Knoten zusammengezogen zu haben.

Weder konnte ich noch wollte ich das Experiment abbrechen, so begnügte ich mich damit, meine physischen Reaktionen zu protokollieren, und fuhr fort mit den Versuchen.

Ich konsultierte meinen Arzt während dieser Zeit. Er sagte mir, daß mein Zustand sich nicht bessern werde, bevor ich mich von dem psychischen Druck, der auf mir laste, befreit hätte.

Meine Reizempfindlichkeit war so gesteigert, daß ganz alltägliche Dinge, wie das Zuschlagen einer Tür oder der Knall einer Fehlzündung, mir vorkamen, als träfe mich ein Messerstich im Solarplexus. Mein Nervensystem war insgesamt »übersensibilisiert« und reagierte unwillkürlich auf Reize, die es normalerweise kaum wahrgenommen hätte. Und doch war alles, was ich durchmachte, von größtem Wert für mich und in hohem Grade bedeutungsvoll.

Als die Versuche abgeschlossen waren, konnte ich das Gefühl, jetzt frei zu sein von dem ständigen, seelischen Druck, zunächst kaum ertragen. Ich mußte mich behutsam und gradweise beruhigen, wie man ein Pferd, das sich in einem wilden Rennen völlig verausgabt hat, im Schritt am Zügel gehen läßt, um sich abzukühlen, bevor man es in den Stall führt. Ich erhielt auch später noch hin und wieder ungewollt Einblicke in die Gedanken anderer Menschen, sobald ich ihnen meine Aufmerksamkeit zuwandte.

Und in den folgenden Wochen, zu den gewohnten Zeiten, montags, dienstags und donnerstags, eine halbe Stunde vor Mitternacht, »sprang« mein Bewußtsein – ganz gleich, womit ich mich gerade willentlich beschäftigte – zu Wilkins!

Und nachts, wenn ich im Begriff war einzuschlafen, meinen Geist in einen passiven Zustand versetzt hatte und an bestimmte Personen oder Dinge dachte, erhielt ich plötzlich Eindrücke, die ich nicht erwartet und nicht gewollt hatte. Einige davon waren so lebhaft und so zwingend, daß ich aufstand und sie aufschrieb, als Material für spätere Studien und Forschungen.

Das alles ist geeignet, die Tatsache zu erhärten, daß jeder, der zusätzliche geistige Fähigkeiten in sich entwickelt und von ihnen gezielt Gebrauch macht, es schwer finden wird, diese Fähigkeiten wieder zu »entlassen«, sobald sie ihre Schuldigkeit getan haben.

In der physischen Welt ist es nicht viel anders. Ein Leichtathlet wird auch nicht von einem Augenblick zum anderen mit dem Training und den Wettkämpfen aufhören. Er läßt seine Hochform von Saison zu Saison allmählich abklingen, weil die Erfahrung ihn gelehrt hat, daß ein solches Verfahren notwendig ist, damit der Organismus sich anpassen kann und der Körper keinen Schaden leidet.

Ein solches langsames Abklingen ist offenbar auch nach einer geistigen Höchstleistung erforderlich.

In meinem Fall hatte meine Gesundheit aber bereits erheblichen Schaden gelitten. Die monatelange nervliche Belastung hatte zu Magengeschwüren mit schweren Blutungen geführt. Ich war in akuter Lebensgefahr, bis es mir gelang, mein Nervensystem wieder unter Kontrolle zu bringen.

Die Kenntnis dieser engen Verflechtung unserer Gedanken mit unseren Emotionen sollte uns veranlassen, ernsthaft die Langzeitfolgen falscher Gefühlsreaktionen auf unser körperliches und geistiges Befinden zu bedenken. Viele von uns hatten Nervenzusammenbrüche oder Nervenkrisen infolge unkontrollierter Emotionen. Ein gut funktionierender Körper ist das Produkt eines disziplinierten Geistes. Wir brauchen beides, wenn wir den höchsten Grad unserer geistigen und körperlichen Leistungsfähigkeit erreichen wollen.

Die körperlichen Begleiterscheinungen meiner Experimente haben mir zu Einsichten verholfen, die für jeden Menschen von Wert sein können. Wirtschaftliche und andere Sorgen in dieser Zeit der Unsicherheit und Veränderung zehren täglich an unseren Nerven, und wir brauchen ein Mittel, um uns wenigstens vorübergehend geistig und körperlich zu erholen; und das kann dadurch geschehen, daß wir an jedem Abend, wenn die Tagesarbeit getan ist, uns eine bestimmte Zeit freihalten, in der wir in aller Stille mit unserem inneren Selbst kommunizieren.

Dies ist eine der herrlichsten Erfahrungen, die der Mensch machen kann, und dennoch machen so wenige von ihr Gebrauch. Ich freue mich jeden Abend auf diesen Augenblick, wo sich mir die Gelegenheit bietet, mich aus dieser äußeren Welt zurückzuziehen, aus mir selbst herauszutreten, die richtige Perspektive wiederzuerlangen und das emotionale und geistige Gleichgewicht wiederherzustellen. Es ist so leicht, »außer Rand und Band« zu geraten, manchmal über nichts und wieder nichts im Streß und der Unübersichtlichkeit alltäglicher Erfahrungen.

Viele von uns tragen ständig eine Last von Sorgen mit sich herum. Sie denken an die Gesundheit von Menschen, die ihnen nahestehen, oder die Wolken am wirtschaftlichen Horizont. Welcher Art auch die Sorgen sind, sie schlagen sich in unserem Bewußtsein nieder, das sie in Form von Spannungen und Reizbarkeit an den Organismus weitergibt.

Sorgen und Befürchtungen steigern sich auf diese Weise, bis wir gar nicht mehr anders können, als das Unheil an die Wand zu malen. In einem solchen sensibilisierten Zustand werden wir zu Magneten, die gerade die Dinge anziehen, von denen wir nicht *wollen,* daß sie eintreten, weil wir fürchten, daß sie eintreten *werden*!

Darum ist die allabendliche Zwiesprache mit uns selbst so notwendig – sie ermöglicht uns die Kontrolle falscher emotionaler Reaktionen, die uns während des Tages unterlaufen sind.
Zunächst gilt es, sich auf die bestmögliche Weise auf diese Begegnung vorzubereiten: Man streckt sich auf dem Bett aus – unbekleidet. Persönlich bin ich der Meinung, daß wir auch nachts nichts anhaben sollten, was unsere körperliche Bewegung auch nur im mindesten einengt.
Man soll dem Körper während der Stunden nächtlicher Ruhe dies neue und vollständige Gefühl der Freiheit gönnen. Den ganzen Tag lang war er in Kleidern eingeschlossen. Und wenn beklemmende Lebensumstände sich geistig auswirken, so gilt dasselbe von Kleidern in bezug auf unseren Körper.
Wenn der Moment der Meditation herannaht, drängt alles in uns danach, die lästigen und verwirrenden Nachwehen des Tages abzuschütteln. Wenn wir so daliegen und uns nach der schon beschriebenen Methode entspannt haben, können wir von unserem Körper und unserem Bewußtsein jene Zustände abstreifen, die wir »uns auferlegt« haben und die einen destruktiven Einfluß ausüben.
Sie mögen – vor Anwendung dieser Methode – oft genug gedacht haben, daß es über Ihre Kräfte ginge, so weiterzuleben wie bisher: sich tagsüber mit Ihren Problemen herumzuschlagen und auch noch nachts mit ihnen ringen zu müssen. Sie wären bereit, alles zu tun, um diesem Zustand, wenn auch nur zeitweilig, zu entrinnen, die Wohltat eines gesunden Schlafs zu genießen, um dem neuen Tag mit neuer Nervenkraft und neuer Hoffnung begegnen zu können.
Was im Schlaf mit uns geschieht, ist eins der größten Geheimnisse. Wir wissen, daß unser Unterbewußtsein niemals schläft. Unsere Aufgabe ist es, unserem Unterbewußtsein die richtigen geistigen Bilder zu liefern, die es Nacht für Nacht in seiner Werkstatt verarbeitet, während wir das Kampffeld verlassen in der ruhigen Gewißheit, daß Verstärkung unterwegs ist und unsere Rüstung dank der schöpferischen Kraft in ins ausgebessert und ergänzt wird.

Um die Arbeit unseres Unterbewußtseins zu überwachen, müssen wir in diesem selbstherbeigeführten Zustand der Meditation die Erfahrungen des Tages an unserem *geistigen Auge* noch einmal vorüberziehen lassen, sie noch einmal *durchleben.* Rufen wir die geistigen Bilder unserer Erlebnisse, die in unserem Gedächtnis ruhen, noch einmal in unser Bewußtsein zurück. Sehen wir uns an, was wir getan haben und was uns widerfahren ist, als seien wir unbeteiligte Zuschauer dieses Geschehens. Befragen wir unser Gedächtnis, wie wir auf diese Erlebnisse reagiert haben. Glauben wir, wir hätten es besser machen können? Haben wir Fehler gemacht? Waren wir unbeherrscht, haben wir uns irgend jemandes Abneigung zugezogen oder zu Haß hinreißen oder Furcht vor irgendeinem Ereignis aufkommen lassen?
All diese falschen Reaktionen müssen unpersönlich reflektiert und aus dem Bewußtsein ausgeschieden werden. Andernfalls wird die schöpferische Energie unseres inneren Bewußtseins sie für diejenigen Bedingungen halten, die wir realisiert zu sehen wünschen, und uns ähnliche Erfahrungen in Zukunft bescheren.
Wenn immer wir auf die Erinnerung an einen Vorfall stoßen, aus der hervorgeht, daß wir im unrecht waren, müssen wir uns ein deutliches Bild davon machen, wie wir – nach unserer *jetzigen* Kenntnis und Einsicht – auf die betreffende Erfahrung reagiert haben *sollten,* damit dieses neue konstruktive Bild das alte destruktive in unserem Bewußtsein ersetzen kann.
Die gegenwärtigen Ängste und Sorgen haben ihren Ursprung in ebendiesen unglücklichen Erfahrungen und können nur beseitigt werden, wenn wir zu ihrer Quelle zurückgehen und das Fehlerhafte unserer Reaktion erkennen. Sobald wir das getan und unsere Schreckbilder korrigiert haben, verlieren sie die Macht über uns.
Denken wir jeden Abend daran, daß unsere Gedanken die *einzige* Waffe sind, die wir besitzen. Warum dann diese Waffe für die falschen Ziele einsetzen? Glauben Sie, daß den Menschen, die Sie lieben, damit gedient ist, daß Sie sich Sorgen um sie machen? Jeder Mensch hat sein Leben zu leben;

er muß mit seiner Situation grundsätzlich allein fertig werden, und wir können weder ihm noch uns helfen, indem wir uns mit Sorgen quälen.
War es für mich von irgendwelchem Nutzen, daß mich der Gedanke an ein Unglück quälte, das Sir Hubert Wilkins in der Arktis zustoßen konnte? Was immer auch geschah, er mußte es selber durchstehen, auf seine Weise und aus eigener Kraft.
Ich war nicht erfahren genug bei diesem ersten Experiment auf einem unerforschten Gebiet, um in diesem meinem Zustand höchster Sensibilität von Körper und Geist meine Gefühle der Besorgnis ganz ausschalten zu können.
Eines Tages hoffe ich ein Stadium der Entwicklung erreicht zu haben, in dem die Sorge, was anderen zustoßen könnte, mein inneres Bewußtsein nicht mehr erreicht. Damit setze ich in mir und in anderen Kräfte frei, um unsere Lebensaufgabe nach bestem Vermögen zu erfüllen.
In meinem normalen Lebensbereich habe ich gelernt, meine Gefühle zu beherrschen – meinen Geist von Haß und Vorurteilen sowie den alltäglichen Sorgen und Kümmernissen zu befreien.
Und was ich erreicht habe, kann mit etwas Ausdauer und Zielstrebigkeit jeder erreichen; denn was wir *außersinnliche Wahrnehmung* nennen, ist dauernd in uns am Werke. Ständig schließen oder unterbrechen wir einen Stromkreis zu richtigen oder falschen Zuständen unseres Bewußtseins. So wie wir auf äußere Ereignisse reagieren, so gestaltet sich unsere Zukunft.
Bewußte Kontrolle unserer Gefühlsregungen ist darum eine menschliche Notwendigkeit. Nur mit ihrer Hilfe können wir verhindern, daß die falschen Bilder unser Unterbewußtsein erreichen und durch ihre Anziehungskraft bewirken, daß uns mehr und mehr negative und destruktive Dinge zustoßen. Entwickeln wir solch eine Kontrolltechnik! Ziehen wir praktischen Nutzen aus diesen höheren, geistigen Kräften – zum unermeßlichen Gewinn für uns selbst!

Praktische Anwendung von Telepathie

Wir befinden uns noch im Anfangsstadium unserer Kenntnis der höheren Kräfte des Geistes. Unser Standort läßt sich mit dem Marconis vergleichen, als er die ersten schwachen Radiosignale über den Atlantik sandte, die mit einem primitiven Gerät auf der anderen Seite des Ozeans empfangen wurden, und damit den Menschen eine neue Dimension des Nachrichtenaustauschs eröffnete.

Was sich jetzt allmählich herausschält, durch die Forschungen an Universitäten und medizinischen Instituten und auch durch die Arbeiten unabhängiger Wissenschaftler und Forscher, ist das Fundament einer neuen und großen Wissenschaft des Geistes, die viele Jahrhunderte alte Theorien über Wesen und Funktion unseres Bewußtseins und unseres Gehirns unbrauchbar machen wird.

Man begegnet schon nicht mehr jener landläufigen Skepsis oder dem billigen Spott, wenn man das Thema der Gedankenübertragung aufs Tapet bringt.

Radio und sein Funktionieren durch das unsichtbare Medium Luft – die Tatsache, daß wir ständig von Tönen, ja sogar von elektrisch vibrierenden Bildern wirklicher Menschen und Vorgänge umgeben sind – hat viel dazu beigetragen, die Konventionen des Unglaubens zu erschüttern, so daß die Menschen heute geneigt sind zu sagen: »Alles ist möglich!«

Dies ist ein höchst hoffnungsverheißender Zustand der Menschheit, denn solche Empfänglichkeit öffnet die Pforten zu neuen Wundern und ebnet den Weg zu ihrer Verwirklichung in der physischen Welt.

Der Mensch muß erst glauben, daß ihm »alle Dinge möglich sind«, die ein Mensch überhaupt erreichen kann, bevor ihm

eine große Tat gelingt. Wir sind nur den Beschränkungen unterworfen, die wir uns selbst durch die Beschränkung unserer Entwürfe auferlegen. Und darum schafft das unwissende und eigensinnige Ableugnen der Existenz gewisser Kräfte diese Kräfte nicht aus der Welt – es sei denn für *uns*!
Die Entdeckung der Gesetze des Wesens der außersinnlichen Wahrnehmung und die Kenntnis der Mittel und Wege, diese höheren Geisteskräfte unter direkte, bewußte Kontrolle zu bringen, werden der nächste große Schritt der Weiter- und Höherentwicklung der Menschheit sein.
Wirkliche Kenntnis seines Geistes, seines eigenen, inneren Selbst – ein Glaube, getragen von den Erkenntnissen der Wissenschaft –, wird dem Menschen eher helfen, den uralten Traum einer universalen, menschlichen Brüderschaft wahr werden zu lassen, als irgendeine andere Leistung menschlicher Intelligenz.
Weder können wir unseren Mitmenschen noch er uns verstehen, bevor wir der Lösung des Rätsels unseres eigenen Ichs, seiner Beziehung zu anderen Ichs und zum Universum näher gekommen sind.
Eine solche Entwicklung liegt noch in ferner Zukunft, aber viele aufgeklärte Individuen wissen schon heute genug, um diese Geisteskräfte in sich entwickeln und praktisch nutzen zu können.
Telepathie ist, wie ich gezeigt habe, nur ein Ausschnitt aus dem offenbar unbegrenzten und so gut wie unerforschten Feld der außersinnlichen Wahrnehmung. Es muß noch viel experimentiert und viel geforscht werden, bevor wir eine überzeugende Antwort auf die Frage bekommen werden, auf welche Weise bestimmte Informationen zu uns gelangen, und welche außersinnliche Fähigkeit – oder Fähigkeiten – dabei im Spiel sind.
Aber wir müssen nicht warten, bis die Wissenschaft erklären kann, was sich hinter der Bühne unseres Bewußtseins abspielt, um konkrete Ergebnisse vorweisen zu können. Die Wissenschaft kann uns auch heute noch nicht sagen, was Elektrizität ist – und doch erweitert sie ständig den konstruktiven Gebrauch dieser Energieform.

So ist es – und so wird es weiter sein – bei der Entwicklung und Entfaltung der Energien des Geistes!
Im Jahre 1906 brauchte Mark Twain dringend einen Artikel, den er im Jahre 1885 für die Zeitschrift *Christian Union* geschrieben hatte. Er suchte in all seinen Papieren, konnte aber keine Kopie mehr finden.
Marks Verlangen nach diesem Artikel war sehr stark. Er wollte ihn zum Thema einer neuen Serie machen. Irgendwo *mußte* er sich einen Zeitungsausschnitt mit diesem alten Artikel beschaffen. Aber nicht einmal das Archiv der Zeitschrift konnte ihm helfen. Mark durchsuchte noch einmal alle seine Papiere. Ohne Erfolg.
Einige Tage später hatte Amerikas größter Humorist etwas Geschäftliches in New York City zu erledigen. Er ging die Fifth Avenue entlang und wurde an der Kreuzung der 42. Straße vom Verkehr aufgehalten.
Während er da stand und wartete, eilte ein Fremder auf ihn zu und sprach ihn an.
»Mr. Clemens!« sagte der Mann. »Sie kennen mich nicht – aber hier ist etwas, was Sie vielleicht gerne haben würden!«
Mit diesen Worten drückte der Fremde einige Zeitungsausschnitte in Marks Hand.
»Ich habe sie mehr als zwanzig Jahre aufgespart«, sagte der Mann, »aber *heute morgen* kam ich auf den Gedanken, sie Ihnen zu schicken. Ich wollte sie von meinem Büro aus mit der Post schicken – aber jetzt möchte ich sie Ihnen persönlich übergeben.«
Mark dankte dem Mann, der in der Menge verschwand. Er betrachtete die Zeitungsausschnitte.
Es waren genau die, die er suchte – aus der *Christian Union*, Jahrgang 1885!
Ein Zufall? Die Chancen sind eine Million gegen eins.
Wenn wir das zugrunde legen, was wir über die Wirkungsweise des Geistes wissen, ist es logischer anzunehmen, daß Mark Twain sein Unterbewußtsein instruiert und durch sein starkes Verlangen nach seinem Artikel aus der *Christian Union* aus dem Jahre 1885 seine Kräfte außersinnlicher Wahrnehmung in Tätigkeit gesetzt hatte.

In einer Weise, die man an ihren Wirkungen erkennen aber nicht erklären kann, wurden geistige Bilder dieser Ausschnitte zusammen mit Marks dringendem Wunsch, sie zu besitzen, »gesendet«. Da »Gleiches Gleiches anzieht«, erreichte diese Sendung das Bewußtsein einer Person, die eine Sammlung der gewünschten Zeitungsausschnitte besaß.
Diese Person wurde gezwungen, an diese Ausschnitte zu denken, und der empfangene Eindruck war so stark, daß auch der Wunsch Marks, in ihren Besitz zu gelangen, wie ein Befehl wirkte.
Der Fremde konnte nicht unterscheiden, welche Impulse sein Bewußtsein von außen erreichten und welche aus seinem eigenen Unterbewußtsein stammten, und hielt natürlich diesen plötzlichen Gedanken und Impuls für seinen eigenen Einfall.
In seinem Bewußtsein war das Bild, das Mark Twain ihm – unbewußt – gesendet hatte – das Bild eines nach dem Artikel in *Christian Union* suchenden Mark.
Marks starkes Verlangen hatte dieses Bild entworfen; und die Intensität seiner mit diesem Verlangen verbundenen Gefühle hatte die Kraft erzeugt, dieses Bild auszustrahlen. Dabei gelangte es in den Anziehungsbereich des Bewußtseins eines Menschen, der die Ausschnitte besaß.
Dieser fühlte sich, sobald er das Bild empfangen hatte, gedrängt, es in der Wirklichkeit zu reproduzieren, indem er die *Christian Union*-Artikel aus seinem Archiv holte, um sie Mark Twain zu schicken.
Aber – als ob das noch nicht erstaunlich genug gewesen wäre – machen wir uns klar, was dann noch geschah!
Nachdem das Unterbewußtsein Mark Twains und des Fremden die Verbindung zueinander hergestellt hatten, blieb der »Stromkreis« offenbar »geschlossen« und sorgte dafür, daß die physischen Bewegungen der beiden Männer *in Raum und Zeit genügend synchron* waren, um sie zur selben Zeit an denselben Fleck auf der Fifth Avenue zu bringen, so daß Mark die gewünschten Ausschnitte persönlich in Empfang nehmen konnte!
Sobald das geistige Bild sich durch diese Handlung materia-

lisiert hatte, erlosch die magnetische Anziehung der beiden Bewußtseinszentren.
Der Fremde fühlte sich von seinem inneren Impuls, nachdem er ihm gehorcht hatte, befreit und verschwand in der Menge, ohne auch nur seinen Namen zu nennen.
Und auch Mark, mit den Ausschnitten, deren Empfang er sich ausgemalt hatte, in der Hand, fühlte sich frei von dem drängenden Verlangen, das seinen Denkapparat beherrscht und die Entwürfe projiziert hatte, die jetzt in Wirklichkeit ausgeführt worden waren.
»Zufälle« dieser Art ereignen sich tagtäglich im Leben vieler Menschen, die unbewußt von den Gesetzen des Unbewußten den richtigen Gebrauch machen und dabei zu erstaunlichen Ergebnissen kommen. Doch diese Ergebnisse sind in Wirklichkeit die mit mathematischer Genauigkeit eintreffenden Wirkungen von Ursachen, die sie selbst in ihrem Bewußtsein geschaffen haben.
Im Herbst 1936 wohnte ich einige Monate im *City Club* von New York in der West 44. Street. Während dieser Zeit verspürte ich den Wunsch, einen alten Bekannten wiederzusehen, Besitzer eines Appartement-Hauses in New York, den ich viele Jahre nicht gesehen hatte.
Ich telefonierte mit der Verwaltung des Appartement-Hauses, aber erfuhr hier nur, daß James J. Bradley das Haus schon vor Jahren verkauft hatte und daß niemand mir seine neue Adresse geben konnte. Ich sah im Telefonbuch nach, aber sein Name stand nicht darin. Es gab offenbar keine Möglichkeit, ihn ausfindig zu machen.
Ich nahm dann in einem Stuhl Platz und malte mir aus, wie es sein würde, wenn Mr. Bradley und ich uns wiederbegegneten. Mit meinem inneren Auge projizierte ich ein zuversichtliches, erwartungsvolles Bild meines »Ihm-irgendwo-über-den-Weg-Laufens«. Nachdem ich sicher war, daß mein Unterbewußtsein das Bild empfangen hatte und damit arbeiten würde, »vergaß ich die Angelegenheit« und ging meinen üblichen Geschäften nach.
Immer, wenn Bradley mir in den Sinn kam, wiederholte ich meine Vorstellung von »unserer Begegnung, unserem Von-

einander-angezogen-sein«. Ich war weder übermäßig erpicht auf unsere Begegnung, noch beunruhigt, daß sie nicht zustande kommen würde. Für mein inneres Bewußtsein war die Begegnung schon eine Tatsache.

Seit Wochen war es meine Gewohnheit gewesen, den *City Club* um 8 Uhr morgens zu verlassen.

An einem bestimmten Morgen wachte ich auf und spürte keine Lust, aufzustehen und zur gewohnten Zeit das Haus zu verlassen. Statt dessen drängte es mich, einige Briefe zu schreiben und das eine und das andere in meinem Zimmer zu erledigen. Ich war überrascht, daß die Uhr schon auf halb zehn zeigte, als ich endlich aufbrach, um zu frühstücken.

Jetzt plötzlich hatte ich es eilig. Ich konnte den *City Club* nicht schnell genug verlassen und sprang fast die Treppe hinab und hinaus auf die Straße.

Im selben Augenblick sah ich auf der gegenüberliegenden Straßenseite jemanden vorübergehen. Er sah mich an, ich sah ihn an.

»Aber nein, hallo, Sherman!« rief er und kam auf mich zu.

Es war James J. Bradley!

Ich war mehr erfreut als überrascht, denn ähnliches war mir in der letzten Zeit öfter widerfahren.

Wie war das Treffen mit Bradley zustande gekommen? Mein Unterbewußtsein hatte offenbar einen Kontakt zu Bradleys Unterbewußtsein hergestellt und war ihm »auf der Spur geblieben«. Es gab ihm entweder den Impuls oder es »wußte«, daß er zu dieser Zeit am *City Club* vorbeikommen würde, und es veranlaßte mich, mit meinem Frühstück anderthalb Stunden zu warten, damit sich meine und Bradleys physischen Wege vor der Tür des *City Clubs* kreuzten!

Das Unterbewußtsein realisiert auch noch auf andere Weise häufig die Bilder, die wir ihm liefern: Es veranlaßt uns, Nachforschungen nach einer Person oder einer Sache, die wir brauchen, anzustellen, obwohl unser *bewußtes* Denken uns sagt, daß wir unsere Anfrage an die falsche Person richten, um dann festzustellen, daß *gerade diese Person* die Verbindung zu dem von uns gesuchten Menschen oder der von uns gesuchten Sache herstellen kann.

Die Ergebnisse sind unbestreitbar, aber wie unser »Innenbewußtsein« sie technisch zuwege bringt, läßt sich nicht erklären. Andrerseits können wir dieses Phänomen nach Belieben herbeiführen, sobald wir die Gesetze unseres Unterbewußtseins verstehen und lernen, sie richtig anzuwenden.

Vor einigen Jahren verkaufte ein bekannter New Yorker Rechtsanwalt, Charles T. Lark, für die Rechnung eines Mandanten einen Gorilla an den *Ringling Brothers-Barnum & Bailey Cirkus.* Für den Gorilla wurde unter dem Namen »Gargantua« viel Reklame gemacht.

Mr. Lark hatte eigentlich nichts mit dem Show-Geschäft zu tun. Seine Spezialität waren Nachlaß- und Grundstücksverwaltungen. Weil diese Transaktion so ungewöhnlich war, blieb sie in seinem Gedächtnis haften.

Jahre später wurde eine reiche Dame aus Kuba, die in der Chase National Bank nach einem »guten Anwalt« gefragt hatte, an Mr. Lark verwiesen.

»Ich nehme an, Sie hatten niemals mit so einem Fall zu tun«, sagte die Dame, als sie das Büro von Mr. Lark betrat.

Dann erzählte sie, sie sei die Besitzerin eines neun Jahre alten Gorilla-Weibchens, das sie und ihr Mann bei einer Jagdexpedition in Afrika als acht Tage altes Baby gefangen hätten. Die Eltern des Gorilla-Babys hatten sie angegriffen, und sie hätten sie erschießen müssen. Das Gorilla-Baby sei von einer Eingeborenen-Frau gesäugt und dadurch am Leben erhalten worden.

Jetzt sei der Gorilla, den das Ehepaar bei sich in Kuba als Haustier großgezogen hatte, gefährlich für seine Umgebung geworden. Ob Mr. Lark wohl so freundlich sein könnte, den Verkauf des Gorillaweibchens an den *Ringling Brothers-Barnum & Bailey Cirkus* als Partnerin für Gargantua zu vermitteln?

»Ich glaube schon, daß ich, wenn überhaupt jemand, das kann«, sagte Mr. Lark. »Ich war es nämlich, der das andere Gorilla-Geschäft mit den Zirkus-Leuten abwickelte!«

Gefragt, warum sie unter Tausenden von Rechtsanwälten gerade auf ihn verfallen sei, sagte die erstaunte Dame, daß

sie das nicht wisse. Sie wollte den Gorilla an den Zirkus verkaufen und wußte nicht, wie sie es anstellen sollte. Aber unterwegs nach New York fiel ihr plötzlich ein, daß sie ihre Bank bitten könnte, ihr einen Anwalt zu empfehlen.
Sie tat das, ohne den Grund ihrer Bitte zu erwähnen, und auch der Bankangestellte, der ihr die Adresse von Mr. Lark gab, hatte keine Anhnung von dessen »Gorilla-Erfahrungen«.
Würde jemand, der diesen Fall unbefangen prüft, wirklich von »reinem Zufall« sprechen können?
Diese Gaben der außersinnlichen Wahrnehmung helfen uns, das Muster unseres Lebens nach dem Vorbild unserer Wünsche zu weben, wobei wir die uns *gemäßen* Bedingungen, Umstände und Menschen in genauer Entsprechung der von uns in unser Bewußtsein eingepflanzten Bildinhalte zu uns heranziehen.
Als Thomas Edison einmal gefragt wurde, wie er Erfindungen mache, antwortete er, er habe sich angewöhnt, in geistigen Bildern zu denken. Stets *sah* er im Geist ein »Bild« von dem, was er erfinden wollte – bevor er wußte, wie er dabei vorgehen sollte. Edison assimilierte alle über den Gegenstand seines Interesses bekannten Tatsachen in seinem Bewußtsein – übergab sie dann seinem Unterbewußtsein und legte sich auf dem Feldbett in seinem Laboratorium schlafen.
Dann befolgte er die »Winke«, die ihm sein Unterbewußtsein beim Aufwachen gab, und entwickelte daraus in seiner Vorstellung die endgültige Form oder das Grundprinzip einer seiner vielen Erfindungen. Edison beherrschte die Kunst, die Tätigkeit des Unterbewußtseins *bewußt* zu steuern und zu nutzen.
Und wie Edison muß jeder von uns ein bestimmtes Muster oder Bild im Kopf haben, um bestimmte Dinge in seinem äußeren Leben zu erreichen!
Ich erhebe nicht den Anspruch, auch nur einen Bruchteil der durch die außersinnliche Wahrnehmung aufgeworfenen Fragen beantworten zu können. Aber ich weiß, daß diese Kräfte des Geistes keine launischen Gaben einer perversen

Natur sind. Wir *alle* verfügen über die gleichen Fähigkeiten. Es liegt an uns, sie zu entwickeln.Der menschliche Geist hat alle großen Erfindungen hervorgebracht, die große Musik, die großen Kunstwerke, unsere gesamte menschliche Kultur.
Unsere gemeinsame Forschungsreise durch die Welt des menschlichen Bewußtseins hat Sir Hubert Wilkins und mich überzeugt, daß die neue *wirkliche* Weltgeschichte nicht in den Lettern der Herrschaft des Menschen über den Menschen geschrieben werden wird, sondern in denen der Herrschaft des Menschen über – seinen eigenen – Geist!

Inhalt